国家社科基金
后期资助项目

贸易优势理论发展与中国制造业贸易竞争力影响因素研究

Research on the Development of
Trade Advantage Theory and the Influencing Factors of
China's Manufacturing Trade Competitiveness

吴杨伟 著

西南大学出版社
国家一级出版社 全国百佳图书出版单位

图书在版编目(CIP)数据

贸易优势理论发展与中国制造业贸易竞争力影响因素研究 / 吴杨伟著. -- 重庆：西南大学出版社, 2022.6
ISBN 978-7-5697-1443-2

Ⅰ.①贸… Ⅱ.①吴… Ⅲ.①制造工业—国际竞争力—影响因素—研究—中国 Ⅳ.①F426.4

中国版本图书馆CIP数据核字(2022)第091431号

贸易优势理论发展与中国制造业贸易竞争力影响因素研究
MAOYI YOUSHI LILUN FAZHAN YU ZHONGGUO ZHIZAOYE MAOYI JINGZHENGLI YINGXIANG YINSU YANJIU

吴杨伟　著

责任编辑：	何雨婷
责任校对：	王玉竹
装帧设计：	闰江文化
照　　排：	王　兴
出版发行：	西南大学出版社(原西南师范大学出版社)
	网　址:http://www.xdcbs.com
	地　址:重庆市北碚区天生路2号
	邮　编:400715
	电　话:023-68868624
经　　销：	新华书店
印　　刷：	重庆天旭印务有限责任公司
幅面尺寸：	165 mm × 238 mm
印　　张：	23.75
字　　数：	440千字
版　　次：	2022年6月　第1版
印　　次：	2022年6月　第1次印刷
书　　号：	ISBN 978-7-5697-1443-2
定　　价：	138.00元

国家社科基金后期资助项目
出版说明

　　后期资助项目是国家社科基金设立的一类重要项目，旨在鼓励广大社科研究者潜心治学，支持基础研究多出优秀成果。它是经过严格评审，从接近完成的科研成果中遴选立项的。为扩大后期资助项目的影响，更好地推动学术发展，促进成果转化，全国哲学社会科学工作办公室按照"统一设计、统一标识、统一版式、形成系列"的总体要求，组织出版国家社科基金后期资助项目成果。

全国哲学社会科学工作办公室

前言

中国正迈入从贸易大国向贸易强国、从制造业大国向制造业强国转变的进程。在这个转变过程中，需要寻求相应的理论加以引领和支撑。有关贸易优势的国际贸易理论主要有比较优势理论和竞争优势理论。一方面，中国依据比较优势理论建成了贸易大国，但付出了诸多代价，制约贸易竞争力的进一步提升；另一方面，经过长期的发展和积累，传统的要素禀赋比较优势已经发生了变化，要素结构优化特征显现，尤其是融入全球化进程的加快，促使生产要素内涵与外延的拓展。因此，需要从拓展要素视角给予贸易现象更合理的理论解释，进行贸易优势理论的认知拓展。

从产品层面来看，传统比较优势集中于产品相对成本价格优势的纯供给分析；现实的国际贸易竞争则是同时考察产品价格的成本优势与产品质量对消费者效用满足的质量优势，仅具有相对成本价格优势的产品在国际市场上可能并不具有竞争力。结合供给和需求分析，同时考察成本和效用满足对产品价格的影响，相对效用价格才是贸易优势的真实体现，这就需要进一步拓展比较优势的理论认知，并重释中国的贸易优势。

贸易竞争力是贸易优势的直接体现，在全球价值链分工体系下，基于增加值贸易统计数据的贸易竞争力测算相对更加准确，亦可测算和度量具体行业在全球价值链分工体系中所处的地位。行业要素投入结构的优化，对中国参与全球价值链分工、获取经济增长尤为重要，研究要素投入与贸易竞争力，是一个具有重要理论价值和现实意义的课题。

制造业作为国民经济的支柱产业，中国提出《中国制造2025》打造具有国际竞争力的制造业。提升中国制造业的国际竞争力，是实施制造强国战略的关键，是建设制造强国的关键，亦是建设贸易强国的关键。2018年以来，美国单方面发起针对中国的贸易争端，直接将《中国制造2025》确定的重点发展产业作为打压对象。围绕制造业,中美贸易争端主要体现在两个方面:其一是中国具有传统比较优势的出口行业,其二是中国不具有竞争优势的进口行业和技术知识领域。COVID-19疫情对世界经济的发展带来较大的消极影响,制造业全球价值链面临重构,提升中国制造业全球价值链地位和贸易竞争力变得更加重要。

在梳理理论机理的基础上,本书选取制造业作为研究对象,验证制造业行业要素投入结构变化对制造业贸易竞争力的影响,具有重要的实际意义。新形势下如何保持与提升中国制造业的贸易竞争能力,成为急需解决的关键问题,既需要提供相应的理论支持,又需要根据实证检验提出具体的对策建议。

本书研究内容包含九章。第一章,绪论。介绍研究的选题背景和研究意义,阐述研究内容和研究方法,描述写作思路和研究框架,指出研究的创新和存在的不足。第二章,理论基础与文献综述。首先介绍研究的理论基础,然后展开详细的文献综述并进行简评,最后总结现有相关研究取得的成果和存在的不足,阐述本书拟定的突破方向。第三章,贸易优势理论认知拓展。首先阐述比较优势理论和竞争优势理论在中国的实践,分析取得的成绩和存在的不足,提出贸易优势理论认知拓展的必要性;然后基于双重异质性模型和相对效用价格比原则拓展当代比较优势理论的理论认知;接着从拓展要素的视角展开竞争优势影响因素的再认识,进而重释与重构贸易优势,并验证比较优势与竞争优势来源与表现的一致性;最后阐释贸易优势理论是分析要素结构与贸易竞争力关系的理论,为后文的理论机理分析和实证检验提供理论支持。第四章,要素结构变化影响贸易竞争力的机理。本章首先阐述贸易优势与贸易竞争力的关系,然后剖析验证要素结构变化对贸易竞争力的影响机理。第五章,中国制造业要素结构与贸易竞争力的测算。以中国制造业为研究对象,本章首先将不同数据库数据进行归并处理,然后计算并分析制造业各行业要素投入结构的现实特征,最后测算与分析制造业各行业的全球价值链参与度、全球价值链地位和贸易竞争力,并为后文的实证分析提供数据支持。第六章,要素结构变化对制造业贸易竞争力的影响:基于传统要素的视角。本章首先构建计量模型,并对模型中变量的选取、数据来源与计算进行说明;通过系列检验确定采用FGLS方法回归估计,对实证的过程与结果展开分析;并进行内生性、稳健性和异质性检验;结果表明物质资本积累和技术进步有利于行业贸易竞争力的提升。第七章,要素结构变化对制造业贸易竞争力的内在影响机制:基于全球价值链地位的中介效应。通过行业全球价值链地位的中介效应,考察要素结构变化对制造业贸易竞争力的内在影响机制;本章首先分析并验证了制造业要素结构变化与制造业全球价值链地位的关系,然后考察全球价值链地位的中介效应,通过指标选取说明和中介效应模型的构建,在实证结果的基础上进行中介效应检验和传导机制分析,经过稳健性检验进一步验证了制造业行业全球价值链地位存在部分中介效应。第八章,要素结构变化对制造业贸易竞争力的影响:基于拓展要素的视角。本章首先构建基于拓展要素的计量模型,说明和介绍指标选取与数据来源;然后采用FGLS方法对回归结果进行分析,并比较两种不同视角下不同因素的影响大小和方向是否存在差异;最后,考察调节变量行业进口渗透率对解释变量与被解释变量关系的影响,并对相应的调节效应进行分析和讨论。第九章,研究结论、对策建议与研究展望。本章梳理并归纳本书的研究结论,提出相应的对策建议,指出未来的研究展望。

  本书研究结论如下:提升贸易竞争力以传统要素为基础、拓展要素为保障,要素结构优化利于提升全球价值链地位和贸易竞争力。测算得到的中国制造业行业要素结构呈现整体优化的特征。中国制造业整体上仍处于全球价值链低端,但全球价值链地位呈现整体攀升态势。修正的显示性比较优势NRCA指数相对于传统的显示性比较优势RCA指数,能更真实地体现中国制造业行业的贸易竞争力。拓展要素视角下要素结构变化对提升制造业贸易竞争力的促进作用得到了强化;传统要素与拓展要素都与行业贸易竞争力有关,传统要素是提升贸易竞争力的基础影响因素,而经济要素和经济全球化要素为进一步提升贸易竞争力提供了保障。不同要素对制造业行业贸易竞争力的影响存在差异,应按制造业行业部门差异化配置要素。明确上述问题,是中国实现制造业高质量发展的关键,是中国建设制造强国的关键,亦是中国建设贸易强国的关键。

  本书的创新体现在三个方面:第一,研究视角从传统要素向拓展要素扩展,拓展了贸易优势理论认知。将双重异质性模型的理论基础和相对效用价格比的分析框架相结合,验证了贸易优势理论的认知拓展。同时,考察产品供给的相对价格优势和消费者效用满足的质量优势,重释与重构了贸易优势。从成本与质量双重视角重新阐释贸易优势的来源,并将之统括在要素禀赋结构升级的框架之中加以检验。第二,研究分行业属性和分行业技术含量的异质性影响。采用最新的WIOD2016数据库,运用产业前向关联分解法测算得到行业NRCA指数,展开分行业属性和分行业技术含量的异质性检验,发现要素投入对不同制造业行业贸易竞争力的影响存在明显的差异性,为实施差异化的行业发展对策建议提供了佐证。第三,展开全球价值链地位对要素结构与行业贸易竞争力关系的内在影响机制研究。在研究直接效应基础上,利用中介变量行业全球价值链地位,验证要素结构变化通过制造业全球价值链地位影响制造业贸易竞争力的间接效应。同时,考察行业全球价值链地位的中介效应和行业进口渗透率的调节效应,在扩大进口、提高进口质量背景下,从进口视角探究贸易竞争力的影响因素,部分弥补了以往研究的不足。

目录
CONTENTS

前言…1

第一章 绪论…001
一、研究背景和意义…002
二、研究内容和方法…009
三、研究思路和框架…013
四、研究创新和不足…015

第二章 理论基础与文献综述…019
一、理论基础…020
二、文献综述…028
三、研究评述…065
四、本章小结…072

第三章 贸易优势理论认知拓展…075
一、比较优势理论与竞争优势理论在中国的实践…076
二、当代比较优势理论认知拓展…091
三、竞争优势理论认知拓展…100
四、贸易优势的重释与重构…107
五、本章小结…133

第四章 > 要素结构变化影响贸易竞争力的机理…135

一、贸易优势与贸易竞争力…136

二、物质资本积累对贸易竞争力影响的机理…137

三、人力资本积累对贸易竞争力影响的机理…139

四、技术进步对贸易竞争力影响的机理…141

五、拓展要素对贸易竞争力影响的机理…142

六、要素结构变化对贸易竞争力影响机理的验证…145

七、本章小结…150

第五章 > 中国制造业要素结构与贸易竞争力的测算…153

一、WIOD2016和《国民经济行业分类》的行业分类与归并…154

二、中国制造业行业要素结构的现实特征…161

三、中国制造业贸易竞争力的测算：基于传统贸易统计…176

四、中国制造业贸易竞争力的测算：基于增加值贸易统计…180

五、两种测算结果比较分析…203

六、本章小结…209

第六章 > 要素结构变化对制造业贸易竞争力的影响：基于传统要素的视角…211

一、问题的提出…212

二、计量模型的构建与说明…213

三、指标选取说明、数据来源与计算…214

四、实证过程与结果…221

五、本章小结…241

第七章 > 要素结构变化对制造业贸易竞争力的内在影响机制：基于全球价值链地位的中介效应…243

一、问题的提出…244

二、要素结构变化与制造业全球价值链地位的关系…245

三、全球价值链地位中介效应分析…259

四、本章小结…272

第八章 要素结构变化对制造业贸易竞争力的影响：基于拓展要素的视角…275

一、问题的提出…276

二、计量模型的构建与说明…277

三、指标选取说明、数据来源与计算…279

四、实证过程与结果…288

五、行业进口渗透率调节效应分析…305

六、本章小结…309

第九章 研究结论、对策建议与研究展望…311

一、研究结论…312

二、对策建议…318

三、研究展望…324

附录…325

中外文参考文献…344

后记…363

本书相关科研成果目录…365

作者简介…367

第一章

绪论

一、研究背景和意义

(一)研究背景

1978年以来,中国经济保持长期高速增长,逐渐发展成为经济大国。《中国统计年鉴》数据显示,2018年中国GDP达到900309.5亿元人民币,是1978年的244.75倍;按照2018年12月31日人民币兑美元中间汇率1美元折合6.8755元人民币计算,达到130944.59亿美元,经济总量约占世界经济总量的15.26%,是仅次于美国的第二大经济体。2018年中国人均GDP为64644元人民币,较2016年增长10.6%;人均GDP折合为9402.1美元,处于世界中等收入国家水平。据中国新闻网报道,2019年中国人均GDP突破1万美元,达到初级发达国家水平。[①]在经济持续增长的同时,中国对外贸易规模持续扩张。据中国国家统计局网站数据,中国于2009年成为世界第一大货物贸易出口国;2013年中国超过美国首次成为世界第一大货物贸易进出口国;2017年,中国进出口额达到41045.04亿美元,同比增长11.4%,再次超过美国成为世界第一大货物贸易进出口国,占世界进出口总额的11.5%。据海关总署数据,2019年中国进出口额达到45753.03亿美元,稳居第一货物贸易大国。[②]中国经济和对外贸易取得的巨大成绩,正是因为抓住了世界产业结构调整与产业转移的有利时机,实施改革开放,发挥低成本的要素禀赋比较优势,吸引国外资金和技术,积极融入全球化,参与全球价值链分工,获取贸易利益。在取得贸易大国地位的同时,中国尚未成为一个贸易强国,中国的对外贸易"大而不强"。

与此同时,中国制造业总产值在中国国内生产总值占比逐年增长,中国国家统计局数据显示,2018年中国制造业总产值达26.48万亿元,占GDP的29.41%,同比增长6.2%;与2016年总产值21.62万亿元相比,增长了22.48%。中国制造业总产值在世界占比持续提升:2010年,中国制造业总产值占世界制造业总产值的19.8%,而同期美国占比19.4%,中国成为世界第一制造业大国;2015年,中国制造业总产值占世界制造业总产值的22%,稳居世界第一位;[③]2017年,中国制造业总产值占世界制造业总产值的比例上升到35%,是美国的2.58倍。[④]改革开放以来,中国制造业出口占

[①] 资料来源:中国新闻网,http://www.chinanews.com/cj/2020/01-17/9062445.shtml,2020年1月17日。
[②] 资料来源:海关总署,http://www.customs.gov.cn/customs/302249/302274/302275/2833774/index.html,2020年1月14日。
[③] 资料来源:中国产业信息网,http://www.chyxx.com/industry/201803/618369.html,2018年3月13日。
[④] 资料来源:搜狐网,https://www.sohu.com/a/258773416_724912,2018年10月11日。

比持续提升,2017年中国制造业出口达到总出口比重的93.7%。以上数据显示,中国已经是一个制造业大国,但中国制造业"大而不强"。其中,80%以上的高端技术需要进口,制造业出口产品附加值较低,具备贸易竞争力的产业集中在具有要素禀赋比较优势的劳动和资源密集型产业,资本和技术密集型产业的贸易竞争力虽有所提升,但与发达国家相比,总体仍处于全球价值链的低端。正如《中国制造2025》所言,中国制造业虽建成了完整的产业体系,但与世界先进水平相比,显得大而不强,转型升级和跨越发展任务艰巨。

2008年金融危机后,世界经贸进入了新平庸期:贸易增长预期不明显,存在缺陷的全球经贸规则和治理机制面临改革与重塑;全球市场需求减弱,跨国公司对外投资减少,发达国家制造业回流;第三次科技革命推动全球产业结构调整,资金和技术更多地投入新一代信息产业、高端制造业和移动互联等新兴战略性产业;"逆全球化"现象和新贸易保护主义频发,区域和双边经济合作快速发展。伴随中国改革开放的进一步深化和融入全球化进程的加速,中国经贸进入了新常态:传统要素禀赋比较优势减弱,贸易增速放缓,劳动力和土地等要素价格上行倒逼经济转型升级;粗放式经济增长带来严峻的资源环境问题,经济从高速增长阶段向高质量增长阶段转变;深化改革开放与完善内外制度机制,政策性与制度性改革相结合,积极参与全球经济治理推动经济合作;要素引进来的同时,具备高级要素优势的企业和产业走出去,推进自贸区战略和"一带一路"倡议相契合的探索与实践(吴杨伟和王胜,2017a)。中国正迈入从贸易大国向贸易强国、制造业大国向制造业强国转变的进程,世界经贸新平庸和中国经贸新态势是机遇亦是挑战。

2018年以来,美国单方面发起针对中国的贸易摩擦,直接将《中国制造2025》确定的重点发展产业作为直接打压对象,中美贸易摩擦对双边经贸关系的发展造成一定的消极影响。围绕制造业,中美贸易摩擦主要体现在两个方面:其一是中国具有传统比较优势的出口行业;其二是中国不具有竞争优势的进口行业和技术知识领域。新冠肺炎疫情对世界经济的发展带来较大的消极影响,制造业全球价值链面临重构,提升制造业全球价值链地位和贸易竞争力变得更加重要。

新形势下如何保持与提升中国制造业的贸易竞争能力,成为急需解决的关键问题,首先需要寻求相应的理论加以引领和支撑。有关贸易优势的国际贸易理论主要有比较优势理论和竞争优势理论,从比较优势理论到竞争优势理论的演进为中国对外贸易的发展起到重要指导作用。中国发挥要素禀赋比较优势,经济快速发展、对外贸易急速增长,取得了举世瞩目的成绩。改革开放的成功和贸易大国地位的取得,正是中国合理利用比较优势理论的体现。

以一般均衡分析框架为基础,比较优势理论经历从传统到现代、静态到动态的拓展,出现不同的理论模型解释贸易的成因和贸易优势的来源。经过长期的发展和积累,要素结构已经出现升级和优化,中国传统的要素禀赋比较优势已经发生了变化,全球化下要素呈现诸多新特征(吴杨伟和王胜,2017a、2017b),贸易优势需要寻求更合理的理论解释。20世纪90年代以来,竞争优势在国内逐渐受到关注和重视。对于比较优势与竞争优势,学者们曾展开激烈讨论,引起国内学者的广泛关注,形成两种不同的观点:绝大多数学者认为比较优势和竞争优势是两个不同的范畴,二者之间是相互替代或相互分离关系;部分学者认为比较优势和竞争优势是一致关系,认识到比较优势的内涵拓展(吴杨伟和王胜,2018c)。那么,我们不禁要问:比较优势与竞争优势在理论和实证上是否存在区别?比较优势与竞争优势是替代关系还是一致关系?比较优势是否过时?比较优势是否是唯一的贸易优势体现?竞争优势理论是否是对国际贸易理论的进一步发展?

从产品层面来看,传统比较优势理论认为比较优势仅是产品价格优势的纯供给因素分析。然而,现实的国际贸易竞争中则是同时考察产品价格的成本优势与产品质量对消费者效用满足的质量优势。传统比较优势的理论认知显然不能完整体现和解释产品的贸易竞争力,需要结合供给和需求,同时考察成本和效用满足对产品价格的影响,该相对效用价格才是贸易竞争力的真实体现。鉴于此,需要寻求产品价格调整可以同时源于成本和质量的理论支撑。这些问题的明确,便于明晰贸易优势的内涵,利于国家贸易政策和企业经营决策的调整,是提升国际分工地位和贸易竞争力的要求,也是实现从贸易大国向贸易强国转变的需要。

相对于贸易大国的地位,中国并不是一个贸易强国,对外贸易"大而不强"。一方面,中国依据比较优势理论发展成为贸易大国,但也付出了诸多代价,遭遇众多的贸易摩擦,贸易对国内价值增值贡献较小,所获贸易利益也较少,昂贵的生态成本付出制约贸易竞争力的进一步提升(邵邦和刘孝阳,2013;杨高举和黄先海,2014;周玲玲和于津平,2014;唐杰英,2014;丁溪和韩秋,2015;黎峰,2014、2016;岑丽君,2015)。另一方面,世界经济论坛(WEF)发布的《全球竞争力报告》(GCR,2019)和瑞士洛桑国际管理开发学院(IMD)发布的《世界竞争力年鉴》(WCY,2019)显示,中国国家竞争力排名的提升远低于中国对外贸易增长速度和排名的提升,中国的国家竞争力有待提高,排名仍有进一步提升的空间。黄先海(2006)、毛日昇(2006)、文东伟和冼国明(2011)、何树全和高旻(2014)、戴翔(2015)、于明远和范爱军(2016)、张幼文和周琢(2016)、程大中等(2017)、郑乐凯和王思语(2017)等学者研究发现中国真实的产业贸易竞争力仍然较弱,产业贸易竞争力主要体现在劳动密集型行业,存在较大的提升空间。WEF《全球竞争力报告》(2019)显示中国企业在全球价值链中的地位不断提升、技术含量不断提升、国际竞争能力不断提高,但与西方发达国家相比,中国企业的国际竞争力需要进一步提升。一国要获取贸易优势,该国参与贸易的企业和产业就必须具有国际竞争力,从上述国家、产业和企业三个层面,中国对外贸易的竞争能力还有待进一步提升,尚未形成较强的贸易竞争力。

综上所述,中国利用比较优势理论建成了贸易大国,但在取得巨大成绩的同时付出了诸多代价。长期依赖要素禀赋比较优势易陷入"比较优势陷阱",而短期内又尚未形成较强的贸易竞争力,急需扭转"大而不强"的局面。而扭转"大而不强"局面的关键是提高国际竞争能力,从对外贸易的角度,这种国际竞争能力表现为贸易竞争力,贸易竞争力是一国产业内企业所生产产品具备贸易优势的直接体现。在理论和实证研究中,贸易优势通常用贸易竞争力加以量化和衡量,贸易竞争力意味着特定的利益主体可以在国内外市场上比竞争者以更低的价格和更高的质量满足国内外消费者的消费需求,可以获取更多的利益。贸易竞争力直接表现为国家竞争力、产业竞争力和企业竞争力,以及企业所生产产品的国际竞争力。其中,产业贸易竞争力是核心,企业及其生产产品的贸易竞争力是基础,贸易竞争力根源于企业生产产品所投入的"一揽子要素"。"一揽子要素"是生产经营活动中所需的各种社会资源,从经济全球化视角可以将要素划分为传统要素、经济要素和经济全球化要素三类(张幼文,2016)。该分类拓展了要素的内涵和外延(吴杨伟和王胜,2017b),要素内涵与外延的扩展使得更多的因素可以被纳入要素的范畴。要素内涵与外延拓展,要素结构优化升级,为贸易优势的重释提供了现实条件。在传统要素基础上,从拓展要素视角讨论贸易竞争力的影响因素,丰富了研究内容,拓展了研究范围。相对于传统要素而言,经济要素和经济全球化要素是高级要素,各国的竞争除了表现为传统要素的竞争外,还体现为经济要素和经济全球化要素的竞争,即"一揽子要素"的全面竞争。这样,研究贸易竞争力的影响因素表现为"一揽子要素"对贸易竞争力的影响差异。

在全球价值链分工背景下,产品的价值链分工与产业间分工相结合,一国出口的最终产品可能包括从他国进口的中间产品,即:一国出口中可能包含进口成分。传统贸易统计以一国贸易总量衡量该国贸易优势和贸易竞争力的若干概念可能存在着偏误,无法真实体现该国在国际价值链分工体系中的参与程度与贸易竞争能力。传统的以国家为单位的贸易统计方法可能夸大了一国出口规模,这种以贸易规模衡量贸易竞争力的方法并非该国贸易竞争力的真实体现,应当以本国要素收益为前提,根据产品的价值链分工,分析出口产品价值构成中的要素成分,只有基于本国要素收益及其所生产创造的增加值才是贸易竞争力的真实体现(张幼文和周琢,2016;郑乐凯和王思语,2017)。因此,开展增加值贸易统计下的相关研究成为学术界的一大研究热点。Wang et al.(2013)、王直等(2015)、Wang et al.(2017a、2017b)采用前向关联分解法分解贸易增加值,构建出一个新的增加值贸易核算体系,利用该核算体系和方法,可以重新诠释增加值出口,修正传统显示性比较优势 RCA 指数,NRCA 指数为本研究提供了新的工具和方法。

党的十九大报告和中央经济工作会议指出:中国经济正由高速增长阶段转向高质量发展阶段,高质量发展是新时代中国经济的鲜明特征。新冠肺炎疫情对世界经济的发展带来较大的消极影响,从生产要素的角度,制造业转型升级和高质量发展要求优化要素结构,提升要素配置效率;从对外贸易的角度,制造业转型升级和高质量发展要求制造业向全球价值链高端延伸,提升制造业的贸易竞争力。实现要素合理配置和提升国际竞争力,是制造业转型升级和高质量发展的必由之路。生产中投入的各种要素会影响制造业的贸易竞争力,因此,研究制造业贸易竞争力与要素投入之间的关系是一个社会关切和政府关注的重要主题,是建设制造业强国和贸易强国的需要,亦是经济高质量发展和应对贸易摩擦的需要。

(二)研究意义

1.理论意义

第一,为实现从贸易大国向贸易强国的转变提供理论支持。

贸易优势理论是国际贸易理论研究的主要内容之一,关于贸易优势的理论研究主要有比较优势理论和竞争优势理论。比较优势理论是国际贸易理论的基石,中国改革开放的成功和贸易大国地位的取得,正是因为比较优势理论的合理利用。20世纪90年代以来,竞争优势理论在国内逐渐受到关注和重视。中国依靠比较优势理论发展成为贸易大国,但由于竞争优势不足,在短期内难以成为贸易强国。比较优势理论单一供给侧的相对价格分析和竞争优势理论的供给侧成本领先、需求侧标新立异分析相融合,可以进一步拓展贸易优势的理论认知。贸易优势应是在满足相同消费者效用基础上产品价格的比较与竞争,贸易优势源于拓展要素视域下的"一揽子要素",表现为产品层面的成本优势和质量优势,本质上是一种相对效用价格比比较优势。这样的理论认知拓展,不仅丰富了贸易优势的理论认识,而且为贸易竞争力影响因素的研究拓宽了研究范围,利于认识从贸易大国向贸易强国转变,利于应对贸易争端和贸易摩擦。

第二,贸易优势的认知拓展为培育贸易优势提供理论依据。

从古典到新古典再到新贸易理论和新新贸易理论的发展,从比较优势理论到竞争优势理论的发展,贸易理论经过两百多年的演进,贸易优势的来源和影响因素不断发展。基于拓展要素视角的贸易优势理论研究,是对贸易理论的认知拓展和动态发展。全球化下要素内涵与外延拓展,从传统要素、经济要素和经济全球化要素的视角,既可拓展比较优势理论的研究范围和研究内容,又可拓展竞争优势理论关于贸易优势来源与表现的认知,赋予了比较优势与竞争优势新的内涵。通过对相对效用价格比原则的理论分析和双重异质性模型的验证,发现比较优势与竞争优势来源与表现具有一致性,进而可以重新构建贸易优势的立体层次结构,利于从产品、企业、产业和国家不同层面培育和获取贸易优势,提升贸易竞争力。中国对外贸易优势的培育、获取与持续需要创新,需要寻求新的理论支撑和新的发展途径,贸易优势理论认知拓展正好为培育和发挥贸易优势提供了理论支持。

第三,双重异质性模型完善了贸易优势理论分析框架。

在本书构建的理论模型中,同时考虑产品的供给和需求、成本和消费者偏好。双重异质性模型分析框架将产品质量引入效用函数,产品需求函数中增加消费者偏好因素,成本函数中除了考虑加工成本外,增加体现产品质量差异的质量升级成本,并同时考察以关税度量产品国际流通环节的交易成本,使得均衡条件下的产品价格同时受产品生产成本的价格因素和消费者效用满足的非价格因素影响。借助双重异质性模型,可以清晰地认识均衡条件下产品的出口价格,该出口价格分解为生产率部分和质量部分。这样,出口价格取决于生产成本和产品质量,即可变加成和可变质量,模型设定与贸易优势源于成本优势和质量优势相一致,即成本领先和标新立异。同时,可以验证贸易优势是一种相对效用价格比的比较优势。将考虑产品相对价格的比较优势和考虑成本领先与标新立异的竞争优势结合起来,双重异质性模型不仅验证了比较优势与竞争优势的一致性,而且为研究微观层面企业异质和产品异质的贸易现象提供了分析工具。

将比较优势理论和竞争优势理论加以整合,当代比较优势理论可以改变主流国际贸易理论对于比较优势与竞争优势相分离的认知,可以更好地解释国际贸易现象,是对国际贸易理论认知的进一步发展。对于转型中的中国而言,正确认识贸易优势的内涵、来源与表现,有利于贸易优势的培育与发挥,有利于应对贸易争端和贸易摩擦,是提升国际分工地位和贸易竞争力的需要,是实现从贸易大国向贸易强国转变的需要;同时,也有利于国家贸易政策和贸易战略的调整,有利于企业转换经营策略。贸易优势本质上仍是一种比较优势,贸易优势理论是研究要素与贸易竞争力关系的理论。重释贸易优势,并开展相应的实证检验,可以验证理论的认知拓展。将更多的要素指标纳入到一个统一的分析框架中,既拓展了贸易优势的理论内容,又拓展了贸易竞争力影响因素的研究范围,便于进一步明晰不同要素对贸易竞争力影响的差异,进而有针对性地提出差异化的产业发展建议。

2.现实意义

2014年12月,"中国制造2025"概念被首次提出。2015年5月19日,国务院办公厅印发的《中国制造2025》指出:制造业是国民经济的主体,是立国之本、强国之基。十八世纪中叶开启工业文明以来,世界强国的兴衰史和中华民族的奋斗史一再证明,没有强大的制造业,就没有国家和民族的强盛。打造具有国际竞争力的制造业,是我国提升综合国力、保障国家安全、建设世界强国的必由之路。

美国单方面发起针对中国的贸易争端,实际上是围绕比较优势和竞争优势而展开的贸易竞争,其实质是中美两国要素的竞争。作为国民经济的支柱产业,中国制造业通过物质资本和人力资本的积累、技术进步、制度的完善、市场规模的扩张和吸引外商直接投资实现发展;通过引进、消化、吸收、创新培育高级要素优化行业要素结构,进而参与全球价值链分工,获得提升贸易竞争力的新源泉。

采用传统贸易统计数据和测算方法,测算出的行业贸易竞争力存在高估和低估的问题。结合增加值贸易统计数据和修正的贸易竞争力测算方法,开展中国制造业行业贸易竞争力的测算与影响因素的研究显得更有意义和价值。基于增加值贸易统计数据的全球价值链地位、行业贸易竞争力测算,可以更为客观地展开要素结构与行业贸易竞争力关系的研究,结合实证结果的影响大小和方向差异,可以提出更加有针对性的建议,利于提升制造业行业全球价值链地位和贸易竞争力。

新冠肺炎疫情对世界经济的发展带来较大的消极影响,全球价值链面临重构,提升制造业全球价值链地位和贸易竞争力变得更加重要。要素结构的优化升级对中国参与全球价值链分工、获取经济增长尤为重要,如何有效地优化要素投入结构并提升贸易竞争力,是一个具有重要理论价值和实践意义的研究课题。尤其是作为国民经济支柱的制造业,研究不同要素投入对制造业贸易竞争力的影响差异具有重要的现实意义。明确上述问题,是中国建设制造强国的关键,是中国建设贸易强国的关键,亦是中国实施制造强国战略的关键。

二、研究内容和方法

(一)研究内容

围绕研究主题,通过"文献梳理、理论构建、机理描述、特征分析、数据统计、实证设计与回归检验、结论与建议提出"的逻辑展开研究,全书共包含九章:

第一章,绪论。本章主要介绍选题背景和研究意义,阐述本研究的研究内容和研究方法,描述本书的写作思路和研究框架。

第二章,理论基础与文献综述。本章首先介绍研究的理论基础,回顾比较优势理论、竞争优势理论、全球价值链理论和生产要素理论的理论内容;然后展开详细的文献综述并进行简评,包括梳理关于比较优势与竞争优势关系的相关研究,梳理传统比较优势理论、现代比较优势理论和竞争优势理论关于贸易优势来源的研究,梳理贸易竞争力影响因素的相关研究,结合贸易竞争力的评价指标梳理产业贸易竞争力的相关研究;最后为研究评述,总结现有相关研究取得的成果和存在的不足,并阐述本书拟定的研究突破方向。

第三章,贸易优势理论认知拓展。本章首先阐述和分析比较优势理论和竞争优势理论在中国的实践,梳理取得的成绩和存在的不足,提出贸易优势理论认知拓展的必要性;然后基于产品异质和企业异质的双重异质性模型以及相对效用价格比原则,拓展当代比较优势理论的理论认知;其次,从拓展要素的视角展开竞争优势影响因素的再认识,分析竞争优势不同层面的竞争机制;接着结合贸易优势理论的认知拓展,从产品层面要素视角,重新解释贸易优势的含义,是比较优势与竞争优势的融合,本质上是一种比较优势,并分析贸易优势的来源与表现,借助相对效用价格比原则和双重异质性模型进一步验证比较优势与竞争优势来源与表现的一致性,尝试解释比较优势与竞争优势"理论上分离"和"实证上统一"的"自我矛盾",进而剖析贸易优势的结构;最后,做小结:释义拓展的贸易优势理论认知仍是分析要素与贸易竞争力关系的理论。贸易竞争力的影响因素体现为"一揽子要素"对贸易竞争力的影响,为后文的理论机理和实证检验提供理论支持。

第四章,要素结构变化影响贸易竞争力的机理。根据第三章阐释的贸易优势,本章首先深入探讨贸易优势与贸易竞争力的关系,进一步解释比较优势与竞争优势"理论上分离"和"实证上统一"的"自我矛盾";然后依次剖析物质资本积累、人力资本积累、技术进步、拓展要素等要素投入变化对贸易竞争力的影响机理;最后,验证上述"一揽子要素"对应的要素结构变化对贸易竞争力的影响机理,梳理的理论机理有待于后文实证分析加以验证。

第五章,中国制造业要素结构与贸易竞争力的测算。以中国制造业为研究对象,本章首先根据WIOD2016数据库行业分类和《国民经济行业分类》行业特点确定本研究制造业行业的归并关系,将不同数据库制造业行业数据进行归并与拆分处理;然后,结合归并后的数据,计算并分析2003至2014年中国制造业各行业要素结构的现实特征;最后,进一步结合传统贸易统计数据和增加值贸易统计数据开展制造业各行业的行业贸易竞争力测算和测算结果比较,并测算制造业各行业的全球价值链参与度与全球价值链地位,为后文的实证分析提供数据支持。

第六章,要素结构变化对制造业贸易竞争力的影响:基于传统要素的视角。在理论机理梳理和数据准备的基础上,基于传统要素的视角,本章首先提出研究的问题,分析物质资本、人力资本和技术等传统要素对制造业行业贸易竞争力的影响;然后构建出研究制造业要素投入结构与贸易竞争力关系的计量模型,并对模型中变量的选取、数据来源与计算进行说明;接着对实证的过程与结果展开分析,在描述性统计和多重共线性分析基础上,通过 F 检验、Hausman 检验、组间异方差 Wald 检验、组内自相关的 Wooldridge 检验和 D-M 内生性检验加以验证,确定采用 FGLS 方法检验回归分析的有效性,并对回归结果进行内生性、稳健性和异质性检验,检验结果表明回归结果是有效的;最后,对本章进行总结。

第七章,要素结构变化对制造业贸易竞争力的内在影响机制:基于全球价值链地位的中介效应。在基于传统要素视角讨论要素结构变化对制造业行业贸易竞争力的直接影响基础上,本章通过行业全球价值链地位产生的中介效应,考察行业要素结构变化是否会影响制造业行业全球价值链地位以及行业贸易竞争力是否会受到行业全球价值链地位的影响,进一步确定行业全球价值链地位是否对制造业行业要素结构与行业贸易竞争力存在中介效应。针对提出的问题,本章首先研究要素结构变化与制造业全球价值链地位的关系,通过计量模型的设定和变量的描述说明,采用动态面板系统 GMM 回归方法进行回归分析,并采用 F 检验、Hausman 检验、组间异方差 Wald 检验、组内自相关的 Wooldridge 检验和 D-M 内生性检验加以验证,分析估计结果并进行稳健性检验。然后,考察全球价值链地位的中介效应,通过指标选取说明和中介效应模型的构建,分别采用 FGLS、系统 GMM、FGLS 方法展开中介效应模型估计,在实证结果分析的基础上进行中介效应检验和传导机制分析,并对回归结果进行稳健性检验。最后,总结本章研究内容和研究结果。

第八章,要素结构变化对制造业贸易竞争力的影响:基于拓展要素的视角。区别于本书第六章和以往传统研究将研究视角集中于传统要素,有必要基于拓展要素的视角展开要素结构变化对贸易竞争力影响的更全面考察;基于此,在传统要素基础上,纳入经济要素和经济全球化要素分析,进一步展开关于传统要素、经济要素和经济全球化要素对贸易竞争力影响的讨论,进而拓展影响因素的研究范围。本章首先构建拓展要素的计量模型,进行指标选取说明和介绍数据来源。然后采用 F 检验、Hausman 检验、组间异方差 Wald 检验、组内自相关的 Wooldridge 检验和 D-M 内生性检验确定采用 FGLS 回归方法,对回归结果分析的同时,进一步比较两种不同视角下影响因素的大小和方向是否存在差异,验证本书重释与重构的贸易优势;并采用替代变量和增加调节变量的方法进行稳健性检验。最后,行业进口渗透率可能会改变行业各种生产要素对行业贸易竞争力的影响,进而影响要素结构与贸易竞争力之间的关系;进一步考察调节变量对解释变量与被解释变量关系的影响,展开调节效应的分析和讨论;对本章研究结果进行总结。

第九章,研究结论、对策建议与研究展望。本章梳理、归纳研究结论并结合研究成果提出相应的对策建议,指出研究展望。

(二)研究方法

1.文献回顾法

以 comparative advantage、competitive advantage、trade competitive advantage、trade advantage、trade competitiveness、value-added trade等作为关键词,结合比较优势、竞争优势、贸易优势、贸易竞争力、增加值贸易等中文关键词,借助CNKI、百度学术、Web of Science、Google Scholar和JSTOR等中外文文献检索平台,进行相关文献的检索、搜集与整理。通过文献梳理,进一步拓展比较优势理论和竞争优势理论的当代认知。通过相对效用价格比分析框架构建并分析比较优势与竞争优势的关系,依据贸易优势表现为成本优势和质量优势,借鉴Antoniades(2015)构建一个双重异质性模型,并借助双重异质性模型验证比较优势与竞争优势来源与表现的一致性。在理论构建过程中,分析和讨论生产要素是贸易优势的根本来源,要素结构变化影响贸易优势和贸易竞争力的变化。利用Wang et al.(2013)、Wang et al.(2017a、2017b)提出的修正显示性比较优势指数NRCA度量制造业行业贸易竞争力,采用全球价值链地位指数GVCpo度量制造业行业全球价值链地位。

2. 规范分析与实证分析法

首先展开规范分析,在梳理提出现有理论研究存在不足的同时,拓展比较优势理论与竞争优势理论的当代理论认知,论证要素结构变化对贸易竞争力的影响机理;在此基础上通过WIOD2016、UN Comtrade数据库、《中国统计年鉴》《中国科技统计年鉴》《中国工业经济统计年鉴》《中国劳动统计年鉴》等资源收集数据,并运用归并与处理、统计作图与分析、变量选取与计算、计量模型构建与估计等方法,借助Stata等计量分析软件,通过F检验、Hausman检验、组间异方差Wald检验、组内自相关的Wooldridge检验和D-M内生性检验,采用广义可行最小二乘法FGLS和系统GMM等估计方法,运用中介效应和调节效应展开制造业贸易竞争力影响因素的实证研究;并对实证结果进行内生性、稳健性和异质性检验。

3. 比较研究法

从传统要素视角和拓展要素视角分别进行制造业贸易竞争力影响因素的实证分析,比较两个不同视角实证研究结果的差异,验证拓展的理论认知。从行业部门属性和行业部门技术含量差异等不同视角,比较不同类别制造业行业部门回归结果的显著性、符号和大小,并分析造成差异的原因。传统要素是制造业行业获取贸易竞争优势、提升贸易竞争力的基础,传统要素与拓展要素都与行业贸易竞争力有关,从拓展要素视角能更全面地认识影响制造业行业贸易竞争力的因素。

三、研究思路和框架

(一)研究思路

依据研究内容和方法,本书通过文献梳理—问题提出—理论构建—机理描述—数据处理与测算—实证设计与理论检验—研究结论与展望的逻辑思路展开研究。遵循上述逻辑,本书的研究思路表述如下:

首先,回顾相关理论基础,通过文献检索、搜集和分析,梳理现有研究取得的成果和存在的不足,进而提出本书研究的问题和拟突破的方向;针对现有理论取得的成绩和存在的不足,展开贸易优势理论的当代认知拓展,丰富和发展现有理论对于贸易优势来源与表现的认识。然后,阐释要素结构变化影响贸易竞争力的理论机理。接着,分析制造业要素结构和贸易竞争力的现实特征,结合归并后的传统贸易统计和增加值贸易统计数据,测算制造业全球价值链地位指数和行业贸易竞争力,并进行比较分析。最后,分别基于传统要素视角和拓展要素视角,展开要素结构变化对制造业贸易竞争力影响的实证分析,并通过行业全球价值链地位的中介效应、行业进口渗透率的调节效应进一步验证;总结研究结论,提出针对性的建议。

(二)研究框架

结合研究内容、研究方法和研究思路,本书的研究框架见图1-1:

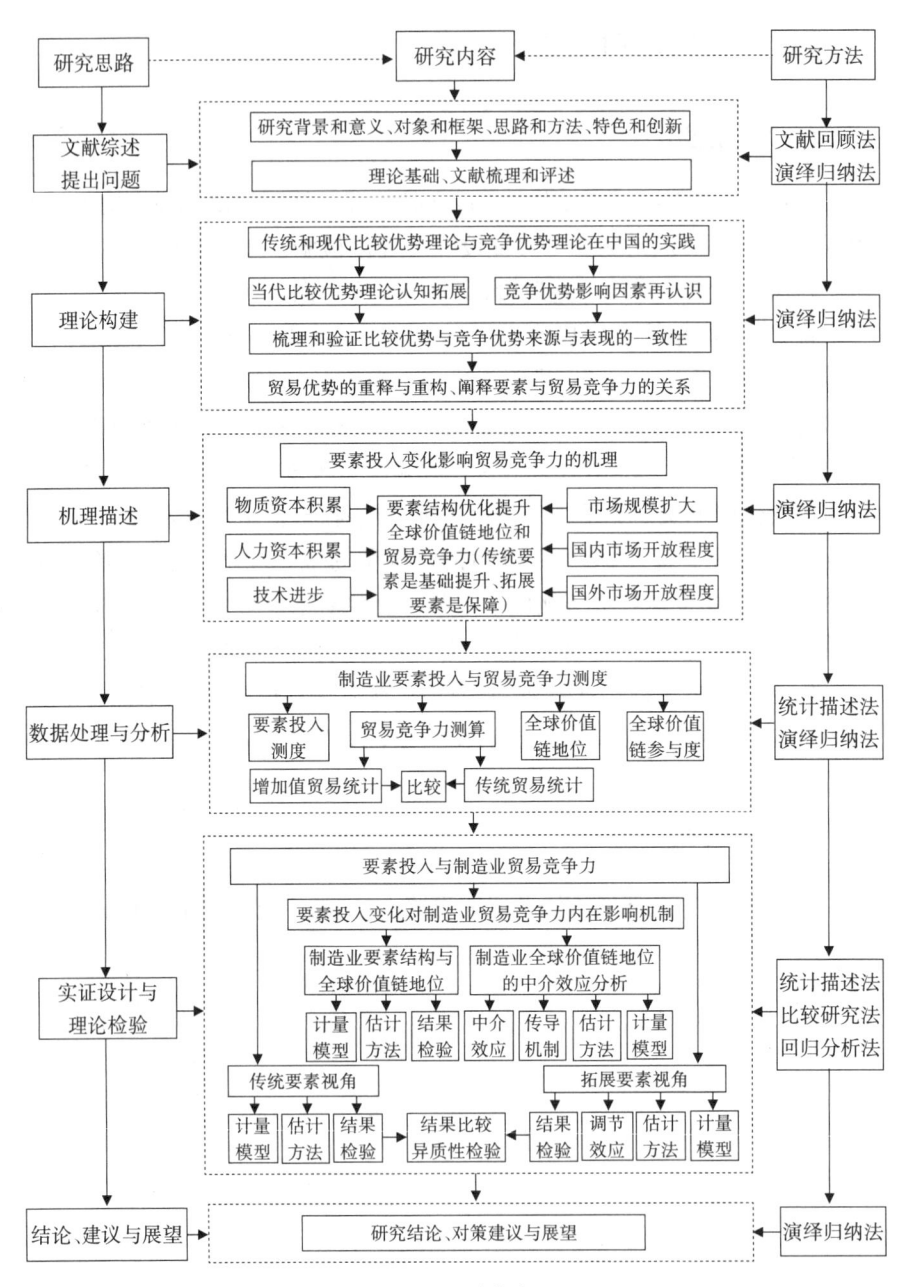

图1-1 研究框架

研究思路	研究内容	研究方法
文献综述 提出问题	研究背景和意义、对象和框架、思路和方法、特色和创新;理论基础、文献梳理和评述	文献回顾法 演绎归纳法
理论构建	传统和现代比较优势理论与竞争优势理论在中国的实践;当代比较优势理论认知拓展;竞争优势影响因素再认识;梳理和验证比较优势与竞争优势来源与表现的一致性;贸易优势的重释与重构、阐释要素与贸易竞争力的关系	演绎归纳法
机理描述	要素投入变化影响贸易竞争力的机理（物质资本积累、人力资本积累、技术进步;要素结构优化提升全球价值链地位和贸易竞争力（传统要素是基础提升、拓展要素是保障）;市场规模扩大、国内市场开放程度、国外市场开放程度）	演绎归纳法
数据处理与分析	制造业要素投入与贸易竞争力测度（要素投入测度、贸易竞争力测算、全球价值链地位、全球价值链参与度;增加值贸易统计、比较、传统贸易统计）	统计描述法 演绎归纳法
实证设计与理论检验	要素投入与制造业贸易竞争力;要素投入变化对制造业贸易竞争力内在影响机制;制造业要素结构与全球价值链地位;制造业全球价值链地位的中介效应分析（计量模型、估计方法、结果检验、中介效应、传导机制、估计方法、计量模型）;传统要素视角（计量模型、估计方法、结果检验）、结果比较异质性检验、拓展要素视角（结果检验、调节效应、估计方法、计量模型）	统计描述法 比较研究法 回归分析法
结论、建议与展望	研究结论、对策建议与展望	演绎归纳法

四、研究创新和不足

(一)研究创新

本书的创新点主要体现在以下三个方面:

第一,拓展了贸易优势理论认知,研究视角从传统要素向拓展要素扩展。

区别于以往将视角集中于物质资本、技术和人力资本等传统要素研究贸易竞争力的影响因素,全球化下要素内涵与外延拓展,经济要素与经济全球化要素都可纳入要素的范畴,拓展了要素的内涵。贸易优势源于传统要素、经济要素和经济全球化要素组成的"一揽子要素"。将双重异质性模型的理论基础和相对效用价格比的分析框架相结合,拓展贸易优势的理论认知。同时考察产品供给的相对价格优势和消费者效用满足的质量优势,重释与重构了贸易优势。从成本与质量双重视角重新阐释贸易优势的来源,并将之统括在要素禀赋结构升级的框架之中加以检验。在传统要素分析基础上,基于拓展要素视角的变量选取和模型设定,扩大了贸易竞争力影响因素的研究范围;通过实证检验发现拓展要素与传统要素对行业贸易竞争力影响大小和方向存在差异,传统要素是基础,拓展要素是保障。

第二,运用前向关联分解法测算得到修正的显示性比较优势指数,展开分行业影响的异质性检验。

运用最新的WIOD2016数据库,将制造业作为研究对象开展经验验证,采用产业前向关联分解法分解贸易增加值测算,得到修正的显示性比较优势指数NRCA;并对样本数据按照制造业行业属性差异和行业技术含量不同进行异质性检验,发现不同的要素投入对不同行业部门贸易竞争力的影响存在着明显的差异,为实施差异化的行业发展对策提供了佐证,部分弥补了运用WIOD2016数据研究中国制造业贸易竞争力的不足。

第三,研究了行业全球价值链地位对行业要素投入与行业贸易竞争力关系的内在影响机制。

以往研究侧重于要素投入结构变化对制造业贸易竞争力的直接影响效应分析,本书利用制造业行业全球价值链地位的中介效应,进一步分析制造业要素投入结构变化通过全球价值链地位影响贸易竞争力的间接效应,即开展制造业行业全球价值链地位对要素结构变化与贸易竞争力关系的内在影响机制研究。这样,直接影响效应和间接影响效应研究相结合,可以更完整地验证理论机理。也就是说,以往研究忽视了要素结构变化对行业贸易竞争力内在影响机制的分析和讨论,忽视了验证行业价值链地位对要素结构与产业贸易竞争力关系的影响。本书验证了要素结构变化对行业贸易竞争力的内在影响机制:行业要素结构优化升级可以促进行业全球价值链地位的改善,行业全球价值链地位的改善可以促进行业贸易竞争力的提升。另外,同时考察行业全球价值链地位的中介效应和行业进口渗透率的调节效应,这样的研究设计,在扩大进口、提高进口质量的背景下,从进口视角探究出口贸易竞争力的影响因素,也弥补了以往研究的不足。

(二)研究不足

本书探讨了要素投入结构变化对产业贸易竞争力影响的理论机理,并以中国制造业作为研究对象进行实证检验。结合2003至2014年中国制造业行业面板数据,利用最新的WIOD2016数据库、UN Comtrade数据库、《中国统计年鉴》、《中国工业经济统计年鉴》、《中国科技统计年鉴》、《中国劳动统计年鉴》等数据,运用多种计量回归方法和相关检验,获得了一些具有现实指导意义的研究结果。但是,由于存在某些不可避免的、主客观条件的制约,本书仍存在一定的不足,大致体现在以下几个方面:

第一,影响因素完整性的进一步考察。

经济全球化下要素内涵与外延拓展,从全球化视角将要素分为传统要素、经济要素和经济全球化要素,这些要素的变化都可能影响制造业行业贸易竞争力。因此,理想的做法是将所有因素都纳入计量模型中加以回归。但是,现有研究方法和数据获取并不能将上述影响因素逐一量化,无法做到将所有影响因素都纳入模型分析;而且,出于计量统计的需要,上述部分影响因素可能存在多重共线性,亦导致无法全部纳入计量回归。就本书变量的选取来看,虽然将尽可能多的可量化影响因素纳入计量模型,但可能忽视了部分要素对制造业贸易竞争力的影响。

第二,数据的更新与完整性。

为了验证本书的理论认知拓展,研究中开展了大量的实证检验,利用到大量制造业分行业原始数据,虽然都是通过权威的途径加以获取,但在数据获取和整理过程中遇到部分困难,如:最新的WIOD2016数据库、UN Comtrade数据库和国内的《中国统计年鉴》《中国科技统计年鉴》《中国工业经济统计年鉴》《中国劳动统计年鉴》等不同来源的数据,存在不同行业分类数据归并的问题,由于各数据库采用不同的行业分类标准和方法,行业数据归并存在一定的困难,到目前为止,并没有形成一套公认的数据处理方法。本书按照WIOD2016数据库的行业分类,将制造业分成18个行业,对国内不同统计年鉴中制造业行业数据进行归并。在借鉴相关研究成果的基础上,虽然采用了相对合理的处理方法,但数据归并过程中不可避免地会出现一定的误差。另外,从本书研究的主要内容来看,利用最新的WIOD2016数据验证了贸易优势理论的认知拓展,达到了预期的研究效果。虽然WIOD发布的投入产出数据相对最新,但是WIOD2016数据只更新到2014年,存在一定的更新时滞,数据的时效性可能会对实证研究结果产生一定的影响。待相关数据更新后,可以进一步研究中国制造业贸易竞争力的影响因素,增强研究的针对性和政策建议的时效性。

第二章
理论基础与文献综述

本章首先阐述比较优势理论、竞争优势理论、全球价值链理论和生产要素理论等多个相关理论,通过理论回顾和文献梳理,为后续研究提供经验支持。

在理论回顾的基础上,开展比较优势与竞争优势的关系、贸易优势的来源、贸易竞争力的影响因素、贸易竞争力测评方法与产业贸易竞争力测评为主题的相关文献回顾与梳理,总结现有研究取得的成果及存在的不足,针对现有研究的不足提出本书的研究内容及试图努力的方向。本章大体分为四个部分:第一部分为理论基础,第二部分为文献综述,第三部分为研究评述,第四部分为本章小结。

一、理论基础

贸易优势(Trade Advantage)是一国在国际贸易中获取贸易利益的有利形势或条件。贸易优势体现了一国产业及其产品在国际市场上的竞争能力,一国贸易优势由该国出口产品优势决定。贸易优势可定义为:由一国主导产业决定并构成该国出口主体的某些产品类别的集合,这种产品类别的集合在国际贸易中具有优越势能或优胜趋向。

有关贸易优势的理论主要有比较优势理论和竞争优势理论。国际贸易理论的发展演进在于解释贸易现象,探究贸易发生的原因、分工模式和贸易利益,贸易理论揭示了:各国基于自身的贸易优势,扮演不同的分工角色,以差异化的贸易模式获取不同的贸易收益。国际贸易理论的演进与发展,加强了对贸易现象的解释力,为一国及其产业和产品提升贸易竞争力、扩大出口提供了理论支持。

(一)比较优势理论

Samuelson(萨缪尔森,1976)指出:"如果理论能参加选美竞赛的话,那么,相对有利条件论肯定会名列前茅,因为它具有无比优美的逻辑结构。"随着经济现象的演变和人们认知的拓展,比较优势的内涵愈发丰富,比较优势理论得到进一步发展,学界普遍认为经历了三个主要阶段:以绝对优势理论和比较优势理论为代表的古典国际贸易理论,以要素禀赋论为代表的新古典国际贸易理论,以产业内贸易理论为代表的新贸易理论。尤其是20世纪70年代以来,基于规模经济、市场结构和产品异质等视角,新贸易理论从理论与经验视角验证贸易成因及利益分配,进一步揭示了贸易优势的来源,解释了产业内贸易现象,推动了比较优势理论的发展。

1.绝对优势理论

Smith(斯密,1776)在《国民财富的性质和原因的研究》中较为系统地阐述了分工和自由贸易的思想,在反对重商主义财富观和贸易观的基础上提出绝对优势理论(Absolute Advantage Theory)。绝对优势亦称绝对成本,是指在某一商品的生产上,一国所耗费的劳动成本绝对低于另一国所产生的在该产品生产上的优势。绝对优势意味着一国在某种产品的生产上具有比他国更高的劳动生产率,则该国在该产品生产上具有绝对优势;反之,则具有绝对劣势。

Smith认为绝对优势是产生国际贸易的基础。贸易的原因在于各国劳动生产率的绝对差异,而各国劳动生产率的绝对差异源于各国的历史条件、地理、环境和气候等自然条件。分工提高劳动生产率,各国应专门从事各自最有优势产品的生产;国际分工的基础是有利的自然禀赋或后天的有利条件,使得一国生产某种产品的成本绝对低于他国,因而在该产品的生产和交换上处于绝对有利地位。劳动生产率的提高是分工的结果,各国按照各自的有利条件进行分工和交换,要素得到更有效利用,提高劳动生产率和增加物质财富,并从贸易中获益。不仅出口带来贸易利益,进口同样带来贸易利益,自由贸易使得各国都能从贸易中获利。

2.比较成本理论

Ricardo(李嘉图,1817)在Smith绝对优势理论基础上,提出比较成本理论(Comparative Cost Theory),即李嘉图模型,用一国产品生产的相对成本衡量该国的比较优势,认为一国应生产具有比较优势的产品并出口。运用英格兰和葡萄牙关于葡萄酒和布匹的案例阐释理论核心思想,由于各国劳动生产率的相对差异导致产品价格的相对差异,各国通过贸易都能获利,因而提倡自由贸易。在两国生产两种产品框架下,比较优势可解释为:两国将各自生产的两种产品的劳动生产率进行比较形成的相对优势。

李嘉图认为比较优势是产生国际贸易的基础,理论的核心思想是"两权相遇取其重,两害相遇取其轻"。贸易的原因在于各国劳动生产率的相对差异,具体体现为各国生产技术的相对差异;劳动生产率的相对差异导致两国产品生产成本和产品价格的相对差异,使得两国间的贸易成为可能。因此,国际分工的基础是先天有利的自然禀赋或后天的有利条件,分工提高了劳动生产率;各国应专门从事各自最有比较优势产品的生产,应按照"两优取其重,两劣取其轻"原则分工,各国应生产并出口本国具有比较优势的产品,进口本国具有比较劣势的产品。国际贸易的贸易利益并非只表现在一国产品价值总额的增加,更体现在该国产品总量的增长。比较成本理论在更普遍的条件下解释了贸易产生的原因、分工和利得,是对绝对优势理论的发展。

3. 要素禀赋论

Heckscher 和 Ohlin(赫克歇尔和俄林,1919)要素禀赋论的核心思想由赫克歇尔提出,后经其学生俄林加以完善,所以又称为 HO 理论或 HO 模型(Heckscher-Ohlin Model)。作为新古典国际贸易理论的代表,该理论部分弥补了李嘉图模型的缺陷。要素禀赋论假定各国要素生产率相同而要素禀赋不同,产品的相对价格决定于其相对成本,相对成本取决于各国要素禀赋的相对丰裕程度而非李嘉图模型的要素生产率。而要素禀赋的相对丰裕程度决定了要素的相对价格,这样,比较优势由各国相对要素价格决定。

有别于李嘉图模型,即使两国的要素生产率相同,在两国要素禀赋存在差异的情况下,两国也会存在专业化分工进而通过贸易获利。要素禀赋论在比较优势理论要素生产率差异的基础上,进一步认为要素禀赋差异是各国贸易的原因,各国应按照各自的要素禀赋参与分工与贸易,从而各国都能从贸易中获利。要素禀赋论从要素生产率差异向要素禀赋差异的拓展,是对比较优势理论的进一步发展。

4. 产业内贸易理论

从 20 世纪 60 年代初开始,部分学者从产业层面分析入手,力图解释发达国家间大量存在的产业内贸易现象,代表性人物为 Grubel、Lloyd 和 Krugman。学者们提出并发展了产业内贸易理论,从规模经济、产品异质性和市场结构等方面构建了三类模型。在不完全竞争市场结构的研究中引入规模经济和产品异质,结合产业组织结构、收入水平差异和运输成本等因素,扩展了国际贸易理论研究范围;尤其是解释了产业内贸易和水平型国际分工的国际贸易现象,增强了贸易理论的解释力。

在要素禀赋论的分析基础上,引入规模经济、产品异质性与市场结构等因素,使得比较优势理论更接近现实。规模经济和比较优势并不矛盾,在规模经济模型中,若其他条件不变,一国在某产品生产上具有相对规模优势意味着拥有比较优势。规模经济是集聚经济的主要形式,产品的比较优势受规模经济的影响,规模经济通过产品生产成本进而影响比较优势;将比较优势理论和规模经济相融合,是对比较优势理论的补充和完善。由于垂直异质和水平异质的差异,在产品异质性模型中,垂直异质性模型是在 HO 模型的基础上发展而来的,进一步验证了 HO 理论的有效性;水平异质性模型以规模经济为前提,解释了产业内贸易的原因。在市场结构模型中,若一国在某产品上具有较强的市场势力,或者该产品具有较大的需求弹性,表明该产品具有比较优势。

按照研究假设和前提条件的不同,上述四类比较优势理论可以分为传统比较优势理论和现代比较优势理论(李辉文,2004;李辉文和董红霞,2004)。传统比较优势理论采用一般均衡的分析框架,假定要素不可流动,解释产业间贸易及利益分配,主要包括比较成本理论和要素禀赋论。比较成本理论是对绝对优势理论的发展,任何国家都可能在某些产品上具有贸易优势,应生产并出口比较优势最大的产品,进口比较劣势最大的产品,各国以此参与国际分工并获取贸易利益,一国的贸易优势源于该国生产成本的比较优势。要素禀赋论结合要素丰裕程度,一国贸易优势在于生产并出口密集使用该国相对丰裕生产要素的产品,进口密集使用该国相对稀缺生产要素的产品,以此分工和贸易,获取贸易利益。这样,一国的贸易优势源于该国的要素禀赋。

现代比较优势理论建立在传统比较优势理论的基础之上,仍采用一般均衡的分析框架,是对传统比较优势理论的拓展,从假设要素不可流动拓展到要素可流动,结合要素丰裕度和要素密集度,理论解释和经验验证产业间贸易和产业内贸易的成因和贸易利益的分配;HO理论经过Samuelson(1948)、Stolper和Samuelson(1941)、Rybczynski(1955)等人的发展,是现代国际贸易理论研究不可替代的理论基准(Nobuo,1967;李辉文和董红霞,2004)。

(二)竞争优势理论

竞争优势理论由Porter(波特,1980、1985、1990)提出,该理论经历了《竞争战略》《竞争优势》和《国家竞争优势》"竞争三部曲"的发展完善,从企业、产业到国家层面的演进。在《竞争战略》一书中,Porter提出了企业获取竞争优势的两种核心战略,即竞争优势的两种来源:成本领先(Overall Cost Leadership)和标新立异(Differentiation)。[①]在《竞争优势》一书中,Porter提出企业和产业竞争优势来源于价值链的不同环节。在《国家竞争优势》一书中,Porter将国内竞争理论拓展到国际竞争领域,提出国家竞争优势的钻石模型,钻石模型的提出进一步完善了竞争优势理论。

Porter竞争优势理论经历了从微观企业层面到中观产业层面,再到宏观国家层面的发展。微观企业层面的竞争优势取决于企业是否具有创新

---

① 在《竞争战略》一书中,Porter将竞争优势分为成本领先、标新立异和聚焦优势,聚焦优势是成本领先优势与标新立异优势的变形,因此,竞争优势的核心是成本领先与标新立异。从产品层面来看,成本领先和标新立异体现出竞争优势和相对效用价格比比较优势的一致性。

机制和能力;企业经营活动的目的是获得产品价值的增值,包括研发、生产、销售和售后服务等环节,创新应针对产品生产所有环节而非单一某个环节;创新机制和能力需要健全和完善的企业制度、组织与管理加以保障;企业需要强化管理,加强研发,提高产品质量并降低产品成本。因此,企业层面的竞争优势体现在产品和企业两个方面:产品竞争优势和企业竞争优势;产品竞争优势源于创新驱动下的成本领先和标新立异;成本领先和标新立异依赖于产品创新,创新能降低生产成本和实现产品差异化,表现为产品创新优势;企业竞争优势表现为企业制度优势。这样,在企业层面的竞争优势中,产品创新优势是核心,企业制度优势是保障。

中观产业层面的竞争优势源于企业层面的产品和制度竞争优势,从产业上来看,包括单个企业及其关联企业的支持与辅助,企业和关联企业合作,完善产品价值链和产业链,进而形成主导产业,并在国际上形成竞争力;从区域上来看,各上下游企业应根据产品价值链展开区域合作,实现要素的区域和产业集聚,发展集聚经济,提高生产效率,从而降低生产成本,提高产品质量。

宏观国家层面的竞争优势源于企业层面和产业层面的竞争优势,决定于四个基本因素和两个辅助因素及其相互关系。四个基本因素为:要素条件(Factor Conditions),需求条件(Demand Conditions),相关产业和支撑产业(Related and Supporting Industries),以及企业的战略、结构与竞争(Firm Strategy, Structure and Rival);两个辅助因素为政府(Government)和机遇(Opportunity);在四个基本因素和两个辅助因素各自发挥作用的同时,相互间共同作用和影响,进而形成国家竞争优势的钻石模型。

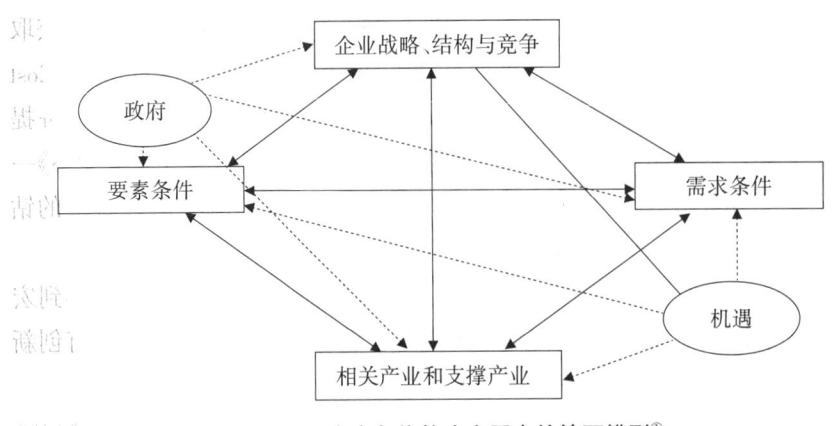

图 2-1 国家竞争优势决定因素的钻石模型[1]

---

[1] 资料来源:[美]迈克尔·波特:《国家竞争优势》,华夏出版社,2002。

(三)全球价值链理论

Porter(1985)在《竞争优势》一书中提出了"价值链"(Value Chain)的概念,认为一种产品或服务的价值蕴含在从原材料到最终产品的各个生产环节,每一环节都是一个价值链的节点。Porter提出的价值链概念侧重从企业和产业的视角探讨企业及其供应商之间的价值连接活动,分析企业和产业竞争优势的获取。

结合国际贸易分工的新特征,在Porter价值链概念的基础上,Krugman(克鲁格曼,1995)提出了全球价值链(Global Value Chain)的概念,展开对企业和产品生产各个价值环节的片段化和不同空间进行重组问题的专门研究,认为国际贸易活动正从传统的货物贸易向加工生产工序的任务贸易转变,生产者将生产过程进行分解,并在不同空间进行重组,最终完成产品生产和价值增值,其中的每个生产工序环节都会存在价值增值,并讨论了以跨国公司为代表的企业在不同空间重组产品生产各个环节的能力。在此基础上,美国杜克大学教授Gereffi(1999)在研究全球范围内的产业转型问题时,进一步明确了全球价值链的概念,提出了全球价值链理论;从全球生产网络的视角,把价值链与全球化的组织联系起来,认为全球价值链是通过一系列全球生产网络将生产某一产品的诸多企业、组织和个人联系起来,将产品生产环节分解为研发、生产、运输、营销、消费和售后等诸多环节。这样,附加值各异的各个生产环节可以在不同的区域进行空间集聚,并在此基础上发展成为以区域城市为节点的全球价值链体系与网络。

Jones和Kierzkowski(1990)、Deardorff(2001)等学者讨论了全球价值链分工下贸易利益的来源,采用"片段化生产"描述产品的生产环节,认为产品在全球范围内生产,就是将各个"片段化生产"环节加以串联,各个国家参与全球价值链分工的依据是比较优势和规模经济,通过自身比较优势的发挥和规模经济效应的获取,降低生产成本,获取价值链分工利益。张幼文(2015、2016)、张幼文和周琢(2016)认为,在全球化要素跨国流动背景下,产品的价值链分工与产业间分工相结合,一国出口的最终产品可能包括从他国进口的中间产品,即一国出口中可能包含进口成分。通过对外直接投资,跨国公司以资本为载体将技术、品牌和管理等高级要素转移至东道国,与东道国的土地、劳动力等低级要素结合,参与产品价值链分工、生产并出口;资本、技术、品牌和管理等要素收益归跨国公司所有,土地、劳动力等要素收益才归东道国所有。

(四)生产要素理论

生产要素理论经历了从"二元论""三元论""四元论"到"多元论"的发展和演变,Petty(1662)提出"生产要素二元论",即土地和劳动。Say(1803)在《政治经济学概论》中首次明确地提出了"生产要素三元论",即劳动、土地和资本。Solow(1957)将外生技术纳入经济增长模型阐释经济增长机制,表明技术进步是经济稳定增长的唯一源泉。Arrow(1962)的技术溢出和边干边学思想,以及Romer(1980)的技术积累模型,总结出"生产要素的四元论",即土地、劳动、资本和技术。制度经济学认为制度是经济增长的重要源泉。Owen Fischer(1906)在《资本的性质与收入》中首次提出人力资本的概念。Porter(1990)将生产要素分为高级生产要素和低级生产要素,高级生产要素包括现代通信、信息、人力资本、技术、知识和国际直接投资等,低级生产要素包括自然资源、一般劳动力和资金等。张幼文(2013、2015、2016)从全球化视角将要素分为三类:第一类为传统要素,包括一般劳动力、人力资本、土地、自然资源、货币资本、技术、品牌、产品设计、企业家才能、国际营销网络、经营管理制度、企业文化与形象等;第二类为经济要素,体现了市场情况,包括市场化水平、市场规模、生产配套能力、要素供给水平、基础设施和政府经济管理能力等;第三类为经济全球化要素,体现了开放水平,包括经济开放度、贸易与投资双边或区域协议、贸易与投资多边协议与机制等(吴杨伟和王胜,2017a)。生产要素的内涵与外延的逐步拓展,丰富了生产要素理论的研究内容,更多的要素可以被纳入贸易现象分析,拓展了贸易现象影响因素的研究范围。在经济全球化大背景下,本书借鉴传统要素、经济要素和经济全球化要素的在分类,在传统要素基础上,将经济要素和经济全球化要素统称为拓展要素。

传统的国际贸易理论研究从贸易的原因出发,分析贸易分工和利益分配问题。在经济全球化背景下,一国投入生产的是本国所有与外国所有的"一揽子要素"的国际组合,形成新型要素组合国际分工,需要将研究的起点从贸易的原因向前追溯到生产商品投入的生产要素,认识贸易的成因(要素差异),进一步分析贸易分工(要素分工)和贸易利益的分配(要素收益)(吴杨伟和王胜,2017b)。

生产要素理论解释了贸易发生的原因。贸易的原因在于各国要素结构的国际差异,这种差异表现为:各国先天的要素禀赋和后天的要素培育,表现为要素数量和要素质量差异,直接体现为要素价格的国别差异;在全球化背景下要素流动条件的放松,要素国别差异促进要素跨国流动。根据要素价格均等化定理,要素跨国流动将使得各国间各种要素的价格和收益趋同;要素流动促进各国要素的国际合作,形成新型要素组合国际分工,即全球价值链分工,促进要素结构升级优化。随着一国高级要素的积累、培育与流动,各国的要素结构动态变化,该国可以通过要素升级优化与集聚培育出符合自身的贸易优势参与价值链分工,进而通过贸易获取自身的贸易利益。

生产要素理论解释了贸易分工的结构。要素的趋利性导致要素从高级要素所在地向低级要素所在地流动,由于发达国家整体高级要素丰裕而低级要素稀缺,发展中国家整体高级要素稀缺而低级要素丰裕,高级要素从发达国家向发展中国家流动,发展中国家形成高级要素和低级要素搭配组合的要素合作新型国际分工,构成当代产业间分工与价值链分工的基础。要素国际合作形成的新型要素组合使得先天要素禀赋相同的国家间也可能产生要素国际合作,要素的国际差异形成新的国际分工体系:各国参与新型要素组合国际分工取决于该国在国际要素组合中投入的要素不同,不同国家的企业生产不同的产品,形成产业间分工;不同国家的企业在同一产业内要素投入比例不同、生产率不同,生产异质的最终产品,形成产业内分工;不同国家的企业在同一产品不同生产环节拥有比较优势,生产率不同,生产中间产品,形成产品内分工。

生产要素理论解释了贸易利益的分配。要素组合国际分工反映的是一国要素和他国要素的组合,更多的表现为该国高级要素与他国低级要素的组合和该国低级要素与他国高级要素的组合,取得的收益是组合要素收益的总和,该国具有所有权的要素所获得的收益才是真实的贸易收益。要素的空间流动不会改变要素的收益主体,而要素的所有权流动则会改变要素的收益主体,拥有要素所有权的主体才是要素收益的所有者。一国贸易竞争力应该以本国所有权要素收益为基础,只有基于本国要素收益的出口才是贸易竞争力的科学表现,才能真实体现该国的贸易优势。因此,以所有权要素收益测算的一国贸易竞争力才是该国贸易竞争优势的真实体现。

在经济全球化背景下,一国要素流动、积累与集聚,要素结构动态变化形成该国要素与他国要素合作的新型要素组合国际分工。要素流动是经济全球化的本质特征,全球化下的国际贸易实际上是要素贸易的体现,表现为以商品、服务为载体的间接要素贸易和以FDI、劳务输出为主要表现形式的直接要素贸易。

贸易竞争力是贸易优势的直接体现,有关贸易优势的理论解释即释义贸易竞争力的理论。无论是以商品和服务为载体的间接要素贸易,还是以

FDI、劳务输出为主要表现形式的直接要素贸易,在国际竞争中,企业都是竞争的主体,企业围绕产品和产品中投入要素展开竞争,企业及其生产产品的竞争力是国际竞争力的基础。每一种贸易理论的出现和发展,都是为了解释新的国际贸易现象,但解释问题的角度和出发点存在差异;每一种贸易理论都从不同角度揭示了贸易产生的原因、贸易优势的来源和贸易竞争力的表现。中国改革开放的成功和贸易大国地位的取得,正是由于相应贸易理论的合理利用。

二、文献综述

(一)比较优势与竞争优势的关系

1.比较优势与竞争优势的异同

对于比较优势与竞争优势,学者们开展了较为丰富的理论研究,尤其是国内学者(熊贤良,1991a、1991b;翼名峰,1995;洪银兴,1997、2010;刘力,1998;盛晓白,1998;张碧琼,1999;符正平,1999;王子先,2000;林毅夫和李永军,2003;林建红和徐元康,2004;林平凡,2016;吴杨伟和王胜,2018c;吴杨伟和李晓丹,2020a)对二者之间的联系与区别展开了大量讨论,研究内容可以分为以下五个方面,可结合表2-1进一步理解。

第一,研究方法。比较优势侧重经济学分析,是一个经济学概念,是就分工及其结果而言;竞争优势是一个管理学概念,是就市场竞争地位而言。此类观点认为:比较优势是经济学范畴就分工及其结果而言,通过贸易竞争力直接体现;竞争优势是管理学范畴就市场竞争地位而言,本身不能作为对于贸易优势的理解。传统比较优势理论采用静态、一般均衡分析方法,现代比较优势理论侧重采用动态、数理模型分析方法;竞争优势注重采用非均衡动态分析和局部分析方法。

第二,市场结构。传统比较优势主要适用于完全竞争市场,现代比较优势理论适用于分析不完全竞争市场;竞争优势适合于分析不完全竞争市场,尤其是垄断竞争市场。

第三,贸易优势的表现。比较优势侧重分析产品价格竞争,集中于产品供给侧的成本分析;竞争优势侧重非价格竞争,是价格竞争和非价格竞争的统一,涉及需求侧消费者效用满足的非价格分析和产品供给侧的成本分析。

第四,可解释贸易现象和贸易政策。传统比较优势理论主要适用于分析和解释存在要素禀赋差异国家间的产业间贸易,主张实行自由贸易;现代比较优势理论主要适用于解释要素禀赋相似国家间的产业内贸易和产业间贸易,主张采取适当的政府干预;竞争优势理论侧重于分析要素禀赋相似国家间的产业内贸易,主张采取适当的政府干预。

第五,研究目的、价值链分析工具和评价方法。无论是比较优势,还是竞争优势,理论研究目的都是获取贸易优势,提升贸易竞争力,扩大出口,提高福利水平。二者具有类似的价值链分析工具,全球价值链理论将产品的生产过程分为若干价值增值环节,各国企业依据比较优势参与价值链分工,共同完成产品生产,实现产品价值增值;在整个价值链环节中,最有竞争力的环节通常是某些特定的核心环节,掌握全球价值链特定的核心环节可获得竞争优势。二者具有类似的评价方法,采用显示性比较优势指数、市场占有率指数等指标加以测评。

表2-1 比较优势与竞争优势的异同点

属性	传统比较优势	现代比较优势	竞争优势
研究方法	经济学分析方法(静态、一般均衡分析)	经济学分析方法(动态、数理模型分析)	管理学非均衡动态分析和局部分析方法
市场结构	完全竞争	不完全竞争	不完全竞争
优势表现	价格优势 (相对成本优势)	价格优势 (相对成本优势)	价格优势与非价格优势 (成本领先和标新立异)
可解释现象	产业间贸易 (产品同质)	产业内贸易(产品异质)、产业间贸易	产业内贸易(产品异质)
贸易政策	自由贸易	适当的政府干预	适当的政府干预
目的	获取贸易优势,扩大出口,提升贸易竞争力		
分析工具	共同的价值链分析工具,GVC下各国依据比较优势参与价值链分工,实现产品价值增值,掌握全球价值链特定的核心环节可获得竞争优势		
评价方法	贸易竞争力评价指标测度		

资料来源:作者整理绘制。

2.比较优势与竞争优势关系的研究

对于比较优势与竞争优势的关系,国内学者曾展开激烈的讨论:比较优势理论能否成为中国当前贸易发展的依据?竞争优势理论是否是当前中国对外贸易的理论指导?比较优势与竞争优势是替代还是统一的关系?通过文献梳理,比较优势与竞争优势的关系大致可以归纳为五种观点:

第一，以竞争优势替代比较优势。熊贤良(1991a)认为在不考虑货币因素时，比较优势与竞争优势是相分离的，中国的最优选择是制定符合国际竞争环境和国际竞争力的产业政策和贸易政策，构建竞争性的劳动力市场，健全鼓励物质和人力资本积累的制度，发展最容易获得国际竞争优势的产业。洪银兴(1997、2010)以传统静态比较优势为基础，认为发展中国家依据比较优势参与国际分工，将陷入比较利益陷阱。面对发达国家利用资本和技术等要素对劳动和资源要素的替代，发展中国家在劳动和资源密集型产品上不一定具有比较优势；即使具备比较优势，也因在国际市场上的弱势地位，不一定具有竞争优势。因此，发展中国家应以竞争优势替代比较优势，建立具有国际竞争优势的产业。符正平(1999)从静态比较优势出发，认为比较优势忽视企业创新、企业组织和跨国公司的规模经济，而竞争优势正好弥补了比较优势的不足，竞争优势显得更加重要。林建红和徐元康(2004)认为竞争优势更贴合国际贸易发展的实际，相对于比较优势具有更强的指导性。隆国强(2013)认为比较优势和竞争优势存在一定的差异，一国可以在不具备比较优势的情况下拥有竞争优势，意味着竞争优势更加重要。

第二，竞争优势是一种绝对优势。盛晓白(1998)认为比较优势是一个相对的静态概念，若某些产品存在比较优势，则其他产品存在比较劣势；竞争优势则是一个绝对的概念，要么处于竞争优势，要么处于竞争劣势。竞争优势是对比较优势的超越，竞争优势理论更逼近国际贸易现实。张碧琼(1999)认为竞争优势是一种绝对优势，比较优势更多地强调优势的潜在可能性，体现各国不同产业之间劳动生产率的相对优势；竞争优势更多地强调优势的现实态势，体现各国相同产业生产率的绝对优势。这种观点赋予了绝对优势现代的含义，从这层含义上来看，竞争优势是对比较优势的替代，本质上和第一种观点是相同的。

第三，比较优势仍是国际贸易的基石。代表人物为翼名峰(1995)、刘力(1998)、林毅夫和李永军(2003)、林毅夫(2012)等，认为发展中国家应坚持比较优势原则。典型代表是林毅夫等学者在比较优势理论基础上构建新结构经济学，倡导比较优势发展战略；认为批评比较优势的声音实际上是片面地理解比较优势，发展中国家经济和贸易发展应立足于要素禀赋，遵循产业演进客观规律。从要素禀赋上看，发展中国家的比较优势仍然在于劳动密集型产品，不能脱离这一基础，将自己不具有比较优势的资本和技术密集型产品与发达国家竞争是不明智的。中国改革开放前后经济发展的对比，正是遵循比较优势的结果；应进一步遵循该原则，在大力发展劳动密集型产业的同时,通过放弃对大多数资本和技术密集型产业的保护、依靠国内外充分的竞争实现产业重组和优胜劣汰,实现产业结构的演进,提高产业竞争力。"林毅夫团队"于2017年8月21日发布的《吉林省经济结构转型升级研究报告》(征求意见稿)引起学界广泛的讨论,认为东北采取的是违背比较优势的赶超战略型振兴政策,解决东北问题的根本出路在于转变发展思路,遵循比较优势型发展战略。

第四,比较优势与竞争优势具有一致性。熊贤良(1991b、1991a)比较优势与竞争优势相分离的基础上进一步指出:在考虑货币因素时,若两国在各自具有比较优势的产品生产上具有竞争优势,把实际汇率维持在购买力平价的水平,且两国贸易平衡,那么比较优势与竞争优势相一致。张亚斌(2006)认为竞争优势并不是对比较优势的否定,比较优势是竞争优势的基础,否定比较优势实际上是贸易理论的一种倒退。陈立敏(2006)认为竞争优势是比较优势的一部分,竞争优势不是对比较优势的否定。李钢等(2009)研究发现,在经济全球化背景下,中国比较优势最强的产业亦是最具竞争优势的产业,产业竞争优势变化与比较优势变化呈现高度一致性。吴杨伟和王胜(2018c)、吴杨伟和李晓丹(2020a)认为贸易优势的当代理论认知融合了供给侧的成本优势和需求侧效用满足的质量优势,体现了比较优势与竞争优势来源与表现的一致性,比较优势是相同消费者效用满足下的产品价格比较与竞争。

第五,比较优势与竞争优势的转化。这种观点不仅认为比较优势与竞争优势具有一致性,进一步认为竞争优势以比较优势为基础,是对比较优势的进一步发展和应用,实现从比较优势向竞争优势的转化。此种观点实际上是对第四种观点的扩展,代表人物为王子先(2000)、林平凡(2016)、吴杨伟和王胜(2017a、2017b、2018c)。王子先(2000)认为,一国要素禀赋的比较优势并不意味着该国产业和产品拥有竞争优势;只有将比较优势转化为竞争优势,才能提升贸易竞争力;只有同时发挥比较优势和竞争优势,才能在竞争中取胜;中国的贸易发展战略应立足于自身的比较优势,从比较优势转向竞争优势。林平凡(2016)从区域创新驱动发展的视角出发,认为竞争优势是区域创新驱动发展的关键,以创新为动力,推动区域比较优势向竞争优势转化;其关键是重构竞争优势的路径选择、培育区域发展的核心动力、提高创新驱动能力。他分析了创新驱动可以促进区域比较优势向区域竞争优势的转化,从文化导向、制度导向、产业导向、人才导向和生态导向五个方面提出了对应的策略。吴杨伟和王胜(2017a)认为,正是贸易优势的发挥使中国成为贸易大国,要素流动促成传统比较优势转化为竞争优势;中国应培育由企业、产业和国家三个层面构成的要素双向流动立体贸易竞争优势。吴杨伟和王胜(2017b)认为中国在从贸易大国向贸易强国的转变过程中,传统比较优势弱化而竞争优势尚未形成,要素流动理论衔接了比较优势和竞争优势,要素流动促成比较优势向竞争优势转化。此外,魏浩(2010)、崔日明和张志明(2014)、吴杨伟和王胜(2018c)也从不同角度讨论了二者的转化问题。

上述五种观点的研究大体上分为三个阶段。第一个阶段:20世纪90年代初。由于Porter的竞争优势理论引入国内不久,理论界对其尚缺乏完整、系统的认识,这一时期的部分文献可能片面地介绍和阐释竞争优势,导致不能准确地评判比较优势与竞争优势的关系。第二个阶段:20世纪90年代中后期。随着国内学者研究的深入,更多的研究客观地解释了竞争优势理论,但多数基于静态比较优势分析二者的替代或分离关系,认为比较优势应该被竞争优势所替代。第三个阶段:21世纪初至今。结合比较优势的动态化和全球化的要素流动,学者们更多地从动态比较优势视角,结合要素流动分析比较优势与竞争优势的统一性,认为要素流动利于促成比较优势向竞争优势的转化。[①]结合五种观点和三个阶段,二者关系可以进一步分为两类:前三种观点认为比较优势和竞争优势是两个不同的范畴,二者之间是相互替代、分离的关系;第四和第五种观点认为比较优势和竞争优势是统一、一致的关系,认识到比较优势的内涵拓展,在某些条件下,可以实现从比较优势向竞争优势的转化。第一类的三种观点集中在研究的第一和第二阶段,第二类的两种观点集中在研究的第三阶段,呈现出明显的认知阶段性特征。

(二)贸易优势的来源

1.传统比较优势理论的相关研究

(1)国外学者的相关研究

Smith(1776)在《国民财富的性质和原因的研究》中提出绝对优势理论,认为绝对优势是贸易优势的来源,一国在某种产品的生产上具有比他国更高的劳动生产率意味着该国在该产品生产上具有绝对优势;反之,则具有绝对劣势。Ricardo(1817)提出单一要素比较优势理论,即比较成本理论,又称李嘉图模型,用一国产品生产的相对成本衡量该国的贸易优势,认为一国应生产该国具有比较成本的产品并出口;作为古典国际贸易理论

[①] 20世纪90年代以来,部分学者已经注意到比较优势的动态化,但在分析比较优势与竞争优势关系时,仍停留在静态比较优势的概念,缺乏进一步将比较优势动态化纳入二者关系的分析。

的代表,该理论假定完全竞争市场结构,市场需求是外部给定的,只需考虑产品供给;规模报酬不变,交易成本为零,产品同质并且消费者无偏好;产品的相对价格由产品的相对成本决定,产品的比较优势取决于其相对价格,相对价格决定于其相对生产成本,产品的相对生产成本由要素成本决定,要素成本取决于要素生产率差异。由于假设只有劳动一种要素投入,相对生产成本取决于单一的劳动生产率,因此,比较优势由各国单一的劳动生产率决定。在李嘉图模型的"2×2×1"框架下,假设有 A 和 B 两个国家,生产 X 和 Y 两种产品,投入劳动 L 一种要素,用 α 表示劳动生产率;那么,A、B 两个国家生产 X、Y 两种产品各自的劳动生产率分别为:α_{AX}、α_{AY}、α_{BX}、α_{BY};用 C 表示单位生产成本,那么,A、B 两个国家生产 X、Y 两种产品各自的单位生产成本分别为:C_{AX}、C_{AY}、C_{BX}、C_{BY};用 P 表示产品价格,那么,A、B 两个国家生产 X、Y 两种产品各自的产品价格分别为 P_{AX}、P_{AY}、P_{BX}、P_{BY}。此时,若存在,$\frac{\alpha_{AX}}{\alpha_{BX}} > \frac{\alpha_{AY}}{\alpha_{BY}}$,$\frac{C_{AX}}{C_{BX}} < \frac{C_{AY}}{C_{BY}}$,$\frac{P_{AX}}{P_{BX}} < \frac{P_{AY}}{P_{BY}}$,那么,A 国在生产产品 X 上具有比较优势;相应地,B 国在生产产品 Y 上具有比较优势。相对于绝对优势理论,比较成本理论在更普遍的基础上解释了贸易产生的原因、分工和利得,是对绝对优势理论的认知拓展和进一步发展。

Krugman(1979)结合新古典的一般均衡和边际分析方法,利用"2×2"的框架重新论证和表述了李嘉图模型,称为李嘉图-克鲁格曼模型(Ricardo-Krugman Model)。Balassa(1963)利用美国和英国数据,比较了美、英两国在1951年26个制造业行业的出口比例和劳动生产率比例,验证了李嘉图模型。Dornbusch et al.(1977)提出的DFS模型进一步拓展了李嘉图-克鲁格曼模型,利用比较优势链将"2×2"的框架拓展为"2×N"和"N×2"模型。国外学者对李嘉图单一要素模型的理论拓展,仍是假设单一劳动要素投入。由于单一劳动要素的假设,要素生产率仅体现为劳动生产率,与经济事实不符,体现出李嘉图式的比较优势理论单一要素分析的局限性。

Heckscher 和 Ohiln(1933)要素禀赋论假定各国要素生产率相同而要素禀赋不同,产品的相对价格决定于其相对成本,相对成本取决于各国要素禀赋的相对丰裕程度而非李嘉图模型的要素生产率;而要素禀赋的相对丰裕程度决定了要素的相对价格,比较优势由各国相对要素价格决定。虽然Samuelson(1948)和Jones(1965)等诸多学者在新古典的一般均衡和边际分析框架下重建了HO模型,认为比较优势仅与要素禀赋差异有关,是一种要素数量差异的比较优势;但假定各国要素生产率相同,忽视了李嘉图模型各国要素生产率差异引起的比较优势。各国要素生产率相同的假设显然与贸易事实不符,实际上是相对于李嘉图模型的倒退。

(2)国内学者的相关研究

从李嘉图模型和HO模型的缺陷来看,二者虽然都认为是产品成本的相对差异导致了贸易的发生;但前者忽视要素价格的相对差异,后者忽视要素生产率的相对差异,都存在片面性;认为要素数量差异或要素质量差异是贸易发生的根本原因,没有将二者统一起来解释贸易的原因。从相对要素生产率或相对要素价格角度考察一国的比较优势,只是分别从两个不同角度衡量比较优势,是对李嘉图模型的相对成本优势理论或HO模型的相对要素价格优势理论的解释和运用。

国内学者尝试将相对要素生产率和要素价格结合起来分析比较优势,这种比较优势的认知拓展,可以称为综合比较成本优势。胡永刚(1999)提出的利润率决定型比较优势,从相对要素生产率和相对要素价格相结合的视角,对比较优势的整合与拓展,就是一种综合比较成本优势。利润率决定型比较优势决定于相对要素生产率与相对要素价格的差额,不仅是较高的相对要素生产率或较低的相对要素价格的体现,更是要素相对生产率与要素相对价格差额的体现。各国的比较优势应该是将要素相对生产率和要素相对价格差额加以比较,由此决定各国在何种产品生产上具有比较优势,进而决定各国的专业化分工。张亚斌(2006)提出综合成本决定型比较优势,亦称综合要素生产率决定型比较优势,其实质就是一种综合比较成本优势。将相对要素生产率与相对要素价格两个视角结合起来考察,由此决定各国在何种产品生产上具有比较优势,决定各国的专业化分工。这样,可以更准确地反映各国的比较优势,从而发展比较优势理论,拓展对比较优势的认知。但由于仍侧重于静态分析,所以也显示出其不足之处。

任何生产过程都必须投入劳动和资本这两种基本要素,资本和劳动的不同投入意味着生产条件和生产工具的改变。以资本为代表的生产条件和生产工具的改进对劳动生产率的影响,大于以劳动为代表的生产条件和生产工具的改进对资本生产率的影响;相对于劳动而言,资本投入越多对生产率的影响越大,李嘉图模型忽视资本要素的投入,显然是局限的。鉴于此,张亚彬(2006)认为应该以全要素生产率代替劳动生产率,在李嘉图式的分析框架下,可能存在一国生产某一产品具有李嘉图式的比较优势,但在全要素生产率上却处于比较劣势的情况。[1]

---

[1] 张亚斌(2006)在"2×2×2"框架下,讨论了全要素生产率、劳动生产率和资本生产率的四种情形,当一国在某产品生产上的劳动生产率相对优势不足以抵消其资本生产率的相对劣势时,该国生产该产品虽具有李嘉图式的比较优势,但在全要素生产率上却处于比较劣势。

要素生产率可以用一单位要素的投入带来的产出度量,若投入一单位要素所带来的产品 X 和 Y 的产出数量为 Q_X 和 Q_Y,那么,A 国在产品 X 上的相对全要素生产率表示为 Q_{AX}/Q_{AY},B 国在产品 X 上的相对全要素生产率表示为 Q_{BX}/Q_{BY}。若 $Q_{AX}/Q_{AY} > Q_{BX}/Q_{BY}$,则 A 国在生产产品 X 上具有相对要素生产率优势。

在单一劳动要素投入基础上,将"2×2×1"分析框架拓展为"2×2×2"框架,模型中引入资本要素,即假设有 A 和 B 两个国家、生产 X 和 Y 两种产品、投入劳动 L 和资本 K 两种要素,用 α 表示要素生产率,那么,A、B 两个国家生产 X、Y 两种产品各自的全要素生产率分别为:α_{AX}、α_{AY}、α_{BX}、α_{BY},A、B 两个国家生产 X、Y 两种产品各自的劳动生产率分别为:α_{LAX}、α_{LAY}、α_{LBX}、α_{LBY},A、B 两个国家生产 X、Y 两种产品各自的资本生产率分别为:α_{KAX}、α_{KAY}、α_{KBX}、α_{KBY};用 C 表示单位生产成本,那么,A、B 两个国家生产 X、Y 两种产品各自的单位生产成本分别为:C_{AX}、C_{AY}、C_{BX}、C_{BY};用 P 表示产品价格,那么,A、B 两个国家生产 X、Y 两种产品各自的产品价格分别为:P_{AX}、P_{AY}、P_{BX}、P_{BY}。由于涉及两种生产要素,此时,A、B 两国生产 X、Y 两种产品时,要素生产率关系存在以下四种不同的情形:

情形一:$\dfrac{\alpha_{LAX}}{\alpha_{LBX}} > \dfrac{\alpha_{LAY}}{\alpha_{LBY}}$,且 $\dfrac{\alpha_{KAX}}{\alpha_{KBX}} > \dfrac{\alpha_{KAY}}{\alpha_{KBY}}$;

情形二:$\dfrac{\alpha_{LAX}}{\alpha_{LBX}} = \dfrac{\alpha_{LAY}}{\alpha_{LBY}}$,且 $\dfrac{\alpha_{KAX}}{\alpha_{KBX}} > \dfrac{\alpha_{KAY}}{\alpha_{KBY}}$;

情形三:$\dfrac{\alpha_{LAX}}{\alpha_{LBX}} > \dfrac{\alpha_{LAY}}{\alpha_{LBY}}$,且 $\dfrac{\alpha_{KAX}}{\alpha_{KBX}} = \dfrac{\alpha_{KAY}}{\alpha_{KBY}}$;

情形四:$\dfrac{\alpha_{LAX}}{\alpha_{LBX}} > \dfrac{\alpha_{LAY}}{\alpha_{LBY}}$,且 $\dfrac{\alpha_{KAX}}{\alpha_{KBX}} < \dfrac{\alpha_{KAY}}{\alpha_{KBY}}$;或者 $\dfrac{\alpha_{LAX}}{\alpha_{LBX}} < \dfrac{\alpha_{LAY}}{\alpha_{LBY}}$,且 $\dfrac{\alpha_{KAX}}{\alpha_{KBX}} > \dfrac{\alpha_{KAY}}{\alpha_{KBY}}$。

其中,前三种情形均满足:$\dfrac{\alpha_{AX}}{\alpha_{BX}} > \dfrac{\alpha_{AY}}{\alpha_{BY}}$,$\dfrac{C_{AX}}{C_{BX}} < \dfrac{C_{AY}}{C_{BY}}$,$\dfrac{P_{AX}}{P_{BX}} < \dfrac{P_{AY}}{P_{BY}}$,根据李嘉图模型,此时,A 国在生产产品 X 上具有比较优势。具体而言,情形一的比较优势源于 A 国在劳动和资本生产率上均具有相对优势;情形二的比较优势源于 A 国在资本生产率上的相对优势(劳动生产率相等);情形三的比较优势源于 A 国在劳动生产率上的相对优势(资本生产率相等)。相应地,B 国则在生产产品 Y 上具有比较优势。

第四种情形相对复杂,在生产产品 X 上,A 国要么在劳动生产率上具有相对优势、在资本生产率上具有相对劣势,要么在资本生产率上具有相对优势、在劳动生产率上具有相对劣势。此时,需要比较相对优势与相对劣势的大小,因为两种要素的相对优势与相对劣势形成了相互抵消效应,而该抵消效应决定了最终的净效应。

(3)研究简评

不可否认的是,传统比较优势理论是国际贸易理论的基石,较好地解释了经济发展水平差异国家间贸易优势的来源。传统比较优势理论运用静态分析框架,基于自由贸易条件下各国初始比较优势存在差异的假设,认为各国应按照各自的比较优势进行专业化生产并出口,贸易各国都能从中获利。但是,按照静态比较优势进行分工,可能面临诸多问题:依赖于廉价劳动力、土地等要素禀赋比较优势获取的传统要素红利逐步丧失,造成发展中国家的分工固化而陷入"比较优势陷阱",长期处于产品全球价值链的低端;伴随产业内分工和产品内分工的发展,当前国际分工方式由产业间分工主导转变为以产业内和产品内分工为特征的全球价值链分工主导。对于上述问题,传统的比较优势理论缺乏合理的解释。

传统比较优势理论从宏观国家层面的要素生产率或要素禀赋分析产业间贸易的原因、贸易优势的来源和贸易利益的分配。假定不存在关税、运输保险等交易成本和自由市场条件,产品的比较成本优势仅取决于产品的加工成本。但实际上,除了加工成本外,还包括交易成本和质量升级成本等。传统比较优势理论要素不可跨国流动和要素禀赋不变的假设,忽视一国要素结构的动态变化,无法解释一国产业结构和贸易结构的动态变化,因而是静态的比较优势理论,依理论发展易使一国陷入"比较优势陷阱"。要素不可跨国流动的假设与经济全球化要素跨国流动的现实不符,需要考虑要素流动下一国要素结构的动态变化,才能和新型全球化经济要素流动本质相适应。

古典贸易理论的李嘉图模型和新古典贸易理论的HO模型,假设完全竞争的市场、规模报酬不变、产品同质并且消费无偏好,产品的相对效用不变,产品价格只由产品加工成本决定,产品比较优势取决于其相对价格;从产品生产纯供给的角度,传统比较优势是一种相对成本优势或相对价格优势。完全竞争市场产品同质的假设,实际上忽视了产品需求角度消费者偏好对产品价格的影响;产品价格不仅受供给因素影响,也受需求因素的影响。现实中更多的是不完全竞争市场中产品质量差异的异质产品,以满足不同的消费者偏好。此时,具有价格优势的产品不一定具有贸易优势和贸易竞争力,只有在满足一定消费者效用基础上的产品相对价格优势才是贸易优势的真正体现。

李嘉图式的单一要素比较优势概念具有一定的局限性,比较优势由各国相对要素生产率决定,不应仅考虑单一劳动要素或资本要素的相对要素生产率,而应考虑全要素的相对要素生产率。一国在生产某产品上具有李嘉图式的单一要素比较优势,可能在全要素生产率上并不具有比较优势。从这一点上来看,张亚斌(2006)的全要素生产率分析,将HO模型从单一劳动要素拓展为劳动和资本两种要素,是对李嘉图模型的进一步改进和拓展。

2. 现代比较优势理论关于贸易优势来源的研究

(1)传统要素视角国外学者的相关研究

基于传统要素视角的现代比较优势的研究主要体现在要素结构变化、技术进步和人力资本积累等方面,要素结构变化的研究集中在国家要素丰裕度和产品要素密集度两个方面,技术进步的研究集中在外生技术和内生技术两个方面。

第一,国家要素丰裕度动态变化。

传统比较优势理论要素不变的假设在HO模型的三个定理上得以放松,一国要素丰裕度变化引起比较优势动态变化,进而影响该国贸易模式和国家福利。相关理论研究基于HO模型,以H-O-S定理、S-S定理和R定理为典型代表。Samuelson(1948)将H-O模型拓展为H-O-S模型,在分析各国要素价格均等化变化基础上讨论了贸易和收入分配的关系,在自由贸易条件下,即使要素不能跨国流动,商品流动可以代替要素流动,最终使要素在各国之间的价格趋于一致。Stolper和Samuelson(1941)在H-O定理基础上提出S-S定理,讨论产品价格变化对要素价格的影响,若某产品国内价格上升,将会引致该产品生产过程中密集使用要素价格的提高。Rybczynski(1955)提出了R定理,讨论了一国拥有的要素数量变化对贸易的影响。在一种产品价格不变条件下,如果某种要素数量增加,会导致生产中密集使用该要素产品产量的增加,还会引起该产品相对市场份额的增加。若该产品是出口产品,在其他条件不变情况下,其出口将增加;反之则相反。三大定理之后,学者们围绕要素结构变化从诸多角度开展了大量研究。

Hicks(1953)在就职演说中,针对长期美元问题阐述了不同部门劳动力增长或技术进步的差异对贸易的影响。Shinohara Miyohei(1955、1959)提出动态比较成本说,认为比较成本优势具有动态性,一国可以通过政策干预、开发要素资源等手段改变比较成本不利的地位,进而优化本国产业结构;Kaname Akamatsu(1960)等人提出的产业发展雁行形态论进一步完善了该观点。Oniki和Uzawa(1965)将现代比较优势理论和古典增长理论相结合,分析资本积累对贸易格局的深入影响,解释了贸易小国比较优势的长期变化趋势,在开放条件下,随着该国"资本-劳动比"的提高,该国的比较优势从资本密集度较低的产品逐渐转移到资本密集更高的产品。Vanek(1968)提出的HOV模型在HO模型的基础上加入投入产出函数,研究发现一国产品出口的本质是出口该国的生产要素,该国出口的实际上是本国相对丰裕的生产要素。Findlay(1970)重点考察了要素积累对贸易演化的作用,认为一国储蓄的增长增加了该国的资本存量,进而扩大资本密集型产品的出口规模;打破了传统比较优势理论各国消费者偏好相同的假设,认为是各国消费者偏好的差异导致了物质资本积累下的比较优势动态变化。Athari et al.(2018)从国际资本流动的角度进一步讨论了资本流动对一国竞争力的影响,认为资本流动有利于一国比较优势的动态增加。

第二,产品要素密集度动态变化。

从一国要素丰裕度视角讨论贸易优势来源的同时,学者们还从产品要素密集度视角讨论了比较优势的动态演化。其中代表性的研究是Vernon(1966),在Posner(1961)技术周期说的基础上,根据产品要素密集度的动态变化,提出国际贸易的产品生命周期说,结合产品不同发展阶段要素密集度变化分析比较优势的动态变化,解释了产品生命周期不同阶段贸易流向的变化。具体而言,将产品发展分成三个不同阶段:创新期、成熟期和标准化期。每个阶段分布在不同的国家,具有不同的要素密集度,由于不同阶段产品各种不同要素投入的比例差异,使得产品要素密集度发生变化。这样,不同国家在产品生产的不同阶段拥有该产品的比较优势;各国生产该产品的比较优势动态变化,比较优势在技术创新国和模仿国间转换;对技术创新国而言,某产品经历了从技术密集型、资本密集型、劳动密集型的转变过程;对于技术模仿国而言,该过程正好相反。

第三,外生技术的相关研究。

在劳动力、物质资本、人力资本等要素的基础上,学者们将技术纳入要素的范畴,进一步发展了国际贸易的贸易优势理论。基于技术进步的动态比较优势理论与经济增长理论相结合,讨论比较优势的动态化发展。由于经济增长理论经历了从哈罗德-多马模型(Harrod-Domar Model)和索洛模型(Solow Model)的新古典增长理论到罗默内生增长模型(Romer Model)的发展,技术要素对经济增长的作用也从外生转向内生可变,进而推进了对动态比较优势的发展,使得可以从外生技术和内生技术的不同视角分析技术进步对贸易结构的影响。

较早引入技术要素的研究是与新古典增长理论相结合,将技术作为无法人为控制的外生变量来考察和分析,解释技术进步、比较优势与贸易结构的关系。Kojima(1971)在 Shinohara Miyohei(1955、1959)、Kaname Akamatsu(1960)等人的研究基础上,进一步完善了雁行形态论,分析认为亚洲国家和地区产业升级的事实特征符合雁行发展模式,因为亚洲国家和地区在采取跟随发展的过程中,通过提高技术水平,利用各自的劳动力和物质资本优势,相互间实现了协同发展;尤其是亚洲四小龙在雁行发展模式中处于领先位置,进而带动整个东亚、东南亚地区的经济发展。该理论对亚洲奇迹可以做出较好的理论解释,为后发国家和地区发展经济、实现对发达国家的赶超指出了一条可行的路径。

Posner(1961)提出的技术周期说,放松了HO模型的两国技术水平相同的假设,基于两国技术水平的现实差异,两国分别为技术创新国和技术模仿国,认为技术创新国在技术创新期拥有该技术的垄断势力,技术创新国正是利用了该模仿时滞获取经济利益;技术模仿国与技术创新国之间存在一定的技术水平差距,技术模仿国掌握该项创新技术存在一定的时滞,当技术模仿国通过引进或模仿并掌握该项技术后,这样的技术扩散将会改变以往两国间的贸易模式,使得建立在技术差异基础上的各国比较优势发生变化;若技术创新国不能持续创新,其可能失去相应的比较优势。Makusen和Svenson在李嘉图模型框架下,用外生技术差异解释发达国家之间的贸易现象,假定各国资源配置比例相同、具有近似的需求偏好、不存在规模经济、产品生产投入两种以上的生产要素,那么,各国技术差异会导致劳动生产率差异,各国出口其要素生产率相对较高的产品;若一国能长期保持优势产品的技术优势,则该初始产品的比较优势将持续(冯德连,1998)。Krugman(1981)通过对发达国家与发展中国家间的贸易研究发现,技术进步会影响各国的福利。若技术进步发生在发达国家,则发达国家产品出口更具比较优势,发展中国家有更大的发展和追赶空间;若发展中国家的技术进步,进而缩小与发达国家的技术差距,那么,发展中国家技术进步利于其提高产品技术含量并减少从发达国家进口,不利于发达国家。

外生技术表明技术进步是外生给定的,由此决定的比较优势动态变化和经济增长也是外生的,基于此的国际分工是固化的,不利于发展中国家参与国际分工、提升国际分工地位,发展中国家将长期处于全球价值链低端。

第四,内生技术的相关研究。

伴随内生增长模型的提出,学者们逐渐将外生技术内生化,认为技术是可以由企业自身决定的,结合技术的外溢效应和自身的技术创新,在内生技术的基础上发展了动态比较优势理论。技术内生的相关研究是传统贸易理论与内生增长理论和新贸易理论融合的产物,相应的代表性理论研究主要有:

Romer(1986、1990)构建技术内生增长模型,在内生增长的一般均衡框架中,贸易发展模式与经济增长率都是内生决定的,研究贸易与经济增长的关系,认为对研发部门的投资带来的技术进步会促进经济的内生增长,弥补了以往将技术作为外生变量的不足。Grossman 和 Helpman(1990a)、Grossman(1992)在 Romer(1986)内生增长模型基础上,构建了一个技术内生的动态两国贸易模型,认为内生的技术进步来自企业利润最大化的行为,研究发现并验证了规模经济和技术进步促进了经济增长,进而分析了新产品的水平差异和垂直差异与内生动态比较优势的关系。Redding(1999)将技术内生化,提出静态比较优势逆转说,认为比较优势随时间推移而逐步演进,某些产业表面上看不具备比较优势,但是具备培育比较优势的潜力,在政府扶持下技术进步使静态比较优势逆转从而获得动态比较优势,这些产业可发展为优势产业。这些研究发现对发展中国家经济和贸易发展起到一定的政策指导作用。Antràs 和 Helpman(2004)在总结经济增长原因的基础上,认为贸易的增长受到创新(Innovation)、相互依赖(Interdependence)、不平等(Inequality)和制度(Institution)等四个"I"的影响,指出技术创新对经济增长的重要作用。

除了基于要素变化视角对 H-O 模型动态拓展外,学者们将要素之一的技术单独提出,经历了从外生技术向内生技术的动态发展,将比较优势理论与内生增长理论、新贸易理论等进一步融合,技术内生推进了动态比较优势理论的进一步发展。这些研究侧重分析技术进步,尤其是内生技术进步,对一国经济增长具有促进作用,利于理解比较优势的动态变化。但是,上述研究忽视了贸易优势本身的研究,忽视了对贸易优势更全面来源和表现的分析与讨论。

第五,基于人力资本积累。

Schultz(1961)提出人力资本的概念,使得可以将人力资本从物质资本中分离出来,作为"一揽子要素"之一加以分析和讨论;研究认为通过技能培训、智力培养等方式可以实现人力资本的积累,并通过人力资本的知识效应和非知识效应促进经济增长。Findlay 和 Kierzhowski(1983)将人力资本纳入"2×2"的经典模型框架之中,进一步拓展了相应的研究。Nelson 和 Michael(1966)认为受教育程度较高的劳动力才是有效的劳动力,这些劳动力即人力资本,通过技术进步和扩散效应,改变物质资本结构,并使得资本结构达到最优,对经济增长起到促进作用。Balassa(1977)从人力资本和物质资本等要素比例变化的角度发展静态比较优势理论,将技术作为外生变量,提出比较阶梯论,呈现阶梯比较优势的动态演进。Balassa(1979)研究了发展中国家贸易模式的决定因素,认为国家之间出口贸易结构差异源于各国实物资本和人力资本的禀赋差异,发展中国家出口结构的升级源于禀赋结构的改善。

Arrow(1962)和Romer(1986)提出人力资本积累"干中学"(Learning by Doing)理论,该理论认为:后发国家的产业发展可以依靠技术外溢效应,企业劳动者通过边干边学积累劳动技能和工作经验。这样,在没有大量研发投入的情况下也可以促进企业自身的技术进步,进而提高生产效率,实现一国的经济增长。Krugman(1979)通过对垄断竞争贸易理论的发展,发现某产业的生产规模能够改变该产业的比较优势,进而揭示了比较优势的内生性问题。Krugman(1987)在Romer(1986)内生增长理论的基础上,将规模经济和"干中学"引入比较优势理论分析,由于一国劳动者在生产过程中形成和积累了生产经验,该国企业的产量和生产率将得到提高,进而带来规模收益;认为应结合战略性贸易政策,利用补贴和产业政策扶持目标产业,强调在开放、竞争中予以保护,以提高竞争力。Lucas(1988)对Krugman(1987)的理论进行了拓展,构建了一个人力资本内生增长模型,提出的技术外溢理论认为,企业生产不仅取决于自身的物质资本和人力资本,还取决于全社会的人力资本;研究发现一国经济长期增长依赖于这种人力资本的外部性,在企业人力资本和社会人力资本投入下,各国生产不同产品时高素质劳动者具有不同的学习曲线,进而形成各国间的贸易模式;进一步指出,发达国家的初始条件优于发展中国家,因而具有更优的学习曲线形态,更能促进经济增长。Young(1991)进一步发展了Lucas(1988)的人力资本内生增长模型,认为不同产业劳动者的学习曲线是由经济内生决定的,因为发展中国家劳动者的学习能力相对较弱,必须更加注重劳动者素质的提升,提高学习效率,只有这样,才能避免落入比较优势陷阱。

Grossman和Helpman(1990a、1990b)等人从人力资本配置角度分析两国间的比较优势,通过构建的两国贸易竞争模型,研究发现一国贸易模式是该国知识要素禀赋的真实体现,进一步讨论了人力资本配置对一国比较优势及贸易格局的影响。Grossman(1992)在构建的两国贸易模型中引入人力资本要素,研究表明,具有相似要素禀赋的两国,各国的贸易结构将由各自的人力资本所决定;并分析了人力资本对贸易结构的影响机制,以及对收入分配和产业发展开展了经验分析。Benhabib和Spiegel(1994)研究认为人力资本积累决定了技术追赶和技术扩散的程度。Bond et al.(2003)在构建的两国三部门内生增长模型中,同时纳入物质资本和人力资本要素,涉及两种贸易品和一种非贸易品;区别于单一考察物质资本,在考察物质资本积累的同时,还考虑了人力资本的积累;在两国相同消费偏好的假设下,研究发现同时考虑物质资本和人力资本使得很难预测一国的增长模式。

出于研究的细化,部分学者将企业家从人力资本中单独抽出,使之成为独立于人力资本之外的一种生产要素。有别于一般的人力资本,企业家才能作为"一揽子要素"的支配者,对"一揽子要素"发挥作用、实现"一揽子要素"的优化配置起到重要作用。Say(1803)首先提出企业家是除土地、劳动和资本以外的第四种生产要素,企业家是生产的组织者和核心。Kasen(1992)和Kirzner(2000)等学者从信息角度剖析了企业家对经济发展的作用。以Kirzner(2000)的企业家理论为代表,认为企业家具有独特的优势和能力,可以从市场中获取独特的信息,进而实现要素的有效配置,促进经济发展。

(2)传统要素视角国内学者的相关研究

国内学者对比较优势理论的原创性认知相对鲜见,更多的是在国外研究的基础上,对国外学者理论模型的进一步拓展,从要素结构变化、技术进步、要素密集度变化等诸多视角开展实证研究,结合中国等国家和地区的数据开展经验验证。

第一,物质资本积累。李永(2003)通过构建的内生动态比较优势模型,研究发现发展中国家可以通过积极的政策干预、扶持高新技术产业发展,实现从不具有比较优势向获取比较优势的动态转变。这些政策包括积极的产业政策和贸易政策,并对各项政策的作用期限进行了解释和说明。徐梁(2016)在研究"一带一路"沿线国家和中国比较优势动态演进的过程中,通过拓展的两国贸易模型推导,发现物质资本积累有利于发展中国家的比较优势动态演进,进而促进经济增长。

第二,人力资本积累。周其仁(1996)认为企业家是一种相对稀缺的要素,企业家才能的发挥可以增加市场的创新动力和活力,促进经济增长。林毅夫和孙希芳(2003)在研究要素禀赋与经济发展的关系时,认为一国可以在依靠企业家才能发挥的情况下,依据其要素禀赋比较优势发展并调整产业结构,实现发展中国家与发达国家之间差距的缩小甚至赶超。代谦和别朝霞(2006)认为动态比较优势的核心是人力资本积累,提高人力资本水平是关键。刘志铭和李晓迎(2008)认为新古典经济理论忽视企业家要素对经济增长的作用,不利于经济增长的完整和合理解释;以柯兹纳为代表的奥地利学派将企业家与经济增长相结合,认为企业家精神的发挥有利于经济增长。国内学者在柯兹纳的企业家理论基础上进一步拓展,研究企业家、比较优势和经济增长的关系,以张小蒂为代表。张小蒂和赵榄(2009)基于拓展的"干中学"技术进步模型,研究企业家要素对经济增长的作用。企业家是影响一国技术进步和经济增长的关键因素,企业家对高技术产业存在积极的"干中学"效应,企业家丰度会影响技术进步与经济增长。因此,应通过政策扶持发挥企业家才能,进而提升动态比较优势。张小蒂和贾钰哲(2011a)认为在经济全球化背景下,基于FDI形成的动态比较优势通过企业家才能的拓展而持续增进,有利于扭转国际分工中的不利地位,提升开放经济发展质量。张小蒂和贾钰哲(2011b)研究发现相对于单一的技术创新而言,企业家创新通过在"一揽子要素"的不同组合中试错,可以优化要素配置、实现绩效的显著提升与份额的扩大,通过市场势力的扩张促进经济增长。张小蒂和贾钰哲(2012)从企业家要素拓展的视角讨论了动态比较优势增进的机理与提升途径,认为企业家作为"一揽子要素"的支配者,在经济发展中处于核心地位,是"一揽子要素"中的关键要素;企业家是中国动态比较优势增进的动力源,企业家资源的拓展有利于更好地参与国际分工,进一步提升贸易竞争力。张小蒂和姚瑶(2012)认为企业家是将企业家要素纳入生产函数,考察了企业家资源拓展对比较优势增进的影响,认为企业家要素的拓展可以促进市场规模的扩大,利于比较优势的动态增进,实现经济增长。张小蒂和曾可昕(2013、2014、2016)进一步讨论了中国企业家要素拓展与比较优势内生增进的关系,讨论了企业家精神的激励作用,认为通过企业家才能的发挥可以优化要素配置,研究发现"顺市场"的经济体制改革、产业集聚、资本市场和FDI有利于企业家才能的提升和比较优势内生动态增进,促进经济增长。

第三,技术进步。岳昌君(2000)认为比较优势源于规模经济和技术优势;程恩富和丁晓钦(2003)认为从比较优势到竞争优势的关键在于培育知识产权优势或知识产权型竞争优势;代谦和别朝霞(2006)认为动态比较优势的核心是人力资本积累,而人力资本的技能提升依赖于技术进步;马常娥(2010)认为贸易优势的关键在于培育潜在的资本优势,实现从劳动密集型向资本密集型的转变。

(3)国外学者其他视角的研究

第一,新兴古典贸易理论的分工专业化。20世纪80年代开始,以杨小凯(2001、2002)等为代表的学者提出并发展了新古典贸易理论,运用超边际分析法和其他非古典数学规划方法将新古典经济学遗弃的古典经济学中关于分工和专业化的经济思想形式化,将内生的比较优势置于一个交易成本和分工演进相互作用的理论框架中,研究认为一国市场规模的发展和技术水平的进步可以决定该国比较优势的内生演化;进一步研究发现,通过参与分工提高自身专业化水平,可获得内生比较优势,并且该优势会随分工水平的提高而提升。以杨小凯为代表的新兴古典贸易理论从分工角度研究技术进步的来源,强调交易效率的改进对专业化分工产生的影响,强调分工的作用,忽视了要素禀赋和技术差异对分工方式和贸易结构的影响。

第二,福利效应和政策视角。多数研究基于自由贸易条件下发展中国家视角,研究发展中国家利用要素禀赋比较优势参与国际分工的福利效应,分析发展中国家福利增加还是受损,进而提出政府应采取的贸易政策和产业政策。Balassa(1981)在以杨小凯为代表的新古典贸易理论基础上,进一步提出外贸优势转移假说,形成阶梯比较优势论,将国家分成四个阶梯,不同国家的比较优势和贸易结构随要素积累的状况不断改变。Redding(1999)将李嘉图模型与"干中学"的内生技术进步模型相结合,分析自由贸易条件下的福利效应,并进一步讨论了选择性贸易政策下的福利效应。Chatterjee(2017)基于一个两国贸易模型框架讨论了基于内生比较优势贸易利益的获取问题。

第三,动态比较优势演化视角。Fisher和Kakkar(2002)突破传统经济分析框架,从生物演化学角度考察动态比较优势的演化和稳态特征,检验比较优势的形成是否是经济本身长期演化的结果。研究发现,自然选择会使无效率的企业淘汰,比较优势是经济长期自然演化的结果。

第四,产业内贸易理论的相关研究。从20世纪60年代初开始,学者们提出并发展了产业内贸易理论,放松了比较优势理论规模报酬不变、产品同质和完全竞争市场的假设,实现了对比较优势理论的进一步拓展。Krugman(1979)将规模经济纳入相关模型解释产业内贸易现象,认为国际贸易的原因表现在两个方面:一方面是各国在资源或技术上的相对差异,引发各国生产各自擅长的产品;另一方面是各国为获取规模报酬而专注于某些产品的生产,即使各国要素禀赋相同,也可以获得专业化生产的比较优势。

20世纪80年代,Krugman进一步讨论规模经济与比较优势,在其构建的垄断竞争模型中,认为产品的多样性是由规模报酬和市场规模之间的相互作用内生所决定。James R. Tybout(1993)进一步集中论述了递增性内部规模收益作为比较优势的源泉。产品异质性分为垂直异质性、水平异质性和技术异质性,技术异质性属于动态分析范畴;垂直异质性反映了一组产品中各个产品具备的核心特征在绝对数量上的差异,即产品质量差异,最具代表性的是Falvey(1984)模型;水平异质性反映了产品各品种之间的差异性来自它们的特性差异,抑或是产品特征组合方式的差异,最具代表性的是克鲁格曼模型。不完全竞争市场是对完全竞争市场假设的放松,部分弥补了完全竞争市场比较优势理论的缺陷和不足,该类模型主要包括寡头垄断贸易模型、垄断竞争贸易模型和相互倾销模型。Choi和Park(2017)结合外包和交易成本分析了基于比较优势的增加值出口问题,验证了比较优势理论在产业间和产业内贸易同样适用。

不同视角的动态比较优势理论研究拓展了比较优势理论的研究内容和研究范围,是基于要素变化和技术进步研究视角的有益补充。但是,这些理论主要是从某一视角分析贸易优势的动态变化、贸易模式与产业结构等问题,缺乏关于比较优势来源和表现的全面分析。比较优势的动态拓展实际是围绕要素数量或要素质量变化而展开:HOS定理、SS定理和R定理基于要素丰裕度,产品生命周期理论基于要素密集度;技术作为一种独立的要素,依赖于技术的进步与创新;比较优势的动态演化离不开要素结构的动态变化,而这正是要素流动理论拓展的内容。

(4)国内学者其他视角的研究

第一,制度比较优势。包群和阳佳余(2008)、盛丹和王永进(2012)等在 Matsuyama(2005)、Acemoglu et al.(2007)、Levchenko(2007)、Nunn(2007)等国外学者理论研究的基础上,验证了金融发展水平等金融制度的改善有利于扩大出口,制度的完善有利于比较优势的动态增进。邱斌等(2014)认为,要素禀赋仍是一国比较优势的基础,若能进一步与金融、知识产权、教育、法制等制度因素相结合,发挥协同效应,可以推动并扩大出口;因此,主张以要素禀赋比较优势为基础,结合政策优惠的区位优势和制度变革的制度优势,构建中国的新型出口比较优势。进而认为制度比较优势是可获取的新型出口比较优势,在发挥原有要素禀赋比较优势和政策优惠等区位优势的同时,可以通过制度变革获取制度红利,成为新型出口比较优势的来源;当一国制度的质量跨越制度门槛后,该国的制度因素和行业特征协同发展形成协同效应,有利于构建制度比较优势。

第二,新结构经济学。以林毅夫(2003、2010、2012)为代表的新结构经济学提出的动态比较优势战略,认为比较优势是一种有效的经济发展战略,倡导比较优势发展战略;而批评比较优势的声音实际上是片面地理解比较优势,发展中国家经济和贸易发展应立足于要素禀赋,遵循产业演进客观规律。动态比较优势增进促进产业结构升级,产业结构升级是要素禀赋结构变化的结果。中国改革开放取得的成绩,正是遵循比较优势的结果,应进一步遵循该原则,实现产业结构的演进,提高产业竞争力。"林毅夫团队"发布的《吉林省经济结构转型升级研究报告》(征求意见稿)引起的争论和讨论,正是新结构经济学的观点体现。

第三,超比较优势。以李翀为代表的国内学者提出超比较优势的概念并开展了系列研究,李翀(2006)首次提出超比较优势的概念,并对中国经济发展战略的选择进行了分产业的阐释。魏浩和李翀(2014)在RCA、MS、PRODY指数基础上,梳理计算了2000至2010年中国产品的比较优势,进一步概括了超比较优势的定义和原因,超比较优势的产品主要集中在技术含量较低的资源性产品和技术含量比较高的技术密集型产品。在超比较优势基础上,构建了梯形对外贸易发展战略,认为发展超比较优势产业是中国从贸易大国转变为贸易强国的关键。

第四,基于生产要素理论的相关研究。吴杨伟和王胜(2017a、2017b)认为:伴随传统要素红利逐步丧失,比较优势理论关注的焦点从静态要素转变到动态要素,从比较优势固化到比较优势的动态增进;全球化要素跨国流动下传统的要素质量等级和要素禀赋结构已经出现升级和优化,进一步促进了要素积累;一国的要素结构由该国先天要素禀赋和后天要素积累共同决定,要素结构优化推动了比较优势动态增进;动态比较优势不再是一国要素禀赋的真实体现,反映的是该国与他国要素的国际组合。吴杨伟和王胜(2018c)、吴杨伟和李晓丹(2020a)结合生产要素理论关于生产要素内涵与外延的拓展,通过对比较优势理论与竞争优势理论的梳理,对二者的关系展开了相应的讨论,认为比较优势与竞争优势的来源具有一致性。

综合上述理论分析,国内学者认为比较优势的来源主要体现在以下两个方面:经济发展水平差异国家间贸易优势主要源于各国间要素禀赋差异;经济发展水平相近国家间贸易优势主要来源于规模经济、产品异质和专业化分工,表现为物质资本和人力资本的积累、技术进步、政策制定及制度的完善与实施。部分学者尝试结合生产要素理论和中国情境,从拓展要素视角展开贸易优势的相关讨论与分析,为本研究提供了经验借鉴。

(5)研究简评

传统静态比较优势理论对贸易现象的解释力逐渐弱化,从20世纪40年代开始,学者们围绕要素结构变化、技术进步、专业化分工和产品生命周期,将静态比较优势动态化。一国的比较优势是动态变化的,要素结构变化、技术进步等诸多因素可能使得一国从比较优势变为比较劣势，或从比较劣势转变为比较优势。这是因为，一国要素结构的变化可能引起要素相对价格变化，进而影响要素边际产出，促使要素在生产中的重新配置，影响出口产品的价格，使得以相对价格衡量的比较优势发生变化，进而改变产品的贸易竞争力。伴随经济全球化的进程，一国要素结构和技术水平动态化特征显现，从动态视角分析比较优势成为发展中国家摆脱"比较优势陷阱"的理论前沿。

从古典到新古典贸易理论，再到新贸易理论的发展，比较优势理论经过两百多年的理论演进和拓展，比较优势的来源和影响因素不断发展，拓展了比较优势的内涵。在劳动力、物质资本等要素结构变化的研究中，学者们将人力资本、技术要素单独列出，经历了从外生技术向内生技术的动态发展，将比较优势理论与内生增长理论、新贸易理论等进一步融合，推进了动态比较优势理论的深入发展，使得比较优势理论更接近现实。比较优势的动态变化可能改变一国在全球价值链分工中的地位，进而改变该国的产业结构和贸易结构，影响该国贸易竞争力。

现代比较优势理论将研究视角从宏观国家层面深入到中观产业层面，是对传统比较优势理论的发展，引入要素结构变化、专业化分工、规模经济、市场结构和产品异质，分析贸易优势的来源和贸易利益的分配；将研究视角集中于宏观国家和中观产业层面，少有研究从微观层面探讨比较优势，缺乏从经济活动微观基础的要素视角探讨比较优势。现有研究集中于单一的产品供给角度分析，和传统比较优势相同，没有将需求侧的消费者效用满足与供给侧的产品成本加以整合，缺乏在统一框架下分析贸易优势的来源和表现。

3. 竞争优势理论关于贸易优势来源的研究

20世纪80年代以来，竞争优势逐渐受到关注和重视，竞争优势理论为研究国际贸易提供了新的研究思路。关于竞争优势的概念，学界并没有统一的认定，世界经济论坛（1985）认为竞争优势是企业家当前和未来在各自的环境中以比国内外竞争者更有吸引力的价格和质量进行设计、生产、销售和服务的能力与机会。Freebairn（1986）将竞争优势界定为在一定地点以一定的形式、以优于竞争者的价格提供产品和服务，但又至少能获得所使用要素机会成本的能力。世界经济论坛和瑞士国际管理发展学院（1994）认为竞争优势是一国及其企业在世界市场上均衡地生产出比其他竞争对手更多财富的能力。中国社科院工业经济研究所（1996）指出竞争优势是一国特定产业所生产的产品，是否具有开拓和占据国际市场，并以此获得利润的能力。美国工程研究院认为竞争优势是一国在维持和提高其国民收入水平的同时,能够为国际市场提供更优的产品和服务的能力。Porter认为产品竞争优势决定于成本优势(Cost Advantage)和异质性优势(Difference Advantage),来源于企业为客户创造的超过其成本的低价格。这样,产品的价格超过成本的差额就是Porter所指的竞争优势。综上所述,竞争优势实际上就是一国企业生产的某产品在市场上的获利能力,获利能力越强越有竞争优势;竞争优势表现为竞争能力,某产品具有竞争优势,则其在市场上具有竞争力。简而言之,竞争优势是相对于竞争对手所拥有的可持续性优势,体现为优于竞争对手的核心竞争力。

竞争优势理论由Porter(1980、1985、1990)提出,经历了《竞争战略》《竞争优势》和《国家竞争优势》"竞争三部曲"的发展,并经过Rugman和Verbeke(1991)、Dunning(1993)等学者进一步完善,从企业、产业到国家层面的演进。在《竞争战略》一书中,Porter提出了企业获取竞争优势的两种核心战略,即竞争优势的两种表现:成本领先(Overall Cost Leadership)和标新立异(Differentiation),竞争优势源于产品的成本优势和异质性优势。在《竞争优势》一书中,Porter提出价值链理论,产品生产由其价值链上的不同企业和产业共同完成,竞争优势源于价值链的不同环节。在《国家竞争优势》一书中,将国内竞争优势理论拓展到国际竞争领域,提出国家竞争优势的钻石模型和国家竞争优势理论;认为各国产品、企业和产业的竞争优势存在差异,若将一国差异化的产品、企业和产业的竞争优势加以整合,可以形成该国的国家竞争优势;国家竞争优势取决于产业竞争优势,产业竞争优势又决定于企业和产品竞争优势。

国家竞争优势理论认为:一国经济和贸易发展的根源在于该国的国家竞争优势,国家竞争优势的钻石模型由四个基本要素和两个辅助要素组成。一国竞争优势不是简单地源于该国先天初始的比较优势,更为主要的是源于该国通过创新和升级以及后天获取的生产条件优势。在众多产业和产品中,一国最有可能在竞争中胜出的是本国四个基本要素特别有利的产业和产品,贸易优势源于出口四个基本要素都处于有利地位的产品。因此,竞争优势理论是对国际贸易理论的发展和运用,拓宽了对贸易优势来源的理论认知,四大基本因素和两个辅助因素都是贸易优势的来源(吴杨伟和李晓丹,2020a)。

综合上述传统比较优势理论、现代比较优势理论和竞争优势理论关于贸易优势来源的理论解释,本书总结出不同理论关于贸易优势来源的表述,如表2-2。

表2-2　不同理论贸易优势的来源

贸易优势理论		贸易优势来源	生产要素
传统比较优势理论	古典国际贸易理论	要素生产率差异（各国劳动生产率差异）	劳动等传统要素
	新古典贸易理论	要素价格差异（各国要素禀赋差异下要素价格差异）	劳动和资本等传统要素
现代比较优势理论	动态比较优势理论	要素结构变化（国家要素丰裕度、产品要素密集度、技术进步、人力资本积累、制度等）	劳动、资本、技术、制度等传统要素和市场规模等经济要素
	产业内贸易理论	规模报酬递增（规模经济）、消费者偏好（产品异质性）、不完全竞争（市场结构）	
竞争优势理论		先天初始的要素禀赋+后天获取的生产条件（成本优势和异质性优势）	拓展要素（四大基本因素和两个辅助因素）

资料来源：作者整理绘制。

(三)贸易竞争力的影响因素

1.国外学者的相关研究

一国的贸易竞争力是贸易优势的直接体现，贸易竞争力是一国及其产业在国际市场上与他国竞争所具有的相对优势。因此，解释贸易优势来源的相关理论亦解释了贸易竞争力的来源，贸易优势的影响因素亦是贸易竞争力的影响因素。国外学者在开展贸易优势理论研究的同时，亦开展了贸易竞争力的实证检验。学者关于贸易竞争力影响因素的相关研究往往是为了验证相关理论，是与相应理论分析相结合的。贸易优势来源的相关理论研究文献亦是研究贸易竞争力的参考文献，本小节不再赘述。

(1)基于比较优势理论的相关研究

第一，物质资本与贸易竞争力。Oniki和Uzawa(1965)将现代比较优势理论和古典增长理论相结合，分析物质资本积累对贸易格局的影响。研究发现，在开放条件下，随着物质资本的积累、"资本–劳动比"的提高，小国的比较优势逐渐向资本密集更高的产品转移。Findlay(1970)重点考察了物质资本积累与贸易演化的关系，认为伴随储蓄的增加，一国会提高资本密集型产品的出口；打破了传统比较优势理论各国消费者偏好相同的假设，认为是各国消费者偏好的差异导致了物质资本积累下的比较优势动态变化。Bond et al.(2003)构建的两国三部门内生增长模型中同时纳入物质资本和人力资本要素,涉及两种贸易品和一种非贸易品,在考察物质资本积累对经济增长影响的同时,考察人力资本积累对经济增长的促进作用;认为在两国相同消费偏好的假设下,难以预测一国的增长模式。

第二,人力资本与贸易竞争力。Balassa(1977、1979)从人力资本等要素比例差异和变化的角度研究了发展中国家贸易模式的决定因素,认为发展中国家贸易结构的优化源于禀赋结构的优化。Krugman(1987)在Romer(1986)内生增长理论的基础上,将规模经济和"干中学"引入比较优势理论分析,验证了劳动者生产经验和劳动技能积累可以促进企业产量和生产率的提高,在获取规模收益的同时提高竞争力。Lucas(1988)通过构建的人力资本内生增长模型,研究发现发达国家的初始条件优于发展中国家,因而具有更优的学习曲线形态,更能促进经济增长。Young(1991)进一步发展了Lucas(1988)的人力资本内生增长模型,研究发现发展中国家劳动者的学习能力相对较弱,为了规避比较优势陷阱,应该更加注重劳动者素质的提升。Grossman和Helpman(1990a、1990b)从人力资本配置角度分析两国间的比较优势,进一步分析和讨论了人力资本对一国贸易优势及贸易模式的影响。Grossman(1992)研究表明,具有相似要素禀赋的国家,贸易结构将由各自的人力资本决定。

第三,技术水平与贸易竞争力。Hicks(1953)在其就职演说中,针对美元问题阐述了不同部门劳动力增长或技术进步的差异对贸易的影响。Posner(1961)验证了技术周期说,认为技术创新国在获取新技术垄断利益之后,若不注重新技术的创新,将逐渐失去该新技术的比较优势。Kojima(1971)完善了雁行形态论,认为亚洲国家和地区在采取跟随发展的过程中,通过提高技术水平,利用各自的劳动力和物质资本优势,从而实现了国家和地区间的协同发展。Makusen和Svenson(1985)验证了各国技术差异会导致劳动生产率差异,进而各自生产并出口其要素生产率相对较高的产品,若该技术优势能长期保持,则该产品的比较优势将得到持续。Redding(1999)将技术内生化,技术进步可以使原本不具有比较优势的产业逆转从而获得动态比较优势,这些产业可发展为优势产业。

第四,FDI与贸易竞争力。Kojima(1971)在雁行形态论的基础上提出对外直接投资的比较优势理论,认为投资国应根据本国比较劣势产业的比较劣势大小依次对外投资;对于东道国而言,应结合自身的比较优势吸引国外直接投资。这样,东道国利用IFDI可以促进本国比较优势的发挥,进而提升贸易竞争力。Narula和Wakelin(1995)利用40个工业化国家和发展中国家1975至1988年的数据,考察了上述国家FDI与产品出口竞争优势之间的关系。研究发现,相对于发达国家而言,在发展中国家投资的跨国公司对产品出口竞争优势的影响更大。Keller和Yeaple(2013)利用美国1987至1996年制造业数据研究FDI与经济增长的关系,结果表明FDI通过提高本国企业的生产能力,进而增强了出口竞争力。

第五,制度与贸易竞争力。Beck(2003)研究发现私人信用水平和国家金融发展水平与对金融依赖程度高的行业的贸易竞争力呈正相关关系;Matsuyama(2005)研究发现适宜的金融制度有利于一国取得金融比较优势,从而促进出口;Chaney(2005)和Manova(2013)研究发现融资约束可以提高出口生产率的临界值,一定的融资约束利于获取出口优势;Munasib和Ray(2014)验证了融资约束可以扩大异质产品的市场规模。Helpman(2004)、Acemoglu et al.(2007)、Levchenko(2007)、Nunn(2007)、Costinot(2009)、Chor(2010)、Nunn和Trefler(2013)等学者从合同履行制度和法制层面研究其对出口的影响,认为良好的法制有利于提高合同的执行率,从而扩大出口。

(2)基于竞争优势理论的相关研究

学者们从竞争优势的视角展开了关于国际竞争力影响因素的相关研究,具有代表性的是Porter钻石模型(Porter,1990)、Porter-Dunning国际化钻石模型(Dunning,1993)、Kim-Marion计量模型(Kim和Marion,1997)和Moreno计量模型(Moreno,1997)。

Porter钻石模型将影响国际竞争力的因素归纳为四个基本因素和两个辅助因素。四个基本因素包括生产要素,国内需求条件,相关产业与支撑产业,企业的战略、结构与竞争。两个辅助因素包括政府和机遇。Porter-Dunning国际化钻石模型在Porter钻石模型的基础上,增加了跨国公司商业活动因素,将跨国公司的IFDI和OFDI纳入国际竞争力的分析框架。由于钻石模型国际竞争力的影响因素过于复杂,对于产业层面的研究而言,往往难以用相应的指标加以量化。因此,Porter-Dunning国际化钻石模型和Porter钻石模型在实证研究中较少采用。

Kim-Marion计量模型中贸易竞争力的影响因素有资本密集度、原材料的价格或非价格竞争力、平均的供货半径、宏观经济政策、FDI、产业集中度、广告密度、研发强度、企业规模等,研究上述因素对美国食品制造业国际竞争力的影响。Moreno计量模型是在Kim-Marion计量模型的基础上加入汇率因素,通过研究西班牙制造业的国际竞争力的影响因素,发现技术和广告因素的影响最为显著。

2.国内学者的相关研究

（1）基于比较优势理论的相关研究

第一，物质资本与贸易竞争力。李永（2003）通过构建的内生动态比较优势模型，研究发现发展中国家可以通过积极的政策干预、扶持高新技术产业发展，实现从不具有比较优势向获取比较优势的动态转变。这些政策包括积极的产业政策和贸易政策，并对各项政策的作用期限进行了解释和说明。赵春明和郭界秀（2011）通过考察出口产品动态比较优势的演变轨迹发现，在要素结构优化过程中，产品动态比较优势演进，出口贸易结构持续优化，可以避免陷入"比较优势陷阱"。林善波和陈飞翔（2011）认为应该遵循动态比较优势参与国际分工，并结合中国东部11省市的面板数据，研究发现传统的劳动力和自然资源对经济增长的促进作用逐渐变小，但资本和技术要素密集使用行业的比较优势则逐渐趋强，得到比较优势动态演进与经济增长的正相关关系。吴杨伟和李晓丹（2020b）实证研究了中国制造业国际竞争力的影响因素，认为以物质资本积累的要素投入结构优化有利于提升国际竞争力。

第二，人力资本与贸易竞争力。代谦和别朝霞（2006a、2006b、2006c）在系列研究成果中理论讨论了人力资本、经济增长与发展中国家贸易优势问题，并利用中国数据加以验证。研究认为动态比较优势的核心是人力资本积累，提高人力资本水平是关键，人力资本积累可以促进技术进步。刘志铭和李晓迎（2008）认为，新古典经济理论忽视企业家要素对经济增长的作用，不利于经济增长的完整解释；奥地利学派将企业家与经济增长相结合，认为企业家精神的发挥有利于经济增长。在柯兹纳企业家理论基础上进一步拓展，研究企业家、比较优势和经济增长的关系，以张小蒂为代表。张小蒂和赵榄（2009）基于拓展的"干中学"技术进步模型，认为企业家是影响一国技术进步和经济增长的关键因素，应通过政策扶持发挥企业家才能，进而提升动态比较优势。张小蒂和贾钰哲（2011a、2011b、2012）、张小蒂和姚瑶（2012）、张小蒂和曾可昕（2013、2014、2016）等学者通过系列研究，将企业家要素纳入生产函数，研究认为企业家作为"一揽子要素"的支配者，在经济发展中处于核心地位，是"一揽子要素"中的关键要素；企业家是中国动态比较优势增进的动力源，企业家创新通过在"一揽子要素"的不同组合中试错，可以优化要素配置，实现绩效的显著提升与份额的扩大，通过市场势力的扩张促进经济增长；企业家资源的拓展有利于提升动态比较优势，利于更好地参与国际分工，提升贸易竞争力。

第三，技术水平与贸易竞争力。岳昌君（2000）认为比较优势源于规模经济和技术优势;程恩富和丁晓钦(2003)认为从比较优势到竞争优势的关键在于培育知识产权优势或知识产权型竞争优势;代谦和别朝霞(2006c)认为动态比较优势的核心是人力资本积累,人力资本水平的提升依赖于技术进步;刘志彪和张杰(2009)在考察出口贸易优势、贸易竞争力时,同时纳入资本密集度、人力资本、技术、企业规模和区位等影响因素,考察不同因素对出口竞争力的影响;马常娥(2010)认为贸易优势的关键在于培育潜在的资本优势,实现从劳动密集型向资本密集型的转变;毛日昇(2006)、魏浩和李翀(2014)、盛斌和马盈盈(2018)等学者从不同角度验证了技术与贸易竞争力之间的正相关关系。

第四,FDI与贸易竞争力。大部分研究认为FDI促进了中国产业结构升级与经济增长,有助于提升出口竞争力,以代谦和别朝霞(2006a、2006b)为代表,通过构建的两国内生增长模型,研究发达国家FDI与发展中国家经济增长,发现发达国家FDI的产业选择依赖于发展中国家的技术水平和竞争力,发达国家的FDI促进发展中国家的经济增长,带动其技术进步;然而,这些需要发展中国家较快的人力资本积累作为保障,人力资本的积累可以带动FDI的增加和技术的进步。部分学者的研究得出了相反的结论,谢建国(2003)认为FDI对出口竞争优势和竞争力并没有明显的促进作用;严兵(2006)利用1994至2004年的中国地区数据,通过ECI指数测算得出:FDI对中国西部地区出口竞争力的影响并不明显,对中部地区出口竞争力的提升产生了抑制作用,只对东部地区出口竞争力的提升产生正向促进作用;宋延武等(2007)研究发现,FDI与出口竞争力呈现显著的负相关关系,FDI不仅没有提升出口产品的竞争力,反而削弱了大部分产品的出口竞争力;马丹和许少强(2006)研究了人民币汇率、技术水平、供给能力、收入等因素对贸易竞争力的影响;陈立敏等(2016)在构建的计量模型中,考虑到对外直接投资因素,并验证了制造业贸易竞争力、全球价值链嵌入和制度质量的关系。

第五,制度与贸易竞争力。宋玉华和江振林(2010)研究了行业标准与出口竞争优势和竞争力的关系,研究结果表明,健全的行业标准有助于提升产品的贸易竞争力。包群和阳佳余(2008)、盛丹和王永进(2012)等在Matsuyama(2005)、Levchenko(2007)等国外学者理论研究的基础上,验证了金融发展水平等金融制度的改善有利于扩大出口,认为制度的完善有利于比较优势的动态增进。邱斌等(2014)对制度与贸易竞争力展开了较为系统的研究,认为要素禀赋与金融、知识产权、教育、法制等制度因素相结合,可以发挥协同效应,扩大出口,验证了制度比较优势是可获取的新型出口比较优势;当一国制度的质量跨越制度门槛后,该国的制度因素和行业特征协同发展可以形成协同效应,有利于构建新型制度比较优势。

(2)基于竞争优势理论的相关研究

正如前文所述,竞争优势理论钻石模型的部分影响因素往往难以找到合适的指标加以量化,国内学者们往往基于钻石模型,结合Kim-Marion计量模型和Moreno计量模型,展开相应的实证分析。曹桂珍(2010)采用主成分分析方法和因子分析方法构造出一个包含3个一级指标、14个二级指标的综合测算方法,将要素条件、创造力、需求条件、环境等因素纳入分析框架,研究结果发现,要素条件和创造力对于中国制造业国际竞争力的促进作用最为显著。卫迎春(2010)基于Porter-Dunning国际化钻石模型和Moreno计量模型,将IFDI、资本密集度、研发投入、行业集中度、市场份额、工资和汇率纳入影响因素分析。王仁曾(2002)在Kim-Marion计量模型和Moreno计量模型的基础上,将资本密集度、企业规模、研发强度、产业集中度和劳动生产率等因素纳入计量模型,研究上述因素对中国制造业竞争力的影响。研究结果表明:企业规模、产业集中度等因素对中国制造业竞争力有显著的促进作用。聂聆和李三妹(2014)将贸易开放度、FDI、人力资本等因素纳入中国制造业国际竞争力影响因素分析,发现上述因素对制造业国际竞争力有显著的促进作用。

3.研究简评

在贸易优势来源的理论研究基础上,国内外学者展开了相对广泛的贸易竞争力影响因素实证研究,更多的是将研究视野集中在传统要素的物质资本、人力资本、技术、制度以及FDI等方面。伴随贸易优势理论的进一步发展,学者们将影响因素的研究视野向经济要素拓展,如将市场规模等因素纳入计量模型加以考察。上述影响因素的纳入,更多的是从比较优势理论关于贸易竞争力来源的研究视角出发,契合了比较优势理论从传统到现代的理论发展。

由于竞争优势理论钻石模型的部分影响因素难以找到合适的指标加以量化,或是出于计量模型本身设定和研究内容的需要,抑或是将比较优势与竞争优势作为两个相独立的概念,抑或是将要素固化在传统要素而忽视经济要素和经济全球化要素。因此,在开展贸易竞争力影响因素的相关研究中,多数学者将研究视角集中于影响比较优势的传统要素方面,只有少数学者尝试将经济要素和经济全球化要素纳入分析,展开对贸易竞争力影响的讨论。如,王仁曾(2002)研究资本密集度、企业规模、研发强度、产业集中度和劳动生产率等因素与行业竞争力的关系;聂聆和李三妹(2014)

基于增加值贸易GVC视角,研究贸易开放度、FDI、人力资本等因素与中国制造业国际竞争力的关系。

在经济全球化背景下,生产要素应从劳动力、资本、技术、制度等传统要素向市场规模等经济要素和国内外开放程度等经济全球化要素拓展,经济要素和经济全球化要素对贸易竞争力的影响越来越重要。因此,有必要基于拓展要素的视角开展影响因素的相关研究,进一步扩展贸易竞争力影响因素的研究范围,将经济要素和经济全球化要素纳入理论分析和实证检验。只有这样,才能得到行业贸易竞争力更全面的解释。

另外,现有研究侧重直接研究各要素与贸易竞争力的关系,开展这种直接效应的检验,忽视了要素结构变化可能通过中介变量对贸易竞争力产生作用的间接效应研究,忽视了这种内在影响机制的讨论。

(四)贸易竞争力测评方法与产业贸易竞争力测评

1.传统贸易统计下的测评方法及相关研究

一国贸易竞争力的形成依赖于一定要素投入下该国产业的创新与升级能力。结合数据的可得性,学者们在贸易竞争力的测度上,往往从产业层面利用产业竞争力衡量某产业是否具备贸易竞争力。关于产业贸易竞争力的测评方法大致可以分为两大类:传统贸易统计下的测评方法和增加值贸易统计下的测评方法。

(1)传统贸易统计下的测评方法

第一,采用进出口贸易数据的相关方法。传统贸易统计下的测评方法大多采用进出口贸易数据加以测算,并以此得出产业或产品的贸易竞争力。相关的测评指标有显示性比较优势指数、出口市场占有率指数、净出口比重法、显性竞争优势指数和贸易竞争力指数等。

显示性比较优势指数(RCA,Revealed Comparative Advantage Index)由美国经济学家Balassa(1965)提出,是一国某产品(产业)出口量占该国出口量的比例与世界该产品(产业)出口量占世界出口量的比例之比。

出口市场占有率(MS,Market Share Rate)是一国某产品(产业)出口量与世界该产品(产业)出口量之比,反映了一国在国际市场上的整体竞争力。在传统的产业间分工下,出口市场占有率可以较好地体现贸易竞争力;一般情况下,$0<MS\leq1$,越接近1,表明越具有贸易竞争力。

净出口比重法(NER,Net Export Rate)是一国某产品进出口差额与进出口总额之比。一般情况下,$-1<NER\leq1$,越接近1,表明越具有贸易竞争力。

净出口显示性比较优势指数(NXRCA, Net Export Revealed Comparative Advantage Index)由Balassa(1989)对RCA指数进行的改进,是一国某产品(产业)出口在总出口中的比例与该国该产品(产业)进口在总进口中的比例之差,用以衡量某产品(产业)是否具有贸易优势和贸易竞争力。若$NXRCA>0$,表明存在贸易优势和贸易竞争力,越大越强;若$NXRCA<0$,表明存在贸易劣势,不具有贸易竞争力。由于该指数同时考虑进口和出口,相对于RCA指数而言,该指数可适用于产业内贸易分析。

显性竞争优势指数(CA, Competitive Advantage Index)由Vollratih(1988)提出,由于RCA指数只考虑到某产业出口所占的相对比例,未考虑该产业进口问题,故提出CA指数加以改进。该指数是一国某产业出口显性比较优势与进口显性比较优势之差,即为该国该产业的真正竞争优势和竞争力的体现。若$CA>0$,表明该产业具有比较优势,越大贸易竞争力越强;若$CA<0$,表明该产业存在比较劣势,越小贸易竞争力越弱。

出口技术复杂度指数(PRODY)通过测算出口产品的技术水平,可以反映一国某产业的出口商品结构;一国出口产品的出口复杂度越高,表明该国出口产品的技术水平就越高,该指数反映了一国某产业出口的产品在国际分工中所处的地位和贸易竞争力。出口技术复杂度指数越大,表明在国际分工中所处地位越高,越具有贸易竞争力。根据产品出口技术复杂度指数可进一步测算出年度出口技术复杂度指标EXPY。

贸易竞争力指数(TC, Trade Competitive Power Index)是一国进出口贸易的差额占其进出口贸易总额的比重,该方法可剔除通胀等因素的影响,用于度量一国某产业的贸易竞争力。$-1 \leqslant TC \leqslant 1$,TC越接近0,表明贸易竞争力越接近平均水平;越接近1,表明竞争力越强(等于1,表示只出口不进口);越接近-1,表明竞争力越弱(等于-1,表示只进口不出口)。

第二,其他方法。除了采用进出口贸易数据测算贸易竞争力外,部分学者采用生产率和产业利润等指标衡量贸易竞争力。针对单一指标可能存在的不足,部分学者提出利用多指标的综合评价法。此外,部分学者尝试将竞争优势的影响因素纳入贸易优势和贸易竞争力研究之中,采用Porter-Dunning国际化钻石模型、Moreno计量模型展开研究与验证。

(2)传统贸易统计下贸易竞争力测算的相关研究

第一,关于制造业的相关研究。郑卫峰(2001)是较早开展中国贸易竞争力实证研究的国内学者,测算了中国出口产品的贸易竞争力,指出中国在部分产业获取了动态比较优势,应进一步获取竞争优势,以获得更多的国际市场份额。范爱军(2002)测算了中国1983至2000年各行业的RCA

指数,研究发现中国出口的初级产品贸易竞争力呈下降态势,工业制成品的贸易竞争力不断提升。毛日昇(2006)采用RCA测算并对比中国与主要贸易伙伴的制造业贸易专业化竞争力RC和实际竞争力RCI发现,制造业的RC竞争力和RCI竞争力之间存在较大差异,RC竞争力较高的部分低技术和高技术行业,相对实际竞争力较低;反之则相反。

魏浩和李翀(2014)基于RCA、MS、PRODY指数计算了2000至2010年中国产品比较优势,对各产业的产品进行了比较优势、比较劣势、超比较优势的分类,认为超比较优势的产品主要集中在技术含量较低的资源性产品和技术含量比较高的技术密集型产品,进而提出了梯形对外贸易发展战略。卫迎春和李凯(2010)将出口价格和汇率纳入实证研究,采用MS指数测算贸易竞争力。

黄先海(2006)运用TC指数测算了1992至2003年中国36个制造业行业的贸易竞争力,发现劳动密集型产业仍是中国贸易竞争力的主导产业,基于要素禀赋的比较优势仍是劳动密集型制造业贸易竞争力的决定性因素;资本、技术密集型制造业的贸易竞争力呈现递增趋势,创新推动、学习模仿和外商直接投资是资本、技术密集型制造业贸易竞争力提升的主要模式,进一步认为外商直接投资是中国的主导模式。朱彤(2010)也采用TC指数测算了2000至2008年中国纺织行业的贸易竞争力,发现入世后中国纺织业的贸易竞争力反而出现了上升趋势。

陈立敏等(2009)在陈立敏和谭力文(2004)竞争力层次观的基础上,展开中美制造业国际竞争力的研究,采用生产率、市场份额和利润率等三个不同层次的指标,对中国和美国2007年制造业的贸易竞争力进行了测算与对比。彭羽(2009)采用NXRCA指数对中国纺织业的贸易竞争力进行了测算和国际比较,认为NXRCA指数可以测算不同国家、不同时期的贸易竞争力,相对于RCA指数体现出其有效性。

余典范(2013)运用马尔可夫链方法和Lafay指数对中国产业比较优势的变化进行了测算和分析,将所有产业分为四类:强比较优势、弱比较优势、强比较劣势和弱比较劣势;研究发现具有强比较优势和比较劣势的行业延续性较强,具有弱比较优势和比较劣势的行业流动性较强;发现中国传统比较优势行业仍具有较强的比较优势,部分资本和技术密集型行业的贸易优势处于上升阶段,进而针对不同行业提出了差异化的发展策略。郑乐凯和王思语(2017)基于价值链前向分解法测算了制造业的国际竞争力,认为与传统的RCA指数存在明显的偏差,增加值统计的测算相对更加准确。王三兴和董文静(2018)结合制造业行业上游度和RCA指数测算了中国制造业的价值链分工地位和国际竞争力。

除了采用进出口贸易数据测算贸易竞争力外,部分学者还采用生产率和产业利润等加以衡量。如,任若恩(1998)采用中国15个制造业行业部门的劳动生产率、单位劳动成本和人均增加值等数据测算了中国工业制成品的贸易竞争力。秦臻和秦永和(2007)采用销售利润率数据对中国航空航天器行业贸易竞争力进行了测试,研究发现中国高科技产业的贸易竞争力水平不断提升。针对单一指标可能存在的不足,部分学者提出利用多指标的综合评价法,如:张其仔(2003)采用劳动生产率、利润率、市场份额等8个指标,综合衡量入世后中国制造业贸易竞争力的变化,发现中国产业贸易竞争力相对处于国际中等偏下水平。

此外,部分学者尝试将竞争优势的影响因素纳入贸易竞争力研究之中。如,曹桂珍(2010)采用主成分分析方法和因子分析方法,将要素条件、创造力、需求条件、环境等因素纳入分析框架,研究结果发现,要素条件和创造力对于中国制造业国际竞争力的促进作用最为显著。王仁曾(2002)基于Kim-Marion模型和Moreno模型,将资本密集度、企业规模、研发强度、产业集中度和劳动生产率等因素纳入计量模型,研究结果表明:企业规模、产业集中度等因素对中国制造业竞争力有显著的促进作用,但研发强度对制造业竞争力的作用并不明显。卫迎春(2010)基于Porter-Dunning国际化钻石模型和Moreno计量模型,将IFDI、资本密集度、研发投入、行业集中度、市场份额、工资和汇率纳入影响因素分析。贺正楚等(2018)研究了制造业质量与竞争力的关系,认为市场份额、规模经济、创新等有利于竞争力的提升。余东华和孙婷(2017)、余东华等(2018)研究了要素价格扭曲对制造业国际竞争力的影响,认为要素价格扭曲对制造业竞争力的影响存在行业异质性。

第二,关于服务业的相关研究。姚战琪(2018)采用TC、RCA指数,通过对中国服务业开放度的测算得出中国服务业贸易竞争力偏弱,原因在于中国服务业真实开放度低于所有发达国家,扩大服务业开放程度是提升服务业国际竞争力的有效途径,且存在较大的提升空间。许志瑜等(2018)在全球价值链视角下分析了中国服务贸易国际竞争力及其影响因素,通过国际市场占有率指数MS、贸易竞争力指数TC和显性比较优势指数RCA度量了中国服务贸易国际竞争力,并进一步结合竞争优势理论的钻石模型分析了四大影响因素的表现。宣善文(2019)以运输服务业为研究对象,运用SCA指数、MOR指数、TC指数和RCA指数分析比较了中国与发达国家的国际竞争力,研究发现:中国运输服务业国际竞争力相对较弱,服务贸易非均衡发展,可以运用加强政府扶持、加快企业转型等手段提升国际竞争力。张靖佳和刘晨阳(2019)以APEC成员金融服务贸易为研究对象,针对APEC成员方金融服务贸易发展和竞争力水平存在差异的事实,指出APEC应推进其发达成员方和发展中成员方的合作,促进平衡发展,通过提高金融部门的竞争力,促进经济增长。

2. 增加值贸易统计下的测评方法及相关研究

(1)增加值贸易统计下的测评方法

第一,贸易增加值分解的相关研究。在全球价值链分工背景下,产品的价值链分工与产业间分工相结合,一国出口的最终产品可能包括从他国进口的中间产品,即一国出口中可能包含进口成分。传统贸易统计以一国贸易总量衡量该国贸易优势和贸易竞争力的若干概念可能存在着偏误,无法真实体现该国在国际价值链分工体系中的参与程度与贸易竞争能力。传统的以国家为单位的贸易统计方法可能夸大了一国出口规模,以贸易规模衡量贸易竞争力并非该国真实贸易竞争力的体现;应当以本国要素收益为前提,根据产品的价值链分工,分析出口产品价值构成中的要素成分,只有基于本国要素收益及其所生产创造的增加值才是贸易竞争力的真实体现。Hummels et al.(2001)、Grossman and Rossi-Hansberg(2008)、Johnson and Noguera(2012)等学者研究发现,贸易增加值统计下的出口增加值与传统贸易统计下的出口总量之间存在明显的差异,尤其是在20世纪90年代之后到2008年全球金融危机之间的年份。

伴随中间品贸易的增长和国际垂直专业化分工的发展,基于全球价值链的研究从微观企业层面拓展至行业层面和国家层面,使得增加值贸易统计下的国际贸易研究成为新兴热点之一,弥补了传统贸易统计下相关研究的不足。Koopman et al.(2014)拓展了增加值贸易研究,提出了贸易增加值的全面分解框架KWW,区别于传统贸易统计下的总出口,将出口价值分解为四个部分:本国国内增加值出口、返回的本国国内增加值、国外增加值和纯重复计算部分。Wang et al.(2013)、王直等(2015)将KWW方法推广到双边、行业、双边-行业三个层面,使得可以更加细化地测算出口贸易增加值,并定义了修正的显示性比较优势指数(NRCA)。Wang et al.(2017a、2017b)进一步拓展了国际价值链的理论和实证研究,将总贸易流分解的KWW法进一步扩展到部门、双边和双边-部门层面,进而各层面的贸易流都可以分解为KWW的四个部分:本国增加值出口、返回的本国增加值、国外增加值和纯重复计算的中间品贸易部分;进一步构建了一个新的增加值贸易核算体系,即WWZ、WWYZ方法,利用该核算体系和方法,可以重新诠释增加值出口和贸易平衡,可以更好地、更真实地反映行业全球价值链参与程度与行业贸易竞争力。

此外,Wang et al.(2013)、王直等(2015)、Wang et al.(2017a,2017b)等构建的增加值贸易核算体系和WWZ、WWYZ方法,为本书开展中国制造业行业部门的贸易增加值分解提供了方法借鉴,进而可以较为准确地测算并衡量中国各制造业行业在GVC中的真实地位与参与度,便于计算出行业全球价值链地位GVCpo与全球价值链参与度GVCp。

第二,增加值贸易统计下贸易竞争力的测评方法。Timmer(2013)在研究欧洲国家贸易竞争力时,构建了全球价值链的显示性比较优势指标。由于一国某行业在全球价值链中既可能存在前向关联,也可能存在后向关联。根据产业部门关联方向不同,基于投入产出表测算贸易增加值(被国外吸收的国内增加值DVA)存在两种不同的方法:前向关联分解和后向关联分解。

部分国内学者基于后向关联分解法展开国内增加值的分解和测算,如戴翔(2015)利用WIOD2011数据库数据测算了中国14个制造业行业的显示性比较优势指数,并据此分析中国制造业行业部门的贸易竞争力。由于后向关联分解法无法追踪一国某行业出口的可用作其他国家生产出口产品的中间投入品的最终去向,忽视产品本国国内价值增值部分最终流向,可能不能准确度量一国真实的贸易竞争力,也不能准确体现出一国真实的贸易收益。张幼文和周琢(2016)、郑乐凯和王思语(2017)认为:在分析一国某行业的贸易竞争力时,应以该国该行业的要素收益为基础,采用属权和属地两种不同的方法,重新估算各个行业部门自身要素投入的出口价值,只有本国所有权要素收益才是贸易竞争力的真实体现。

Wang et al.(2013)、王直等(2015)、Wang et al.(2017a,2017b)采用前向关联分解法分解贸易增加值,根据贸易品的价值来源、最终吸收地和吸收渠道的不同,构建出一个新的增加值贸易核算体系,利用该核算体系和方法,可以重新诠释增加值出口和贸易平衡,进而修正传统显示性比较优势指数NRCA,可以更真实地反映行业部门的贸易竞争力和贸易竞争优势。这种修正的显示性比较优势NRCA指数为本书制造业行业贸易竞争力的测算提供了经验借鉴,相对于传统贸易统计下的RCA等测算方法,可以更为真实地体现出各制造业行业部门的贸易竞争力。

(2)增加值贸易统计下贸易竞争力测算的相关研究

第一,关于制造业的相关研究。文东伟和冼国明(2011)利用OECD的1995至2005年投入产出表,在Hummels et al.(2001)框架下测算中国制造业的垂直专业化水平,通过对中国与主要贸易伙伴国制造业RCA指数和RCI指数对比发现,尽管中国出口规模较大,但真正的产业贸易竞争力水平依然很低。中国的比较优势并没有明显变化,虽然资本、技术密集型制造业的比较优势和贸易竞争力呈上升态势,但劳动密集型等低技术水平的制造业仍是中国比较优势的主要来源。邓军(2013)采用OECD数据库的2005、2008、2009年数据,测算了中国制造业的出口竞争力,研究发现纺织品、皮革和制鞋等低附加值的劳动密集型行业仍具备明显的出口竞争优势。何树全和高旻(2014)、于明远和范爱军(2016)等通过对中国与主要贸易伙伴国产业显示性比较优势指数RCA和贸易实际竞争力指数TC的对比,同样发现中国的产业竞争力水平依然较低。

戴翔(2015)利用WIOD2013数据库数据估算1995至2011年中国主要制造业部门的国内附加值,比较运用传统总值核算法测度的RCA指数和基于附加值的RCA指数测评差异。运用传统总值核算法测度的RCA指数发现:中国劳动密集型制造业的RCA指数一直偏高,虽然近年呈下降态势,但仍具有较强的出口竞争力;资本密集型制造业的RCA指数相对偏低,但数据变化趋势表明这些产业已经从弱比较优势逐渐向中性比较优势转变,伴随劳动密集型制造业比较优势的弱化,资本密集型制造业的比较优势将趋于强化;知识和技术密集型产业存在明显的比较劣势,没有显著的迹象表明趋于强化的趋势。运用基于附加值的RCA指数发现:与传统总值核算法相比较,中国劳动密集型制造业的比较优势被低估,而资本密集型、知识和技术密集型产业的比较优势反而被高估了。具体表现为:劳动密集型制造业的传统总值核算法RCA指数低于基于附加值的RCA指数,资本、知识和技术密集型制造业的传统总值核算法RCA指数高于基于附加值的RCA指数。因此,按照国内增加值测度方法可知,中国劳动密集型制造业的产业竞争力依然较强,而资本、知识和技术密集型制造业的产业竞争力依然较弱。

张禹和严兵(2016)依据WIOD2013数据库中1995至2011年的世界投入产出数据,测算了中国33个行业部门的贸易竞争力。研究发现农业和纺织业等劳动密集型行业仍是最具贸易竞争力的行业,资本密集型行业、技术密集型行业和服务业的贸易竞争力虽有所增强,但整体仍处于劣势地位。

陈立敏等(2016)采用OECD2015发布的Tiva数据库,针对1995至2011年58个国家的面板数据,实证研究了各国全球价值链嵌入与国际分工地位的关系;采用基于增加值贸易的显示性比较优势指数测算了各国制造业的贸易竞争力,并验证了制造业贸易竞争力、全球价值链嵌入和制度质量的关系。

袁红林和许越(2017)借助WIOD2013数据库中2001至2011年的数据,以38个国家16个产业的贸易优势与竞争力为研究对象,采用贸易额统计和增加值统计数据,测算并对比了两种统计数据的RCA结果,认为相对于传统贸易额统计方法而言,基于增加值贸易统计数据更加准确。研究发现,中国在资源和劳动密集型产业中仍处于全球价值链的低端,部分资本和技术密集型行业已经具有一定的国际影响力和竞争优势。

沈国兵和李韵(2017)采用WIOD2013数据库,结合1995至2011年40个国家35个行业的面板数据,基于增加值贸易对中国出口竞争力评估方法的讨论,认为应从质和量两个方面综合考虑,进而将市场渗透率指标与产业贸易竞争力指标相结合,提出了基于最终产品进口市场的增加值市场渗透率指数,并结合中国数据进行了实证分析。研究发现,中国出口竞争力的提升得益于国内增加值相对较高行业的迅速发展,中国制造业出口竞争力上升速度快于服务业,但中国总体出口竞争力增速有所减缓。

盛斌和马盈盈(2018)利用WIOD2013数据库中1995至2009年40个国家(地区)的投入产出数据,采用基于贸易增加值数据计算的出口技术复杂度指数,测算了中国制造业的贸易竞争力。研究结果表明,中国劳动密集型制造业的产业竞争力依然较强,而资本、知识和技术密集型制造业的产业竞争力依然较弱。

崔日明和张玉兰(2019)以新兴经济体国家为研究对象,利用WIOD2016数据,通过构建的测算贸易竞争力的五个指标,基于增加值贸易视角研究并测算新兴经济体国家的贸易竞争力。研究发现,新兴经济体国家的贸易竞争力主要集中在劳动密集型制造业行业、资本密集型制造业行业和劳动密集型服务业行业;贸易盈余指标和全球价值链参与度指标反映出新兴经济体国家的贸易竞争力强于发达国家,而国际市场份额指标和全球价值链地位指标体现出新兴经济体国家的贸易竞争力弱于发达国家。

第二,关于服务业的相关研究。张亚斌和肖慕艺(2015)利用WIOD2013数据库1997至2011年的服务贸易数据,测算中国服务贸易的贸易竞争力,研究发现中国服务业贸易竞争力呈总体提升态势,并且居于世界中游水平;相对于制造业而言,服务业整体的国内附加值更高。郭晶和刘菲菲(2015)基于增加值贸易的价值分解,对传统贸易统计下的国际市场占有率指数MS和显示性比较优势指数RCA进行了修正;结合OECD和WTO发布的Tiva数据,对中国服务业国际竞争力进行了重新测算。研究发现,采用传统贸易统计的 MS 和 RCA 指数高估了中国服务业直接出口的竞争力,低估了中国服务业整体的竞争力。

刘似臣和汪娅兰(2017)以中国服务业国际竞争力为研究对象,认为在全球价值链分工体系下,一国贸易发展水平和国际竞争力都应该基于增加值贸易重新核算,并利用 WIOD2016 数据,结合 KPWW 法,对中国服务业 2000 至 2014 年的国内增加值进行了测算。研究发现,中国服务业发展水平和国际竞争力被长期高估。另外,通过 MS 和 RCA 指数的测算,发现中国服务业的国际竞争力集中在传统服务行业,新兴服务业仍不具备国际竞争力。

吕云龙和吕越(2017)基于增加值贸易视角研究了制造业出口服务化与制造业国际竞争力,以 WIOD 数据库 1995 至 2009 年 40 个国家制造业的数据为研究对象。研究发现,制造业出口服务化有助于在国际市场上提高制造业的行业竞争力,相对于出口零售化和交通运输化而言,出口电信化和金融化更利于制造业提升贸易竞争力。盛斌和马盈盈(2018)利用 WIOD2016 数据库数据,测算了美国、日本、德国、中国等主要国家服务业出口贸易结构和贸易竞争力。通过数据比较发现:中国服务业贸易结构持续优化,知识密集型服务业所占比重持续增加,但仍低于世界平均水平;中国服务业行业国际竞争力逐渐增强,但与主要国家间仍存在较大差距;增加值贸易统计下中国服务业贸易竞争力被扭曲,其程度与该行业在全球价值链中的地位有关。张天顶和唐夙(2018)从全球价值链视角,以 2000 至 2015 年 42 个主要国家制造业数据实证研究了汇率变动对出口贸易竞争力的影响,认为不能简单依靠汇率贬值扩大出口,应通过提升全球价值链地位、提高国际竞争力的方式扩大出口。龚静和尹忠明(2018)基于 WIOD2016 数据,测算中国 2000 至 2014 年服务业行业的全球价值链上游度指数和显示性比较优势指数,并分析了中国服务业行业的国际竞争能力与全球价值链地位。研究发现:中国服务业全球价值链地位整体呈现提升态势,尤其是生产性服务业与技术密集型服务业;中国服务业国际竞争力整体偏弱。具体而言,生活性服务业行业国际竞争力较强,生产性服务业行业国际竞争力其次,资本密集型和公益性服务业行业国际竞争力较弱,劳动密集型和技术密集型服务业行业则处于劣势。

部分学者专门研究了制造业服务化的问题。在生产性服务业的相关研究方面,Markusen(2005)从价值链分工的角度研究发现,处于价值链低端的制造业企业通过技术外溢和人力资本的积累,通过发展生产性服务业,可以促进企业从低附加值的加工、装配环节向高附加值的研发、售后环节延伸,进而提升全球价值链地位和贸易竞争力。江静等(2007)采用1993至2003年中国行业面板数据开展了研究。研究发现,生产性服务业有利于制造业效率的提升,尤其是交通运输仓储、邮电通信等服务业对劳动密集型制造业行业部门的影响最为显著。

樊秀峰和韩亚峰(2012)分析了生产性服务业对制造业价值链分工的影响机理,认为生产性服务业的发展通过规模经济效应促进制造业效率的提升,且对不同要素密集度的制造业部门促进作用存在差异。陈光和张超(2014)采用2004至2011年中国行业层面的面板数据,分析了生产性服务业对整体制造业以及不同要素密集型制造业效率提升作用的差异。研究发现,流通服务业、金融服务业和商务服务业的发展显著促进了制造业贸易竞争力的提升。

程大中等(2017)利用WIOD2016数据,以中国服务业行业为研究对象,测算了2000至2014年中国服务业分行业的国际竞争力。研究发现:增加值贸易统计下中国服务业出口被低估,这可能是因为中国制造业服务化所致;中国服务业国际竞争力与服务贸易规模不对应,中国是服务贸易大国而不是服务贸易强国,服务贸易整体国际竞争力偏弱。郑乐凯和王思语(2017)以中国制造业和服务业为研究对象,通过比较贸易增加值的前向分解法和后向分解法,发现前向分解法更加有利于分析一国产业国际竞争力;利用贸易增加值数据估算了中国16个制造业行业和15个服务业行业的RCA指数,研究发现:基于传统贸易统计数据和增加值贸易统计数据的测算结果都存在部分行业国际竞争力被高估和低估的情形;并分别对高估、低估的行业做了比较分析,验证了程大中等(2017)提出的制造业服务化对服务贸易竞争力的影响;利用该文提出的方法,能较好地体现中国各行业的国际竞争力,为本书研究提供经验借鉴。

3.研究简评

在传统的产业间分工下,MS指数可以较好体现贸易竞争力;RCA指数适用于产业间贸易的出口贸易竞争力分析;NXRCA指数适用于产业间和产业内贸易的进出口贸易竞争力分析;PRODY指数通过测算出口技术含量衡量贸易竞争力。RCA指数是衡量一国某产品(产业)贸易竞争优势和贸易竞争力的常用指标,但忽视了进口的影响,主要适用于经济发展水平存在较大差距国家间的产业间贸易,对经济发展水平相近国家间的产业内贸易缺乏解释力。

传统贸易统计下贸易竞争力测评方法的不同研究表明:虽然劳动密集型产业的贸易竞争力呈下降趋势,产业资本、技术密集型等高技术水平产业的比较优势和贸易竞争力呈上升态势,但劳动密集型等低技术水平的制造业仍是中国贸易竞争力的主要来源。增加值贸易统计下贸易竞争力测评方法的不同研究表明:中国具有较高贸易竞争力的制造业行业部门高度集中在纺织品、皮革和制鞋、电气、电子和光学设备等低附加值、劳动密集型制造业行业,这些行业通常是主要贸易伙伴的劣势行业,中国与贸易伙伴间存在明显的贸易互补性。尽管中国进出口规模维持一定的增长,但真实的产业贸易竞争力仍然较弱,与发达国家相比,存在较大的提升空间。采用贸易额统计和增加值统计数据,通过测算并对比两种统计数据的测算结果可知:基于传统贸易统计数据和增加值贸易统计数据的测算结果都存在部分行业国际竞争力被高估和低估的情形,相对于传统贸易额统计方法而言,在全球化生产模式下,传统贸易统计方式无法反映各国的实际收益,基于增加值贸易统计数据更加准确。

中国服务贸易结构持续优化,知识密集型服务业所占比重持续增加,但仍低于世界平均水平;中国服务业行业国际竞争力逐渐增强,但与主要国家间仍存在较大差距;增加值贸易统计下中国服务贸易竞争力被扭曲,其程度与该行业在全球价值链中的地位有关。生产性服务业的发展通过规模经济效应促进制造业效率的提升,且对不同要素密集度的制造业部门促进作用存在差异。增加值贸易统计下中国服务业出口被低估,这可能是因为中国制造业服务化所致。

早期学者们度量贸易竞争力的方法,大多围绕传统的贸易额统计数据展开相应测算,可能不是真实贸易竞争力的体现。传统贸易统计数据以一国贸易总量衡量该国贸易优势和贸易竞争力的若干概念可能存在着偏误,无法真实体现该国在国际价值链分工体系中的参与程度与贸易竞争能力。另外,近年来的研究更加侧重行业贸易竞争力的测算,忽视了对贸易竞争力影响因素要素结构变化的研究,将竞争优势影响因素纳入贸易竞争力的分析,为后续研究提供了有益的思考。

三、研究评述

(一)现有研究取得的成果

贸易优势与贸易竞争力的研究是国际贸易领域持久和经典的研究议题,是贸易理论研究的基础,从传统比较优势理论到现代比较优势理论、从比较优势理论到竞争优势理论、从产业间分工到产业内和产品内的全球价值链分工、从要素禀赋不变到要素结构的动态变化、从传统贸易统计下的贸易竞争力测算到增加值贸易统计下的贸易竞争力测算,国内外学者开展了广泛、持续、深入的讨论,使得相关的理论和实证研究成果相当丰硕。国内外学者根据不同的研究主旨对贸易优势理论、产业贸易竞争力等开展了不同视角的分析与讨论,现有相关文献的研究主题包括比较优势与竞争优势的关系、贸易优势的来源、贸易竞争力的影响因素、贸易竞争力评价指标与贸易竞争力测算等。通过文献梳理,结合前文对相应研究主题的简要评述,现有研究至少在以下几个方面取得了丰硕的研究成果:

第一,贸易优势理论的演进与发展利于拓展对贸易优势来源的分析和讨论。

一种理论之所以成为解释贸易现象的国际贸易理论,无外乎其可以解释贸易原因、贸易分工和贸易收益,从传统静态比较优势理论到现代动态比较优势理论、从产业间贸易理论到产业内和产品内贸易理论、从比较优势理论到竞争优势理论,伴随研究假设的逐渐放松,从要素生产率差异到要素价格差异、从单一劳动要素到多要素分析、从传统要素到经济要素和经济全球化要素、从要素不可流动到跨国流动、从要素结构不变到要素结构动态变化、从规模报酬不变到规模报酬递增、从不考虑关税和运输等流通费用的生产成本到考虑流通费用的比较成本、从需求水平相同到消费者偏好。学者们依据不同的理论从不同的视角对贸易优势的来源进行了有价值的探索和认知拓展,使得贸易优势理论更加契合解释贸易现象,增强了贸易理论的解释力,也为本研究对于贸易优势来源与表现的理论认知拓展提供了经验借鉴。

第二,对比较优势与竞争优势的关系展开了较为深入的讨论和分析。

对于比较优势与竞争优势关系,学者们开展了较为丰富的研究,从研究方法、市场结构、优势表现、优势来源、可解释现象、贸易政策、分析工具、目的和评价方法等方面对二者的联系与区别展开了大量的、持续的讨论。并在此基础上,认为二者之间存在两类关系:相互替代分离关系和统一一致关系。其中,相互替代分离关系表现为以竞争优势替代比较优势,竞争优势是一种绝对优势而比较优势是一种相对优势,比较优势仍是国际贸易的基石;统一一致关系表现为从比较优势向竞争优势的转化,认为竞争优势并不是对比较优势的否定,比较优势是竞争优势的基础,否定比较优势实际上是贸易理论的一种倒退。

第三,生产要素内涵与外延的扩展不断丰富贸易竞争力的影响因素。

在贸易优势来源的理论研究基础上,国内外学者展开了贸易竞争力影响因素的理论和实证研究,形成了比较系统的研究成果;对生产要素的认知经历了从"二元论""三元论""四元论"到"多元论",从传统要素到经济要素和经济全球化要素的拓展。具体而言,从最初传统比较优势理论的劳动力、资本、土地等先天要素禀赋逐渐发展到新贸易理论的物质资本、人力资本、技术、制度、规模经济(市场规模)、市场结构、产品异质;竞争优势理论将要素条件、需求条件、相关产业和支撑产业以及企业的战略、结构与竞争、政府和机遇等因素纳入贸易竞争力的影响因素;在经济全球化背景下,生产要素从物质资本、人力资本等传统要素向市场规模等经济要素和国内外市场开放程度等经济全球化要素进一步扩展。上述学者们对于贸易竞争力影响因素分析的不断发展,使得可以进一步拓展认识:基于全球价值链分工的贸易竞争力源于"一揽子要素"。

第四,从传统贸易统计到增加值贸易统计贸易竞争力测评指标的修正。

在长期的理论和实证研究中,基于界定的贸易竞争力概念,学者们提出了大量测算贸易竞争力的指标,开展了传统要素视角下的大量研究,围绕中国的制造业、服务业展开了丰富的测评、比较和讨论。针对早期学者采用传统贸易统计数据度量贸易竞争力方法可能存在的偏误,近期的研究形成了贸易增加值分解与测算的系列方法,利于测算中国各行业在全球价值链分工中的地位、参与程度和贸易竞争力,全球化价值链分工下基于增加值贸易统计数据的测算可能更加准确。其中,采用前向关联分解法分解贸易增加值得到的修正显示性比较优势指数NRCA相对更为合理,可以为本书提供相对准确的行业贸易竞争力测度方法。

第五,生产要素理论和全球价值链理论融入中国情景下的理论与实证探讨。

结合经济全球化要素流动的本质特征,国内学者展开了融入中国情景下的理论与实证探讨,进一步拓展了生产要素内涵与外延的认知,丰富了生产要素理论内容,使得更多的影响因素可以被纳入贸易现象分析。在经济全球化背景下,一国投入生产的是"一揽子要素"的国际组合,形成新型要素组合国际分工,即全球价值链分工。这就要求将研究的起点从产品向前追溯到生产产品投入的生产要素,进而剖析贸易的成因(要素差异),进一步分析贸易分工(要素分工)和贸易利益的分配(要素收益)。因此,生产要素理论和全球价值链理论的进一步完善和结合,利于开展要素结构、全球价值链地位和贸易竞争力关系的研究,利于重新思考和构建中国的贸易优势。

(二)现有研究存在的不足

通过文献梳理,尽管现有研究在贸易优势理论发展和贸易竞争力影响因素等方面取得了丰硕的研究成果,但仍存在一些不足,而这些不足正是本书需要进一步深入探讨和分析的内容:

1."理论上分离"和"实证上统一"的"自我矛盾"

通过文献梳理,发现学界对比较优势与竞争优势关系的理解存在明显的差异,主流观点认为比较优势是经济学范畴而竞争优势是管理学范畴,二者是相互替代、相互分离的关系;但是,在测算和分析一国及其产业的国际竞争力时[1],通常又没有将二者作为不同的范畴加以区分,实证研究并未严格区分比较优势与竞争优势的度量指标,采用诸如RCA指数、MS指数等指标衡量贸易竞争力,广泛见诸经典的经济学和管理学文献(毛日昇,2006;黄先海,2006;陈立敏等,2009;戴翔,2015;陈立敏等,2016;程大中等,2017;郑乐凯和王思语,2017)。在这些文献中,广泛采用出口竞争优势、比较优势、竞争优势和贸易优势的表述,以及出口竞争力、国际竞争力和贸易竞争力等概念,并没有严格区分"比较"与"竞争"的概念。因此,从这些主流观点来看:理论上比较优势与竞争优势是两个不同的范畴,是"分离"的,但是实证分析上往往又采用类似或相同的指标和方法加以测算和度量,是"统一"的。这样就出现了"理论上分离"和"实证上统一"的"自我矛盾"。究其原因,可能是二者在研究假设、研究目的、分析工具、评价方法、来源和表现、市场结构等诸多方面出现了趋同的趋势,比如:现代比较优势理论侧重分析产业内贸易和竞争优势理论相一致,主张政府适当干预相一致,不完全竞争市场结构相一致,共同的价值链分析工具,扩大出口、提升竞争力的目的相一致等。但是,现有理论研究并没有给予很好的理论解释,缺乏相应的合理理论分析,需要进一步从理论上讨论和验证二者之间的关系。虽然部分学者认识到二者一致性的关系,但缺乏进一步分析二者一致性关系的具体表现,缺乏在统一框架下深入分析和讨论比较优势与竞争优势的关系。学者们对于比较优势与竞争优势关系的研究,为本书基于双重异质性模型和相对效用价格比原则展开进一步讨论奠定了基础。

2.单一供给因素的贸易优势来源与表现分析需要进一步拓展

每一种贸易理论都揭示了贸易产生的原因,即各国贸易优势的来源。现有研究将研究视角集中于供给侧的产品生产成本分析,即比较优势是产品相对成本优势,而成本优势源于要素生产率差异和要素禀赋差异;以单

---

[1] 从对外贸易的角度来看,一国及其产业的国际竞争力即贸易竞争力。

一成本优势发展一国经济和对外贸易,极易陷入学者们关注的"比较优势陷阱"。虽然学者们将静态比较优势分析动态化,从要素结构变化、技术进步、专业化分工等视角拓展了静态比较优势的动态化认知,但仍是一种单一的相对价格优势。这种相对价格优势,是结合产品供给因素的产品成本分析的产品价格比较优势,忽视从产品需求因素的消费者效用满足层面分析产品相对价格优势,未能充分认识到具有产品价格优势的产品在国际市场上不一定具有国际竞争力,也不能解释这一经济现象。因此,现有研究忽视了贸易优势更全面来源和表现的分析和讨论,现有的比较优势单一供给侧分析需要进一步拓展,将需求侧的消费者效用满足与供给侧的产品成本加以整合。将供给侧的成本和需求侧的效用满足结合起来考察分析,在满足消费者效用基础上的产品相对价格优势才是比较优势的真正体现,才能在国际竞争中取胜,才能具备贸易竞争力。

3. 对贸易竞争力影响因素的分析需要向"一揽子要素"扩展

现有研究侧重于中国产业竞争力的测算和影响因素的实证验证,更多的是将研究视野集中在传统要素,将物质资本、人力资本和技术等因素纳入计量模型加以考察。这些影响因素的纳入,侧重从传统比较优势理论关于贸易竞争力来源的研究视角加以考察,忽视比较优势和竞争优势都源于拓展的"一揽子要素"。在全球化背景下要素内涵与外延拓展,在开展贸易竞争力影响因素的相关研究中,只有少数学者尝试将更多的影响因素纳入分析,缺乏展开传统要素、经济要素和经济全球化要素对贸易竞争力影响的全面讨论,进而拓展研究范围。从现有研究来看,缺乏基于传统要素与拓展要素视角对行业贸易竞争力影响结果的比较分析。

4. 研究对象、数据和测算方法的选取与更新

关于产业贸易竞争力的研究对象主要包括两大类:制造业和服务业。研究数据的选择出自两大统计口径和方法:传统贸易额统计和增加值贸易统计。比较有代表性的增加值贸易统计数据有WIOD数据库和OECD ICIO数据库。目前,官方发布的WIOD数据库更新到WIOD2016,时间截至2014年;OECD ICIO数据库更新到OECD ICIO2015,时间截至2011年;WIOD2016的数据相对最新,具有更好的时效性,其研究价值相对更高。

从现有文献来看,早期关于产业贸易竞争力的研究主要集中于制造业行业,采用传统贸易统计数据和测算方法,测算出的行业贸易竞争力存在高估和低估的问题。随着增加值贸易价值分解方法的完善,近期关于产业贸易竞争力的研究体现出两个特点。其一,结合增加值贸易统计数据和修正的测算方法开展制造业行业部门贸易竞争力的研究,基本上采用的是

WIOD2013数据库中1995至2011年的世界投入产出数据和OECD ICIO2015数据库中1995、2000、2005、2008、2009、2010、2011年共7个年度数据,而基于最新的WIOD2016数据库关于中国制造业行业部门贸易竞争力的测算相对较少;其二,基于增加值贸易数据和修正的测算方法,利用WIOD2016更多地分析服务业行业贸易竞争力,对起支柱作用的制造业缺乏广泛的研究。因此,基于WIOD2016数据库和修正的贸易竞争力测算方法,开展中国制造业行业贸易竞争力的相关研究显得更有研究意义和研究价值。[①]

5.重视要素投入结构变化对贸易竞争力的直接影响而忽视内在影响机制

现有关于制造业贸易竞争力的研究集中于要素投入结构变化对产业贸易竞争力的直接影响,分析不同要素对产业贸易竞争力影响的差异。这些影响因素主要表现为物质资本、人力资本、技术等传统要素,忽视了行业价值链地位对要素投入结构与产业贸易竞争力关系的间接影响,忽视了要素投入结构变化对行业贸易竞争力内在影响机制的分析和讨论。另外,现有研究更多的是直接验证各种要素与产业贸易竞争力的关系,缺乏引入调节变量,通过调节变量考察要素投入结构变化对行业贸易竞争力的影响。

(三)本书拟定的突破方向

通过对相关文献的回顾和梳理,总结现有研究取得的成果和存在的不足,明确需要进一步完善的研究内容。本书拟从贸易优势理论认知拓展和制造业贸易竞争力影响因素问题入手,基于中国当前比较优势和竞争优势的现实特征,开展贸易优势理论的认知拓展,重释与重构贸易优势;梳理要素结构变化影响贸易竞争力的机理,采用最新的WIOD2016数据库2003至2014年中国制造业行业面板数据,展开基于增加值贸易统计的中国制造业分行业全球价值链地位和贸易竞争力的测算;进而实施基于传统要素和拓展要素视角的制造业贸易竞争力影响因素实证研究,并比较二者影响的差异;通过行业全球价值链地位的中介效应和行业进口渗透率的调节效应,进一步验证理论机理。为了开展实施上述研究,本书拟将以下几个方面作为突破口:

第一,尝试解决比较优势与竞争优势"理论上分离"和"实证上统一"的"自我矛盾"。

[①] OECDICIO2015数据库覆盖1995、2000、2005、2008、2009、2010、2011年,共7个年度,包含34个OECD成员方和27个非成员方在内的61个国家(地区)的面板数据。WIOD2016数据更新到2014年,包含40个国家(地区)35个行业的面板数据。

结合中国制造业发展的现实特征,分析基于拓展要素视角的当代比较优势理论和竞争优势理论的认知拓展。贸易优势本质上是一种比较优势,是在满足相同消费者效用基础上产品价格的比较。在重释与重构中国贸易优势的基础上,借助构建的双重异质性模型验证比较优势与竞争优势来源与表现的一致性,试图解决比较优势与竞争优势"理论上分离"和"实证上统一"的"自我矛盾"。

第二,传统贸易统计和增加值贸易统计下制造业分行业贸易竞争力的测算与比较。

在对中国制造业分行业要素投入特征分析的基础上,结合最新的WIOD2016,分别运用传统贸易统计数据和增加值贸易统计数据,采用RCA指数和NRCA指数对中国制造业分行业的贸易竞争力进行测算并加以比较;进而测算制造业分行业全球价值链地位和全球价值链参与度,分析中国制造业分行业要素投入结构、全球价值链地位和贸易竞争力的现实特征。

第三,传统要素与拓展要素不同视角的实证检验与结果比较。

在梳理并验证要素投入结构变化影响贸易竞争力机理的基础上,从更广泛的范围考察更多的影响因素对贸易竞争力的不同影响。基于传统要素和拓展要素的视角开展行业要素结构变化影响行业贸易竞争力机理的实证检验,并比较两种不同视角下影响因素的大小和方向是否存在差异。

第四,行业全球价值链地位的中介效应和行业进口渗透率的调节效应。

通过研究设计,验证行业要素结构变化是否影响行业全球价值链地位,行业全球价值链地位是否会影响行业贸易竞争力。验证要素投入结构变化对行业贸易竞争力的影响机理:行业要素结构优化升级促进行业全球价值链地位的改善,行业全球价值链地位的改善促进行业贸易竞争力的提升。引入调节变量行业进口渗透率,通过调节变量考察要素结构变化对行业贸易竞争力影响的大小和方向是否发生变化。这样的研究设计,既可实现要素结构变化对产业贸易竞争力直接影响的验证,又实施了要素结构变化对产业贸易竞争力间接影响的验证,同时考察了行业全球价值链地位的中介效应和行业进口渗透率的调节效应。

四、本章小结

本章首先回顾了比较优势理论、竞争优势理论、全球价值链理论和生产要素理论等贸易优势和贸易竞争力的相关理论。然后，通过文献梳理，阐述比较优势与竞争优势的关系，指出现有文献关于贸易优势来源、贸易竞争力影响因素、贸易竞争力评价指标和测算等诸多问题研究取得的成果及存在的不足，进而拟定本书的突破方向。因此，本章内容总结如下：

无论是古典国际贸易理论和新古典国际贸易理论，还是新贸易理论和竞争优势理论，每一种贸易理论都从不同角度揭示了贸易产生的原因，即各国贸易优势的来源：古典国际贸易理论认为贸易源于各国要素生产率差异（技术水平差异），一国的要素生产率优势即贸易优势；新古典的要素禀赋论认为贸易源于各国技术水平相同下的要素禀赋差异，一国的要素丰裕度即该国的贸易优势；产业内贸易理论认为贸易源于不完全的市场竞争、产品异质、消费者偏好和规模经济；竞争优势理论认为一国竞争优势不是简单地源于该国先天初始的比较优势，更为主要的是源于该国通过创新和升级、后天获取的生产条件优势，企业和产业的竞争优势源于出口四个基本要素都处于有利地位的产品。竞争优势理论是对国际贸易理论的发展和运用，拓宽了对贸易优势来源的理论认知，认为四大基本因素和两个辅助因素都是贸易优势的来源。

传统比较优势理论从宏观国家层面的要素生产率或要素禀赋分析产业间贸易的原因、贸易优势的来源和贸易利益的分配；假定完全竞争市场、收入水平相同、规模报酬不变、要素禀赋或要素生产率既定，需求水平相同，产品价格取决于产品供给，产品的相对价格优势由产品的比较成本决定。现实中更多的是不完全竞争市场、规模经济、要素结构变化、技术进步、异质产品的消费者偏好，具有价格优势的产品不一定具有贸易竞争力和贸易优势。

现代比较优势理论研究拓展了比较优势理论的研究内容和研究范围，是基于要素结构变化、技术进步和规模经济等研究视角的有益补充。基于现代比较优势理论的认知，经济发展水平差异国家间贸易优势主要源于各国间要素禀赋差异；经济发展水平相近国家间贸易优势主要来源于规模经济、产品异质和专业化分工。

在劳动力、物质资本等要素结构变化的研究中，学者们将人力资本、技术要素单独提出，经历了从外生技术向内生技术的动态发展，将比较优势理论与内生增长理论、新贸易理论等进一步融合，推进了比较优势理论的进一步发展,使得比较优势理论更接近现实。比较优势的动态变化可能改变一国在全球价值链分工中的地位,进而改变该国的产业结构和贸易结构,影响该国贸易竞争力。比较优势的动态拓展更多的是围绕要素数量或要素质量的变化而展开,比较优势的动态化离不开要素结构的动态变化,这正好与生产要素理论相契合。上述理论发展侧重从某一视角分析贸易优势、贸易模式与产业结构的动态变化,缺乏关于贸易优势来源和表现的全面分析;没有将需求侧的消费者效用满足与供给侧的产品成本加以整合,缺乏在统一框架下分析贸易优势的来源和表现。

学者们认为比较优势与竞争优势存在两类关系:相互替代分离关系和统一一致关系。其中,相互替代分离关系表现为以竞争优势替代比较优势,竞争优势是一种绝对优势而比较优势是一种相对优势,这种观点成为学术界的主流认知。统一一致关系认为竞争优势并不是对比较优势的否定,比较优势是竞争优势的基础,否定比较优势实际上是贸易理论的一种倒退。

国内外学者关于贸易竞争力影响因素的研究,大多将视野集中在传统要素的物质资本、人力资本和技术等方面;伴随贸易优势理论的进一步发展,学者们将市场规模、FDI、制度等因素纳入计量模型加以考察。这些研究更多地契合了比较优势理论从传统到现代的理论发展。

在经济全球化背景下,生产要素从劳动力、资本和技术等传统要素向市场规模等经济要素和国内外开放程度等经济全球化要素拓展,经济要素和经济全球化要素对贸易优势和贸易竞争力的影响越来越重要。因此,有必要基于拓展要素的视角开展影响贸易竞争力因素的进一步研究,扩展贸易竞争力影响因素的研究范围,将经济要素和经济全球化要素纳入理论分析和实证检验。

在中国产业贸易竞争力的研究中,早期研究基于传统贸易统计数据,采用 MS、RCA、NXRCA、PRODY 等诸多指标加以测算,研究对象集中于制造业行业部门;近期研究视角从制造业转向服务业,更多的是基于增加值贸易统计数据、采用修正的各类指数加以衡量。早期学者们围绕传统的贸易额统计数据展开相应测算,可能不是真实贸易竞争力的体现。传统贸易统计数据以一国贸易总量衡量该国贸易优势和贸易竞争力的若干概念可能存在着偏误,无法真实体现该国在国际价值链分工体系中的参与程度与贸易竞争能力。

传统贸易统计下贸易竞争力测评的研究表明:虽然劳动密集型行业的贸易竞争力呈下降趋势,资本、技术密集型等高技术行业的比较优势和贸易竞争力呈上升态势,但劳动密集型等低技术水平的制造业仍是中国贸易优势和贸易竞争力的主要来源。增加值贸易统计下贸易竞争力测评的研究表明:中国具有较高贸易竞争力的制造业行业高度集中在纺织品、皮革和制鞋、电气、电子和光学设备等低附加值、劳动密集型制造业行业。这些结论有待本书进一步验证。

第三章
贸易优势理论认知拓展

无论是传统比较优势理论,还是现代比较优势理论和竞争优势理论,关于贸易优势的来源和影响因素的研究不断发展。传统的理论和实证研究将研究视角集中于传统要素,忽视了拓展要素中的经济要素和经济全球化要素分析。有必要基于拓展要素,对要素结构变化与贸易优势之间的关系进行全新的考察,既是对现有贸易理论的运用,又是对现有贸易理论的进一步发展。另外,可以从拓展要素的视角进一步讨论和分析比较优势和竞争优势的关系,拓展贸易优势理论的当代认知;可以结合要素流动理论、比较优势理论和竞争优势理论重新思考和构建中国的贸易优势。

全球化下的国际贸易实际上是要素贸易的体现,表现为以商品、服务为载体的间接要素贸易和以FDI、劳务输出等为主要表现形式的直接要素贸易。无论是以商品和服务为载体的间接要素贸易,还是以FDI、劳务输出为主要表现形式的直接要素贸易,在国际竞争中,企业都是竞争的主体,企业围绕产品和产品中投入的要素展开竞争,企业及其生产产品的竞争力是贸易竞争力的基础。这样,企业和产品层面贸易优势的来源和贸易竞争力研究是国际贸易理论的研究重点,这就要求进一步拓展对贸易优势的理论认知;有必要从供给和需求相结合的视角重新梳理比较优势的内涵,这些是本章需要进一步分析和探讨的内容。因此,本章首先分析了主流贸易优势理论在中国贸易实践中的积极作用,同时指出存在的不足;然后,拓展贸易优势理论的当代认知;最后,重释和重构贸易优势并加以验证。

一、比较优势理论与竞争优势理论在中国的实践

从比较优势理论到竞争优势理论的理论演进一定程度上解释了国际贸易新现象,尤其是 Porter 指出的鼓励创新、发展科技的竞争优势理论。但是,长期依赖比较优势理论易陷入"比较优势陷阱",亦无法解释具有相对成本价格优势的产品缺乏国际竞争力的原因;而依据竞争优势理论短期内又尚未形成较强的国家、产业和企业竞争优势(吴杨伟和王胜,2017b)。因此,本小节通过阐述比较优势理论和竞争优势理论在中国的实践,梳理取得的成绩和存在的不足,进而提出贸易优势理论认知拓展的必要性。

(一)传统比较优势渐弱制约贸易竞争力提升

比较优势理论对中国对外贸易的发展起到重要的指导作用,改革开放的成功提供了强有力的佐证。但是,关于比较优势理论在中国的实践,理论界一直存在着争论和讨论,争论的焦点在于比较优势理论在中国是否仍

然适用,代表性观点可以总结为以下三种:

第一种观点认为,中国发展对外贸易应该遵循李嘉图式的比较优势理论和要素禀赋论的核心思想,生产并出口中国相对丰裕要素所生产的产品,进口中国相对稀缺要素所生产的产品。即大力发展劳动和资源密集型产业,以劳动和资源密集型产品的出口带动资本和技术密集型产业品的进口。

第二种观点认为,利用比较优势理论指导对外贸易和经济发展,将给中国经济发展带来灾难;若中国按照比较优势参与国际分工,将永远成为劳动和资源密集型产品的出口国,在国际分工中长期处于不利地位,陷入"比较优势陷阱"[①]。

第三种观点综合了前两种观点,认为比较优势理论从静态向动态的转变,正是结合了一国经济发展的动态过程。李嘉图式的比较优势是一种外生静态的比较优势,长期作为一国对外贸易的指导思想存在陷入"比较优势陷阱"的可能。伴随经济增长,该国要素禀赋和要素结构发生变化,加之经济全球化的推进,一国比较优势动态变化,利用比较优势动态增进促进产业结构升级,可以提升该国国际分工地位,推动该国经济和对外贸易进一步发展,提高国民福利水平。

那么,对于比较优势理论在中国的运用,对中国具体产生了怎样的影响?运用该理论存在怎样的不足?本小节通过比较优势理论在中国的实践加以分析。

1. 发挥比较优势取得的成绩

改革开放以来,依据比较优势理论,中国发挥要素禀赋比较优势,经济快速发展,对外贸易持续增长,取得了举世瞩目的成绩:

(1)国内生产总值和贸易规模急速扩张

中国的国内生产总值保持了持续增长态势,由附表1可知,从1978年的3678.7亿元持续增长到1984年的7278.5亿元,6年时间接近翻番;此后加速增长,1988年突破万亿大关达到15180.4亿元,4年时间翻番;之后保持增长态势,到2000年突破十万亿达到100280.1亿元,2019年更是达到990865亿元,2019年是1978年的269.4倍,年均增长约12.8%。中国的进出口额亦保持了持续增长态势,结合附表1,从1978年的355亿元增长到1981年的735.3亿元,3年时间翻番;除了2009年受金融危机影响有所波动外,此后保持增长态势;1984年突破千亿大关达到1201亿元,1993年突破

[①] 比较优势陷阱是指一国按照比较优势生产并出口自然资源和劳动相对丰裕产品,从其他国家进口技术和资本相对丰裕产品,通过国际贸易虽能获得利益,但是处于不利地位,陷入比较优势陷阱。

万亿大关达到11271亿元,2005年突破十万亿达到116921.8亿元,2019年达到315446亿元;2019年是1978年的888.6倍,贸易规模急速扩张。

(2)贸易占比和排名显著提升

伴随贸易规模的急速扩张,中国在世界贸易中的占比与排名也迅速上升,结合附表2、附表3和附表4可知:中国出口与世界出口相比,从1978年的占比0.75%、排名32,上升到2018年的占比12.8%、排名1;从2009年开始,中国出口额一直处于世界第1的位次。在进口方面,从1990年的占比1.5%、排名17,上升到2018年的占比10.8%、排名第2;中国进口额从2008年开始,一直处于世界第2的位次。从进出口总额来看,从1978年的占比0.8%、排名29,到2018年的占比11.8%、排名第1;中国进出口总额除2016年以微弱的200亿美元落后于美国居第2位以外,从2013年开始一直处于世界第1的位次。综合以上数据,截至2018年,在进口额方面中国是仅次于美国的贸易大国,在出口额方面世界排名第1,进出口总额方面世界排名第1,中国已经发展成为一个贸易大国,贸易占比和排名显著上升。

(3)进出口商品结构逐渐改善

伴随中国对外贸易的增长,进出口商品结构逐渐改善。结合附表5,相对于货物进出口总额而言,出口商品结构不断优化,出口的工业制成品占比总体呈逐年上升态势,从1980年23.61%上升到2018年的50.88%,远高于出口初级产品2018年2.92%的占比。其中,2015年达到极大值54.88%。相反地,出口的初级产品占比总体呈逐年下降态势,从1980年的23.90%下降到2018年的2.92%。其中,2013年达到极小值2.58%。出口工业制成品占比的逐年上升和初级产品占比的逐年下降,充分体现了中国出口商品结构持续优化的特征。从进出口商品结构总体来看,除了受全球金融危机和中国产业结构调整影响2008至2011年略有下降外,进出口的工业制成品占比总体亦呈上升态势。从1980年占比57.85%到2018年占比81.9%。其中,2002年达到极大值87.47%。相反地,进出口的初级产品占比总体呈逐年下降态势,从1980年的42.15%下降到2018年的18.1%。其中,2002年达到极小值12.53%。进出口工业制成品占比的总体上升和初级产品占比的总体下降,体现了中国进出口商品结构总体优化的特征。

(4)进出口市场多元化

由附表6和附表7可知,亚洲市场占比总体呈现下降趋势,从1997年占比60.7%下降到2018年的51.50%,但亚洲市场仍占到中国进出口市场份额的一半以上,仍是中国对外贸易的主要市场;原因在于中国主要贸易伙伴中的东盟、日本、韩国都属于亚洲国家和经济体。非洲、拉丁美洲和大洋洲及太平洋群岛在中国进出口贸易市场的份额总体呈现上升态势,分别从1997年的1.75%、2.58%、1.88%上升到2018年的4.42%、6.64%、3.86%;其原因主要在于中国产业结构调整下,双方贸易互补性增强的结果。上述市场成为中国工业制成品的输出地和工业原料的来源地,中国是资源的进口国、产成品的出口国和OFDI的输出国。欧洲和北美洲市场总体呈现起伏波动态势,欧盟和美国作为中国的主要贸易伙伴,长期保持和中国的重要贸易伙伴关系,双边贸易总体呈现一定幅度的波动,这和贸易双方的商品结构和分工方式有着直接关系,体现出较强的产业间分工特征。

(5)外汇储备跃居首位

中国外汇储备的主要组成部分是美元资产,主要持有形式是美国国债和机构债券,主要来源是长期的国际收支顺差。改革开放以来,由于长期的贸易顺差,中国外汇储备保持了长期增长。受汇率波动等因素影响,虽然近几年增幅有所下降,但总体仍呈增长趋势。根据国家外汇管理局公布的数据(见附表8),1978年外汇储备仅为1.67亿美元,到1996年突破千亿美元大关达到1050.49亿美元,2006年突破万亿美元大关达到10663.44亿美元,2014年6月达到39932亿美元的最高峰。2015到2019年有所下降,2017年1月外汇储备为29982.04亿美元,自2011年3月以来首次低于3万亿美元;截至2019年年底,中国外汇储备规模接近世界外汇储备总额的30%,排名高居世界第1,分别是排名第2的日本和第3的瑞士的2.6倍和4.5倍。另外,从2016年10月开始,IMF将人民币作为外汇储备货币之一;2019年9月,人民币占到全球外汇储备份额提升到2.01%;截至2020年3月,人民币在全球外汇储备中的占比进一步提升至2.02%。[①]

(6)要素呈现诸多新特征

中国从贸易大国向贸易强国转变过程中呈现出要素诸多新特征:经济全球化下要素的内涵与外延扩展,越来越多的因素被纳入要素的范畴;稀缺要素"引进来"的同时,鼓励丰裕要素"走出去",促进要素升级优化与集聚;通过稀缺高级要素的引进、复制、消化和吸收,以及自身创新培育和跨国并购获取,提高国内要素质量,注重从低级要素向高级要素的转变,要素结构逐渐优化,促进区域经贸合作协同发展;要素在国内流动促进要素价格和区域配置趋于合理化,降低非贸易成本,有助于提升国际分工地位(吴杨伟和王胜,2017b)。上述要素新特征可以结合附表9、10、11、12数据加以佐证。

[①] 数据来源:国家外汇管理局,http://www.safe.gov.cn/safe/tjsj1/index.html

2. 依据比较优势理论发展存在诸多问题

依据比较优势理论发挥要素禀赋的比较优势，中国在取得上述成绩的同时，也出现了诸多问题，面临诸多挑战，需要时刻提防"比较优势陷阱"（邵邦和刘孝阳，2013；杨高举和黄先海，2014；丁溪和韩秋，2015）；在优化出口产品结构、提升国际分工地位和贸易收益水平（黎峰，2014、2016）的同时，付出了诸多代价，承受低价出口所遭受的贸易摩擦和贸易壁垒；部分资本和技术密集型产品出口价格虽有所提高，但对国内价值增值贡献较小，所获贸易利益也较少（岑丽君，2015）；生态环境损失和昂贵的生态成本付出制约贸易竞争力的进一步提升和贸易竞争优势的培育（周玲玲和于津平，2014；唐杰英，2014）。

(1) 传统贸易统计下贸易顺差整体持续扩大

自改革开放以来，中国对外贸易差额大致经历了两个主要阶段，呈现出不同的差额特征。结合附表13，1978至1993年，中国对外贸易差额呈现正负波动的主要特征，贸易逆差与贸易顺差交替出现；1994至2018年，中国对外贸易保持贸易顺差。受国内经济长期增长、产业结构调整、扩大内需的产业政策和贸易政策的实施，以及加入WTO后市场扩大、人民币汇率升值等因素的影响，中国针对主要贸易伙伴保持着整体贸易顺差的格局。这种贸易顺差的持续扩大，成为他国采取贸易保护措施的借口，比如特朗普政府发起的美中贸易战。

(2) 要素价格上行推动贸易成本持续上升

传统比较优势在于要素禀赋的相对丰裕，相对丰裕要素的价格相对低廉。伴随中国经济发展，国内要素价格逐渐提高，助推产品成本和价格上升，贸易成本增加，需要转变依靠要素禀赋比较优势的低价产品竞争策略。以劳动要素价格为例，中国是一个劳动力大国，依丰裕的劳动要素禀赋，发挥比较优势使得中国成为贸易大国；在经济增长的同时，中国人口红利逐渐消失，劳动力比较优势逐渐减弱。结合附表14所示的劳动力价格来看，1998至2018年中国平均工资增长了11.07倍，从7446元增长到82413元。劳动力成本持续上升导致生产成本和贸易成本持续增加，劳动力要素比较优势持续减弱。

(3) 贸易摩擦数量高居不下

基于要素禀赋比较优势出口劳动和资源密型产品，以要素的大量投入参与国际分工，取得长期巨额贸易顺差的同时，低价的产品竞争引致各种贸易摩擦不断；尤其是国际金融危机后，部分贸易大国加大对国内产业保护力度，高科技产品成为摩擦的新热点，且贸易摩擦政治化、措施极端化倾向明显。截至2019年,中国已连续25年成为全球遭遇反倾销调查最多的国家,连续14年成为全球遭遇反补贴调查最多的国家。在遭遇的贸易救济调查中,呈现多样化特征,但以反倾销调查为最多。2015至2019年,中国遭受反倾销调查占比分别为74.2%、76%、73.7%、57.7%和61.8%。[①]结合附表15数据,1994至2019年,针对中国发起的反倾销调查数量呈现整体递增的态势,从1994年的9件增加到2019年的63件;中国共遭遇全球发起的贸易救济措施2015件,其中反倾销调查1418件,反补贴调查167件,保障措施调查342件,特别保障措施88件。2018年美国发起针对中国的贸易战,是近年来中国面临贸易摩擦加剧的真实体现,且这种局面在一定时期内将得以延续。中国成为贸易救济措施最大的受害者,急需转变依靠传统比较优势的低价产品竞争策略,进而提升贸易竞争力。

(4)贸易条件恶化

根据Krugman的标准贸易模型,贸易条件的改善会增加一国的福利水平,贸易条件的恶化则会降低该国的福利水平。结合附表16,中国1983至2011年价格贸易条件指数呈现起伏波动态势,尤其从2001年到2011年的11年间(除了2009年107.45以外),依传统比较优势理论的出口导向型贸易和低价竞争策略使中国的贸易条件趋于恶化;价格贸易条件指数长期低于100,最低时甚至只有90.58,表明该时期中国贸易条件明显恶化。其后,受国际金融危机、中国国内要素结构优化和产业结构调整等诸多因素的影响,中国出口的工业制成品,尤其是高新技术产品和机电产品持续扩张,出口价格指数相对进口价格指数上升。从2011年开始至2016年,中国贸易条件趋于改善,2011年达到极大值111.99,但并没有表现出较大的提升。[②] 2017至2018年,中国贸易条件又趋于恶化,最低时低至94.97,降低了中国的福利水平。

---

① 数据来源:商务部贸易救济调查局,http://gpj.mofcom.gov.cn/
② 贸易条件有三种类型:收入贸易条件、要素贸易条件和价格贸易条件。衡量贸易条件的指数对应分为收入贸易条件指数、要素贸易条件指数和价格贸易条件指数。收入贸易条件指数是一定时期内出口量指数与价格贸易条件指数的乘积,表示一国用出口支付进口的能力。要素贸易条件指数又分为单项要素贸易条件指数和双项要素贸易条件指数。单项要素贸易条件指数是一定时期内一国出口商品要素生产率指数与同期价格贸易条件指数的乘积。双项要素贸易条件指数同时考虑出口商品要素生产率和进口商品要素生产率的变化。价格贸易条件最有意义且最易根据现有数据加以计算得到,可用一定时期内出口价格指数与进口价格指数之比来表示,即以价格贸易条件指数表示,价格贸易条件指数=出口价格指数/进口价格指数×100。一国贸易条件的改善通常是指该国出口商品价格相对于进口商品价格有所提高,即价格贸易条件指数大于100。一般而言,若价格贸易条件指数大于100,说明出口价格相对进口价格上涨,出口同量商品能换回比原先更多的进口商品,该国当年度的贸易条件相对基期有所改善;若价格贸易条件指数小于100,说明出口价格相对进口价格下跌,出口同量商品能换回比原先更少的进口商品,该国的当年度贸易条件相对基期有所恶化。

(5)真实贸易收益较低

从对外贸易主体来看,外商投资企业主导的贸易收益外流。结合附表17,1997至2018年,外商投资企业一直是中国进出口的主要主体,尤其是2001至2011年,最高时期外商投资企业进出口金额占比达到(2006年)58.87%。外商投资企业占据重要份额,对中国进出口起到举足轻重的作用。外商投资企业占比较大意味着中国对外贸易获取的收益主要被外商投资企业获取,外商投资企业通过转移支付等手段将获取的收益转移至国外,使得中国获取较低的真实贸易收益。究其根本原因,在于外商投资企业拥有投入生产要素的所有权,这些外商投资企业拥有所有权要素的收益归外方所有。正如张幼文和周琢(2016)所言,在全球化背景下,一国出口中包含外国要素的贡献,不能体现出口国的真实收益,只有基于要素所有权的要素收益才是该国真实贸易收益的体现。

从对外贸易方式来看,自改革开放以来,一般贸易和加工贸易一直是中国对外贸易的两种主要方式。结合附表18,1996至1999年,加工贸易长期占据中国对外贸易的半壁江山,1998年达到极大值53.43%;1999至2018年,加工贸易占比逐步下降,从1999年的51.15%下降到2018年的17.25%。由于较多的国外中间品投入,加工贸易占比大意味着中国虽然参与到全球价值链分工中,但从全球价值链分工中只能获取较低的附加值,出口成品的本国附加值较低,即较高传统贸易统计贸易收益下的较低真实本国贸易收益。

从对外贸易顺差的来源来看,结合附表18,从1986年开始,加工贸易处于持续顺差状态,尤其是在1992至1994年、1996年、1999至2006年、2009至2014年一般贸易逆差的情况下,加工贸易顺差是中国贸易顺差的最主要来源。中国贸易顺差的主要来源是加工贸易,而加工贸易长期为外商投资企业主导,意味着中国对外贸易的收益主要被外商投资企业所获取。

(6)对外贸易对经济增长的贡献有限

根据附表1中的进出口贸易数据和GDP数据,可以计算得到附表19中的《1979—2018年外贸贡献度和外贸拉动度》数据,进而分析外贸净出口对经济增长的作用。[①]1979至2018年,外贸贡献度和外贸拉动度大于零的

[①] 贸易对经济增长的贡献可以用外贸贡献度和外贸拉动度予以衡量,外贸贡献度和外贸拉动度反映了外贸增长对经济增长的促进作用。外贸贡献度=净出口增量/GDP增量,外贸拉动度=(净出口增量/GDP增量)×GDP增速=外贸贡献度×GDP增速。外贸净出口即外贸出口与进口的差额,计算外贸对经济增长的拉动度的核心是外贸净出口增量和外贸对经济增长的贡献度。外贸贡献度和外贸拉动度为正时,表明外贸增长对经济增长起到促进作用;反之,则起到负的阻碍作用,一国对外贸易将影响该国经济的增长。

年限为23年,小于零的年限为17年;仅有1982、1987、1990、1997、2005、2006、2007、2014、2015共计9年的外贸贡献度和外贸拉动度较高,大于10%。以上数据表明:中国持续增长的外贸规模对经济增长的促进作用是有限的,其中有17年不仅没有起到促进作用,反而是产生了负面影响。另外,中国的贸易贫困化增长除了表现为直接的经济福利损失外,还表现为间接的生态环境损失,长期的粗放式增长对环境的破坏十分严重。①

通过对发挥要素禀赋比较优势取得成绩和存在不足的分析,本书发现:以比较优势理论为指导,发挥要素禀赋比较优势,依靠要素投入获取低价竞争优势地位,的确推动了中国经济和贸易的快速增长,建成了贸易大国;但是,中国贸易成本不断提高,贸易收益相对较低,贸易条件趋于恶化,贸易收益流失,并没有取得较高的国际分工地位,中国仅是一个贸易大国而非贸易强国(张幼文,2013、2015)。中国不得不承受低价出口所带来的贸易摩擦和贸易壁垒,在获取相对较少的贸易收益的同时付出较大的贸易成本,中国贸易大国的地位并没有获得与之相对应的贸易强国收益,这种低价竞争策略不能实际提升中国的贸易竞争力。究其原因,可能在于:现有比较优势理论侧重从产品生产的供给侧分析如何取得相对低价的成本优势,而忽视产品异质对消费者效用的满足;这种低价竞争策略的确可以获得要素禀赋比较优势,但并不一定能在国际市场上具备竞争力,带来国民收益的最大化。这样,基于要素禀赋比较优势被动参与产业间分工和全球价值链分工,处于全球生产网络的低端,依靠传统比较优势的贸易贫困化增长制约贸易竞争力的进一步提升和贸易优势的培育。

综上所述,本书认为,在关于比较优势理论的争议中,第三种观点可能更为接近中国的经济和贸易实践,比较优势理论仍然是分析和研究国际贸易现象的基本理论,这里的比较优势是一种动态的比较优势。但是,仅考虑单一供给因素的要素禀赋比较优势,并不是一国具有贸易优势和贸易竞争力的真正体现。在全球化背景下,中国从贸易大国向贸易强国的转变,需要拓展比较优势的认知,其核心是提升贸易竞争力和提高全球价值链分工地位,而这些正是竞争优势理论的合理内核(吴杨伟和王胜,2017a、2017b)。

(二)培育竞争优势尚未形成较强的贸易竞争力

竞争优势理论由Porter在20世纪80年代提出并不断完善,经历了从

---

① 一国经济增长引起贸易条件严重恶化,以至社会福利下降程度远远高于人均产量增加对社会福利的改善程度,从而使得社会福利水平绝对下降,称为贫困化增长。

企业、产业到国家层面的演进,国家竞争优势取决于产业竞争优势,产业竞争优势又决定于企业竞争优势。该理论认为：一国经济和贸易的发展根源在于该国的国家竞争优势,"钻石模型"由四个基本要素和两个辅助要素组成。一国竞争优势不是简单地源于该国先天初始的要素禀赋条件,更为主要的是源于该国通过创新和升级、后天获取的生产条件优势。一国要获取竞争优势,该国的出口产品和生产该产品的产业就必须具有国际竞争力；结合 Porter 的竞争优势理论,可以从国家、产业与企业三个层面和有能力出口与获取贸易利益两个方面对中国的竞争优势培育与获取加以具体衡量和分析。

1. 竞争优势的三个层面分析

(1)国家层面的总体贸易竞争力分析

世界经济论坛(WEF)于 2019 年 10 月 9 日发布《全球竞争力报告》(GCR,2019),采用全球竞争力指数 GCI 方法,具体包括 12 项主要指标下的 103 个细分指标,对全球 141 个经济体进行国际竞争力排名。按照新评价方法,新加坡位居第 1 位,美国居第 2 位,中国[1]位居第 28 名,与 2018 年持平,在金砖五国中竞争力最强；在 12 项主要指标中,中国的市场规模高居第 1 位。

瑞士洛桑国际管理开发学院(IMD)于 2019 年 5 月 28 日发布《世界竞争力年鉴》(WCY,2019),在 63 个经济体中,中国排行第 14 位,相较 2018 年的第 13 位下降了 1 位。

考虑到某一年的数据并不能全面真实反映中国的国家竞争力,一段时期国际竞争力排名的变化才能准确体现一国的国际竞争力变化。附表 20 统计了 2006 至 2019 年,WEF 和 IMD 发布的中国国家竞争力排名。在 WEF 发布的排名中,从总体排名来看：2006 年中国的国家竞争力排名最低,为第 54 位；2011 年中国的国家竞争力排名最高,为第 26 位,反映出中国国家竞争力在 21 世纪初提升较快；2011 至 2019 年,中国的国家竞争力排名没有出现大的提升,在第 26 至 29 位波动。从排名占比来看：排名占比越大说明排名越低,排名占比越小说明排名越高；2006 年中国的国家竞争力排名占比最大,为 43.2%,说明 2006 年中国国家竞争力排名最低；2011 年中国的国家竞争力排名占比最小,为 18.31%,说明 2011 年中国国家竞争力排名最高,和 WEF 总体排名保持一致。因为每年参与排名的经济体个数不同,因此,排名占比更能体现一国的国家竞争力。比如,2013 年中国排名第 29 位,

---

[1] 本书的"中国",没有特别说明时,均是指"中国大陆"。

低于2015、2016、2017、2018和2019年的排名,但由于2013年参与排名的经济体达到极大值的148,2013年中国排名占比反映出中国2013年的国家竞争力真实排名在参与测评的经济体中高于2015、2016、2017、2018和2019年。①

在IMD发布的排名中,从总体排名来看:2018年中国的国家竞争力排名最高,为第13位;其次为2019年的第14位;2015年中国的国家竞争力排名最低,为第28位,反映出中国国家竞争力在2006至2019年是上下波动的。2011至2019年,中国的国家竞争力排名呈现波动趋势,在个别年份出现大幅下滑,近两年排名有所提升,在第13至28位间波动。从排名占比来看:得益于基础设施的改善、法律法规的健全、持续经济增长下的高就业率等因素,2018年中国的国家竞争力排名占比最低,为20.63%,说明排名最高;2015年中国的国家竞争力排名占比最高,为46.67%,说明排名最低,和IMD总体排名保持一致。同理,因为每年参与排名的经济体个数不同,因此排名占比更能体现一国的国家竞争力。比如,2008年和2017年,虽然2008年排名第17位,高于2017年排名第18位,但从排名占比来看,2017年的国家竞争力实际上高于2008年。

虽然WEF和IMD在统计指标和方法以及经济体数量上存在一定的区别,导致相同年份的国家竞争力排名出现相应差异,但两个不同的排名结果体现出一个共同的特征:2011至2019年中国国家竞争力排名的提升,远低于中国对外贸易增长的速度和排名的提升;中国的国家竞争力排名没有出现大的持续提升,甚至在个别年份出现大幅下滑,波动较为明显;与发达经济体相比,中国的国家竞争力有待提高,排名仍有进一步提升的空间。从对外贸易角度来看,中国只是一个贸易大国,而非贸易强国,国家贸易竞争力有待进一步提升。只有这样,中国才能实现从贸易大国向贸易强国的转变。

尽管中国国家贸易竞争力不能和中国的经济总量和贸易总量相匹配,但是,我们也要看到中国在国家贸易竞争力方面取得的成绩。结合附表21金砖五国WEF国家竞争力的排名,从2007年开始,中国的国家竞争力在金砖五国中的排名一直处于第1位;与其余四国相比,中国的排名并没

---

① 从1996年开始,中国国家体改委体制改革研究院、中国人民大学和深圳综合开发研究院组成的联合研究组不定期地发布《中国国际竞争力发展报告》。《中国国际竞争力发展报告(1996)》于1997年3月由中国人民大学出版社出版,该研究报告从决定经济运行的各种客观因素和体制、管理、政策及价值观念等主客观因素入手,结合经济运行结果和发展潜能,对中国经济运行和发展的竞争能力做出了系统和全面的评价。由于该报告不是年度报告,相应年度数据较为欠缺,并且该报告的测评指标是以WEF和IMD指标为基础,故本书并未采纳。

有出现过于明显的波动,说明中国国家竞争力保持在一个相对稳定的水平;由于在市场规模、宏观经济环境、技术创新、市场效率和高等教育与培训等方面表现突出和进步明显,与其余四国相比,中国国家竞争力有进一步提升的可能。

(2)产业层面的贸易竞争力分析

一国贸易竞争力源于该国产业的贸易竞争力,一国产业贸易竞争力的形成依赖于一定要素投入下产业的创新与升级能力。一方面,制造业作为一国产业的重要组成部分,制造业的贸易竞争力水平是该国对外贸易竞争能力的重要体现。另一方面,由于测算制造业产业竞争力数据的可获得性较高,学界一般采用制造业的产业竞争力度量一国的产业贸易竞争力,此方法大量见诸相关文献,如黄先海(2006)、毛日昇(2006)、文东伟和冼国明(2011)、何树全和高旻(2014)、戴翔(2015)、于明远和范爱军(2016)、张幼文和周琢(2016)、程大中等(2017)、郑乐凯和王思语(2017)。上述学者广泛采用各种贸易竞争力指数测算了中国制造业的国际竞争力,基于传统贸易统计数据研究发现资本、技术密集型制造业的贸易竞争力呈现递增趋势,但劳动密集型产业仍是中国贸易竞争力的主导产业。基于增加值贸易数据,与传统总值核算法相比较,中国劳动密集型制造业的比较优势被低估,而资本密集型、知识和技术密集型产业的比较优势反而被高估;因而,按照国内增加值测度方法可知,中国劳动密集型制造业的产业竞争力依然较强,而资本、知识和技术密集型制造业的产业竞争力依然较弱。

综合上述学者的研究结论,中国真实的产业贸易竞争力仍然较弱,且主要体现在劳动密集型行业,虽然资本、技术密集型行业贸易竞争力有所加强,但与发达国家相比,仍然偏弱,存在较大的提升空间。除此之外,真正的产业贸易竞争力不仅体现为出口数量的扩大,更为重要的是通过出口获取更多的真实贸易利益,即要素收益(张幼文和周琢,2016)。

(3)企业层面的贸易竞争力分析

第一,基于WEF指标分析。企业层面的贸易竞争力主要体现在企业的产品创新能力、企业制度和成本控制能力等若干方面。

创新是企业提升贸易竞争力的根本,企业实施技术创新可以提高生产效率、强化成本控制、规范企业管理,生产效率的提高带来规模经济,提升企业的贸易竞争能力。因此,创新能力是衡量企业贸易竞争力的重要指标。企业产品创新能力是企业贸易竞争力的重要体现,本书从WEF《全球竞争力报告(2017)》国际竞争力的12类评价指标中选取反映企业的产品创新能力相关指标,分别为"7.06薪酬与生产率""9.02企业技术吸收能力"

"11.08营销推广""12.03公司研发支出""12.01创新能力",见附表22。①"9.02企业技术吸收能力""12.01创新能力"和"12.03公司研发支出"等指标能够反映中国企业的创新能力,除了"12.03公司研发支出"排名相对靠前外,"9.02企业技术吸收能力"和"12.01创新能力"排名则相对靠后,而且近年来排名提升并不明显,说明与发达国家和部分新兴经济体相比,中国企业创新能力仍然有限,企业国际竞争力水平有待进一步提高。指标"7.06薪酬与生产率"和"11.08营销推广"进一步体现企业产品创新能力,在"7.06薪酬与生产率"方面,创新有利于提高企业生产率,中国企业排名相对靠前,但近年来排名没有提升反而降低了;"11.08营销推广"反映伴随企业创新,中国企业营销推广能力逐年提升,部分扭转了企业生产率和薪酬下降对企业成本控制的负面影响。

企业制度和成本控制能力也是企业贸易竞争力的体现,本书从WEF《全球竞争力报告》(2017)国际竞争力的12类评价指标中选取反映企业制度和成本控制能力的相关指标,分别为"6.01本地竞争程度""6.02市场支配地位""6.15顾客导向程度""11.01本地供给数量""11.02本地供给质量""11.05价值链宽度""11.07生产过程复杂性",见附表23。在指标"6.01本地竞争程度""6.02市场支配地位"和"6.15顾客导向程度"排名中,伴随企业制度的健全与完善,中国企业的本地竞争能力、市场支配地位和顾客导向程度都得到一定程度的提升。其中,市场支配地位的排名最高。在指标"11.01本地供给数量"和"11.02本地供给质量"排名中,总体呈现上升态势,说明中国企业的本地供给能力和成本控制能力不断加强,在弱化对国际市场依赖的同时增强了国际竞争力;2017年受宏观经济因素影响,本地供给数量有所反复。在指标"11.05价值链宽度"和"11.07生产过程复杂性"排名中,中国企业生产产品的价值链宽度、生产过程复杂度有所提升,说明中国企业在全球价值链中的地位不断提升、技术含量不断增强、国际竞争能力不断提高。

第二,其他排行榜分析。除了WEF《全球竞争力报告》外,可以通过如下排行榜单进一步分析中国企业层面的国际竞争力:

《商业周刊》与国际品牌公司共同发布的历年"全球品牌100强"榜单,2001至2009年没有一家中国企业上榜;2017年之前,中国没有一家企业出现在《福布斯》"全球最具声望的100家公司"榜单;2019年5月22日,《福布斯》2019年"全球最具声望的100家公司"榜单中,中国仅有华为上榜,且位

---

① 近年来WEF采用不同的评价标准,为研究数据的可比性,此处未纳入2018和2019年的数据,采用2017年的数据和相关指标加以说明,下同。

列97位。①《财富》杂志发布了"2019年全球最受赞赏公司排行榜",在最受瞩目的50家"全球最受赞赏公司全明星榜"中,仅有阿里巴巴一家中国企业上榜,位列34位。②

Brand Finance发布的2019年"全球最具价值品牌500强榜单"中,亚马逊排名第一,成为全球最具价值品牌,苹果位居第二,谷歌和微软位列第三和第四名。前10名企业中,8家为美国企业,中国企业占2家。前100名中有47家美国企业,21家中国企业,19家欧洲企业,7家日本企业,3家韩国企业。该榜单中,中国企业取得了较好的排名。受益于国内部分企业的跨国化经营和新业态的迅猛发展,近年来部分国内企业品牌大幅增值,中国工商银行(第8)排名最高,其他依次为:中国建设银行(第10)、华为(第12)、中国平安(第14)、中国移动(第15)、中国农业银行(第16)、中国国电(第18)、中国银行(第19)、微信(第20)、腾讯(第21)、淘宝(第23)、中国石油(第33)、天猫(第35)、茅台(第45)、中国石化(第49)、中国建筑(第58)、招商银行(第70)、中国人寿(第71)、中国电信(第80)、恒大(第81)、百度(第87)。③

WPP和Kantar Millward Brown发布的"2019年BrandZ全球最具价值品牌100强"榜单中,中国有15个品牌上榜,相较于2018年增加1个,阿里巴巴(第7)、腾讯(第8)跻身全球10强,中国移动(第27)、中国工商银行(第29)、茅台(第35)、中国平安(第40)、华为(第47)、中国建设银行(第59)、百度(第63)、京东(第66)、滴滴出行(第71)、小米(第74)、美团(第78)、中国农业银行(第82)、海尔(第89)。④

不同机构从不同角度发布的排行榜存在较大差异,尤其是传统的《商业周刊》《福布斯》《财富》的排名,中国鲜有企业上榜,除了评价指标和评价体系的选取因素外,从某种角度说明中国仍缺乏具有较强国际竞争力的企业,中国企业的国际竞争力有待大幅提升。可喜的是,在Brand Finance发布的2019年"全球最具价值品牌500强榜单"、WPP和Kantar Millward Brown发布的"2019年BrandZ全球最具价值品牌100强"榜单中,中国分别上榜21家和15家企业,相较于2017年的16家和13家,有了较大增长,说明近年来部分中国企业发展迅速,增强了中国企业在国际上的竞争力,但是与西方发达国家相比,尤其是与美国相比,仍存在较大差距,中国企业的国际竞争力需要进一步提升。

---

① 资料来源:搜狐网,https://www.sohu.com/a/350232677_100013655
② 资料来源:搜狐网,https://www.sohu.com/a/302325288_475191
③ 资料来源:中文互联网数据资讯网,http://www.199it.com/archives/826984.html
④ 资料来源:搜狐网,https://www.sohu.com/a/320027680_727813

依据以上WEF数据和排行榜分析,中国企业的产品创新能力、企业管理和成本控制能力总体有所改善,但与发达国家相比仍存在明显的差距,企业竞争力水平存在较大的提升空间;尤其是企业技术吸收能力、企业创新不仅体现在自主创新上,而且应注重引进、消化和吸收基础上的模仿和再创新,"干中学"和自主创新相结合,才能加快企业创新、提升企业创新能力和贸易竞争力;在企业制度和成本控制能力方面,可以通过完善企业管理制度和优化要素投入结构进一步提高企业生产率,加强企业成本控制,进而提升企业贸易竞争力。

2.竞争优势的两个方面分析

一国具有贸易竞争优势意味着该国某产业或企业有能力向众多国家持续的、大量的出口,并且该国的产业或企业能够从这种出口中获得大量的贸易利益。

(1)有能力向众多国家持续大量出口

在众多产品中,一国最有可能在竞争中胜出的是本国四个基本要素特别有利的产品,贸易优势在于出口四个基本要素处于有利地位的产品。毛日昇(2006)、文东伟和冼国明(2011)、戴翔(2015)、何树全和高旻(2014)、于明远和范爱军(2016)等大量文献研究表明:中国企业已经具备大部分劳动密集型产品以及少部分资本和技术密集型产品向众多国家持续、大量出口的能力,尤其是密集使用了中国丰裕要素所生产的初级产品和制成品。结合附表5,近年来,机电产品和高新技术产品出口比重持续上升;但是,就资本和技术含量相对较高的产品而言,依然需要大量进口。2018年4月以来,美国总统特朗普针对限制向中国出口芯片的言论和行为,让我们进一步看到了中国在高技术含量产品上与西方国家的差距。

(2)能够从出口中获得大量的贸易利益

外资和加工贸易主导的产业结构和贸易结构存在缺陷,导致贸易利益的流失,本土企业只能获得贸易利益的一部分,对国民福利的增加作用非常有限。张幼文和周琢(2016)、张幼文等(2016)认为,一国产权要素收益才是该国真实的贸易收益,中国的真实贸易收益相对更低。张幼文和周琢(2016)认为在全球化背景下,要素组合国际分工意味着出口收益包含外国要素的贡献,一国出口不能准确体现该国的真实贸易结构和贸易规模,更不能真实反映该国的出口竞争力;因此,应该以要素收益原理测算一国贸易竞争力的真实结构,根据价值链分工分析出口产品的价值构成和要素构成,获得真实的贸易国民收益。一国贸易竞争力应该以本国所有权要素收益为基础,只有基于本国要素收益的出口才是贸易竞争力的科学表现,才能真实体现该国的贸易优势。上述学者对传统测算贸易竞争力方法进行了修正,并对中国真实贸易竞争力进行了测算,研究结果表明,在扣除外国所有权要素收益后,中国所有权要素收益实际上较低。

综合相关学者的研究和本书所做的分析,一国要获取贸易竞争优势,该国参与贸易的企业和产业就必须具有国际竞争力。无论从贸易竞争优势的国家、产业和企业的三个层面,还是从贸易竞争优势的贸易量和贸易收益两个方面进行分析,短期内,中国对外贸易的竞争优势还有待进一步提升,尚不具备较强的贸易竞争力。

综上论述,比较优势理论依然是指导一国对外贸易的基础理论,中国利用比较优势理论建成了贸易大国,但基于传统比较优势理论形成的对外贸易优势在取得巨大成绩的同时却付出诸多的贸易代价,中国不得不承受低价出口所带来的贸易摩擦和贸易壁垒。基于现代比较优势理论亦无法得到贸易优势来源与表现的完整解释,无法解释具有相对成本价格优势的产品为何缺乏国际竞争力。长期依赖要素禀赋比较优势易陷入"比较优势陷阱",而短期内又尚未形成较强的贸易竞争优势和贸易竞争力。以一般均衡框架为基础的比较优势理论经历了从传统到现代的拓展,出现不同的理论模型解释贸易的成因和优势来源;但目前,对于转型升级中的中国而言,并没有形成一个完整的理论解释用于认识和重构中国的贸易优势(吴杨伟和王胜,2017b)。①一方面,传统的比较优势已经发生了变化,比较优势理论不再适用于分析全球化经济,要素禀赋论不能简单直接运用(张幼文,2013);全球化下要素体现出诸多新特征,传统要素禀赋不再是要素结构的真实体现,要素结构反映的是一国与外国要素的国际组合。另一方面,传统比较优势的低价竞争策略需要调整,仅注重供给侧的产品价格优势不能满足国内外市场不同的消费者需求,不能满足贸易优势的获取;需要基于拓展要素视角,结合产品供给侧的成本和需求侧的效用满足,给予贸易优势和贸易竞争力更合理的理论解释。

这种同时考察供给侧的成本和需求侧的效用满足,与竞争优势的成本领先和标新立异具有一定的相似性,正是竞争优势的核心表现。因此,需要进一步分析与讨论比较优势与竞争优势的关系,而这些都是建立在对贸易优势理论认知拓展的基础之上。这样,本小节通过阐述中国依据比较优势理论和竞争优势理论取得的成绩和存在的问题,进而明晰了贸易优势理论认知拓展的必要性。

---

① 喻志军(2008)结合中国参与国际分工的特点,尝试从产业内贸易理论构建中国的贸易优势,而忽视了要素这一分析基础。

二、当代比较优势理论认知拓展

国际贸易理论的发展演进在于解释新的贸易现象,探究贸易发生的原因、贸易模式和贸易利益。前文所述比较优势理论的演进与发展,全球化下传统要素禀赋不再是一国要素结构的真实体现,要素结构反映的是该国与外国要素的国际组合,要素内涵与外延拓展,要素流动、培育与积累加速要素结构升级优化,需要结合拓展要素给予贸易优势更合理的理论解释。

比较优势理论是学界公认的国际贸易理论基石,后续国际贸易理论大多试图从不同角度拓展比较优势理论的研究范围、丰富比较优势理论的内涵,以增强对贸易现象的现实解释力。因此,比较优势原则仍是各国开展国际贸易的基准原则,比较优势理论仍是国际贸易理论发展的主线和核心。但是,传统和现代比较优势理论仅注重供给侧的产品价格优势,已经不能满足贸易竞争力的获取,不利于进一步提升贸易竞争力;需要拓展单一供给侧的产品价格比较优势理论分析,同时考察供给侧成本控制的相对价格优势与需求侧效用满足的质量优势,这就需要为比较优势寻求新的理论支持,拓展传统和现代比较优势的理论认知。

结合李辉文(2004)、李辉文和董红霞(2004)、吴杨伟和李晓丹(2020a),在本书第二章文献梳理的基础上,将比较优势理论从单一供给侧产品相对价格比分析向供给侧和需求侧相结合的相对效用价格比分析进一步拓展,基于双重异质性模型和相对效用价格比分析框架,提出当代比较优势理论的认知拓展,并分析贸易优势的来源和表现、要素类型和分析方法,如表3-1所示。下文对当代比较优势理论认知拓展的理论基础和分析框架进一步展开分析和讨论。

表3-1 不同阶段比较优势理论认知比较

类别	优势来源	优势表现	要素类型	分析方法
传统比较优势理论	要素生产率差异或要素禀赋差异(成本优势)	产品相对价格(成本)	劳动和资本等传统要素	静态、一般均衡分析、单一供给
现代比较优势理论	要素结构变化、规模经济、产品异质、市场结构(成本优势)	产品相对价格(成本)	劳动、资本、技术等传统要素和市场规模等经济要素	动态、一般均衡分析、数理模型分析、单一供给

续表

类别	优势来源	优势表现	要素类型	分析方法
当代比较优势理论	要素结构变化、规模经济、产品异质、市场结构、企业异质（成本优势、异质性优势）	产品相对效用价格比（成本领先、标新立异）	劳动、资本、技术等传统要素市场规模等经济要素和国内外市场开放程度等经济全球化要素	动态、数理模型分析（双重异质性模型）、相对效用价格比分析、供给与需求

资料来源：作者整理绘制。

(一)理论基础:双重异质性模型

比较优势理论的演变都直接或间接反映出各国贸易的根本缘由:相对要素差异,这里的相对要素差异既包括相对要素生产率的差异,又体现相对要素成本的差异,还间接体现为相对要素差异投入所生产产品的相对效用差异,即企业异质和产品异质。无论是要素成本差异,还是产品相对效用差异,都可以通过产品价格加以体现;要素成本差异直接影响产品价格,产品相对效用差异通过消费者效用满足进而间接影响产品价格。这样,比较优势实际上直接或间接体现在产品价格上,即产品价格的调整。本小节梳理并推导一个双重异质性模型,通过讨论出口产品的价格构成,为贸易优势理论认知拓展提供理论支持。

20世纪90年代初以来,以企业异质为研究对象的新新国际贸易理论得到发展,从单一的企业生产率异质模型逐渐演变为企业异质与产品异质的双重异质性模型。Melitz(2003)、Bernard和Jensen(1999)等早期的异质性模型以企业生产率异质为基础研究出口价格与企业生产率之间的负相关关系,忽视了产品质量异质,可被称为传统生产率异质性模型,假定出口产品价格是不能调整的。Melitz和Ottaviano(2008)[简称MO(2008)]、Foster et al.(2008)提出了改进的生产率异质性模型,将CES效用函数改为拟线性函数,可以解释源于可变加成的价格变化,但只能得到企业异质带来的出口产品价格变化。

近期的研究进一步考虑产品质量异质。Johnson(2012)、Kugler和Verhoogen(2012)、Hallak和Sivadasan(2011)、Manova和Zhang(2012)、Fan et al.(2014)、樊海潮和郭光远(2015)、赵春明和张群(2016)、Antoniades(2015)、Ludema和Yu(2016)、Fan et al.(2017)、吴杨伟等(2018)等提出并发展了双重异质性模型,研究发现:对于异质性产品而言,企业生产率与出口价格正

相关。由于不同的效用函数定义，双重异质性模型分为 CES 双重异质性模型和拟线性双重异质性模型。

1.CES双重异质性模型

Melitz（2003）假设边际成本为常数，消费者效用为 CES 函数：$U = \left[\int_{\omega \in \Omega} q(\omega)^\rho d\omega\right]^{1/\rho}$，需求函数为：$q(\omega) = Q\left[\dfrac{p(\omega)}{P}\right]^{-\sigma}$；在企业边际成本和价格加成都为常数的情况下，产品没有价格调整的空间，因而无法解释产品价格的变化。

Mandel（2010）、Baldwin 和 Harrigan（2011）、Johnson（2012）、Kugler 和 Verhoogen（2012）、Bastos 和 Verhoogen（2014）、赵春明和张群（2016）等将产品质量引入 Melitz（2003）效用函数，出口价格变化可源于产品质量的调整。以 Johnson（2012）最具代表性，效用函数：$U_j = \left\{\int_{\omega \in \Omega_j} \left[\lambda_{ij}(\omega) q_{ij}(\omega)\right]^{\sigma - 1/\sigma} d\omega\right\}^{\sigma/\sigma - 1}$，$\Omega_j$ 表示进口国 j 市场上所有异质产品的集合，ω 表示异质产品的集合 Ω_j 中的某种产品，$\lambda_{ij}(\omega)$ 表示出口国 i 产品 ω 的质量，$q_{ij}(\omega)$ 表示进口国 j 对来自出口国 i 产品 ω 的需求量，σ（假设 $\sigma > 1$）表示不同产品间的替代弹性。企业生产是 CES 的质量生产函数，生产中考虑企业异质和产品异质，假设每个企业只出口一种产品 ω，$z(\omega)$ 表示企业生产率，$\lambda(\omega)$ 表示产品质量，$p_i(\omega)$ 表示 i 国 ω 产品的企业定价，$c_i(\omega)$ 表示 i 国 ω 产品的消费者需求量，$MC_i(\omega)$ 表示 i 国 ω 产品的边际成本，边际成本是企业生产率和产品质量的函数，即 $MC_i(z(\omega), \lambda(\omega))$。在标准的 CES 偏好下价格加成不变，企业根据边际成本定价，产品价格函数被定义为：$p_i(\omega) = \dfrac{\sigma}{\sigma - 1} MC_i(z(\omega), \lambda(\omega))$。考虑到企业根据不同质量生产，用 $f_i(\lambda(\omega))$ 表示 i 国按照质量水平 λ 生产产品 ω 的质量成本；i 国企业的利润为：$\pi_i(z(\omega), \lambda(\omega)) = p_i(\omega) c_i(\omega) - MC_i(z(\omega), \lambda(\omega)) c_i(\omega) - f_i(\lambda(\omega))$。此时，$i$ 国企业的 CES 质量生产函数由企业生产率和质量水平决定。这样，产品价格的调整可源于产品质量差异的可变质量，相对于 Melitz（2003）进行了改进。

Bastos 和 Verhoogen（2014）进一步加以改进，效用函数被定义为：$U_j = \left\{\left\{\int_{\omega \in \Omega_j}\left[\lambda_{ij}(\omega)^{\mu_j} q_{ij}(\omega)\right]^{\sigma - 1/\sigma} d\omega\right\}^{\sigma/\sigma - 1}\right\}^{\beta} \cdot z^{1-\beta}$，相对于 Johnson（2012）做了几点拓展。其中，增加 Z 表示消费者对质量同质产品的需求量，参数 $\beta > 0$ 表示消费者在异质产品上的支出份额；加入 μ_j 表示消费者对产品质量的偏

好。在供给侧方面,假设出口企业生产最终产品的 CES 质量生产函数由企业生产率和中间投入品质量决定,定义为:$q(\lambda,c) = \left[\frac{1}{2}(\lambda^b)^\theta + \frac{1}{2}(c^2)^\theta\right]^{1/\theta}$,$\lambda$ 表示生产最终产品的企业生产率,c 表示生产中投入的中间投入品质量(中间投入品的单位质量水平),$b(b \geq 0)$ 表示最终产品的质量差异范围,θ $(\theta < 0)$ 表示企业生产率和中间投入品质量的互补程度。这样,引入消费者对产品质量偏好的因素,在研究产品价格调整时,丰富了中间投入品、最终品的分析角度以及影响因素。

赵春明和张群(2016)在 Bastos 和 Verhoogen(2014)基础上,在模型中增加出口国与目的国的运输距离、企业层面的产品进口关税等因素。需求侧方面与 Bastos 和 Verhoogen(2014)一致。供给侧方面,出口国企业在生产中投入质量为 c 的中间投入品,若该出口国对进口的中间投入品的进口关税水平为 $\tau(\tau \geq 1)$[①],则一单位质量水平为 c 的中间投入品的进口价格为 τc;出口企业的生产函数分解为数量生产函数和质量生产函数,数量生产函数定义为:$F(n) = n\varphi^a$,n 为企业投入的中间品数量,$a > 0$ 表示在企业生产率一定的情况下,企业降低单位生产成本的幅度。出口企业的质量生产函数,类似于 Bastos 和 Verhoogen(2014),同样假设企业生产最终产品的质量生产函数由企业生产率和中间投入品质量决定,由于考虑生产最终产品中投入进口中间品的进口关税水平为 τ,将中间投入品进口关税引入质量生产函数,被定义为:$q(\lambda,c) = \left[\frac{1}{2}\left[\left(\frac{\lambda}{\tau}\right)^b\right]^\theta + \frac{1}{2}(c^2)^\theta\right]^{1/\theta}$。该模型增加了出口国与目的国的运输距离、中间投入品的进口关税等因素,进一步拓展了进出口价格影响因素的研究。

以上学者将产品质量引入 CES 效用函数,理论模型的拓展使得出口价格变化可源于产品质量的调整,企业可以通过调整产品质量获取价格比较优势;引入更多的影响因素使得研究更加丰富,但仍是基于 CES 效用函数的不变加成,不能解释产品价格源于可变加成的变化。

2.拟线性双重异质性模型

Melitz 和 Ottaviano(2008)将 Melitz(2003)的 CES 效用函数改为拟线性效用函数:$U = q_0^c + \alpha \int_{i \in \Omega} q_i^c di - \frac{1}{2}\gamma \int_{i \in \Omega} (q_i^c)^2 di - \frac{1}{2}\eta \left(\int_{i \in \Omega} q_i^c di\right)^2$;需求函

[①] 此处的 τ 表示进口中间投入品的进口关税水平,不是最终品进口国针对最终品征收的进口关税水平。

数为：$q_i \equiv Lq_i^c = \frac{\alpha L}{\eta N + \gamma} - \frac{L}{\gamma} p_i + \frac{\eta N}{\eta N + \gamma} \cdot \frac{L}{\gamma} \bar{p}$，消费者对消费品 i 的需求与其价格成反比，与所有消费品的平均价格成正比。Foster et al.(2008)对Melitz 和 Ottaviano(2008)的效用函数进行了细微的调整，增加了表示消费者对某一特定产品需求偏好的参数 δ，度量不同的消费需求偏好。该类模型意味着产品价格加成是内生可变的，随市场竞争程度差异而变化，而市场竞争程度由市场上的企业数量和企业平均生产率决定。这样，企业可以调整价格加成以调节出口价格获取价格比较优势，使得出口价格变化可源于加成的调整，但仍不能解释价格的变化可源于可变质量，此类模型称为改进的生产率异质性模型。

Antoniades(2015)在 Foster et al.(2008)上进一步改进，将产品质量引入效用函数和成本函数，给出了加入产品质量的拟线性双重异质性模型，即产品异质和企业异质；效用函数定义为：$U = q_0^c + \alpha \int_{i \in \Omega} q_i^c di + \beta \int_{i \in \Omega} z_i q_i^c di - \frac{1}{2} \gamma \int_{i \in \Omega} (q_i^c)^2 di - \frac{1}{2} \eta \left(\int_{i \in \Omega} q_i^c di \right)^2$，$\beta$ 度量消费者对不同质量产品的偏好，z_i 表示不同产品的质量差异；成本函数定义为：$TC_i = q_i c_i + q_i \delta z_i + \theta(z_i)$，使得产品生产成本可随质量不同而变化。这样，高生产率企业可以提高产品质量和出口价格加成，低生产率企业要么退出市场，要么降低质量和加成。该模型使得企业在面临不同的市场时可以调整产品质量并制定不同的出口价格，进而获取价格比较优势。

Ludema 和 Yu(2016)简化了 Antoniades(2015)的效用函数，假定消费者对特定产品的消费偏好参数 $\beta=1$，效用函数：$U = q_0^c + \int_{i \in \Omega} (\alpha + z_i) q_i^c di - \frac{1}{2} \gamma \int_{i \in \Omega} (q_i^c)^2 di - \frac{1}{2} \eta \left(\int_{i \in \Omega} q_i^c di \right)^2$，此时，若所有产品质量差异为零，该效用函数实际上变为 Melitz 和 Ottaviano(2008)。

上述理论模型经历了从传统的生产率异质性模型到 CES 双重异质性模型的拓展，但仍是基于不变加成的假定，不能得到产品价格调整全面的理论解释；从改进的生产率异质性模型到拟线性双重异质性模型的拓展，使得价格的变化可以源于可变加成和可变质量，得到关于价格调整来源较为全面的理论解释，在满足国内外不同消费者效用的基础上，便于企业通过调整产品质量和价格加成调节出口价格获取价格比较优势；区别于传统比较优势的单一供给侧企业产品生产的成本分析，利于从供给侧企业生产的加成调整和需求侧产品需求的质量调整两个不同层面拓展比较优势的理论研究。

这样,企业异质和产品异质的双重异质性模型的发展,可以得到产品价格调整的更全面解释:产品生产供给侧的生产率差异和产品消费需求侧的效用满足差异。无论是产品供给侧还是产品需求侧,二者都会影响产品的价格,供给侧直接影响产品价格,而需求侧通过对消费者效用的满足间接影响产品价格。因此,双重异质性模型可以为比较优势的理论认知拓展提供理论支持。

(二)分析框架:相对效用价格比

作为国际经济学重要分支的国际贸易学,其有关理论应置于经济学研究的框架体系之中,遵循生产与消费这一社会经济发展中的最基本关系,从供给与需求两方面入手,探究要素的有效配置。本书认为国际贸易理论的演进与发展不能脱离经济学研究的生产与消费这一最基本关系,应从产品生产的供给和消费的需求两个方面同时考察,揭示贸易优势的来源与决定。①

因此,对于比较优势的理论认知拓展应该从产品的供给侧和需求侧相结合的视角加以审视,以往比较优势侧重从供给侧分析产品成本价格优势而忽视需求侧产品对消费者效用的满足,只考虑到贸易优势的一个方面,需要进一步从产品供给侧和需求侧相结合的视角考察比较优势。只有这样,才是对贸易优势的更全面分析。这样,从供给和需求两方面考察,为比较优势的认知拓展提供了全新的分析框架。

1.相对效用价格比与相对效用价格比比较优势

古典和新古典国际贸易理论假设不存在流通费用、规模报酬不变、产品同质、不存在消费者偏好,产品的消费者效用为常数,不会影响产品价格,比较优势仅决定于产品的供给因素,即反映产品相对生产成本的相对价格,产品价格仅受生产成本影响。若放松不存在流通费用和规模报酬不变的假设,产品价格还受流通费用和规模经济等因素的影响;流通费用直接影响产品的生产成本和产品相对价格,规模经济通过影响产品生产成本进而影响产品相对价格。从20世纪40年代开始,学者们逐渐将要素生产率和要素禀赋差异的静态比较优势动态化,要素结构变化的动态比较优势和产业内贸易理论的规模经济模型等不断拓展比较优势的内涵。但是,这些理论拓展仍是基于单一供给侧的产品相对成本分析,可以进一步从需求侧的消费者效用满足考虑产品异质性对产品相对价格的影响,拓展产品相

---

① 单纯依靠市场的供给和需求因素可能导致失灵状态,必要而适当的制度因素能有效地给予保障和支持。本书将供给、需求和制度因素结合起来,可以更全面地揭示贸易优势的来源和决定。

对价格比较优势的认知。

若放松产品同质的假设,相对价格比较优势需要考虑产品异质和消费者偏好。在考虑消费者对异质产品的需求偏好时,比较优势的决定同时取决于产品供给和需求两个方面。供给因素方面,比较优势直接取决于产品的相对价格,产品相对价格取决于产品的生产成本、流通费用和规模经济等因素。需求因素方面,由于产品异质,比较优势取决于产品的消费者偏好,即对消费者效用的满足,由于消费者存在对不同质量产品的消费者偏好,消费者效用的满足亦会间接影响产品价格。这样,综合产品供给和需求两个方面,产品的比较优势不仅取决于产品相对价格,而且取决于消费者效用满足,采用相对效用价格比才能真实反映产品的比较优势,是在满足相同消费者效用下的产品价格比较。

相对效用价格比原则最早由张亚斌(2006)提出,由于产品异质和消费者偏好的存在,消费某种产品能够满足一定的消费者效用,消费者愿意支付相应的价格消费该产品。也就是说,消费者对消费该产品的消费者效用估价应不小于愿意支付的价格。这样,对该产品而言,存在一个效用价格比问题,异质产品之间存在一个相对效用价格比问题(曾铮和张亚斌,2008)。[①]对于异质产品而言,相对效用价格比的存在意味着仅具有价格比较优势的产品并不一定具有真正的贸易优势,因为具有价格比较优势的产品并不一定能满足消费者不同的消费偏好,进而带给消费者效用的满足;只有在满足消费者效用基础上的产品价格比较优势才是真正的贸易优势,此时的比较优势才是真正比较优势的体现,可以称之为相对效用价格比比较优势。

为简便分析,采用经典的"2×2"框架分析,假设 A、B 两国生产 X、Y 两种产品,在生产产品 X 上,若产品 X 异质存在不同的消费者偏好,尽管 B 国生产产品 X 的成本高于 A 国,B 国相对价格较高,存在产品相对价格差额,但由于 B 国生产产品 X 具有独特的产品特性,能满足消费者不同的需求偏好,存在产品消费者效用估价的差额。此时,A 国在生产产品 X 上具有价格比较优势,但不一定具有真正的比较优势,当这种消费者效用估价差额高于相对价格差额时,B 国在生产产品 X 上反而比 A 国更有贸易优势,B 国生产产品 X 更具有贸易竞争力。

若用 P 和 U 分别表示产品的价格和消费者效用,则效用价格比表示为 U/P;若 A、B 两国生产产品 X、Y 的价格和消费者效用分别为:P_{AX}、U_{AX}、P_{AY}、

[①] 消费者之所以愿意为某一产品按一定的价格支付费用,是因为这种产品能够为他带来买方价值或效用满足,并且对这种效用的估价要大于或等于为此所支付的价格。

U_{AY}、P_{BX}、U_{BX}、P_{BY}、U_{BY}，则A国和B国生产的产品X和Y的效用价格比分别为U_{AX}/P_{AX}、U_{AY}/P_{AY}、U_{BX}/P_{BX}、U_{BY}/P_{BY}，分别表示消费者在购买A国X产品、A国Y产品、B国X产品和B国Y产品时，单位货币支出得到的消费者效用满足；那么，A国和B国生产的产品X和Y的相对效用价格比为 $\dfrac{U_{AX}}{P_{AX}} \Big/ \dfrac{U_{AY}}{P_{AY}}$、$\dfrac{U_{BX}}{P_{BX}} \Big/ \dfrac{U_{BY}}{P_{BY}}$ 或 $\dfrac{U_{AX}}{P_{AX}} \Big/ \dfrac{U_{BX}}{P_{BX}}$、$\dfrac{U_{AY}}{P_{AY}} \Big/ \dfrac{U_{BY}}{P_{BY}}$。

当 $\dfrac{U_{AX}}{P_{AX}} \Big/ \dfrac{U_{AY}}{P_{AY}} > \dfrac{U_{BX}}{P_{BX}} \Big/ \dfrac{U_{BY}}{P_{BY}}$ 时，表明A国生产产品X和Y的相对效用价格比大于B国生产产品X和Y的相对效用价格比；当 $\dfrac{U_{AX}}{P_{AX}} \Big/ \dfrac{U_{BX}}{P_{BX}} > \dfrac{U_{AY}}{P_{AY}} \Big/ \dfrac{U_{BY}}{P_{BY}}$ 时，表明在生产产品X上A国和B国的相对效用价格比大于在生产产品Y上A国和B国的相对效用价格比。此时，可以得到真实的绝对优势和比较优势应满足的条件：

若 $\dfrac{U_{AX}}{P_{AX}} > \dfrac{U_{BX}}{P_{BX}}$，且 $\dfrac{U_{BY}}{P_{BY}} > \dfrac{U_{AY}}{P_{AY}}$，表明A国在生产产品X上具有绝对优势，相应地，B国在生产产品Y上具有绝对优势；若 $\dfrac{U_{AX}}{P_{AX}} \Big/ \dfrac{U_{AY}}{P_{AY}} > \dfrac{U_{BX}}{P_{BX}} \Big/ \dfrac{U_{BY}}{P_{BY}}$，或 $\dfrac{U_{AX}}{P_{AX}} \Big/ \dfrac{U_{BX}}{P_{BX}} > \dfrac{U_{AY}}{P_{AY}} \Big/ \dfrac{U_{BY}}{P_{BY}}$，表明A国在生产产品X上具有比较优势，而B国在生产产品Y上具有比较优势。

因此，具有相对价格比较优势的产品不一定具有贸易竞争力，不能仅从产品供给角度出发，还需要考虑产品需求，从产品需求角度考虑是否能满足消费者需求和效用；只有具备能满足消费者效用的相对价格比较优势的产品才具有贸易优势和贸易竞争力。只考虑供给因素的产品相对价格比较优势不一定就是比较优势的真实体现，需要将供给因素和需求因素结合起来考虑，运用相对效用价格比可以更全面、完整地体现产品的比较优势，此时的比较优势称为相对效用价格比比较优势。[①]

2.产品异质是相对效用价格比比较优势的基础

无论是李嘉图模型、HO模型，还是综合比较成本优势，都假定不存在产品异质和消费者偏好，都是从单一供给因素角度分析产品相对价格，未

[①] 对于相对效用价格比原则是否会改变同质产品相对效用不变比较优势理论对比较优势的理解，张亚斌（2006）验证了同质产品相对效用不变原则和异质产品相对效用价格比原则是一致的。

考虑产品异质对消费者需求和效用满足的影响。对于同质产品而言,各国间贸易的原因在于产品的相对价格差异,一国某产品是否出口取决于该国产品的价格竞争力;产品的相对价格由产品的相对成本决定,产品的相对成本由要素成本决定,要素成本取决于要素生产率差异和要素禀赋差异;比较优势以产品相对价格定义和衡量,表现为相对要素生产率优势和相对要素价格优势。此时,产品的国际竞争仅是单一生产成本的竞争;一国出口的是本国相对价格较低、具有比较优势的产品,产品的比较优势即产品的比较成本优势,该产品在国际市场上具有贸易竞争力,亦是具有竞争优势的体现。由于同质产品相互间的产品质量不存在相对差异,只存在产品成本和价格的相对差异,此时的比较优势是真实相对价格比较优势的体现。

区别于同质产品比较优势由产品价格单一决定的传统理解和解释,对于异质产品而言,比较优势不再是由价格因素简单地决定,因为规模经济、消费者偏好等非价格因素也会影响产品价格。比较优势不仅取决于产品的相对价格这一价格因素,非价格因素通过消费者效用的满足间接影响产品价格进而影响比较优势的决定。这就需要从产品同质下的单一供给侧分析向产品异质下的需求侧分析拓展,产品价格由产品的供给和产品的需求共同决定,在需求一定的情况下,主要由供给因素决定;供给因素直接影响产品的相对价格,产品供给数量和产品价格影响消费者效用和消费者需求,消费者效用的满足程度间接影响产品的相对价格。

异质产品生产过程中,产品生产成本是一个广义的范畴,是产品生产过程中投入要素成本的价格体现,包含了要素数量投入的成本和产品质量升级的成本。[①]传统的贸易理论通常忽视要素质量升级的成本,认为要素是同质的,产品的生产成本是要素数量投入的成本体现;区别于传统贸易模型,双重异质性模型的产品成本函数由加工成本和质量升级成本构成,质量升级成本在于提升产品质量、生产异质性的产品,以实现异质产品对消费者效用的满足,所以,质量升级成本仍然属于产品生产成本的范畴。

对于异质产品而言,各国间贸易的原因不仅在于产品的相对价格差异,而且在于产品的异质性。由于存在消费者偏好,产品质量差异程度决定了不同的消费者效用满足程度。此时,一国具有相对价格优势的产品出口,不一定具有贸易竞争力。只有在满足消费者效用的情况下,具有相对价格优势的产品才具有贸易竞争力,亦即具有贸易优势。因此,产品异质

---

① 参考 Antoniades(2015),本书将生产成本分为加工成本和质量升级成本,即:生产成本=加工成本+质量升级成本。

是相对效用价格比比较优势的基础。

综上所述,本部分采用双重异质性模型和相对效用价格比验证了表3-1中当代比较优势理论和传统与现代比较优势理论的区别,分析了当代比较优势理论关于贸易优势来源、贸易优势表现、要素类型和分析方法。因此,具有相对价格比较优势的产品不一定具有贸易优势和国际竞争力,不能仅从产品供给角度出发,还需要考虑产品需求。只有具备能满足消费者效用的相对价格比较优势的产品才具有贸易竞争力;只考虑供给因素的产品相对价格比较优势不一定是比较优势的真实体现。采用相对效用价格比分析框架,结合供给侧的成本优势和需求侧效用满足的异质性优势,无论是要素价格成本差异的成本价格优势,还是产品相对效用差异的异质性优势,都可以通过产品价格加以体现;要素价格成本差异直接影响产品价格,产品相对质量差异通过消费者效用满足进而间接影响产品价格。这样,相对效用价格比比较优势实际上直接或间接体现在产品价格上,源于生产过程中投入的要素结构差异,拓展的比较优势理论认知仍是分析要素结构变化对贸易竞争力作用的贸易理论。

三、竞争优势理论认知拓展

Porter国家竞争优势理论的核心是由四个基本因素和两个辅助因素相互作用形成的国家竞争优势钻石模型。四个基本因素为要素条件状况,需求条件、相关产业和支撑产业,以及企业的战略、结构与竞争;两个辅助因素为政府和机遇。生产要素理论解释了新型全球化经济的本质特征,那么,借助要素内涵与外延的拓展是否可以重新认识钻石模型的四个基本因素和两个辅助因素? 竞争优势的影响因素是否可以纳入传统要素、经济要素和经济全球化要素的范畴? 本小节在拓展要素的视角下再认识竞争优势的影响因素,分析各个因素对竞争优势钻石模型的作用差异及影响,有助于进一步理解竞争优势的来源与表现。

(一)拓展要素视角竞争优势影响因素再认识

1.竞争优势四个基本因素再认识

(1)"要素条件"因素再认识

一国国内的企业及所生产的产品、企业所在产业和该国是否具有竞争优势和竞争力,要素条件起到基础性和决定性作用。要素条件即生产要素状况，Porter将要素分为基础要素（Basic Factors）和高级要素（Advanced Factors），企业生产中投入的要素包括自然资源和劳动力等先天给定的，或需要简单投入开发的基础要素，以及技术、人力资本、先进设备、开放程度、研发中心、基础设施和人力资本等后天投资、创新和培训获得的高级要素。在最初的企业生产和竞争中，基础要素起到决定性作用，基础要素丰裕程度是初始竞争优势的主要来源。例如中东地区的石油加工，俄罗斯的天然气能源。伴随经济发展和全球化进程的推进，通过创新研发投资和引进消化吸收，以及并购等途径和方式的要素培育，加之要素流动、积累与集聚，一国高级要素对竞争优势的作用和影响逐渐增大，成为竞争优势的主要来源，例如日本虽然是铁矿资源的匮乏国，但战后日本的钢铁加工业却得到大力发展。在这一过程中，先天取得的基础要素和后天培育获得的高级要素相结合，使得竞争优势的主要来源由基础要素向高级要素转变[1]，实现贸易优势来源的动态转化，从要素数量优势向要素质量优势转化，从价格优势向非价格优势转化。

(2)"需求条件"因素再认识

需求条件即市场上的消费者对企业生产产品的需求量，从对外贸易角度，这里的需求不局限于国内需求，包括国内市场消费者需求和国际市场消费者需求。由于国内外市场消费者偏好的差异，产品对国内外市场消费者效用的满足亦存在差异，因此国内外需求条件的不同引致各国竞争优势存在差异。若企业针对国内市场需求进行生产和销售，那么能否进入国际市场，需要比较国内市场需求与国际市场需求的差异程度。这种差异程度表现为国内外消费者偏好差异程度，以及国内市场价格和国际市场价格的差异程度。消费者对产品的消费偏好不仅影响产品供给，而且影响产品需求。从产品供给侧看，消费者对产品的需求量影响产品供给的数量，消费者对异质产品的需求促使企业产品创新生产以满足不同的消费者偏好，这些都会影响产品的生产成本和产品价格。从产品需求侧看，消费者对产品的需求量取决于异质产品对消费者效用的满足程度，通过消费者效用的满足间接影响产品的价格。无论是考虑产品的供给还是产品的需求，需求条件都会影响产品价格，各国投入差异化的要素结构生产异质产品，各国生产异质产品的价格差异决定了各国竞争优势的差异。例如：日本的汽车产业，为满足国内和国际消费者不同的市场需求，日本车企生产差异化的产品，使得日本成为汽车产业强国；荷兰的花卉产业，由于荷兰本国国内市场

---

[1] 若不注重高级要素的培育和积累，基础要素相对丰裕的国家可能会过度依赖基础要素优势，进而陷入"比较优势陷阱"。

消费者对鲜花需求存在特别的偏好,带动荷兰成为世界上最大的花卉出口国。

(3)"相关产业和支撑产业"因素再认识

相关产业和支撑产业包括为主导产业的企业提供原料和中间投入品的国内企业与产业,以及与主导产业的企业形成上下游关系的关联企业与产业。一国国内主导产业内的企业生产的产品及该企业所在的产业能否在具备要素条件和需求条件下获取并保持竞争优势、贸易竞争力,需要国内相关产业和支撑产业提供支持;若这些相关产业和支撑产业在国际上具备竞争力,则能为主导产业获取竞争力提供支持和保障。具体而言,相关产业是与主导产业相关的产业,这些产业或者是因为与主导产业存在某些共用的技术、营销网络和售后服务而联系在一起的产业,或者是与主导产业具有互补性的产业;若相关产业具备竞争优势和贸易竞争力,则利于主导产业获取并保持竞争优势和贸易竞争力。例如:美国的电子检测设备和电子监测仪、韩国的录像机和录像带产业的发展。支撑产业是为主导产业提供配套投入和支持的国内上下游关联产业,若支撑产业具备竞争优势和贸易竞争力,则可以为主导产业的企业生产提供低成本、具有竞争力的中间投入品,并促进主导产业科技创新生产新产品,进而巩固主导产业取得的竞争优势和贸易竞争力。例如:德国的机床生产,依赖于德国国内汽车、轴承、数控系统和其他零部件生产商,发展了大量生产自动化所需的数控机床产业和相关产品。

(4)"企业的战略、结构与竞争"因素再认识

企业的战略、结构与竞争包括企业规模、企业制度、企业文化、组织形式、产权结构和企业管理,以及企业的竞争者和在国际竞争中的地位,受到一国的文化、体制和科技发展水平等的影响。企业的战略、结构与竞争决定了企业在国内外市场的竞争能力,以及企业是否具备贸易竞争优势。各国企业的组织形式、制度和管理、竞争者环境存在差异,决定了各国企业竞争优势和竞争能力的差异。一般而言,若企业具有规模经济、健全的企业制度、先进的企业文化、明晰的产权结构、科学的企业管理,面对诸多国内外竞争者,在公平的竞争环境下,能强化企业竞争,有利于要素的合理配置,促进企业技术进步与创新,推动企业降低产品成本、提高产品质量、改进产品服务,满足国内外市场不同的消费者偏好和效用,进而取得竞争优势并使该优势加以持续。

结合生产要素理论,从企业生产的产品及投入的要素视角出发,企业生产产品投入的要素结构是动态变化的,要素数量优化和要素质量升级,

进而实现要素区域和产业集聚。要素条件是产品供给的决定因素,不同的要素结构投入从产品生产方面决定了产品的相对成本、价格和产量,要素升级优化与要素集聚决定了产品价格竞争优势,这种优势表现为产品成本优势和质量优势。需求条件是产品需求的决定因素,国内外差异化的消费者偏好促使企业投入不同要素组合生产异质产品,对消费者效用的满足程度决定了产品是否具有竞争优势,表现为产品质量优势。相关产业和支撑产业促进企业生产的要素集聚和产业集聚,利于发挥产品生产集聚优势。企业的战略、结构与竞争强化了企业竞争,为竞争优势的获取与保持提供了支持。这样,竞争优势的四个基本因素相互作用、相互制约,利于竞争优势的获取和维持,这种竞争优势表现为产品的成本优势和质量优势。

2. 竞争优势两个辅助因素再认识

(1)"政府"因素再认识

政府作为两个辅助因素之一,主要为发挥四个基本因素获取竞争优势提供有利的政策、制度、体制和机制保障,为企业和产业竞争优势的获取和保持创造有利的内外部环境。在发挥市场机制的基础上,一国政府的作用可以弥补企业和产业自身的不足;非市场手段和市场手段相结合,通过政策和制度的制定和实施、体制与机制的建立与健全,进而进行针对性地引导:鼓励技术创新与进步,建立健全要素市场,推动要素市场化和国际化,鼓励要素流动、积累与集聚,鼓励创新和差异化生产以满足消费者需求,支持相关产业和支撑产业发展,构建公平的竞争环境,影响企业的竞争战略和结构。这样,政府可为企业、产业和国家竞争优势的获取与保持提供保障。例如:中国政府完善社会主义市场经济体制,对内深化改革、对外扩大开放,通过政策和制度的制定和实施、体制与机制的健全与完善,为中国经济和对外贸易长期持续增长奠定了基础、提供了保障。

(2)"机遇"因素再认识

机遇作为另一个辅助因素,体现在由于技术和科技革命、地缘政治和突发事件、国际经济周期性波动等带来的机会,如互联网和人工智能推动的技术创新和科技革命,局部战争和石油危机、国际金融危机等都可能影响竞争优势的获取。机遇可以改善一国及其产业和企业在国际竞争中的地位,改变要素条件和需求条件,影响主导产业、相关产业和支撑产业,改变企业的战略、结构与竞争。一国的产业能否抓住机遇、利用机遇获取竞争优势,主要还是取决于四个基本因素的状况和相互作用。例如:日本利用战后经济复苏的国际环境,结合政府的产业扶持政策,完成了主导产业的形成和转换,获得了黄金发展期(陶然和周巨泰,1996);中国利用改革开放和国际产业转移的历史机遇,采取出口导向战略,取得了令人瞩目的发展成绩。

综上所述,公平的竞争促进企业进行技术创新和改革产品生产过程,改变企业要素条件状况,降低对初级要素的依赖,促使投入更多高级要素,优化要素结构和要素配置,形成新型要素组合国际分工,提升产业在国际竞争中的地位和作用。竞争使得需求条件对应的国内需求增加、层次提高,会改善生产条件的投资,在吸引外资的同时提升产品的国际市场影响力。同时,对外投资可以满足外国市场的需求,进而提升国际市场影响力。相关产业和支撑产业的集聚发挥集聚经济效用,提升要素生产率,降低产品生产成本。竞争使得要素更多地投入到相关产业和支撑产业,促进相关产业和支撑产业的发展,有利于提高企业竞争意识和竞争力,有利于产品创新开拓国际新市场,有利于调整企业的生产和经营战略,改善企业生产的要素结构和产品结构,为发展新兴产业提供机会和条件。此外,政府和机遇对国家竞争机制起着辅助作用,政府审时度势、科学分析、把握机遇,完善与优化内外部环境,建立健全对内对外的体制与机制,为获取竞争优势提供保障。要素条件、需求条件、相关产业和支撑产业,以及企业的战略、结构与竞争相互作用、相互制约,对获取和保持贸易竞争优势起到主导作用。政府采取的产业和贸易政策,各种体制机制的建立与健全,企业面临的国内和国际市场发展机遇和条件等为获取和保持贸易竞争优势起到辅助支持作用。

四个基本因素和两个辅助因素共同作用,形成竞争优势的钻石模型。影响钻石模型的四个基本因素和两个辅助因素就是竞争优势的来源。竞争优势不是简单地源于一国先天初始的基础要素禀赋优势,更为主要的是源于该国通过技术进步和创新、后天培育获取的高级要素生产条件优势;先天取得的基础要素和后天获得的高级要素相结合,使得竞争优势的主要来源由基础要素向高级要素转变。在众多产业和产品中,一国最有可能在竞争中胜出的是本国四个基本因素特别有利的产业和产品。从根本上来说,竞争优势源于出口四个基本因素处于有利地位的产品,进口四个基本因素处于不利地位的产品,竞争优势的基础在于产品竞争优势。

张幼文(2016)、吴杨伟和王胜(2017a、2017b)对于要素内涵和外延的拓展认为,生产中投入的要素包括传统要素、经济要素和经济全球化要素,传统要素为要素的内涵,经济要素和经济全球化要素是要素的外延。结合本书关于竞争优势影响因素的再认识,竞争优势的四个基本因素和两个辅助因素都可以纳入拓展要素的范畴。拓展要素中的经济要素和经济全球化要素相对于传统要素而言是高级要素,基于高级要素的培育与积累,一国要素结构优化升级,改变了该国产品生产的"一揽子要素"投入结构,形成新的要素组合国际分工,优化的"一揽子要素"要素结构有利于提升该国的国际分工地位。

(二)竞争优势三个层面的竞争机制

Porter的"竞争三部曲"认为国家竞争优势取决于产业竞争优势,产业竞争优势取决于企业竞争优势,而企业竞争优势集中体现在企业所生产产品是否具有竞争优势,产品的竞争优势表现为生产中要素投入的成本节约和技术创新的标新立异。竞争优势建立在竞争机制基础之上,结合竞争优势影响因素再认识的理论分析和竞争优势的微观企业、中观产业与宏观国家三个层面的结构,竞争优势表现为三个层面的竞争机制。关于三个层面竞争机制的分析便于进一步明晰竞争优势的结构,亦便于实证部分计量模型的构建,为模型变量的选取提供相应的依据。

1.企业层面的竞争机制

企业层面的竞争优势是竞争优势的基础,若一国某产业的企业缺乏竞争优势,该产业就难以在要素分工中处于优势地位。企业层面竞争优势的获取建立在企业竞争机制基础之上,企业竞争机制是产业和国家竞争机制的基础。

企业竞争机制主要包括企业制度机制和产品创新机制。企业制度是企业竞争机制的根本保障,以企业国际营销网络、经营管理制度、企业文化与形象等传统要素的投入为保障;企业制度机制充分体现在企业制度的建立、健全,以及企业组织和企业管理等各个方面;企业国际营销网络、经营管理制度、企业文化与形象等的建立健全与完善,推动企业制度机制的建立与健全。产品创新是企业竞争机制的根本驱动力,体现为企业产品生产中投入的技术、品牌、企业家才能等传统要素的创新;产品创新机制充分体现在企业产品价值链的各个环节和相应活动的创新。产品价值链的创新通过相互作用的"研究、设计、生产、销售和服务"五个环节共同完成,通过创新实现产品价值的增值,产品价值链的创新是企业获得长期利润和竞争优势的直接推动力。通过上述分析,企业层面竞争机制的核心在于传统要素的物质资本积累、人力资本积累和技术进步。

2.产业层面的竞争机制

产业层面的竞争优势是竞争优势的核心,产业竞争机制主要表现为企业及其关联企业的竞争机制,实现要素的区域和产业集聚、规模经济的发展,从而降低生产成本,提高生产效率,促进主导产业的形成,并在国际市场上形成竞争力。因此,产业竞争机制建立在企业竞争机制基础之上,是企业制度机制和产品创新机制的实践与运用。

产业竞争机制主要包括企业制度机制、产品创新机制和产业集聚机制。其中,企业制度机制和产品创新机制是企业竞争机制的直接体现,企业竞争机制在一定区域和相应行业内汇集为产业竞争机制。市场化水平、市场规模、生产配套能力、要素供给水平、基础设施等的建立、健全与提升,有利于实现要素的区域和产业集聚,规模经济促进产业竞争机制的形成与完善。企业制度机制、产品创新机制和产业集聚机制相互作用,推动产业积极适应全球化的机遇和挑战,主动参与要素分工,促进该产业在竞争中持续发展。通过上述分析,产业层面竞争机制的核心在于经济要素中的市场规模的扩大。

3.国家层面的竞争机制

国家层面竞争机制的核心在于经济全球化要素的国内外市场开放程度的提高。国家竞争机制建立在企业竞争机制和产业竞争机制基础之上,为企业制度机制、产品创新机制和产业集聚机制的实践与运用提供保障,国家竞争机制起着整合企业、地方竞争优势的作用。一国政府经济管理能力和经济开放度的提升,以及贸易与投资双边或区域协议、贸易与投资多边协议与机制等的签订与实施,为企业和产业竞争提供条件和保障。

作为竞争的重要主体,虽然企业和产业相对于国家在竞争中的地位和作用不断上升,但企业和产业竞争机制并不能替代国家竞争机制;国家竞争机制既是企业和产业竞争机制的体现与运用,又为企业和产业竞争机制提供保障。一国在国际中取得竞争优势,该国的企业和产业才能在全球价值链分工中获取有利地位。

在新型要素组合国际分工体系中,一般劳动力、高端人才、土地、资本、技术等传统要素的获取、培育与投入,为企业竞争机制的形成与完善和企业竞争优势的取得与培育奠定了基础,并提供了条件。在企业竞争机制基础上,市场化水平、市场规模、生产配套能力等经济要素的培育、完善与投入,为产业竞争机制的形成与完善和产业竞争优势的取得与培育奠定了基础和提供了条件。在企业和产业竞争机制基础上,政府经济管理能力等经济要素的提升和经济开放度、贸易与投资双边或区域协议、贸易与投资多边协议与机制等经济全球化要素的提升与完善,为国家竞争机制的形成与完善和国家竞争优势的取得与培育奠定了基础和提供了条件。

通过上述分析可知,企业层面竞争机制的核心在于传统要素的物质资本积累、人力资本积累和技术进步,产业层面竞争机制的核心在于经济要素中的市场规模的扩大,国家层面竞争机制的核心在于经济全球化要素的国内外市场开放程度的提高。这样,不同层面竞争机制的分析利于认识贸易优势的结构,有利于对贸易优势主要影响因素的认识,便于后文计量模型的构建并开展实证检验。

综上所述,在完善的竞争机制体系中,企业竞争机制是基础,产业竞争机制是核心,国家竞争机制是保障。基于拓展要素视角对竞争优势影响因素的全新认识,竞争优势的四个基本因素和两个辅助因素都被纳入要素的范畴。竞争优势建立在竞争机制基础之上,各个层面的竞争优势都源于拓展要素中的传统要素、经济要素和经济全球化要素的投入结构差异。从拓展要素视角可以更全面地分析和讨论竞争优势的来源与决定,与当代比较优势理论认知拓展相对应,竞争优势的理论认知拓展亦是分析要素结构变化对贸易竞争力作用的贸易理论,解释了不同要素对贸易竞争力的差异化影响。

四、贸易优势的重释与重构

正如前文对比较优势与竞争优势关系的讨论,学者们普遍认为比较优势是经济学范畴,是贸易分工的基础,采用一般均衡分析、数理模型分析和超边际分析方法,建立了一套相对严密、完善的分析框架和体系;竞争优势是管理学范畴,是市场地位的基础,在分析方法上注重规范分析;比较优势与竞争优势是两个不同的概念。但是,在关于贸易竞争力的实证研究中,学者们往往忽视了这些区别,通常采用衡量比较优势的相应指标度量贸易竞争力。在本书对现有研究不足的评述中,从这些主流观点来看,理论上,比较优势与竞争优势是两个不同的范畴;实证分析上,往往又采用类似或相同的方法加以测算和度量。这样,似乎出现了"理论上分离"和"实证上统一"的"自我矛盾"。

结合比较优势和竞争优势的理论认知拓展,本书认为比较优势和竞争优势都源于投入的"一揽子要素",表现出投入生产的"一揽子要素"要素结构差异;二者具有相同的贸易优势来源和贸易优势表现,二者都可以通过贸易竞争力加以衡量,二者对应的理论都可以分析要素结构变化对贸易竞争力的影响。因此,本小节从产品层面要素视角出发,进一步讨论和分析贸易优势的来源与表现,为理解二者之间的一致关系提供经验支持,并试图解释"理论上分离"和"实证上统一"的"自我矛盾",重新解释和构建贸易优势。

(一)贸易优势的重释

贸易优势(Trade Advantage)是一国在国际贸易中获取贸易利益的有利形势或条件。一国贸易优势由该国出口产品优势决定,贸易优势可定义为:由一国主导产业决定并构成该国出口主体的某些产品类别的集合,这种产品类别的集合在国际贸易中具有优越势能或优胜趋向(喻志军,2009)。从对外贸易的角度,竞争优势称为贸易竞争优势,即可获取贸易竞争力的贸易优势,反映一国产品占领国际市场并获取利润的能力。一国的贸易优势不仅取决于该国的要素禀赋和要素生产率,更决定于该国的技术进步与创新,是一国贸易竞争力的体现。综合表2-2和表3-1的分析,比较优势与竞争优势都注重从供给侧和需求侧分析贸易优势的来源,二者具有相同的贸易优势表现,二者都可分析要素结构变化对贸易竞争力的影响。

结合当代比较优势理论的认知拓展和竞争优势理论的再认识,贸易优势可进一步表述为:以要素为载体,要素结构升级优化为基础,要素集聚提升全球价值链分工为核心,改善的内外部环境为保障,获取本国要素收益为本质,提升贸易竞争力为客观体现,多层面的立体贸易竞争优势。贸易优势本质上是比较优势的体现,是比较优势与竞争优势的统一,是满足相同消费者效用下产品价格的比较。

1.以要素为载体

产品生产和贸易过程中投入的各种要素包括传统要素、经济要素和经济全球化要素,统称为"一揽子要素"。贸易优势根源于投入的"一揽子要素",要素投入的数量与质量影响产品的成本和质量,决定了产品是否具有成本优势和质量优势,是否可以在满足相同消费者效用基础上,仍然具有相对价格优势。贸易优势以要素为载体,根源于"一揽子要素",传统要素是贸易优势的基础,拓展要素为贸易优势提供保障,强化了传统要素对贸易优势的影响。

2.要素结构升级优化是贸易优势的基础

要素结构升级优化表现为要素数量的节约和要素质量的提升,如物质资本积累、人力资本增值和技术进步;要素结构升级优化存在三种途径:高级要素的直接引进、复制、消化和吸收;通过创新和技术资金投入,自身培育高级要素;企业跨国并购获取国外高级要素。[1]企业通过要素升级优化形成企业和产业层面的要素集聚和产业集聚,要素结构升级优化是培育贸易优势的基础,各国及其产品的国际竞争依赖于要素结构的高级化。

3.要素集聚提升全球价值链分工地位是贸易优势的核心

经济全球化下要素国际合作构建的全球价值链分工不再是一国自身要素禀赋比较优势的真实体现,而是该国要素与他国要素合作的新型要素组合国际分工的直接体现。要素合作型国际分工中一国投入的本国要素结构决定该国在全球价值链分工中的地位,一国要素结构升级优化下的要素集聚可降低该国企业在国际生产链条中的生产成本和非生产成本,集聚的高级要素参与国际分工带动产业从价值链中低端向中高端延伸,进而提升全球价值链分工地位。

4.改善的内外部环境是贸易优势的保障

通过对内改革和对外开放可以改善一国的内外部环境。深化对内改革方面,可以通过提升政府的管理能力,提高市场化水平,发挥市场机制作用,改善要素价格扭曲和误置;减少过度竞争和降低非贸易型成本,促进区域间协调发展;制定规范的贸易政策,推进战略性进出口,优化进出口结构。深化对外开放方面,以自贸区战略和"一带一路"倡议的实施为着力点,实行新开放型贸易战略,提高开放型经济水平;主动参与双边、多边和区域合作,推动国际经贸新秩序建设。通过改善内外部环境,实施体制与机制建设和改革,为贸易优势提供制度和机制保障。

5.提高本国要素收益是贸易优势的本质

在全球化背景下一国投入生产的要素是该国要素与他国要素形成的"一揽子要素"跨国组合,该要素组合取得的贸易收益并非完全为该国所有,而是"一揽子要素"收益的总和,只有该国具有产权的要素投入所获得的收益才是该国真实的贸易收益,反映该国在全球价值链分工中的真实地位。在国际要素合作中,投入更多本国高级要素,构建提高本国要素收益的价值链,才能真正提高本国国民福利。[2]

6.提升贸易竞争力是贸易优势的目标和客观体现

结合竞争优势理论,企业竞争优势源于成本领先和标新立异。成本领

---

[1] 要素升级还有一种形式,国内区间间的要素流动,如东部发达区域高级要素向欠发达的中西部地区流动,带动产业的转移升级。
[2] 需要改变以往用国际要素组合收益衡量贸易竞争力的指标体系,这些指标不是一国要素真实竞争力的体现,以一国所有权要素收益构建新的评价体系才是一国贸易竞争力的真实体现(张幼文和周琢,2016)。

先是指企业对内创新高级要素的投入,要素升级优化与集聚带来生产效率的提高,通过高级要素与低级要素的组合降低成本。标新立异是指企业为了满足国内外消费者不同的消费偏好,运用差异化的国际要素组合,选择生产和销售差异化的产品,满足不同消费者的消费偏好,以便获得更大的收益。企业通过高级要素引进消化吸收、创新培育与跨国并购,以更多的高级要素参与分工合作,获取要素集聚优势,进而提升企业贸易竞争力;企业要素集聚推动产业内高级要素的集聚,通过规模经济和经济集聚,培育和提升产业贸易竞争力;利用政策、制度和机制鼓励科技创新引导产业结构调整,在企业和产业贸易竞争力提升的基础上,进一步提升国家贸易竞争力。

7. 贸易优势是立体结构的竞争优势

结合竞争优势的"钻石模型"和竞争优势三个层面的竞争机制,贸易优势由企业、产业和国家三个层面的优势构成。企业层面的贸易优势包括产品创新优势和企业制度优势,产业层面的贸易优势由产业内的产品创新优势和企业制度优势汇集而成,国家层面的贸易优势由具备贸易优势的企业和产业构成,贸易优势的三个层面呈现出立体的结构(吴杨伟和王胜,2017b)。该立体结构贸易优势由四个基本因素和两个辅助因素共同作用:"生产要素"为传统要素,主要对应传统要素中的物质资本积累、人力资本积累和技术进步的优势;"需求条件"主要对应经济要素中的市场规模优势;"相关产业和支撑产业"和"企业的战略、结构与竞争"主要对应经济全球化要素中的改善内外部环境优势;"政府"对应经济要素中的政府经济管理能力和经济全球化要素;"机遇"对应全球产业结构调整和国家改善内外部体制与机制。各要素相互依赖,要素优化升级与集聚,培育出在国际上具有竞争力的产品及产业,进而提升国家贸易竞争力。这样,一国贸易优势源于出口四个基本要素处于有利地位产业中的产品,进口四个基本要素处于不利地位产业中的产品。

8. 贸易优势本质上是一种比较优势

贸易优势是比较优势与竞争优势的统一,是满足相同消费者效用下的产品价格比较与竞争。以"一揽子要素"为载体,根源于"一揽子要素"为代表的要素结构优化升级,决定于在新型要素组合国际分工中的地位,表现为成本优势的成本领先和质量优势的标新立异。贸易优势实质上是一种相对效用价格比比较优势,是相同消费者效用满足下产品价格的比较,表现为成本优势和异质性优势;贸易优势以比较优势为基础,与竞争优势相融合,是对比较优势内涵的进一步拓展。

由于要素结构的动态变化,贸易优势是一种动态比较优势。在分析要素结构变化与贸易优势动态增进和贸易竞争力提升时,动态比较优势理论的核心内容仍然适用。本书对贸易优势的理论认知拓展,仍是分析要素结构变化对贸易竞争力作用的贸易理论,是对贸易优势理论的进一步发展。

综合上述分析,贸易优势融合了比较优势与竞争优势,其本质上仍是一种比较优势。那么,贸易优势是如何体现比较优势与竞争优势的一致性的?如何实现二者的融合?下文结合贸易优势的来源与表现进一步分析与验证。

(二)贸易优势的来源与表现

传统和现代比较优势侧重从供给侧分析产品价格优势而忽视需求侧产品对消费者效用的满足,只考虑到贸易优势的一个方面;当代比较优势认知拓展和竞争优势理论的认知拓展从产品供给与需求两个层面同时考察贸易优势,是对贸易优势的更全面分析。从产品的供给侧和需求侧相结合的视角,无论是比较优势还是竞争优势,体现出贸易优势来源与表现的一致性,可以验证贸易优势是比较优势与竞争优势的统一。

1. 贸易优势的来源与影响因素

结合前文所述,比较优势源于要素数量禀赋差异和要素质量生产率差异的产品成本优势,以及相对效用价格比下消费者效用满足差异的产品质量优势,根源于产品生产中"一揽子要素"要素结构的差异,即传统要素、经济要素和经济全球化要素差异。竞争优势源于产品的成本领先与标新立异,即成本优势与异质性优势,根源于产品生产中四个基本要素和两个辅助要素构成的要素结构差异。从国家、行业和企业不同层面来看,无论是比较优势还是竞争优势,不同层面的贸易优势都根源于"一揽子要素"构成的要素结构差异,都受要素投入结构变化的影响。

(1)贸易优势的来源

一国的贸易优势源于该国企业和产业的贸易优势。从对外贸易的角度,一国兴衰的根本在于该国是否具有贸易竞争力,而贸易竞争力是贸易优势的直接体现。结合Porter的国家竞争优势理论,这种以竞争力衡量的贸易优势实际上就是一国企业生产的产品在国际市场上的获利能力,获利能力越强越有贸易优势;产品具有贸易优势,则其在国际市场上具有竞争力。这样,贸易优势根源于产品生产中投入"一揽子要素"要素结构的优化。

无论是传统比较优势理论、现代比较优势理论,还是当代比较优势理论,每一种贸易理论都揭示了贸易优势的来源。传统比较优势理论围绕供给侧生产的价格因素,分析产品价格相对差异的原因,认为要素相对生产率差异和要素相对价格差异是贸易优势的来源。现代比较优势理论将贸易优势的来源拓展到规模经济、市场结构和产品异质。当代比较优势理论结合需求侧消费的非价格因素,分析贸易优势的来源和贸易的原因,要素生产率差异、要素禀赋差异、规模经济、产品异质、消费者偏好、市场结构和企业异质等都是贸易产生的原因,都是贸易优势的来源。当代比较优势理论实现了从传统单一供给因素分析向需求因素分析的拓展,相对于以往贸易优势来源的分析,将价格因素和非价格因素有机结合,以往理论研究往往缺乏在统一分析框架下将以上影响因素加以整合,进行深入分析。

相对效用价格比原则很好地解决了这一问题,相对效用价格比分析框架可以将上述因素有机整合,将价格因素和非价格因素相结合,使得可以从供给侧和需求侧分别考察产品贸易优势的来源,可解释产品层面比较优势与竞争优势来源的统一,实现对贸易优势来源更完整的理论解释(吴杨伟和李晓丹,2020a)。

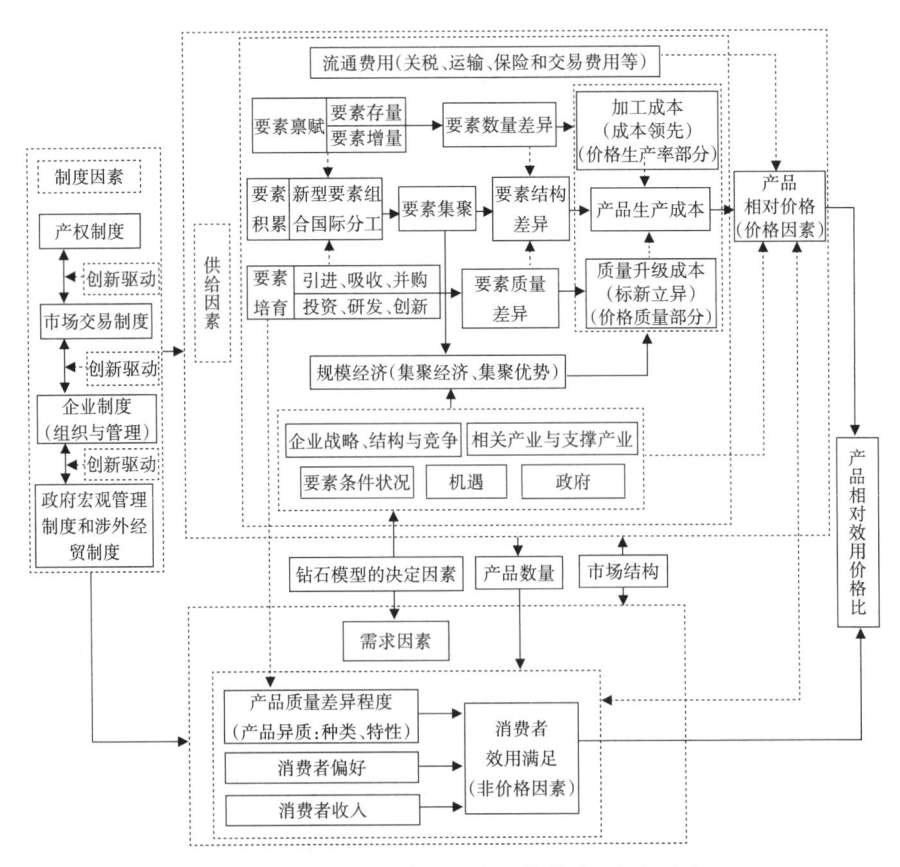

图 3-1　产品层面要素视角贸易优势的来源与决定

注:贸易优势的实质是在满足消费者相同效用下产品相对价格的比较和竞争,本质上是一种比较优势。钻石模型的四个基本因素和两个辅助因素都可纳入拓展要素的范畴;四个基本因素和两个辅助因素中的要素条件状况,相关产业和支撑产业,企业的战略、结构与竞争,政府和机遇等共同促进规模经济的获取,为形成集聚优势提供保障;需求因素则主要体现在消费者效用的满足方面。

资料来源:作者整理绘制。

综合上文关于产品成本优势和质量优势的分析,梳理总结出贸易优势的来源,如图3-1所示。要素是影响贸易优势的最根本因素,贸易优势的基础是产品优势,表现为产品的成本领先与标新立异,即成本优势和质量优势。成本领先与标新立异依赖于要素结构的优化升级,成本领先主要表现为价格因素方面的成本节约,即供给决定的产品相对生产成本的降低,和投入要素数量的优化密切相关;标新立异主要表现为非价格因素方面的质量提升,即需求决定的消费者效用满足的提高,和投入要素质量的升级密切相关;要素数量优化和要素质量升级进一步表现为要素结构优化升级。要素结构优化升级建立在先天初始要素禀赋基础上,经过后天高级要素培育、积累和集聚,进而实现要素结构优化升级。这样,一国及所生产产品的要素结构和要素价格不再是由该国自身初始条件所决定,而是取决于要素禀赋、培育、积累与集聚基础上的要素结构优化升级,此时要素结构和要素价格的相对差异决定了该国及其企业参与新型要素组合国际分工(全球价值链分工)的方式、地位和收益。

(2)贸易优势来源的影响因素分析

正如Samuelson(1982)所指出的那样,国际贸易理论应置于经济学研究的框架体系之中,应该遵循生产的供给与消费的需求这一社会经济发展中的最基本关系,从生产与消费两方面入手,探究和实现要素的有效配置。根据经济学基础理论,在产品生产和流通过程中,供给因素和需求因素会起到一定的自我调节作用,但受市场自身缺陷的影响,投入生产的要素通常不会自发达到最优组合配置,需要借助各种要素组织手段和制度因素加以引导和调控,如管理、制度、标准等,进而以优化的要素结构实现要素的更优配置。结合经济学理论和贸易理论的演进与发展,单纯依靠市场的供给和需求因素可能导致失灵状态,必要而适当的制度因素能有效地给予保障和支持。

这样,产品相对价格的影响因素,在供给因素和需求因素的基础上,可以增加一类制度因素。第一类为供给因素,是主要的影响因素,对产品相对价格的影响表现在:其一,以传统要素成本的形式影响要素价格,这里的要素成本即产品生产成本,包括产品生产过程中的加工成本和质量升级成本,结合双重异质性模型,加工成本对应出口价格的生产率部分,质量升级成本对应出口价格的质量部分;其二,以流通费用的形式影响产品相对价格,包括关税、运输费用、保险费用和交易费用等[①];其三,钻石模型的影响因素作为拓展要素影响产品相对价格;其四,以规模经济为代表的集聚经济通过影响产品生产成本进而影响产品相对价格。第二类为需求因素,产品质量差异通过对消费者效用的满足程度,进而间接影响产品相对价格。第三类为制度因素,企业制度和国家政策、体制与机制等宏观管理制度,以及涉外经贸制度等通过影响产品供给和需求,进而影响产品相对价格。因此,将供给因素、需求因素和制度因素结合起来,可以更完整解释贸易产生的原因。

结合图3-1,进一步揭示贸易优势的来源和决定。

从生产的供给因素方面来看:产品生产成本、流通费用和规模经济等都会影响产品价格。产品生产成本是产品成本最主要的组成部分,包括加工成本和质量升级成本,加工成本源于价格的生产率部分,取决于要素数量差异;质量升级成本源于价格的质量部分,取决于要素质量差异。产品流通费用包括关税、运输、保险和交易费用等产品流通过程发生的费用,是产品成本的组成部分之一。要素集聚,企业的战略、结构与竞争,相关产业与支持产业,要素条件状况,机遇和政府等因素作用下形成规模经济,亦会影响产品的生产成本,进而影响产品价格。产品价格会影响消费者对该产品的消费需求,进而影响消费者效用的满足。

从消费的需求因素方面来看:需求因素主要在于考虑质量差异的异质产品对消费者不同的消费偏好的满足程度,即产品效用对消费者偏好的满足;对消费者而言,他们需要考虑产品的效用、产品价格、产品供给数量以及自身的消费偏好等因素。这样,需求因素的产品效用会间接影响供给因素的产品价格。

从保障的制度因素方面来看:在创新驱动驱使下,健全的企业制度、组织和管理,结合政府政策、相应的国内外体制与机制的配合,能最大限度地协调产品供给和消费需求,降低产品生产成本和产品价格,满足消费者需求,获取产品成本优势和质量优势,提升产品国际竞争力,从而整体提升本国产品的贸易优势。

---

① 本书采用马克思政治经济学的流通费用概念、非制度经济学的交易成本概念。

综合供给、需求和制度三方面因素,制度因素是贸易优势来源与决定的保障,贸易优势来源与决定主要受供给因素和需求因素影响。其核心在于产品生产的供给因素,产品的价格直接由产品的供给因素决定,而产品的需求因素通过产品效用对消费者偏好的满足间接影响产品价格。供给因素的关键在于生产领域,生产的核心在于加工成本和质量升级成本等生产成本的控制,流通领域起到辅助的成本控制作用,要素集聚等形成的规模经济会影响产品生产成本,生产成本控制的关键在于投入产品生产的要素成本,要素成本取决于投入生产要素结构中的要素价格,要素价格决定了产品价格。

在经济全球化背景下,各国要素结构和价格的相对差异推动要素流动、积累与集聚,各国产品生产形成本国要素和他国要素合作的新型要素组合国际分工;要素结构表现为本国要素与他国要素的组合,取决于要素的数量和质量,要素数量取决于要素存量和要素增量决定的要素禀赋,要素质量取决于要素自主投资研发创新和引进吸收并购决定的要素培育,要素禀赋和要素培育决定了产品生产投入的要素结构,决定了各国的要素生产率和要素价格差异,进一步决定了产品价格。

综合上述分析,供给因素方面直接影响产品价格,需求因素方面通过效用的满足间接影响产品价格,制度因素方面主要提供保障和支持。这样,三者共同决定了产品的贸易优势,该优势受产品供给、需求和制度三种因素的共同影响,是"一揽子要素"共同作用的结果。一国在某些产品上获取并保持贸易优势,以传统要素为基础,需要经济要素和经济全球化要素提供保障,如市场规模的扩大、国内外市场开放程度的提高。相应地,该国在这些产品上的贸易优势不是一成不变的,要素培育、流动、积累与集聚使得要素结构变化,改变要素价格,要素在企业、产业和区域集聚促进规模经济发展,要素的组织制度可以优化组合配置,要素投入变化引起贸易优势的变化,进而促使该国产业结构和贸易结构发生变化。

2.贸易优势的表现

产品层面贸易优势直接表现为相对效用价格比比较优势,可以通过两条不同路径获取:产品成本优势的成本路径和产品质量优势的质量路径,如图3-2所示。贸易优势根源于"一揽子要素",成本路径主要受供给因素影响,决定于产品的生产成本;质量路径主要受需求因素影响,决定于产品异质对消费者效用的满足。在国际市场上具有贸易优势的产品具有一个显著的特征:低成本与高质量。贸易优势具体表现在两个方面:成本优势和质量优势,即成本领先与标新立异。

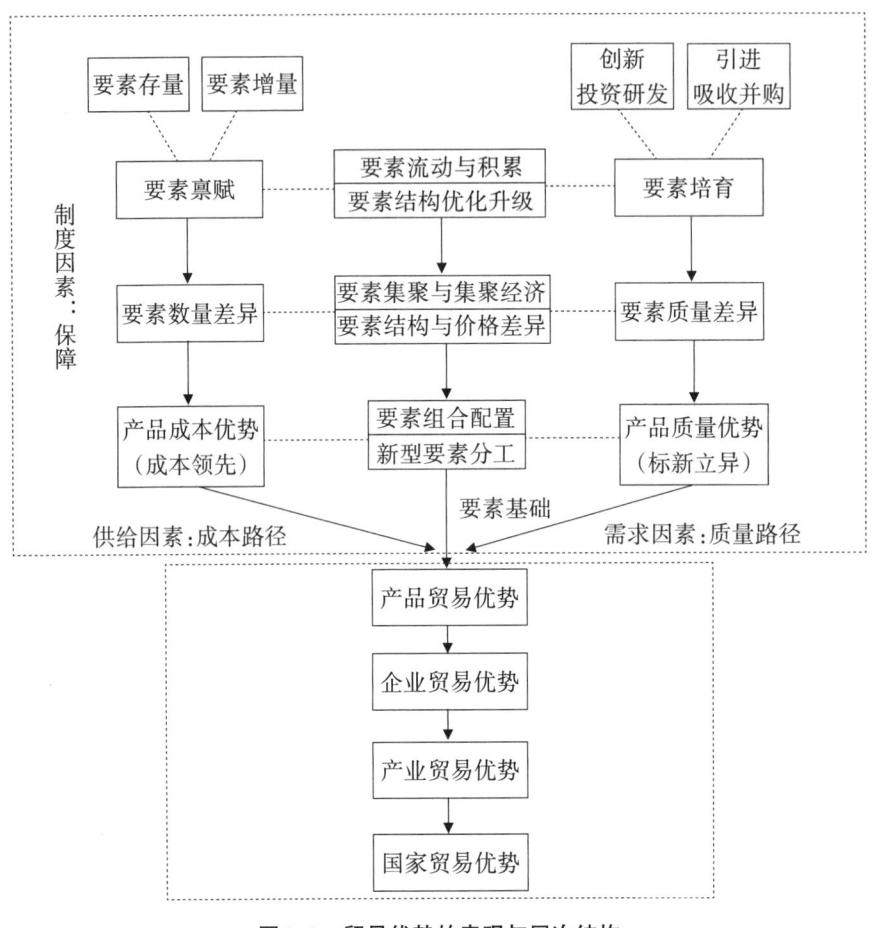

图 3-2　贸易优势的表现与层次结构

资料来源：作者整理绘制。

(1) 成本优势

成本优势意味着产品成本最小化，传统相对价格比较优势本质上就是产品生产成本的比较。结合图 3-3，产品最小化成本 C_{min} 由产品的等产量曲线 Q 和等成本曲线 C 的切点决定，等产量曲线 Q 是在技术水平不变的条件下，一种产品在一定产量下的要素投入量的不同组合，该曲线上各点代表生产相同产量产品投入要素的不同组合，体现了投入的要素结构。等成本曲线 C 表示一个固定的总支出所能投入的各种要素组合，是一条直线，由投入的要素结构，即要素价格和要素数量决定。在经典的一般均衡分析框架中，假如生产中投入劳动和资本两种要素，C 为成本，r 为资本价格

——利率，w 为劳动价格——工资，那么，$C=rK+wL$。因此，产品成本优势实际上是由要素价格和要素数量共同决定，最终体现在要素和产品价格上，产品成本优势依赖于要素投入数量的节约和要素价格的相对下降。

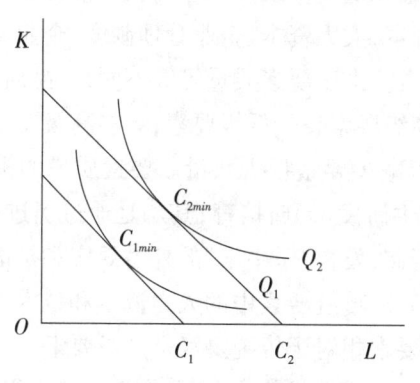

图 3-3　成本最小化的图形表达

成本优势主要表现在产品生产的供给方面。产品成本差异影响产品价格，进而决定了以产品价格表示的产品成本比较优势。"如果企业进行所有价值活动的累计成本低于竞争者的成本，它就具有成本优势。"结合图3-1，此处的成本优势是企业生产产品的成本优势，相对于古典和新古典国际贸易理论的成本优势概念，产品成本优势中的"成本"不限于生产成本，既包括生产成本，又包括流通费用，是生产与流通环节所有费用的统称。结合产品全球价值链的专业化分工，既包括一国国内市场环节的成本，又包括国际市场环节的成本。进一步结合双重异质性模型，包括加工成本、质量升级成本和流通费用，企业取得贸易优势的条件之一是产品成本比竞争对手要低。

企业成本领先有两种方法：其一是控制影响成本的因素，其二是重构价值链。实际上，无论是控制影响成本的因素，还是重构价值链，基于要素视角，其核心都是降低生产和流通各环节的要素投入量，表现为投入要素数量的差异，优化要素的投入。在新型要素组合国际分工中投入自身具有比较优势的相对丰裕要素，利用本国优势要素与外国要素合作组合；通过提高要素生产率，以投入要素价格的整体下降降低产品成本，获取成本优势。成本领先要求以比竞争者低的成本为消费者提供低价格的产品，企业需要控制成本,降低成本费用,力求获得规模经济的比较成本优势。[①]

(2)质量优势

质量优势取决于产品质量,产品质量是产品能够满足消费者需求的特征和特性。产品质量涉及研发设计、生产制造、销售及售后等诸多环节,需要投入技术、物质资本、人力资本、企业管理制度、企业家才能、营销和售后服务网络等诸多要素。由于要素质量等级不同,产品质量的提升应更多地投入高级要素,用高级要素替代低级要素;更多高级要素的投入,在提高产品质量的同时,可以减少要素投入数量。要素质量的提升有三种途径:其一是高级要素的自主研发、创新培育;其二是通过引进高级要素并加以消化吸收,或经模仿复制,发挥"干中学"的外溢效应和扩散效应;其三是高级要素的跨国并购获取。传统要素中的人力资本和技术等是高级要素,经济要素和经济全球化要素相对于传统要素是高级要素。

质量优势又称为异质性优势,是企业在消费者重视的特定方面力求在本行业中独树一帜(Porter,1980),体现在产品的供给和需求两个方面。一方面,供给因素表现为生产过程和流通过程投入要素结构差异导致的产品异质,进而影响产品成本和产品价格,决定产品价格比较优势。另一方面,需求因素表现为不同质量的产品对消费者效用的满足存在差异,不同的产品种类和特性满足不同的消费者偏好,消费者偏好和消费者效用的满足间接影响产品价格,即间接影响成本优势。这样,标新立异同时表现在产品生产的供给和消费者消费的需求两个方面。

异质性贸易模型认为需求多样化意味着产品是异质的,异质性的产品满足差异性的消费者需求。这种产品异质包括水平异质和垂直异质,水平异质反映了产品各品种之间的差异性来自各自特性上的不同,或者说是产品特征组合方式的差异;水平异质更多地表现为产品的外观、品牌、地理分布、售后服务和国际市场营销网络等存在差异。为满足消费者需求多样化,这些差异更多的是由于生产和流通过程中投入要素质量的差异造成的。垂直异质反映了一组产品中各个产品具备的核心特征存在的质量差异,这种产品质量差异源于生产和流通过程中投入要素质量的差异,尤其是差异性的技术、人力资本和物质资本投入,即低级要素和高级要素的不同投入影响了产品质量对消费者需求的满足。

因此,基于要素的视角,标新立异是企业在产品生产和流通过程中,为

[①] 成本领先不等同于价格最低。如果企业只注重价格最低,而成本并不是最低,那么,企业可能陷入无休止的价格战。当成本领先企业的价格相当于或低于该产业的平均价格水平时,它的低成本地位就会转化为高收益。

满足不同的市场需求,投入有别于其他企业的要素结构。不同企业差异化的要素投入,生产异质性的产品,提供差异化的服务,这种差异化源于生产和流通过程中投入"一揽子要素"要素结构的差异。同时,这种差异体现在产品异质对消费者偏好满足的程度上;这种差异化需要企业付出一定的成本,比如产品质量升级成本,这些成本被计入产品成本,影响产品价格和成本优势。

与成本领先一致,产品标新立异有两种方法:其一是控制影响质量的因素,其二是重构异质性的价值链。实际上,无论是控制影响质量的因素,还是重构价值链,其核心都是提高生产和流通过程中各环节投入的要素质量,表现为产品生产和流通中投入要素结构的差异,通过提升产品质量,满足不同消费需求,获取质量优势。无论是哪一种方法,除了高级要素的引进消化吸收以外,自身技术进步与创新是产品质量优势的关键。

(3)成本优势与质量优势的关系

正如图3-2所示,成本和质量是两条不同的贸易优势获取路径,成本领先是成本优势的表现,标新立异是质量优势的表现。成本优势和质量优势之间是矛盾的统一体,二者既有矛盾的一面,又存在统一的一面。若一国产业及其企业所生产的产品过度依赖于成本优势而忽视质量优势,该国很可能会陷入"比较优势陷阱"。结合一国所处经济发展阶段来看,成本优势路径在一国经济起步阶段和产业初始发展阶段至关重要,利于该国建立和培育产业体系;但当该国经济起步后需依赖和重视质量优势路径,同时强调成本优势和质量优势,在节约产品成本的同时努力提升产品质量水平,以满足国内外市场消费者的不同需求,进而提升本国产品的获利能力和国际竞争力。

二者相矛盾的一面主要体现在:成本优势往往意味着对成本最小化、规模经济和外溢效应的追求,而这些往往与突出技术创新、生产差异化产品的质量优势相背离,质量优势意味着需要投入更多高成本的高级要素,往往提高了产品的成本,"企业若想同时占有两种竞争优势,弄不好导致夹在中间的困境"。这种观点认为,两条路径只能二选其一,要么选取提高产品质量途径,要么选取降低产品成本途径,即要么高质高价,要么低质低价。具有相对低价成本优势的国家不能通过差异化为市场提供高质量的产品。[①]

[①] 对于这种片面的认识,可以以日本汽车产业的发展为佐证:20世纪80年代的日本汽车生产企业将60年代以价格为基础的策略与70年代以质量为基础的策略相结合,生产低成本、高质量的汽车产品,满足国内外市场不同的消费者需求。

二者统一的一面主要体现在：具有质量优势的企业需要将产品成本控制在该产业平均水平或接近平均水平，并以产业平均水平或接近平均水平的价格销售，其质量优势将帮助其获取高收益，企业将同时获取质量优势和成本优势。同理，若具有成本优势的企业将产品质量控制在高于产业平均水平或接近平均水平，以产业平均水平或接近平均水平的价格销售，其成本优势将帮助其获取高的收益，企业将同时获取成本优势和质量优势。如果这些企业无法将其价格控制在消费者可以接受的水平，它们只能采取降低产品价格的方式参与竞争。这样，他们原本具有的质量优势或成本优势将随之消失，甚至转化为劣势。

因此，产品贸易优势应将质量优势和成本优势有机的结合，其关键是：由质量优势带来的产品溢价收益必须大于成本的提高，由成本优势带来的产品成本下降必须满足消费者的消费偏好，具有质量优势的企业不能忽视成本优势，具有成本优势的企业亦不能忽略质量优势。这样，成本优势和质量优势的统一要求产品高质量低成本，而高质量低成本通过企业生产产品在国际市场上的价格加以直接体现，若高质量低成本的产品能以产业平均水平或接近平均水平的价格销售，企业产品的贸易优势将得以完整地体现。

(三)比较优势与竞争优势的一致性

1.比较优势与竞争优势来源与表现的一致性

传统比较优势理论将研究视角集中于供给侧的产品生产成本分析，即比较优势是产品相对成本优势，成本优势源于要素生产率差异和要素禀赋差异。以单一成本优势发展经济和贸易，一国极易陷入"比较优势陷阱"。虽然学者们将传统比较优势分析动态化，从要素结构变化、技术进步、专业化分工等视角拓展了比较优势的现代认知，但仍是一种单一的相对价格优势。这种相对价格优势忽视对产品需求侧消费者偏好满足的分析，未能充分认识具有产品价格优势的产品在国际市场上不一定具有贸易竞争力，也不能解释这一经济现象。

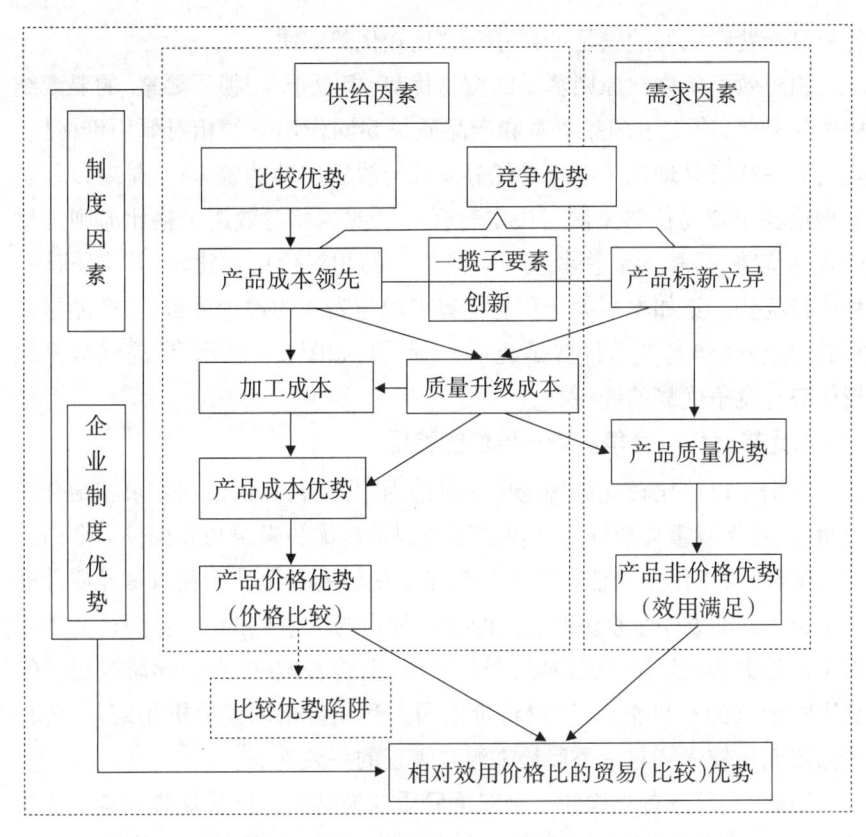

图3-4　相对效用价格比框架下比较优势和竞争优势的一致性

注：若同时考虑产品供给因素和需求因素，产品成本是加工成本和质量升级成本的统一；若考虑流通环节的费用，贸易优势的产品成本还应该包括运输、保险、关税等流通费用。虚框"比较优势陷阱"表示可能性。

资源来源：作者整理绘制。

结合图3-4，相对效用价格比贸易优势即相对效用价格比比较优势，源于要素结构差异下的产品成本优势和消费者偏好满足差异下的产品质量优势，根源于产品"一揽子要素"要素结构的差异。竞争优势源于产品的成本领先与标新立异，即成本优势与异质性优势，亦根源于产品要素结构的差异。产品标新立异体现在供给因素和需求因素两个方面。在供给因素方面，产品质量升级需要支付质量升级成本，该成本和加工成本共同计入产品生产成本。在需求因素方面，产品标新立异在于满足不同消费者对异质产品的消费者偏好，实现异质产品的产品效用。产品标新立异除了受技术要素异质影响外，还体现为产品品牌、销售渠道、市场营销、企业形象等诸多要素的差异。若只注重产品加工成本的节约，忽视产品质量升级，忽视对消费者偏好的满足,容易陷入"比较优势陷阱"。

相对效用价格比原则释义的贸易优势,根源于"一揽子要素"的要素结构优化升级,决定于产品成本和产品质量共同作用下的相对效用价格比,既是对以往贸易理论关于贸易优势来源与决定解释的统一,又是对以往贸易理论关于贸易优势来源与决定解释的发展。相对效用价格比原则度量的贸易优势,是相同消费者效用满足下产品相对价格的比较,其实质是一种比较优势。正如本书关于贸易优势来源与表现的理论分析,从产品层面来看,比较优势与竞争优势是统一、一致的,如图3-4所示,贸易优势是比较优势与竞争优势的统一。

2.比较优势与竞争优势一致性的验证

有别于以往比较优势理论单一供给因素分析,从供给和需求相结合的视角,拟线性双重异质性企业模型可得到贸易优势来源与表现较为全面的理论解释,可以用于验证比较优势与竞争优势的一致性。在双重异质性模型框架下,可以同时考察供给侧的企业异质与需求侧的产品异质,实现要素生产率差异、要素禀赋差异、产品异质、消费者偏好、企业异质等贸易优势影响因素的有机整合;可以将价格因素和非价格因素分析相结合,解释产品层面比较优势与竞争优势来源与表现的一致性。

因此,本部分首先构建一个双重异质性模型[①],将比较优势和竞争优势纳入一个统一的分析框架之中,进一步验证比较优势与竞争优势的一致性,验证贸易优势是比较优势与竞争优势的统一与一致性,解决以往比较优势与竞争优势"理论上分离"和"实证上统一"的"自我矛盾"。

(1)双重异质性模型的构建

前文理论部分的阐释已经表明,基于企业异质和产品异质的双重异质性模型,在要素生产率和要素价格差异基础上,同时考虑新贸易理论的规模报酬递增、消费者偏好与产品异质性,以及新新贸易理论的企业异质性,拓展了贸易优势的认知范畴。区别于Melitz(2003)模型,以Antoniades(2015)模型为基础[②],参考Ludema和Yu(2016)、吴杨伟等(2018),将产品质量引入效用函数,产品需求函数中考虑消费者偏好因素,成本函数中除了加工成本外,增加体现产品质量差异的质量升级成本,使得均衡条件下的产品价格同时受产品生产成本的价格因素和消费者效用满足的非价格

[①] 借助构建的模型证明产品出口价格的结构,讨论产品出口价格由生产率部分和质量部分构成的含义,进而为解释贸易优势的来源和决定以及二者的一致性提供理论支持。

[②] 不同于Melitz(2003)和MO(2008),Antoniades(2015)模型假设企业边际成本MC、总成本TC以及效用U都受产品质量的影响。

因素的影响。

国际贸易中的产品价格即产品出口价格,借助双重异质性模型,可以清晰地认识均衡条件下的产品出口价格,该价格取决于生产成本和产品质量,可以进一步找到贸易优势源于成本优势和质量优势的证据。出口价格既可随产品加成的调整而变化,又可随产品质量的调整而变化。[①]模型设定与贸易优势表现为成本优势和质量优势相一致,即成本领先和标新立异。这样,将考虑产品相对价格的传统比较优势,考虑产品相对价格和质量满足的相对效用价格比的比较优势同考虑成本领先与标新立异的竞争优势结合起来。相对效用价格比原则体现了比较优势与竞争优势的统一,贸易优势本质上仍然是一种比较优势,在相同消费者效用满足下,贸易优势是产品相对价格的比较。

第一,消费者需求的设定。

基于Antoniades(2015),假定消费者收入一定,消费者效用的满足与消费者偏好、消费数量和产品质量有关;在效用函数中引入用以衡量产品质量水平差异化程度的指标z;市场由本国(h)和外国(f)两国组成,本国和外国的市场规模为L^h和L^f;消费者偏好被定义为对一个计价物产品和一个水平差异产品i的选择,$i \in \Omega$(i为任一种水平差异产品,Ω为总的水平差异产品集)。那么,消费者效用函数定义为:

$$U = q_0^c + \alpha \int_{i \in \Omega} q_i^c d_i + \beta \int_{i \in \Omega} z_i q_i^c d_i - \frac{1}{2}\gamma \int_{i \in \Omega} \left(q_i^c\right)^2 d_i - \frac{1}{2}\eta \left\{\int_{i \in \Omega} q_i^c d_i\right\}^2 \tag{3.1}$$

式3.1中,q_0^c和q_i^c分别表示计价物产品和水平差异产品i的消费量,z_i表示水平差异产品i的质量水平,用以度量水平差异产品的质量差异程度;[②]如果所有水平差异产品的质量差异程度均为0(对所有的$i, z_i=0$),那么该效用函数转化为MO(2008)的效用函数。参数α和η表示计价物产品和水平差异产品之间的替代弹性,β为消费者对产品质量的偏好[③],γ表示水平差异产品的水平差异化程度,假设以上所有参数都为正。

---

① 作为一个广义的概念,生产成本是产品生产过程中投入要素成本的价格体现,包括要素数量投入的成本和要素质量升级的成本。传统的贸易模型通常忽视要素质量升级的成本,认为要素是同质的,产品的生产成本仅是要素数量投入的体现。而双重异质性模型的产品成本函数由加工成本和质量升级成本构成,强调产品异质对消费者效用的满足,质量升级成本属于产品生产成本的范畴。
② 企业利润最大化时的质量为最优,称为最优质量Z。$Z = \lambda(c_D - c), c_D - c > 0$(以保证企业利润为正);为保证$Z>0$,假设$\lambda > 0$,$\lambda$度量产品质量差异化程度。
③ 一般认为,消费者偏好于高质量的产品,产品质量越高,消费者对产品质量的偏好β越大(Feenstra和Romalis, 2014)。

根据式3.1可以推导出,国家$l \in \{h, f\}$对水平差异产品i的需求函数为:

$$q_i^l = L^l q_i^c = \frac{\alpha L^l}{\eta N^l + \gamma} - \frac{L^l}{\gamma} p_i^l + \frac{L^l \beta}{\gamma} z_i^l + \frac{\eta N^l L^l}{\eta N^l + \gamma} \overline{p^l} - \frac{\eta N^l L^l \beta}{\eta N^l + \gamma} \overline{z^l} \quad (3.2)$$

式3.2中,q_i^l为l国市场对水平差异产品i的需求量,p_i^l和z_i^l分别表示l国i产品的价格和质量,N^l表示l国实际消费本国企业生产和进口的产品i的数量,$\overline{p^l} = (1/N^l) \int_{i \in \Omega^l} p_i^l d_i$表示l国和外国在l国销售产品i的平均价格,$\overline{z^l} = (1/N^l) \int_{i \in \Omega^l} z_i^l d_i$表示l国和外国在l国销售产品i的平均质量,$\Omega^l$为$\Omega$的一个产品子集。需求函数表明以下所有的关系都是线性的:产品i的需求与其自身的价格负相关,与其自身的质量正相关,与所有水平差异产品的平均价格正相关,与所有水平差异产品的平均质量负相关。

第二,企业生产和出口的设定。

假设劳动是生产中唯一的投入要素,并在竞争的市场上无弹性的供给;每一个企业生产一种水平差异产品i,面临固定的市场进入成本f_E;边际生产成本为常数c,$G(c)$为企业边际生产成本c的分布函数,假设这一分布服从参数为k,成本上限为c_M的帕累托分布:$G(c) = (c/c_M)^k$,其中,$0 \leq c \leq c_M$,不同企业的边际生产成本不同,企业边际生产率$(1/c)$由边际生产成本c决定。

生产产品i的企业成本函数被定义为:

$$TC_i = \underbrace{q_i c_i}_{\text{加工成本}} + \underbrace{\overbrace{q_i \delta z_i}^{\text{组件升级成本}} + \overbrace{\theta(z_i)^2}^{\text{研发成本}}}_{\text{质量升级成本}} \quad (3.3)$$

式3.3中,q_i和z_i分别表示企业生产的产品i的数量和质量,c_i表示企业边际生产成本,随企业不同而变化。等式右边第一部分$q_i c_i$,为产品i的"加工成本",与产品的数量有关,与质量无关,不随质量的变化而改变;第二部分$q_i \delta z_i$,为产品i质量升级的"组件升级成本",与产品的质量和数量都有关,随产品数量和质量的变化而改变;第三部分$\theta(z_i)^2$,为产品i质量升级的"研发成本",与产品的质量有关,与数量无关,不随产品数量的改变而变化。第二和第三部分都和产品质量升级有关,统称为"质量升级成本"。参数δ和θ表示产品i质量升级的难度,随产品的不同而变化;δ度量的是产品的"组件升级成本",若企业产品升级能力越强,δ越小,反之则δ越大;θ度量的是产品的"研发成本",若企业研发能力越强,其提升产品质量越容易,

θ 越小,反之则 θ 越大。这样,企业可根据不同的国内外市场需求调整产品 i 的质量和数量,既可以调整"加工成本",又可以调整"质量升级成本"。

封闭经济下,一个企业是否进入一个行业以及进入之后需要考虑如下问题:

首先,需要了解产品 i 的质量升级难度 δ 和 θ,边际生产成本 c_i 的分布函数 $G(c_i)$,边际生产成本上限 c_D,固定的进入成本 f_E,企业据此做出是否进入该行业的决定。其次,当企业支出了固定的进入成本 f_E 进入了该行业后,企业必须明确边际生产成本 c_i,确保 $c_i < c_D$ 以保证企业的利润 π。最后,考虑利润最大化,决定产品 i 的最优价格和最优质量。

开放经济下,企业同时面对本国(h)和外国(f)两个市场,假设国内外两个市场是相互分割的,除关税外不存在其他的流通费用;面对国内外两个市场,企业选择不同的质量生产;企业利润最大化源于在国内外两个市场上分别进行利润最大化:①

$$\pi^{hh}(c,z) = p^{hh}q^{hh} - q^{hh}c - q^{hh}\delta^{hh}z^{hh} - \theta^{hh}(z^{hh})^2 \tag{3.4}$$

$$\pi^{hf}(c,z) = p^{hf}q^{hf} - q^{hf}\tau^f c - q^{hf}\delta^{hf}z^{hf} - \theta^{hf}(z^{hf})^2 \tag{3.5}$$

式中 π^{hh} 和 π^{hf} 分别表示本国企业在国内外市场的利润②,p^{hh} 和 p^{hf} 分别表示本国企业在国内外市场的价格,q^{hh} 和 q^{hf} 分别表示本国企业在国内外市场的销售量,z^{hh} 和 z^{hf} 分别表示本国企业在国内外市场的产品质量,参数 δ^{hh}、δ^{hf} 和 θ^{hh}、θ^{hf} 分别表示本国企业在国内外市场的质量升级难度,τ^f 表示外国针对本国企业出口征收的进口从价关税水平(τ^f=1+进口从价税税率,$\tau^f \geq 1$),$\tau^f c$ 表示出口产品在国外市场的边际生产成本。

根据式 3.2、式 3.4 和式 3.5,企业利润最大化的价格和产量需满足:

$$q^{hh}(c,z) = \frac{L^h}{\gamma}(p^{hh} - c - \delta^{hh}z^{hh}) \tag{3.6}$$

$$q^{hf}(c,z) = \frac{L^f}{\gamma}(p^{hf} - \tau^f c - \delta^{hf}z^{hf}) \tag{3.7}$$

式 3.6 和式 3.7 中的 L^h 和 L^f 分别表示本国企业在国内外市场的市场规模。

根据式 3.2、式 3.6 和式 3.7,企业利润最大化下,出口企业在国内外两

---

① 区别于 Ludema 和 Yu(2016),企业在国内外市场的价格、产量和利润都表示为生产成本(c)和质量升级成本(z)的函数。

② 企业在国外市场利润函数不同于 Ludema 和 Yu(2016),$\pi^{hf}(c,z) = (TR)^{hf} - (TC)^{hf} = p^{hf}q^{hf} - q^{hf}\tau^f c - q^{hf}\delta^{hf}z^{hf} - \theta^{hf}(z^{hf})^2$,$\pi$ 是关于 c 和 z 的函数,在国外市场边际生产成本表示为 $\tau^f c$;产品在国外市场的质量 z^{hf} 本身就区别于在国内市场的质量 z^{hh}。

个市场上的最优价格 p^{hh} 和 p^{hf} 分别为：

$$p^{hh}(c,z) = \frac{1}{2}(c^{hh} + c) + \frac{1}{2}(\beta^{hh} + \delta^{hh})z^{hh} \qquad (3.8)$$

$$p^{hf}(c,z) = \frac{\tau^f}{2}(c^{hf} + c) + \frac{1}{2}(\beta^{hf} + \delta^{hf})z^{hf} \qquad (3.9)$$

式3.8和式3.9中，c^{hh} 和 c^{hf} 分别表示企业在国内外市场销售的边际生产成本上限（假定 $c^{hh} > c$ 且 $c^{hf} > c$，确保在国内外市场的利润为正），$c^{hf} = c^f/\tau^f$；将式3.8和式3.9分别代入式3.6和式3.7，得企业利润最大化下的最优产量 q^{hh} 和 q^{hf} 分别为：

$$q^{hh}(c,z) = \frac{L^h}{2\gamma}\left[(c^{hh} - c) + (\beta^{hh} - \delta^{hh})z^{hh}\right] \qquad (3.10)$$

$$q^{hf}(c,z) = \frac{L^f}{2\gamma}\left[\tau^f(c^{hf} - c) + (\beta^{hf} - \delta^{hf})z^{hf}\right] \qquad (3.11)$$

将式3.8、式3.9、式3.10和式3.11代入式3.4和式3.5，在最优价格和最优产量下，企业在国内外市场的最大化利润分别为：

$$\pi^{hh}(c,z) = \frac{L^h}{4\gamma}\left[(c^{hh} - c) + (\beta^{hh} - \delta^{hh})z^{hh}\right]^2 - \theta^{hh}(z^{hh})^2 \qquad (3.12)$$

$$\pi^{hf}(c,z) = \frac{L^f}{4\gamma}\left[\tau^f(c^{hf} - c) + (\beta^{hf} - \delta^{hf})z^{hf}\right]^2 - \theta^{hf}(z^{hf})^2 \qquad (3.13)$$

根据式3.12和式3.13，在企业利润最大化下可得企业在国内外市场销售产品的最优质量 z^{hh} 和 z^{hf}。

$$z^{hh}(c) = \lambda^{hh}(c^{hh} - c) \qquad (3.14)$$

$$z^{hf}(c) = \tau^f \lambda^{hf}(c^{hf} - c) \qquad (3.15)$$

$$\lambda^{hh} = \left[L^h(\beta^{hh} - \delta^{hh})\right] / \left[4\gamma\theta^{hh} - L^h(\beta^{hh} - \delta^{hh})^2\right] \qquad (3.16)$$

$$\lambda^{hf} = \left[L^f(\beta^{hf} - \delta^{hf})\right] / \left[4\gamma\theta^{hf} - L^f(\beta^{hf} - \delta^{hf})^2\right] \qquad (3.17)$$

式3.16和式3.17中，λ^{hh} 和 λ^{hf} 分别度量的是产品在国内外市场的质量差异程度，为了确保 λ^{hh} 和 λ^{hf} 为正，假设 $(\beta^{hh} - \delta^{hh}) > 0$，$(\beta^{hf} - \delta^{hf}) > 0$，$\left[4\gamma\theta^{hh} - L^h((\beta^{hh} - \delta^{hh}))^2\right] > 0$ 和 $\left[4\gamma\theta^{hf} - L^f((\beta^{hf} - \delta^{hf}))^2\right] > 0$。可知：$z^{hh}$ 与出口国市场规模正相关，与产品的水平差异化程度负相关，与企业产品的水平差异化程度的"研发成本"负相关，与企业的"组件升级成本"负相关，与国内消费者质量偏好程度正相关；z^{hf} 与进口国市场规模正相关，与产品的水平差异化程度负相关，与企业的"研发成本"负相关，与企业的"组件升级成本"负相关，与国外消费者质量偏好程度正相关。

质量是关于边际生产成本c的函数，将式3.14-式3.17代入式3.8-式3.13，得出用边际生产成本c表示的企业在国内外市场的最优价格和最优产量，以及最大化的企业利润，便于分析均衡的市场进入条件。

$$p^{hh}(c) = \frac{1}{2}(c^{hh} + c) + \frac{1}{2}\lambda^{hh}(\beta^{hh} + \delta^{hh})(c^{hh} - c) \tag{3.18}$$

$$p^{hf}(c) = \frac{\tau^f}{2}(c^{hf} + c) + \frac{\tau^f}{2}\lambda^{hf}(\beta^{hf} + \delta^{hf})(c^{hf} - c) \tag{3.19}$$

$$q^{hh}(c) = \frac{L^h}{2\gamma}(c^{hh} - c)\left[1 + \lambda^{hh}(\beta^{hh} - \delta^{hh})\right] \tag{3.20}$$

$$q^{hf}(c) = \frac{L^f}{2\gamma}\tau^f(c^{hf} - c)\left[1 + \lambda^{hf}(\beta^{hf} - \delta^{hf})\right] \tag{3.21}$$

$$\pi^{hh}(c) = \frac{L^h}{4\gamma}(c^{hh} - c)^2\left[1 + \lambda^{hh}(\beta^{hh} - \delta^{hh})\right] \tag{3.22}$$

$$\pi^{hf}(c) = \frac{L^f}{4\gamma}(\tau^f)^2(c^{hf} - c)^2\left[1 + \lambda^{hf}(\beta^{hf} - \delta^{hf})\right] \tag{3.23}$$

第三，均衡条件。

假设企业可自由进入市场，企业预期从国内外市场获得利润的总和应等于企业进入市场的固定成本f_E，即：

$$\int_0^{c^{hh}} \pi^{hh}(c)dG(c) + \int_0^{c^{hf}} \pi^{hf}(c)dG(c) = f_E \tag{3.24}$$

式3.24中，$G(c)$为企业边际生产成本c的分布函数，假设$G(C) = (c/c_M)^k$。将式3.22、式3.23代入式3.24，结合$c^{ff} = c^{ff}/\tau^f$，得到企业在国内外市场成本上限c^{hh}和c^{hf}的表达式：

$$c^{hh} = \left\{\frac{\phi}{L^h} \cdot \frac{\left[1 + (\beta^{hh} - \delta^{hh})\lambda^{ff}\right] - (\tau^f)^{(-k)}\left[1 + (\beta^{hf} - \delta^{hf})\lambda^{hf}\right]}{\left[1 + (\beta^{hh} - \delta^{hh})\lambda^{hh}\right]\left[1 + (\beta^{hh} - \delta^{hh})\lambda^{ff}\right] - (\tau^f)^{(-k)}(\tau^f)^{(-k)}\left[1 + (\beta^{hf} - \delta^{hf})\lambda^{hf}\right]\left[1 + (\beta^{hf} - \delta^{hf})\lambda^{fh}\right]}\right\}^{1/(k+2)} \tag{3.25}$$

$$c^{hf} = \left\{\frac{\phi}{L^f} \cdot \frac{\left[1 + (\beta^{hh} - \delta^{hh})\lambda^{hh}\right] - (\tau^f)^{(-k)}\left[1 + (\beta^{hf} - \delta^{hf})\lambda^{fh}\right]}{\left[1 + (\beta^{hh} - \delta^{hh})\lambda^{hh}\right]\left[1 + (\beta^{hh} - \delta^{hh})\lambda^{ff}\right] - (\tau^f)^{(-k)}(\tau^f)^{(-k)}\left[1 + (\beta^{hf} - \delta^{hf})\lambda^{hf}\right]\left[1 + (\beta^{hf} - \delta^{hf})\lambda^{fh}\right]}\right\}^{1/(k+2)} \bigg/ \tau^f \tag{3.26}$$

式3.25和式3.26中，λ^{fh}和λ^{ff}分别表示外国产品在本国和外国市场的产品质量差异程度，τ^h表示本国对外国产品的进口税率，$\phi = 2\gamma c_M^k f_E(k+1)(k+2)$，$\lambda^{ff} = \left[L^f(\beta^{ff} - \delta^{ff})\right] \Big/ \left[4\gamma\theta^{ff} - L^f(\beta^{ff} - \delta^{ff})^2\right]$，$\lambda^{fh} = \left[L^h(\beta^{fh} - \delta^{fh})\right] \Big/ \left[4\gamma\theta^{fh} - L^h(\beta^{fh} - \delta^{fh})^2\right]$，假设它们都为正，并且$c^{hh}$和$c^{hf}$都为正。结合式3.19和式3.26可以清晰地认识均衡条件下产品的出口价格。

第四,出口价格结构。

进一步分解产品的出口价格结构,出口价格由"生产率部分"和"质量部分"构成,可以得到出口价格的系列表达式:

$$p = \frac{p^{hf}}{\tau^f} \tag{3.27}$$

$$= \underbrace{\frac{1}{2}(c^{hf}+c)}_{\text{生产率部分}} + \underbrace{\frac{1}{2\tau^f}(\beta^{hf}+\delta^{hf})z^{hf}}_{\text{质量部分}} \tag{3.28}$$

$$\equiv \underbrace{p_c}_{\text{生产率效应}} + \underbrace{p_z}_{\text{质量效应}} \tag{3.29}$$

式3.27定义了出口价格p,将式3.9代入式3.27可得式3.28和式3.29,其中,$p_c=(c^{hf}+c)/2$,$p_z=(\beta^{hf}+\delta^{hf})z^{hf}/2\tau^f$。

式3.28表明出口价格p由两部分构成。第一部分$(c^{hf}+c)/2$源自产品的边际生产成本c,与企业边际生产率$1/c$有关,称为"生产率部分",用p_c表示,亦可理解为去除"质量部分"后的出口价格,反映了企业去除"质量部分"后的"加工成本",体现的贸易优势对应"成本领先"。第二部分$(\beta^{hf}+\delta^{hf})z^{hf}/2\tau^f$源自产品的质量升级成本,与产品的质量$z^{hf}$有关,称为"质量部分",用$p_z$表示,亦可理解为去除"生产率部分"后的出口价格,反映了企业去除"生产率部分"后的"质量升级成本",体现的贸易优势对应"标新立异"。$p \equiv p_c + p_z$,即式3.29,产品价格分解为"生产率部分"和"质量部分",如图3-1所示。[①]

(2)比较优势与竞争优势关系的验证

结合式3.28和式3.29出口价格的构成分析贸易优势的来源和表现,出口价格p由生产率部分和质量部分构成;生产率部分可理解为去除质量部分后的出口价格,该部分出口价格体现的贸易优势对应"成本领先";质量部分可理解为去除生产率部分后的出口价格,该部分出口价格体现的贸易优势对应"标新立异"。出口价格既可随产品加成的调整而变化,又可随产品质量的调整而变化,出口价格取决于生产成本和产品质量,即可变加成和可变质量;模型设定与贸易优势源于成本优势和质量优势相一致,即成本领先和标新立异。这样,将考虑产品相对效用价格的比较优势和考虑成本领先与标新立异的竞争优势结合起来,模型验证了比较优势与竞争优势的一致性。

[①] Feenstra和Romalis(2014)把出口价格分解为出口质量部分和去除质量因素后的部分,樊海潮和郭光远(2015)把出口价格分解为生产率部分和质量部分。

根据一般均衡分析,产品价格由供给和需求共同决定。供给因素主要影响产品相对价格,产品供给数量和产品价格影响消费者需求;需求因素主要影响消费者效用,消费者效用满足程度也会影响产品价格。在供给侧方面,除了要素生产率相对差异和要素价格相对差异影响加工成本外,由于产品异质性的存在,产品生产中投入的要素质量差异影响产品质量升级成本,进而影响产品生产成本,使得产品生产成本相对差异。另外,规模经济等因素也会影响产品生产成本。需求侧方面,消费者对产品的需求会影响产品价格,表现在产品质量差异程度对消费者偏好的满足程度影响产品价格。除此之外,关税等流通费用亦应计入产品成本,进而影响产品价格。

产品价格分解为生产率部分和质量部分,比较成本差异体现为加工成本比较差异和质量升级成本比较差异。比较优势体现为加工成本的比较优势与质量升级成本的比较优势,加工成本的比较差异源于价格的生产率部分,质量升级成本的比较差异源于价格的质量部分,二者都取决于相对的要素生产率与要素价格。这样,借助企业异质和产品异质的双重异质性模型,可以同时考察供给和需求对产品相对价格和贸易优势的影响。在需求函数中增加消费者偏好和产品质量因素,成本函数中增加产品质量因素,实现了产品生产成本的价格因素和消费者效用满足的非价格因素的有机结合,实现了比较优势与竞争优势分析框架的统一,实现了从单一供给因素角度向供给和需求因素相结合角度的拓展,验证了利用相对效用价格比原则分析贸易优势的有效性。在消费者效用满足既定的情况下,贸易优势即相对价格的比较优势。

相对效用价格比充分考虑到供给因素和需求因素对贸易优势来源与决定的影响,相对效用价格比原则除了涉及从供给因素分析要素价格对产品价格的直接影响,还考虑到消费者效用满足对产品价格的间接影响。除了涉及要素数量投入对要素成本和要素价格的影响,还考虑到在要素流动、培育、积累与集聚下,要素质量和要素数量的共同变化对要素结构、要素成本和要素价格的影响,进而影响产品生产成本和产品价格。除了涉及从供给角度分析要素价格对产品价格的直接影响外,还考虑到消费者需求偏好和消费者效用满足对产品价格的间接影响。这样,产品相对价格不仅取决于要素数量的投入,还受投入要素质量的影响。要素数量和要素质量共同决定了要素结构,要素结构决定了要素生产率和要素价格,进而影响由加工成本和质量升级成本构成的产品生产成本,产品生产成本进一步影响产品价格。基于要素内涵与外延的拓展,钻石模型的影响因素也是比较优势的影响因素,理论上证明了竞争优势与比较优势的一致关系,贸易优势是比较优势与竞争优势的统一。

(四)贸易优势的结构

在对贸易优势来源和表现分析的基础上,进一步结合竞争优势理论和生产要素理论[①],从要素、产品、企业、产业和国家等不同层次得到清晰的贸易优势结构图,如图 3-5。在图 3-2 的基础上,本部分进一步展开关于贸易优势微观、中观和宏观三个层面的层次结构分析和讨论。

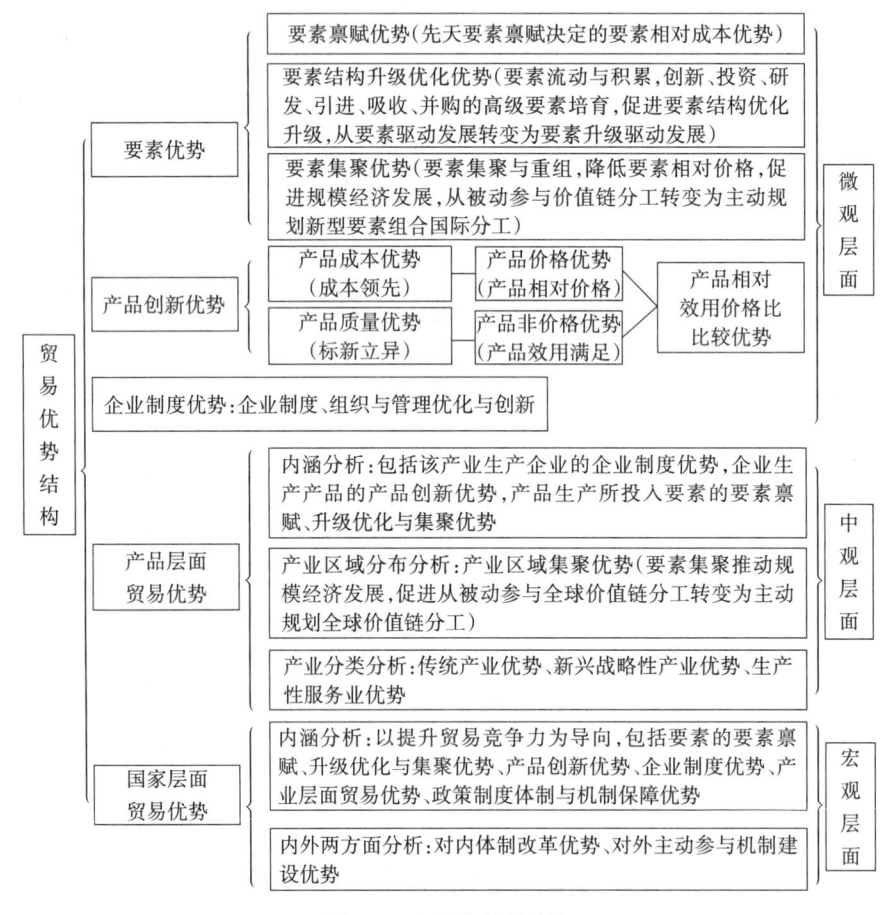

贸易优势结构				层面
	要素优势	要素禀赋优势(先天要素禀赋决定的要素相对成本优势)		微观层面
		要素结构升级优化优势(要素流动与积累,创新、投资、研发、引进、吸收、并购的高级要素培育,促进要素结构优化升级,从要素驱动发展转变为要素升级驱动发展)		
		要素集聚优势(要素集聚与重组,降低要素相对价格,促进规模经济发展,从被动参与价值链分工转变为主动规划新型要素组合国际分工)		
	产品创新优势	产品成本优势(成本领先)	产品价格优势(产品相对价格)	产品相对效用价格比比较优势
		产品质量优势(标新立异)	产品非价格优势(产品效用满足)	
	企业制度优势:企业制度、组织与管理优化与创新			
	产品层面贸易优势	内涵分析:包括该产业生产企业的企业制度优势,企业生产产品的产品创新优势,产品生产所投入要素的要素禀赋、升级优化与集聚优势		中观层面
		产业区域分布分析:产业区域集聚优势(要素集聚推动规模经济发展,促进从被动参与全球价值链分工转变为主动规划全球价值链分工)		
		产业分类分析:传统产业优势、新兴战略性产业优势、生产性服务业优势		
	国家层面贸易优势	内涵分析:以提升贸易竞争力为导向,包括要素的要素禀赋、升级优化与集聚优势、产品创新优势、企业制度优势、产业层面贸易优势、政策制度体制与机制保障优势		宏观层面
		内外两方面分析:对内体制改革优势、对外主动参与机制建设优势		

图 3-5 贸易优势的结构

资料来源:作者整理绘制。

一国参与国际贸易的关键在于该国是否具有贸易优势,一国的贸易优势源于该国企业和产业的贸易优势。国家贸易优势形成的关键在于主导

---

① 吴杨伟和王胜(2017a、2017b)认为:生产要素理论是重构贸易竞争优势的理论基础,重构贸易竞争优势有利于中国从贸易大国向贸易强国转变。

产业在国际市场上具有竞争力,主导产业是否具有贸易优势源于该产业内的企业是否具有制度优势和创新机制。企业制度是企业创新的保障,企业创新生产异质性产品以满足国内外不同的消费者需求。企业创新的实质是基于技术进步的产品创新。产品创新体现在产品成本的节约和产品质量的异质,即成本领先与标新立异,以相对较低的产品价格实现对消费者效用的满足。产品成本领先和产品标新立异依赖于产品生产过程中投入要素数量的节约和质量的提升,核心为要素投入结构优化升级,即要素优势。因此,微观层面的要素优势是所有层次贸易优势的基础。国家、产业、企业和产品贸易优势都建立在要素优势之上,验证了前文分析贸易优势来源与表现时的可能性与必然性,基于要素视角,从产品贸易优势这一微观层次入手,产品贸易优势源于要素优势。

结合"竞争优势三部曲"的论述,贸易优势分为微观、中观和宏观三个层面。

1. 微观层面的贸易优势

根据贸易优势来源的理论阐述：各层次的贸易优势根源于"一揽子要素",要素是分析贸易优势结构的基本单元和层级。这样,微观层面的贸易优势体现在要素、产品和企业三个方面,包括要素优势、产品创新优势和企业制度优势。

产品生产和流通中投入的要素禀赋、要素结构升级优化与要素集聚都将影响与决定要素优势,因此,要素优势包括要素禀赋优势、要素结构升级优化优势和要素集聚优势。要素禀赋优势源于先天的要素禀赋丰裕程度,体现了新古典国际贸易理论的HO模型要素相对成本优势的核心理论内容。要素结构升级优化优势源于要素流动与要素积累、要素禀赋与要素培育,通过要素的创新、投资、研发、引进、吸收、并购,促进以要素数量与质量为代表的要素结构优化升级,要素相对价格下降,实现从要素驱动发展转变为要素升级驱动发展。要素集聚优势源于要素流动与集聚,要素流动促进要素集聚与重新组合配置,降低要素相对价格,进一步促进规模经济发展,从被动参与全球价值链分工转变为主动规划新型要素组合国际分工。

产品创新主要依赖于技术要素的进步与创新,产品创新优势包括产品成本优势和产品质量优势。产品成本优势源于技术创新引致要素生产率的提升和流通费用的降低,要素集聚促进集聚经济发展,进而降低产品生产投入的要素成本和流通费用,通过产品表现为一种成本领先的产品相对价格优势。产品质量优势源于技术创新引致的产品生产投入要素质量提升,生产异质产品满足消费者偏好,通过产品表现为一种标新立异的产品非价格优势,从需求角度来说是对消费者效用的满足。因此,产品创新优势以要素相对价格优势为基础,是产品价格优势和非价格优势的统一,是一种产品相对效用价格比比较优势。

企业制度优势表现为企业制度的建立、健全与完善,以及企业有效的组织和管理。影响企业制度优势的企业制度、组织与管理可以纳入拓展要素的范畴,企业制度、组织与管理作为一种高级要素,为要素相对价格优势和产品创新优势的获取与发挥提供保障。

要素优势是微观层面贸易优势的基础,产品创新优势和企业制度优势都源于要素的流动、培育、积累与集聚。产品创新优势是微观层面贸易优势的核心,是要素优势的直接体现;企业制度优势是微观层面贸易优势的保障。

2. 中观层面的贸易优势

中观层面的贸易优势体现为产业层面的贸易优势,是所有层面贸易优势的核心。以微观层面贸易优势为基础,包括该产业内生产企业的企业制度优势、企业生产产品的产品创新优势、产品生产所投入要素的要素升级优化与集聚优势、产业集聚优势,体现为传统产业优势、新兴战略性产业优势、生产性服务业优势(吴杨伟和王胜,2017a)。要素集聚推动产业区域集聚形成产业区域集聚的集聚优势,推动产业内生产企业从被动参与全球价值链分工转变为主动规划全球价值链分工,提升产业国际竞争力。

3. 宏观层面的贸易优势

宏观层面的贸易优势体现为国家层面的贸易优势,以微观和中观层面贸易优势为基础,以提升国家贸易竞争力为导向,包括要素禀赋优势、要素升级优化与集聚优势、产品创新优势、企业制度优势、产业层面贸易优势、政策制度体制与机制保障优势。通过对内体制改革与对外主动参与机制建设,为微观和中观层面贸易优势提供保障。

综上所述,区别于传统国际贸易理论对于贸易优势的理解,本书所述的贸易优势是比较优势与竞争优势对贸易优势内涵认知的拓展,是比较优势与竞争优势的统一。要素优势是微观层面贸易优势的基础,亦是中观和宏观层面贸易优势的基础;无论是当代比较优势理论,还是竞争优势理论的认知拓展,贸易优势都是根源于拓展要素下的"一揽子要素"。因此,贸易优势理论仍是一种解释要素结构变化与贸易优势和贸易竞争力关系的理论,可以用于解释和分析要素结构对贸易优势和贸易竞争力的影响。当代比较优势理论的认知拓展和竞争优势理论的认知拓展都是分析要素结构变化对贸易竞争力作用的理论。相对效用价格比原则构建的一致关系分析框架,整合了比较优势与竞争优势,整合了供给因素的相对价格优势和需求因素的非价格优势,贸易优势本质上是一种比较优势。早期的异质性模型只能从单一供给侧产品生产成本考察产品价格的变化,拓展的双重异质性模型对于产品价格变化表现的单方面分析,可以实现从单一的供给侧拓展为供给侧和需求侧相结合的两方面分析,可以得到产品价格变化更全面的解释,为本书关于贸易优势来源与表现的分析和讨论提供了可能。在重构的贸易优势结构中,要素优势是微观层面贸易优势的基础,产品创新优势是要素优势的直接体现,企业制度优势是微观层面贸易优势的保障;产业层面的贸易优势,是所有层面贸易优势的核心;国家层面的贸易优势,为微观和中观层面贸易优势提供保障。

五、本章小结

本章首先通过对比较优势理论和竞争优势理论在中国贸易实践中发挥的积极作用及存在的问题进行了事实特征分析,肯定了依据上述理论取得的成绩,同时指出了依据上述理论发展存在的不足。以此为基础,可以明晰贸易优势理论认知拓展的必要性和可行性。然后,以双重异质性模型为理论基础、相对效用价格比原则为分析框架,发展了传统和现代比较优势理论,提出当代比较优势理论的认知拓展,并结合拓展要素重新认识竞争优势的影响因素。最后,重释和重构了贸易优势,对贸易优势的来源与表现进行了分析和讨论,并借助构建的双重异质性模型验证了贸易优势是比较优势与竞争优势的统一,比较优势与竞争优势来源与表现具有一致性。

利用相对效用价格比原则度量的贸易优势,是相同消费者效用满足下产品相对价格的比较,根源于"一揽子要素"投入为代表的要素结构优化升级,决定于在新型要素组合国际分工中的地位,表现为成本优势和质量优势。当代比较优势理论认知拓展既是对以往贸易理论关于贸易优势来源与表现解释的统一,又是对以往贸易理论关于贸易优势来源与决定解释的发展,解决了以往比较优势与竞争优势"理论上分离"和"实证上统一"的"自我矛盾"。当代比较优势理论认知拓展和竞争优势理论的认知拓展都是分析要素结构变化对贸易竞争力作用的贸易理论,都可以用于解释和分析要素结构变化对贸易竞争力的影响。

第四章
要素结构变化影响贸易竞争力的机理

生产要素理论拓展了要素内涵与外延的认知,使得可以对建立在传统要素认知基础上的贸易优势理论进一步拓展,可以将比较优势理论和竞争优势理论加以融合。无论是当代比较优势理论,还是竞争优势理论的认知拓展,贸易优势都是根源于拓展要素下的"一揽子要素",贸易优势理论仍是一种解释要素结构变化与贸易优势和贸易竞争力关系的理论,可以用于解释和分析要素结构变化对贸易优势和贸易竞争力的影响。

在对当代比较优势理论和竞争优势理论认知拓展的基础上,本章首先进一步阐释贸易优势与贸易竞争力的关系,阐述用贸易竞争力衡量贸易优势的合理性。在综合现有关于研究比较优势和竞争优势影响因素的基础上,基于拓展要素观的视角,明晰要素结构变化影响贸易竞争力的理论机理,梳理贸易竞争力的影响因素,以期为本书后续的实证分析提供理论与经验支持。

一、贸易优势与贸易竞争力

结合前文对贸易优势的重释与重构,贸易优势本质上是一种比较优势,是在满足相同消费者效用基础上产品价格的比较,借助构建的双重异质性模型验证了比较优势与竞争优势来源与表现的一致性,尝试解决比较优势与竞争优势"理论上分离"和"实证上统一"的"自我矛盾"。本小节通过贸易优势与贸易竞争力关系的深入分析,便于进一步解释以往比较优势与竞争优势"理论上分离"和"实证上统一"的"自我矛盾"。贸易优势是贸易理论研究侧重的概念,贸易竞争力是侧重实证研究的表述,贸易优势通常用贸易竞争力加以量化和衡量,贸易优势体现为贸易竞争力。使用贸易竞争力衡量贸易优势,其内涵应该包含以下几点:

其一,贸易竞争力体现在多个不同层面。参与贸易的利益主体包括企业、产业和国家等不同层面,国家竞争力来自特定主导产业的竞争力和该产业内企业的竞争力,来源于主导产业及主导产业内的企业,以及企业所生产的产品。因此,贸易竞争力直接表现为国家竞争力、产业竞争力和企业竞争力,以及企业所生产产品的国际竞争力。在整个贸易优势结构体系中,中观产业贸易优势是核心,因此产业层面的贸易竞争力是各层面贸易竞争力的核心。制造业是所有产业部门的支柱,本书选取制造业行业贸易竞争力作为研究对象是必要的、可行的。可以结合拓展的贸易优势理论,研究要素结构变化与制造业行业贸易竞争力之间的关系,即制造业贸易竞争力的影响因素分析。

其二,在新型经济全球化背景下,贸易竞争力的根源在于"一揽子要素"。国家、产业和企业贸易竞争力源于企业所生产产品的贸易竞争力,根源在于企业生产产品所投入要素的竞争力。要素竞争力直接体现为要素相对成本(价格)优势,要素相对成本(价格)优势包括要素升级优化优势和要素集聚优势。在新型经济全球化背景下,国际分工体现为新型要素组合国际分工,要素流动促进一国要素积累与集聚;一国要素结构优化利于降低产品生产投入要素的相对成本和价格。因此,贸易竞争力不仅依靠要素存量和要素增量的变化,更依赖于通过引进、消化、吸收和投资、创新、并购等途径实现要素培育的要素质量的提升,贸易竞争力的获得和提升是投入要素结构优化升级的结果。

其三,贸易竞争力是特定利益主体在国内外市场上具有的比竞争者获取更多利益的能力。贸易竞争力意味着特定的利益主体可以在国内外市场上比竞争者以更低的价格和更高的质量满足国内外消费者的消费需求,可以获取更多的利益,这种获利的能力表现为产品的成本优势和质量优势。贸易竞争力不仅直接体现为相对产品价格优势,更体现在对国内外消费者不同消费效用的满足,是价格竞争和非价格竞争的统一。因此,为便于度量贸易竞争力,通常采用显示性比较优势指数 RCA、市场占有率指数 MS 等指标衡量贸易竞争力的大小。

二、物质资本积累对贸易竞争力影响的机理

物质资本的积累意味着物质资本生产要素相对于初始阶段而言,出现了物质资本的增加;相对于一般劳动力而言,在一般劳动力增速慢于物质资本增速的情况下,将会提高"资本劳动比"。物质资本相对于劳动力而言是高级要素,根据要素结构优化升级与贸易竞争力关系的核心理论机理,若用"资本劳动比"衡量物质资本的积累,"资本劳动比"的提高意味着物质资本的积累和要素结构的升级,提高要素生产率,促进要素优化配置,在新型要素组合国际分工中提升国际分工地位,促进产业结构和贸易结构升级,进而提升贸易竞争力,扩大出口,获取贸易收益。国内外学者开展了大量相关研究,Oniki 和 Uzawa(1965)认为一国物质资本积累会影响该国的比较优势,改变该国的贸易模式;Findlay(1970)和 Vanek(1971)等学者将静态分析拓展为动态分析,比较优势动态化可以更好地解释物质资本积累对

产业结构、贸易结构和贸易竞争力的影响。国内大量研究表明:"资本劳动比"可以体现要素结构的具体变化,人均资本更丰裕的国家具有更大的比较优势,相对较低的人均资本意味着该国具有较弱的比较优势。

物质资本积累对贸易竞争力的影响机理如下:

(一)物质资本积累改变了以"资本劳动比"度量的要素结构

Heckscher-Ohlin-Vanek(1968)提出的HOV模型在HO模型的基础上加入投入产出函数,将两国模型拓展到多国模型,研究发现一国产品出口的本质是出口该国的生产要素,即在要素不可流动情况下,该国出口的实际上是本国相对丰裕的生产要素。[①]这一研究结果验证了发达国家具有相对丰裕的物质资本,出口资本密集型产品而进口劳动密集型产品;发展中国家具有相对丰裕的劳动力,出口劳动密集型产品而进口资本密集型产品。若一国物质资本积累导致本国"资本劳动比"超过其贸易伙伴,那么该国可能逐渐从劳动相对丰裕转变为资本相对丰裕,从生产并出口劳动密集型产品转变为生产并出口资本密集型产品,在要素结构优化的情况下,实现产业结构升级和贸易结构优化。这样,物质在资本积累通过改变以"资本劳动比"度量的要素结构,实现要素结构优化而影响产业结构和贸易结构,进而提升贸易竞争力。

(二)物质资本积累是"一揽子要素"发挥作用的基础和载体

正如前文所述,贸易竞争力根源于"一揽子要素",而"一揽子要素"发挥作用离不开物质资本的基础性作用,人力资本和技术是"一揽子要素"的关键要素(张小蒂和贾钰哲,2012),物质资本的积累是人力资本、技术等"一揽子要素"发挥作用的基础和载体,"一揽子要素"中的其他要素不能单独发挥作用,需要和物质资本相结合,才能实现要素的合理配置和合理利用。例如,物质资本积累为要素结构优化提供资金保障,高素质的劳动力以物质资本为基础,劳动力技能的提升依赖于资本的投入,进而促进高素质劳动力转化为人力资本,而高素质的人力资本又掌握着先进的技术。人力资本和技术等要素是在使用物质资本的基础上得以发挥作用,"一揽子要素"的变化只有在物质资本的基础上才能促进要素结构优化升级。这样,作为"一揽子要素"发挥作用的基础和载体的物质资本的积累,促进了要素结构的优化升级,当物质资本积累到一定程度,可能获取集聚效应和规模效应,进而改变产业结构和贸易结构,提升贸易竞争力。

---

① 在要素跨国流动条件下,该国出口的实际上是本国相对丰裕生产要素与流入本国的他国相对丰裕要素。

综上所述，物质资本积累优化了以"资本劳动比"度量的要素结构，为"一揽子要素"发挥作用提供了资金保障。作为"一揽子要素"发挥作用的基础和载体的物质资本的积累，促进要素结构优化、产业结构升级和贸易结构优化，进而提升贸易竞争力。

三、人力资本积累对贸易竞争力影响的机理

经典的"里昂惕夫之谜"（Leontief，1953）的提出，促使学者将物质资本与人力资本相结合，从人力资本的视角解释贸易现象。Schultz（1961）首次提出人力资本的概念，将人力资本从物质资本中分离出来，作为"一揽子要素"中独立的要素加以分析，认为通过人力资本积累的知识效应和非知识效应可以促进经济增长。Findlay和Kierzhowski（1983）将人力资本纳入"2×2"的经典模型框架，进一步拓展了相应的研究。Romer（1986）的内生增长理论模型证明了高素质的劳动力因为具备创造、配置新技术的能力，因而更有利于促进经济增长。Lucas（1988）构建的专业化人力资本增长模型，分析和讨论了人力资本积累对经济增长的作用，认为一国应大力发展教育和技能培训提升人力资本。Benhabib和Spiegel（2014）研究认为人力资本积累决定了技术追赶和技术扩散的程度。

Say（1803）首先提出企业家是除土地、劳动和资本以外的第四种生产要素。Kasen（1992）和Kirzner（2000）等学者从信息角度剖析了企业家对经济发展的作用。Kirzner（2000）的企业家理论认为企业家具有独特的优势和能力，可以从市场中获取独特的信息，进而实现要素的有效配置，促进经济发展。近年来，国内学者在柯兹纳企业家理论基础上进一步拓展，研究企业家、比较优势和经济增长的关系。张小蒂和赵榄（2009）、张小蒂和贾钰哲（2011a、2011b、2012）、张小蒂和姚瑶（2012）、张小蒂和曾可昕（2013、2014、2016）等学者基于拓展的"干中学"技术进步模型，将企业家要素纳入生产函数，研究认为企业家作为"一揽子要素"的支配者，在经济发展中处于核心地位，是"一揽子要素"中的关键要素；企业家是中国动态比较优势增进的动力源，企业家创新通过在"一揽子要素"的不同组合中试错，可以优化要素配置，实现绩效的显著提升与份额的扩大；企业家资源的拓展有利于提升动态比较优势，利于更好地参与国际分工，进一步提升贸易竞争力。

综合上述分析，人力资本积累对贸易竞争力的影响机理如下：

(一)人力资本积累替代物质资本提升要素生产率

人力资本与物质资本协同作用,相互促进,物质资本需要人力资本发挥能动作用,才能产生价值。一方面,物质资本是人力资本发挥作用的基础和载体,高素质劳动力借助物质资本转化为人力资本。另一方面,人力资本的积累和投入可以节约和替代物质资本的投入,提高资本和劳动力要素的生产率,进而获取人力资本要素的集聚效应和规模效应。人力资本的积累意味着高素质劳动力的增加,劳动者技能提升可以更有效地利用其他生产要素。在这个过程中,人力资本在物质资本的基础上通过"干中学"效应不断地增强自身的素质和能力,实现要素优化配置,降低生产成本和交易费用,提升出口产品要素质量,达到产业结构升级和贸易结构优化,通过成本优势和质量优势的获取提升贸易竞争力。

(二)人力资本的积累促进技术进步与科技创新

人力资本是生产经营活动成功的关键,人力资本的积累为高效的技术进步与科技创新提供了条件,高素质劳动力的更多投入使得研发更有效率,降低研发风险。通过制定更有效的经营管理制度和营销策略,人力资本积累决定了技术追赶和技术扩散的程度,带动新技术和新工艺的创新,降低研发成本和交易费用,进而进一步扩大市场规模。这样,在人力资本的投入下,高素质的人力资本通过技术的不断创新提高生产效率,使得在贸易优势动态增进下提升贸易竞争力。

(三)企业家是"一揽子要素"的支配者

自由贸易条件下产品生产投入的是"一揽子要素"的国际组合,各要素在"一揽子要素"中的地位和作用不同。企业家要素作为"一揽子要素"的支配者,是推动要素积累和重新配置的关键主体,影响企业的决策行为,在生产活动中处于要素优化配置的核心地位。人力资本的积累,尤其是企业家才能的激发,利于获取市场商业信息,利于优化"一揽子要素"配置,纠正要素价格扭曲与错配,促进市场信息环境的优化。作为"一揽子要素"中的关键要素,企业家要素与物质资本和技术相结合,可提高要素边际生产率,企业家能力提升是比较优势动态增进的动力源,促进比较优势动态增进和产业结构升级。

综上所述,根据要素结构优化与贸易竞争力关系的核心理论机理,人力资本相对于一般劳动力而言是高级要素,人力资本的积累意味着高级要素的培育与积累,尤其是企业家才能的发挥,作为"一揽子要素"中的关键要素,有助于要素结构优化,促进要素优化配置,在新型要素组合国际分工中提升国际分工地位,促进产业结构和贸易结构升级,进而提升贸易竞争力,扩大出口,获取贸易收益。

四、技术进步对贸易竞争力影响的机理

除了物质资本和人力资本作为生产和流通过程投入的"一揽子要素"外,技术作为一种独立的生产要素变得越来越重要。在物质资本和人力资本等要素的基础上,将技术纳入要素的范畴,进一步发展了贸易优势理论。

Posner(1961)提出了技术周期说,放松了HO模型的两国技术水平相同的假设,认为技术创新国正是利用了该模仿时滞获取经济利益,当技术模仿国通过引进或模仿并掌握该项技术后,将会改变两国间的贸易模式。Makusen和Svenson(1985)认为,若两国资源配置比例和需求偏好相同,不存在规模经济,在产品生产投入两种以上要素的情况下,各国技术差异会导致劳动生产率差异,各国出口的是要素生产率相对较高的产品。Krugman(1980)通过研究发达国家与发展中国家间的贸易发现,技术进步会影响各国的福利。Romer(1986、1990)的技术内生增长模型认为对研发部门投资带来的技术进步会促进经济的内生增长。Redding(1999)的静态比较优势逆转说认为比较优势随时间推移而逐步演进,技术的进步使得静态比较优势逆转从而获得动态比较优势。

上述研究认为技术进步对经济增长具有促进作用,利于比较优势的获取与贸易竞争力的提升:

(一)技术是"一揽子要素"的主导者

如果说企业家是"一揽子要素"的支配者,那么技术就是"一揽子要素"的主导者。这是因为,科学技术是第一生产力,技术创新和进步是要素积累的最重要推动力,在产业结构升级和经济增长中技术要素最重要,技术是"一揽子要素"的主导者。技术的积累已经超越劳动和资本的积累,成为一国经济发展的主要动力。发展中国家技术的发展程度直接影响该国要素结构和比较优势动态升级,进而影响该国产业结构升级和经济发展水平提升。区别于技术转移模型的技术外生性,动态比较优势因素中的技术要素更多的表现为内生性,即技术创新推动知识积累。

(二)技术的外溢效应和扩散效应

技术创新者通过先期的研发投入实现技术创新,创新者在技术创新期拥有该技术的垄断势力,并依此获取垄断利润。出于技术的生命周期和对市场规模、高额利润的追逐,在国际市场上出现该技术的主动转让和被模仿。伴随新技术的转让和模仿者的技术模仿,发挥技术的外溢效应和扩散效应,对该技术的转入国和模仿国带来外部经济,促进其产业结构升级和经济增长。一般而言,发达国家对发展中国家的技术外溢效应更加显著,主要通过跨国公司加以实现。这样,一国不仅可以通过自身的技术创新,而且可以依靠技术的外溢和扩散,获取新的贸易优势,实现产业结构升级,提升贸易竞争力。

根据要素结构优化与贸易竞争力关系的核心理论机理,科学技术是第一生产力,作为一种生产要素,技术进步是推动要素结构优化升级的重要动力和体现,技术进步通过提升要素的边际效率实现经济的集约化发展。技术进步意味着高级要素的培育与积累,要素结构升级促进要素优化配置,提高要素生产率,在新型要素组合国际分工中提升国际分工地位,促进产业结构和贸易结构升级,进而提升贸易竞争力,扩大出口,获取贸易收益。

五、拓展要素对贸易竞争力影响的机理

张幼文(2015、2016)认为在经济全球化背景下比较优势理论不再适用于分析全球化经济,要素禀赋论不能简单直接运用,应从发挥要素禀赋优势到吸引要素流入。张幼文等(2013、2016)、吴杨伟和王胜(2017b)基于经济全球化视角将要素分为传统要素、经济要素和经济全球化要素,拓展了要素的内涵与外延,认为要素流动理论为重新认识和构建我国当前的贸易优势提供了理论指导。吴杨伟和王胜(2017a、2017b、2018a)基于拓展要素,结合要素新特征,讨论了比较优势与竞争优势的相互转化问题,认为生产要素理论是衔接比较优势与竞争优势的理论桥梁,并从微观、中观和宏观层面梳理提出基于要素的贸易优势来源,进而重新构建出贸易优势的立体结构。吴杨伟和王胜(2017a)认为中国抓住了国际制造业产业转移的机遇,基于传统要素的升级与优化,依赖于国内体制和制度的改革与创新获取的经济要素,以及参与全球经济活动的制度与机制保障获取的经济全球化要素,大力引进资本和技术等高级要素与本国土地、劳动力等低级要素

相结合,实现了经济和贸易长期高速增长。中国当前在部分企业和产业中体现出要素丰裕和要素密集,在多边和双边机制与制度保障下,这些要素向国外流出,可以实现更优的要素配置。

结合经济全球化背景下要素内涵与外延拓展的理论认知,传统要素中的物质资本、人力资本和技术等的积累与进步会影响要素结构,促进要素结构优化升级,提升贸易竞争力。经济要素和经济全球化要素的培育与完善亦会影响要素结构,若以市场规模作为经济要素的代表加以衡量,以国内外市场开放程度作为经济全球化要素的代表加以衡量,那么市场规模的扩大、国内市场开放程度和国外市场开放程度的提高,都会促进要素结构的优化升级。根据要素结构优化升级与贸易竞争力关系的核心理论机理:经济要素中的市场规模和经济全球化要素中的国内外市场开放程度相对于一般劳动力等传统要素而言是高级要素,市场规模的扩大、国内市场开放程度和国外市场开放程度的提高意味着高级要素的培育与积累,要素结构升级促进要素优化配置,提高要素生产率,在新型要素组合国际分工中提升国际分工地位,促进产业结构和贸易结构升级,进而提升贸易竞争力,扩大出口,获取贸易收益。

(一)市场规模等经济要素对贸易竞争力的影响

市场规模的扩大有利于提升贸易竞争力。以 Krugman、Grossman 和 Helpman 为代表的产业内贸易理论的提出与完善,将规模经济纳入贸易模型解释产业内贸易现象,认为国际贸易和专业化生产有两个原因:其一是各国在要素禀赋上相对差异导致各国生产各自相对丰裕要素的产品;其二是各国为获取规模报酬而专注于某些产品的生产,即使各国要素禀赋相同,也可以获得专业化生产的比较优势。因此,规模经济也是贸易优势的来源之一,市场规模的扩大,不仅能促进经济增长,而且有利于贸易优势的培育和获取,进而提升贸易竞争力。市场规模扩张下规模经济的取得,依赖于完善的市场体系,发挥市场机制对要素配置的主导作用;利用大市场发展规模经济,支持相关产业与支持产业集聚,获取规模经济效应;利用大市场促进专业化分工,降低产品成本获取成本优势;利用大市场生产差异化产品,满足不同消费者需求获取质量优势。

此外,基础设施、政府经济管理能力和生产配套能力等经济要素亦会对贸易竞争力产生影响。基础设施包括运输、通信等系统和设施,完善的基础设施有利于企业改善生产经营活动,降低经营成本,增强产品的贸易竞争力。政府经济管理能力可以为企业和产业获取和保持贸易优势创造有利的内外部环境,在发挥市场机制的基础上,一国政府的作用可以弥补企业和产业自身的不足,规避"市场失灵";非市场手段和市场手段相结合,通过政策和制度的制定和实施、体制与机制的建立与健全,为贸易优势的获取与保持提供保障,有助于提升贸易竞争力。生产配套能力主要体现在相关产业与支持产业的发展,在价值链分工体系下,企业或者行业的发展需要上下游企业或相关产业、支持产业的配合才能很好地完成。Porter 的钻石模型认为,若一个行业能够获得相关和支持产业的支持,完善健全的生产配套能力有利于行业内企业创新,有利于行业内企业获取贸易优势,从而提升贸易竞争力。

(二)国内外市场开放程度等经济全球化要素对贸易竞争力的影响

在经济全球化背景下,中国实施的自贸区国家战略侧重促进稀缺要素的"引进来"和自我培育,"一带一路"倡议侧重推动丰裕要素和过剩产能的"走出去","引进来"和"走出去"有利于国内外开放程度的提升,为培育和获取经济要素和经济全球化要素提供了保障。经济全球化要素的培育提升了国内外市场开放程度,对内开放可以更好地实现要素市场化,建设市场化经济;对外开放可以更好地推进要素国际化,建设开放型经济(吴杨伟和王胜,2018a)。

新型经济全球化需要更高程度的开放和市场准入,倒逼国内体制机制、政府职能和市场机制改革,进一步提高对外市场开放程度。同时,要素流动离不开国外市场开放程度的提高。政府可以发挥积极的调节与促进作用,转变政府职能,对内改革体制与机制,对外开放要素与产品市场,通过产业政策和贸易政策的制定与实施,体制与机制的建立、健全与完善,提高国内外市场开放程度,优化要素配置,促进产业结构调整、贸易优势动态增进和价值链分工地位的提高。

综上所述,在"一揽子要素"中,物质资本是基础和载体,人力资本中的企业家是支配者,技术是主导者,而拓展要素可为物质资本、人力资本和技术等传统要素发挥作用提供支持和保障。技术进步依赖于高素质的人力资本,人力资本的投入有利于提高研发效率;人力资本对技术进步与科技创新、新产品研发有促进作用,离不开物质资本的基础和载体,人力资本只有通过合适的物质资本工具发挥媒介作用。市场规模的扩大、完善的国内外市场体系、开放的国内外市场等经济要素和经济全球化要素的培育与获取,物质资本、人力资本和技术才能实现合理配置和利用。作为"一揽子要素"的组成部分,无论是传统要素,还是经济要素和经济全球化要素,它们都会引起一国产业结构和贸易结构的变化,要素结构优化推动贸易优势动态增进,促进全球价值链地位的提高和贸易竞争力的提升。

六、要素结构变化对贸易竞争力影响机理的验证

人力资本和技术相对于一般劳动力和土地等是高级要素,市场规模、国内外市场开放程度等经济要素和经济全球化要素相对于传统要素是高级要素。物质资本、人力资本和技术等传统要素和市场规模、国内外开放程度等拓展要素都可以纳入"一揽子要素"的范畴,各部分的变化都会引起要素结构的变化。根据物质资本、人力资本、技术等传统要素和拓展要素影响贸易竞争力的途径与表现分析,物质资本是"一揽子要素"的基础和载体,为验证要素结构变化对贸易竞争力的影响机理,在不影响研究结论的基础上简化分析,用"资本劳动比"的变化衡量要素结构的变化,借鉴经典的"2×2×2"框架,验证要素结构变化对贸易竞争力的影响机理。

假定存在两个国家:发展中国家A和发达国家B,A相对于B是劳动相对丰裕的国家,B相对于A是资本相对丰裕的国家。生产中投入两种要素:资本K和劳动L。两个国家初始的资本和劳动要素存量是给定的,一般而言,发达国家相对于发展中国家,资本要素相对丰裕、劳动要素相对稀缺。生产两种产品:劳动密集型产品X_1和资本密集型产品X_2。这样,意味着A、B两国投入资本和劳动生产X_1、X_2两种产品。在要素积累的情况下,若一国的"资本劳动比"增加,意味着要素结构的优化。因为资本相对于劳动是高级要素,劳动是低级要素,"资本劳动比"的提高意味着可以投入更多的资本高级要素,高级要素的积累速度快于低级要素的积累速度,要素结构呈现优化升级的特征。因此,可以用"资本劳动比"的提高衡量要素结构的优化。

首先考察不存在要素流动情况下的要素积累,依据HO理论:两国根据各自初始要素禀赋决定的比较优势进行专业化分工、生产、贸易和分配,由于A国是劳动相对丰裕的国家,故A国的"资本劳动比"K_A/L_A相对较低,在劳动密集型产品X_1的生产上具有比较优势,生产产品X_1。同理,由于B国是资本相对丰裕的国家,故B国的"资本劳动比"K_B/L_B相对较高,在资本密集型产品X_2的生产上具有比较优势,生产产品X_2。两国按此分工和贸易,A国和B国分别向对方出口产品X_1和X_2,贸易双方都能从贸易中获取利益。但是,A、B两国的要素结构是动态变化的,根据要素结构变化的动

态比较优势理论和研究假设,分工和贸易加快了国家A的资本积累速度,优化A国的要素结构,使得A逐步具备生产产品X_2的要素条件。此时,国家A在生产产品X_2上从不具有比较优势向逐渐具有比较优势转变,国家B则逐渐丧失生产产品X_2的比较优势。最终,国家A在生产产品X_2上取得绝对优势和贸易竞争力。

在经济全球化背景下要素流动加速要素积累,结合要素的自主培育,一国要素结构动态变化(吴杨伟和王胜,2017b)。最初,由于A国劳动要素相对丰裕,A国生产产品X_1具有比较优势,生产产品X_2具有比较劣势。A国劳动相对丰裕而资本相对稀缺,在要素流动背景下,资本从低收益的B国流向高收益的A国,加之高级要素的自主培育,促进A国的资本积累,提高了A国的"资本劳动比",优化了A国的要素结构。这样,A国投入到生产中的资本比例相对增加、劳动比例相对减少。根据雷布钦斯基定理,当A国资本要素积累到一定程度,A国在生产劳动密集型产品X_1的同时,A国在资本密集型产品X_2的生产上逐渐具有比较优势,并逐步开始资本密集型产品X_2的生产,并且其产量将逐渐增加;劳动密集型产品X_1的生产则相对减少,直到停止该产品的生产。此时,A国在生产产品X_2上具有比较优势,而丧失了在生产产品X_1上的比较优势。进而,A国和B国形成新的专业化分工。该过程中,随着资本积累逐渐增加,A国要素结构优化促进产业和贸易结构优化,在产品X_2上从比较劣势转变为比较优势,提升了产品X_2的贸易竞争力。

进一步结合图4-1分析,令$y = pf(k)$,y表示A国和B国加总的产品单位产值,曲线OZ_1和OZ_2分别为产品X_1和X_2的单位产值[①];k表示A国生产中投入的"资本劳动比",可以用k衡量要素结构优化程度;随着A国资本要素的积累,k的取值逐渐增大,要素结构逐渐优化;直线EF分别和曲线OZ_1和OZ_2相切于E、F两点,对应横轴上的两点k_1^*和k_2^*分别表示A国生产产品X_1和X_2的"资本劳动比"临界值($k_1^* < k_2^*$);曲线$OEDG$和$OCFZ_2$分别表示A国生产产品X_1和X_2的单位产值。假设A国与B国具有相同的消费偏好、消费者的收入全部用于消费支出,在价格给定条件下,A国消费者对产品X_1的消费支出占其收入的比重为a_1,其对X_1的消费支出为a_1y。因此,曲线a_1y为A国消费者对产品X_1的单位消费支出曲线。对产品X_1而言,A国消费产品X_1达到均衡状态意味着A国消费者对产品X_1的消费支出和单位产值相等,即曲线a_1y与曲线$OEDG$相交于M点。M点为A国生产产品

[①] 曲线OZ_1和OZ_2由两国的专业化分工模式所决定(Deardorff,2001)。单位产值是指单位劳动生产的产品价值,亦指单位劳动的收入。

X₁的临界点,意味着 M 点为 A 国生产产品 X₁的比较优势变化临界点,该点在横轴上对应的"资本劳动比"为 k_0(k_0介于 k_1^* 和 k_2^* 之间);当 A 国生产中投入的"资本劳动比"k 没有达到 k_0 时,A 国生产产品 X₁更有比较优势和贸易竞争力,反之,A 国生产产品 X₂具有比较优势和贸易竞争力。

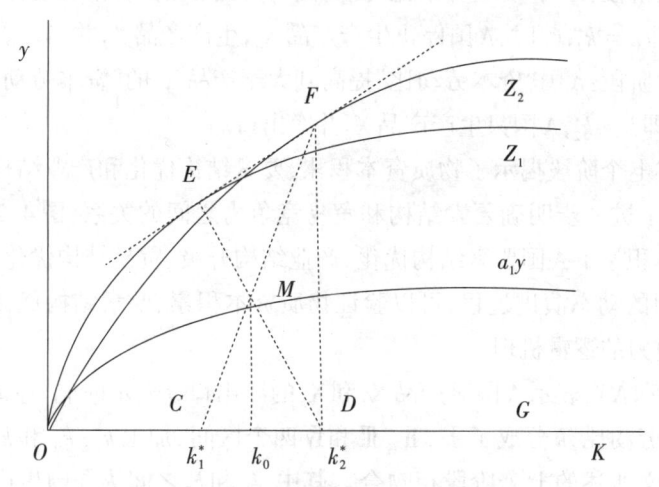

图 4-1　要素结构、贸易优势与产业结构

根据 A 国"资本劳动比"k、比较优势变化临界点 k_0 和"资本劳动比"临界值 k_1^* 和 k_2^* 的大小关系,可以将 A 国生产产品 X₁和 X₂分为七个阶段,该过程揭示了 A 国物质资本积累、要素结构优化、比较优势动态增进促进产业结构升级的动态过程。

第一阶段:A 国劳动要素相对丰裕而资本要素相对稀缺,在产品生产中更多的投入劳动要素;A 国"资本劳动比"小于生产产品 X₁的"资本劳动比"临界值 k_1^*,即 $k < k_1^*$,A 国生产产品 X₁有比较优势,A 国只生产产品 X₁并净出口。

第二阶段:A 国经济增长加快了资本要素的积累,A 国可投入生产过程中的资本要素持续增多,提高 A 国"资本劳动比";当 $k = k_1^*$ 时,达到了 A 国生产产品 X₁的"资本-劳动比"临界值,A 国生产产品 X₁达到最大并净出口,将生产产品 X₂。

第三阶段:A 国资本要素更多的积累,"资本劳动比"进一步提高,但没有达到比较优势变化临界点 k_0,即 $k_1^* < k < k_0$,A 国生产产品 X₁更有比较优势;在产品 X₁和 X₂中,将更多地生产产品 X₁并出口,产品 X₂的产量较少。

第四阶段:A 国"资本劳动比"提高到与比较优势变化临界点相等,即 $k = k_0$;A 国在生产产品 X₁和 X₂上的比较优势相当,A 国生产的产品 X₁和

X_2产量相当,满足A国消费需求,既不进口又不出口。

第五阶段:A国"资本劳动比"提高到大于比较优势变化临界点k_0,但低于产品X_2的"资本劳动比"临界值k_2^*,即:$k_0 < k < k_2^*$;此时,A国生产X_2更有比较优势,将更多地生产产品X_2并出口,产品X_1的产量减少。

第六阶段:A国"资本劳动比"提高到与产品X_2的"资本劳动比"临界值k_2^*相等,即$k = k_2^*$,此时,A国停止生产产品X_1,生产产品X_2并出口。

第七阶段:A国"资本劳动比"提高到大于产品X_2的"资本劳动比"临界值k_2^*时,即$k > k_2^*$,A国只生产产品X_2并净出口。

上述七个阶段揭示了物质资本积累、要素结构优化和产业结构升级的关系,为了进一步明确要素结构和贸易竞争力之间的关系,图4-2揭示了物质资本积累下A国要素结构优化、产业结构升级、贸易结构优化、提升贸易竞争力的动态演进过程,可以验证物质资本积累、要素结构优化与提升贸易竞争力的逻辑机理。

NX_1和NX_2表示A国对产品X_1和X_2的净出口,t表示时间,按时间将A国"资本劳动比"k分成了Ⅰ、Ⅱ、Ⅲ和Ⅳ四个区间,加上k_1^*、k_0和k_2^*三个时点,和前文所述的七个阶段相吻合。其中,k_1^*和k_2^*之间为A国生产多样化区间。在第一阶段(Ⅰ区间),A国只生产产品X_1,为净出口;不生产X_2,为净进口;在产品X_1上具有贸易竞争力。第二阶段(k_1^*时点),A国生产产品X_1达到最大,为净出口;将开始生产产品X_2,为净进口;在产品X_1上具有贸易竞争力。第三阶段(Ⅱ区间),A国生产产品X_1多于X_2,X_1为净出口,X_2为净进口;在产品X_1上具有贸易竞争力。第四阶段(k_0时点),A国生产产品X_1和X_2既不进口又不出口。第五阶段(Ⅲ区间),A国生产产品X_2多于X_1,X_2为净出口,X_1为净进口,在产品X_2上具有贸易竞争力。第六阶段(k_2^*时点),A国停止生产产品X_1,为净进口;继续生产X_2,为净出口;在产品X_2上具有贸易竞争力。第七阶段(Ⅳ区间),A国只生产产品X_2,为净出口;不生产X_1,为净进口;在产品X_2上具有贸易竞争力。

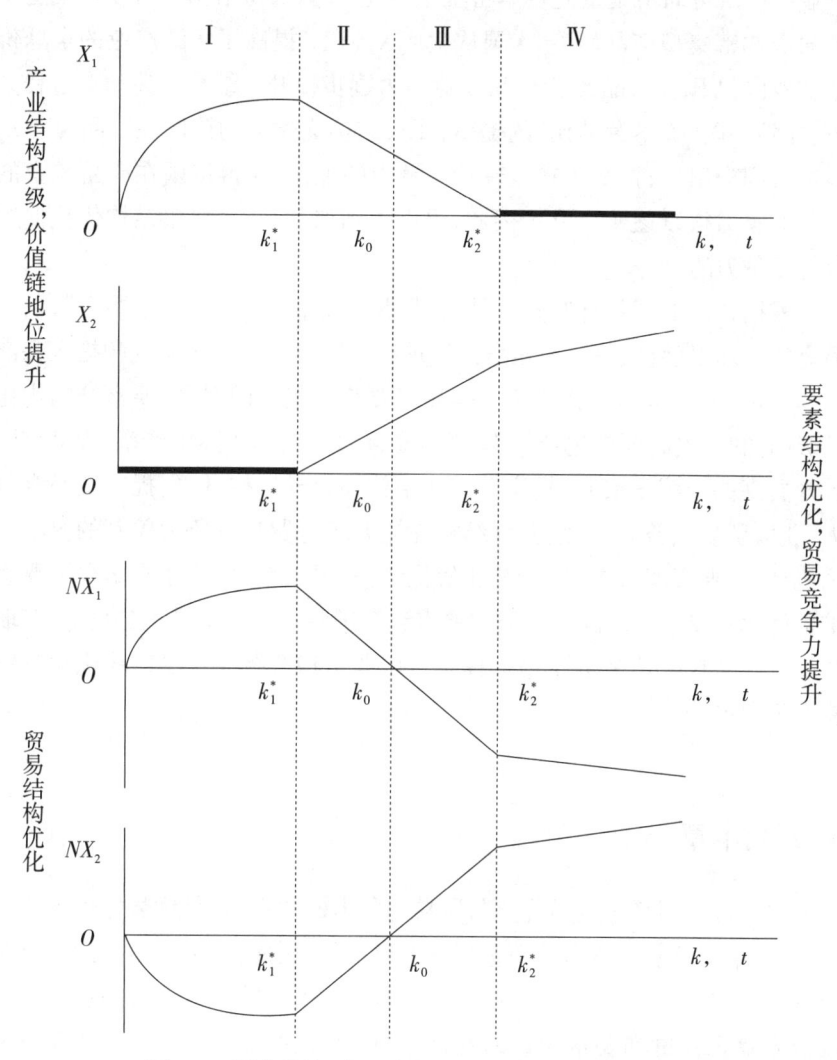

图4-2 要素结构、产业结构、价值链地位与贸易竞争力

在整个过程中,度量要素结构优化程度的"资本劳动比"持续变大,A国要素结构呈现优化特征,伴随要素结构优化,A国在产品 X_2 上从净进口到净出口,从不具有贸易优势和贸易竞争力转变为具有贸易优势和贸易竞争力,验证了要素结构优化对贸易竞争力的提升作用。具体而言,k、k_0、k_1^*、k_2^* 相互之间的关系决定了 A 国在产品 X_1 和 X_2 上要素结构变化对贸易结构和贸易竞争力的影响;X_1、X_2 的生产决定了 A 国的产业结构,NX_1、NX_2 决定了 A 国的贸易结构和产品的贸易竞争力。A 国逐渐从具有劳动要素比较优势向资本要素比较优势过渡,比较优势动态增进,A 国的

产业结构从劳动密集型向资本密集型转变,A国贸易结构从劳动密集型产品向资本密集型产品转变,A国从生产X_1到X_2,提高了A国产业的全球价值链地位,A国在产品X_2上的贸易竞争力逐步提升。结合上述动态过程分析,伴随一国"资本劳动比"的提高,要素结构优化推动该国在产品X_2上从净进口到净出口,提高了在全球价值链中的地位,使得该国在产品X_2上的贸易竞争力得以逐步提升。因此,可以得到如下结论,要素结构优化促进贸易竞争力的提升。

根据拓展的贸易优势理论认知,贸易优势根源于"一揽子要素",以贸易竞争力加以度量;一国要素积累体现出该国高级要素丰裕度的提升和产品的技术、人力资本和物质资本等高级要素密集度的提高;要素结构优化升级的同时,提高要素生产效率,尤其是高级要素的边际生产率,推动该国进入更高的经济发展阶段,实现产业结构和贸易结构升级,提升贸易竞争力,获取贸易收益。因此,要素结构优化升级与贸易竞争力关系的核心理论机理为:要素禀赋差异(传统比较优势)—要素培育、积累与集聚—要素结构优化—要素重新配置—新型要素组合国际分工—贸易优势培育、获取与增进—全球价值链分工地位提升—产业结构升级与贸易结构优化—贸易竞争力提升。

七、本章小结

本章首先阐释了贸易优势与贸易竞争力的关系,贸易优势体现为贸易竞争力,采用贸易竞争力的衡量指标加以度量,因此,贸易竞争力的根源在于"一揽子要素","一揽子要素"是贸易竞争力的影响因素。贸易竞争力不仅依靠要素存量和要素增量的变化,更依赖于通过引进、消化、吸收和投资、创新、并购等途径实现要素培育和要素质量的提升,需要注重高级要素的培育,贸易竞争力的获得和提升是要素数量和要素质量共同决定的要素结构优化升级的结果。以贸易竞争力衡量贸易优势,根源于"一揽子要素"为代表的要素结构优化升级,决定于在新型要素组合国际分工中的地位,既是对以往贸易理论关于贸易优势来源与决定解释的统一,又是对以往贸易理论关于贸易优势来源与决定解释的发展。

贸易优势理论的认知拓展仍在于分析要素结构变化对贸易竞争力的影响,通过对传统要素和拓展要素影响贸易竞争力的机理分析可知,高级要素的积累与集聚促进要素结构优化,主要表现在:传统要素人均物质资本的提升、人力资本的增值和技术进步,以及经济要素市场规模的扩大和经济全球化要素国内外市场开放程度的提高,要素结构优化升级有利于提升产业全球价值链地位,促进贸易结构和产业结构升级,获取贸易优势,进而提升贸易竞争力。通过梳理得到的要素结构变化影响贸易竞争力的机理,将在后文中加以实证验证。

第五章
中国制造业要素结构与贸易竞争力的测算

贸易优势是一国的产业及企业在国际贸易中获得收益的有利形势或条件,以贸易竞争力来衡量贸易优势,一国要获取贸易优势,该国出口的产品和生产该产品的产业就必须具有国际竞争力。一国贸易优势由该国贸易竞争力水平加以衡量,产业贸易优势由该产业的贸易竞争力衡量,企业贸易优势由该企业的贸易竞争力加以衡量。产业贸易竞争力是贸易竞争力的核心,而产业贸易竞争力的测度是建立在相应测量指标的确定及对应数据获取的基础之上。

本章以中国制造业为研究对象,主要分析中国制造业行业要素投入结构和行业贸易竞争力的现实特征,通过制造业行业要素投入数据和贸易竞争力数据的测算与分析,既能明晰各制造业行业投入的要素特征和在全球价值链中的真实地位,又可以为后文的实证分析提供数据支持。一方面,制造业是一国国民经济的主体和支柱,是一国的立国之本,打造具有国际竞争力的制造业,是中国提升综合国力、建设世界强国的必由之路,开展中国制造业行业贸易竞争力的研究具有极强的研究意义和现实价值。另一方面,贸易优势理论解释了要素结构变化与贸易竞争力之间的关系,认为行业要素结构优化利于提升行业贸易竞争力,该理论机理有待实证加以进一步验证。

一、WIOD2016和《国民经济行业分类》的行业分类与归并

(一)行业类别简介

在全球价值链分工体系下,需要结合增加值贸易统计下贸易增加值的分解和测算,才能更加真实地研究中国制造业行业贸易竞争力。官方发布的具有较好研究价值的贸易增加值数据库主要有欧盟资助的WIOD数据库、经合组织和世界贸易组织编制的OECD ICIO(Tiva)数据库。OECD ICIO官方数据只更新到2011年,WIOD最新的官方数据库WIOD2016更新到2014年。相对更新的数据利于提高研究的准确性和针对性,因此,本书选取WIOD2016数据库数据。另外,由于本书确定的研究对象为中国制造业,需要使用制造业行业的要素投入数据,这就涉及不同数据库数据的选择、归并和处理,首先需要根据WIOD2016的产业分类和《国民经济行业分类》进行行业归并。

WIOD2016于2016年11月发布,时间跨度为2000至2014年,包含43个国家、56个产业部门的投入产出数据,产业划分依据和标准为ISIC.4。

其中,制造业代码为C5至C22,共18个行业,对应的ISIC.4产业代码见表5-1。

中国《国民经济行业分类》国家标准于1984年首次发布,产业分类经历了4次较大的调整,分别是《国民经济行业分类》(1992修订本、2002修订本、2011修订本和2017修订本),其中涉及的制造业行业分别为30、30、31和31个。国内各类统计年鉴从1993年、2003年、2012年、2018年依次开始实行《国民经济行业分类》(1992修订本)(GB/T4754-1992)、《国民经济行业分类》(2002修订本)(GB/T4754-2002)、《国民经济行业分类》(2011修订本)(GB/T4754-2011)、《国民经济行业分类》(2017修订本)(GB/T4754-2017)。

这样,在本书研究的样本期2003至2014年,就存在WIOD2016和中国《国民经济行业分类》(2002修订本和2011修订本)的不同行业分类标准,由于各自行业分类存在明显差异,需要对各个数据库数据建立归并关系,不同的行业分类及对照见表5-1。

表5-1 WIOD数据库产业分类和中国产业分类标准对照表

WIOD2016产业分类					
WIOD代码	ISIC.4代码	ISIC.4行业名称(中文)	WIOD代码	ISIC.4代码	ISIC.4行业名称(中文)
c5	C10-C12	食品、饮料和烟草制品的制造	c14	C23	其他非金属矿物制品的制造
c6	C13-C15	纺织品、服装、皮革和相关产品的制造	c15	C24	基本金属的制造
c7	C16	木材、木材制品及软木制品的制造(家具除外)、草编制品及编织材料物品的制造	c16	C25	金属制品的制造,机械设备除外
c8	C17	纸和纸制品的制造	c17	C26	计算机、电子产品和光学产品的制造
c9	C18	记录媒介物的印制及复制	c18	C27	电力设备的制造
c10	C19	焦炭和精炼石油产品的制造	c19	C28	未另分类的机械和设备的制造
c11	C20	化学品及化学制品的制造	c20	C29	汽车、挂车和半挂车的制造

续表

WIOD2016产业分类					
WIOD代码	ISIC.4代码	ISIC.4行业名称（中文）	WIOD代码	ISIC.4代码	ISIC.4行业名称（中文）
c12	C21	基本医药产品和医药制剂的制造	c21	C30	其他运输设备的制造
c13	C22	橡胶和塑料制品的制造	c22	C31—C32	家具制造、其他制造业

国民经济行业标准2002				国民经济行业标准2011			
国标代码	行业名称	国标代码	行业名称	国标代码	行业名称	国标代码	行业名称
13	农副食品加工	28	化学纤维制造	13	农副食品加工业	28	化学纤维制造
14	食品制造	29	橡胶制品	14	食品制造业	29	橡胶和塑料制品业
15	饮料制业	30	塑料制品	15	酒、饮料和精制茶制造业	30	非金属矿物制品业
16	烟草制品	31	非金属矿物制品	16	烟草制品业	31	黑色金属冶炼和压延加工业
17	纺织业	32	黑色金属冶炼及压延加工	17	纺织业	32	有色金属冶炼和压延加工业
18	纺织服装、鞋、帽制造	33	有色金属冶炼及压延加工	18	纺织服装、服饰业	33	金属制品
19	皮革、毛皮、羽毛（绒）及其制品	34	金属制品	19	皮革、毛皮、羽毛及其制品和制鞋业	34	通用设备制造
20	木材加工及木、竹、藤、棕、草制品	35	通用设备制造	20	木材加工及木、竹、藤、棕、草制品业	35	专用设备制造
^	^	^	^	^	^	36	汽车制造
21	家具制造	36	专用设备制造	21	家具制造业	37	铁路、船舶、航空航天和其他运输设备制造

续表

WIOD2016产业分类						
WIOD代码	ISIC.4代码	ISIC.4行业名称（中文）	WIOD代码	ISIC.4代码	ISIC.4行业名称（中文）	
22	造纸及纸制品	37	交通运输设备制造	22	造纸和纸制品	38	电气机械和器材制造
23	印刷业和记录媒介的复制业	39	电气机械及器材制造	23	印刷和记录媒介复制业	39	计算机、通信和其他电子设备制造
24	文教体育用品制造	40	通信设备、计算机及其他电子设备制造	24	文教、工美、体育和娱乐用品制造业	40	仪器仪表制造
25	石油加工、炼焦及核燃料加工	41	仪器仪表及文化办公用机械制造业	25	石油加工、炼焦和核燃料加工业	41	其他制造业
26	化学原料及化学制品制造	42	工艺品及其他制造业	26	化学原料和化学制品制造	42	废弃资源综合利用业
27	医药制造	43	废弃资源和废旧材料回收加工业	27	医药制造	43	金属制品、机械和设备修理业

资料来源：作者根据资料整理而得。

（二）行业归并说明与处理

样本期内中国国内采用《国民经济行业分类》（2002修订本和2011修订本）进行产业分类，而WIOD数据库以ISIC标准进行产业分类，鉴于国内外不同数据库对行业分类标准和数据统计口径不一致，需要将国内外不同产业分类数据进行归并。由于采用的WIOD2016数据库，包括43个国家或地区的56个产业部门，其中制造业为18个产业，需要将2003至2014年中国制造业《国民经济行业分类》（2002修订本和2011修订本）中的30和31个制造业行业分别归并入WIOD2016的18个制造业行业，作为本书研究中国2003至2014年制造业的动态面板样本数据，以2003年为样本基期，进行数据拆分和合并。

对样本期间国内外不同数据库制造业行业数据进行分类归并时,主要面临三方面问题:

首先,《国民经济行业分类》(2002修订本)和《国民经济行业分类》(2011修订本)之间行业分类差异。具体表现如下:《国民经济行业分类》(2002修订本)的制造业共30大类,第38类空缺,代码从"13"到"43"。《国民经济行业分类》(2011修订本)的制造业共31大类,代码从"13"到"43":将《国民经济行业分类》(2002修订本)中的行业29类和30类合并为29类;将《国民经济行业分类》(2002修订本)中的行业37类分解为《国民经济行业分类》(2011修订本)中的行业36类和37类,以此和WIOD中的行业c20和c21分别对应。[①]《国民经济行业分类》(2002修订本)的行业41至43类与《国民经济行业分类》(2011修订本)的行业40至43类并非一一对应关系,这两个分类标准的差异使得在不同数据之间归并前,首先需要对《国民经济行业分类》(2002修订本)和《国民经济行业分类》(2011修订本)的产业分类进行统一。

其次,《国民经济行业分类》与WIOD2016行业分类差异。具体表现如下:WIOD2016将制造业行业分为18类,代码从"c5—c22";需要将WIOD2016的18个制造业行业和《国民经济行业分类》(2002修订本)的30个制造业行业、《国民经济行业分类》(2011修订本)的31个制造业行业相匹配,例如WIOD2016中的行业"c5"和《国民经济行业分类》(2002修订本)、(2011修订本)中的行业"13—16"对应,"c6"与"17—19"相对应。需要特别说明,在WIOD2016的行业"c22家具制造、其他制造业"与《国民经济行业分类》行业数据归并时,由于《国民经济行业分类》(2011修订本)和《国民经济行业分类》(2002修订本)之间本身存在行业分类差异,加之WIOD2016与《国民经济行业分类》的行业分类差异,样本期内部分年鉴只给出行业大类数据而未列出行业小类数据,这就给数据处理和归并带来困难。由于数据统计方法和口径的不同,为了减少数据统计误差,本书保留"c22家具制造、其他制造业"中的"家具制造",删除了"其他制造业"相关行业数据信息。

再次,《中国工业经济统计年鉴》和《中国统计年鉴》各年相互之间存在行业分类差异。例如,《中国工业经济统计年鉴》(2004—2015)中:2004至2010年的"仪器仪表及文化、办公用机械制造业""工艺品及其他制造业"

[①] 在将《国民经济行业分类》(2002修订本)中的行业37类分解为《国民经济行业分类》(2011修订本)中的行业36类和37类时,本书主要考虑两个因素加以测算:第一,参考2012至2014年两个行业各自数据及占比;第二,结合2004至2012年《中国工业经济统计年鉴》相关数据。

"废弃资源和废旧材料回收加工业",2011年的"仪器仪表及文化、办公用机械制造业""工艺品及其他制造业""废弃资源和废旧材料回收加工业",2012—2015年的"仪器仪表制造业""其他制造业""废弃资源综合利用业""金属制品、机械和设备修理业"。由于2004—2010年各年年鉴中并没有"仪器仪表及文化、办公用机械制造业"细分行业的统计数据,而且各年间统计方法和口径的差异,导致样本期间上述行业的归并存在一定困难,为避免数据归并可能造成的偏误,部分行业数据需要做剔除处理。

最后,年鉴中部分年份和部分行业数据缺失。需要对缺失值进行差值估计,本书采用前后各1年的平均值加以测算,如2004年《中国工业经济统计年鉴》中部分行业数据。2005至2008年行业13的数据缺失,本书取最小值1。另外,本书修改了年鉴中部分数据的错误。

参考黄勇峰和任若恩(2002)、陈诗一(2011)、余永泽等(2017)的做法,结合研究样本特征,本书按照以下方法建立不同分类标准数据库的行业归并关系:

与WIOD数据归并时部分行业需要拆分、合并、删减,删除《国民经济行业分类》(2002修订本)中的"43废弃资源和废旧材料回收加工业",合并"29橡胶制品"和"30塑料制品",建立WIOD行业数据和《国民经济行业分类》(2002修订本)更加细分行业数据的归并关系,具体如下:WIOD数据中的行业c5对应《国民经济行业分类》中的行业13—16,c6对应17—19,c7对应20,c8对应22,c9对应23,c10对应25,c11对应26,c12对应27,c13对应29和30,c14对应31,c15对应32和33,c16对应34,c17对应40,c18对应39,c19对应35和36,c20和c21对应37,c22对应21[①]。

与WIOD数据归并时,删除《国民经济行业分类》(2011修订本)中的"42废弃资源综合利用业"和"43金属制品、机械和设备修理业",建立WIOD行业数据和《国民经济行业分类》(2011修订本)行业数据的归并关系,具体如下:WIOD数据中的行业c5对应国内各类数据产业中的行业13—16,c6对应17—19,c7对应20,c8对应22,c9对应23,c10对应25,c11对应26和28,c12对应27,c13对应29,c14对应30,c15对应31和32,c16对应33,c17对应39,c18对应38,c19对应34和35,c20对应36,c21对应37,c22对应21。

---

① 相应的行业分别以代码表示。由于样本期间部分年份的数据统计方法和口径差异,在对WIOD数据库和《国民经济行业分类》建立行业归并关系时,为避免数据统计方法和口径差异可能带来的估计偏误,本书以《国民经济行业分类》(2002修订本)和(2011修订本)的行业"21家具制造"与WIOD数据库的行业"c22家具制造、其他制造业"建立归并关系。为不影响研究结果的准确性,其他未列名的行业加以剔除处理。

经过上述处理,将国内不同数据库中数据和WIOD2016的18个制造业行业数据建立了归并关系。这样的数据归并处理,相对最大限度地保留了原始数据的可靠性,降低了不同统计口径和方法差异可能对数据归并结果的影响。剔除的部分行业数据在整体中所占行业比重和数据比例相对较少,对整体数据可用性影响较小。

(三)本书行业分类方法

对于归并后的数据,本书采取两种不同的行业分类方法加以分类,便于后文实证分析时开展分行业的异质性检验,分类方法及具体分类如下:

1. 劳动、资本和技术密集型行业三分类法

参考谢建国(2003)、邱斌(2012)、Los et al.(2015)对产业分类的标准,将18个制造业行业部门分为三类,即劳动密集型制造业行业、资本密集型制造业行业和技术密集型制造业行业。具体而言,行业c5、c6、c7、c22为劳动密集型制造业部门,行业c17—c21为技术密集型制造业部门,行业c8—c16为资本密集型制造业部门。

2. 低技术、中低技术和中高与高技术行业三分类法

按照WIOD数据库的划分方式和OECD的制造业技术分类标准,参考Stöllinger(2013)的方法,将制造业分为三类:低技术行业、中低技术行业和中高与高技术行业,即:c5—c9、c22为低技术行业,c10、c13—c16为中低技术行业,c11、c12、c17—c21为中高与高技术行业。具体而言,低技术行业包括"c5食品、饮料和烟草制品的制造""c6纺织品、服装、皮革和相关产品的制造""c7木材、木材制品及软木制品的制造(家具除外)、草编制品及编织材料物品的制造""c8纸和纸制品的制造""c9记录媒介物的印制及复制"和"c22家具制造、其他制造业"[①];中低技术行业包括"c10焦炭和精炼石油产品的制造""c13橡胶和塑料制品的制造""c14其他非金属矿物制品的制造""c15基本金属的制造"和"c16金属制品的制造,机械设备除外";中高与高技术行业包括"c11化学品及化学制品的制造""c12基本医药产品和医药制剂的制造""c17计算机、电子产品和光学产品的制造""c18电力设备的制造""c19未另分类的机械和设备的制造""c20汽车、挂车和半挂车的制造"和"c21其他运输设备的制造"。

---

① 由于WIOD数据库、国民经济行业分类、《中国工业经济统计年鉴》、《中国科技统计年鉴》、《中国劳动统计年鉴》、UN Comtrade数据库等对于制造业行业分类存在一定的差异,部分数据数据缺失(如《中国工业经济数据库》中部分年份存在"废弃资源和废旧材料回收加工业",部分年份缺失),为了避免各年份数据统计口径的不一致,尤其是WIOD数据库的c22类,本书保留了其中的家具制造业数据。

二、中国制造业行业要素结构的现实特征

(一)分行业物质资本现实特征分析

在新古典国际贸易理论中,"资本劳动比"是衡量资本和劳动两种生产要素相对丰裕程度的重要指标,属于狭义要素结构的范畴,新古典国际贸易理论认为要素结构变化即"资本劳动比"发生变化。因此,在分析物质资本对行业贸易竞争力的影响时,不仅需要考虑行业总的物质资本存量变化,更应该注重考察"资本劳动比"的变化对行业贸易竞争力的影响。作为发展中国家,长期以来,中国呈现出一般劳动力相对丰裕、物质资本相对稀缺的总体特征,资本劳动比相对较低,中国在劳动密集型产业和产品上具有贸易优势和贸易竞争力。

索洛经济增长模型认为,经济动态均衡时,较低的资本劳动比对应的产出相对较低。中国及其产业的贸易优势和贸易竞争力受资本劳动比影响,由于劳动力相对丰裕,应集中于劳动密集型产业的生产并出口。伴随经济的发展和物质资本的积累,资本劳动比发生明显变化,由于生产中劳动力和资本的相互替代,要素在不同行业和企业间重新配置,引发劳动力和资本的价格发生变化,进而影响劳动力和资本的边际生产率和边际产出,生产异质性产品以满足不同的消费者偏好,使得以产品相对价格体现的贸易优势和贸易竞争力发生变化。

结合本书在要素结构变化对贸易竞争力影响机理验证中的分析,采用行业资本劳动比衡量行业物质资本的变化,该方法亦得到大多数文献的支持。[①]该方法需要分别获取行业物质资本存量与行业劳动力人数数据,并利用公式(5.1)加以测算,得出行业资本劳动比(kl)数据。式(5.1)中,k_{it}表示行业i在第t年的物质资本存量,l_{it}表示行业i在第t年的行业劳动力人数,kl_{it}表示行业i在第t年的资本劳动比。

$$kl_{it} = \frac{k_{it}}{l_{it}} \tag{5.1}$$

对于行业i在第t年的劳动力人数l_{it},可以直接采用行业i在第t年的平均用工人数加以度量,数据来源于《中国统计年鉴》(2004—2015)、《中国工业经济统计年鉴》(2004—2015)和《中国劳动统计年鉴》(2004—2015)。对于行业i在第t年的物质资本k_{it},本书采用行业i在第t年的物质资本存量加

[①] 此外,出于不同的研究需要,部分学者采用资本深化度量物质资本,如余东华和孙婷(2017)、余东华等(2018)、刘维林等(2014),用行业固定资产净值与行业从业人员年平均人数的比值表示;部分学者采用要素密集度指数(资本存量与劳动力存量的比值)衡量,如张纪(2013)、王金敏(2018)。

以度量,数据来源于《中国工业经济统计年鉴》(2004—2015)和《中国统计年鉴》(2004—2015)。样本期间各制造业行业的劳动力数据见表5-2：

表5-2 2003—2014年制造业各行业部门劳动力数量

单位：万人

年份 行业	2003	2004	2005	2006	2007	2008	2009	2010	2011	2012	2013	2014
c5	393	423	452	478	519	602	639.4	696	694.3	745.5	796.8	829.9
c6	954	1060	1166	1239	1297	1384	1324	1371	1231	1235	1238	1256
c7	63.8	73.6	83.3	91.6	106	131	130.7	142.3	128.7	133.4	138.1	142.3
c8	114	122	130	135	138	152	152.6	157.9	146.8	143.6	140.4	138.1
c9	59.4	63.2	66.9	69	72.4	82	82.13	85.06	70.98	81.62	92.26	95.91
c10	59.7	67	74.4	76.8	80.6	86	84.95	92.15	96.12	95.32	94.51	96.84
c11	311	326	340	358	380	430	440.5	474.1	454.9	474.9	494.9	498.9
c12	115	119	123	130	137	151	160.5	173.2	178.6	193.6	208.6	222.4
c13	203	233	263	284	312	353	357.8	386.2	347.7	341	334.9	342
c14	396	407	418	426	448	499	508.9	544.6	517	542.8	568.6	595.2
c15	363	390	418	433	461	499	500.7	537.2	532.5	576.7	620.9	613.5
c16	171	197	223	248	273	327	319.3	344.6	311.5	341.7	372	380.1
c17	273	357	440	505	588	677	663.6	772.8	819.5	850	880.5	906.6
c18	265	316	367	404	449	528	535	604.3	599.6	611.4	623.2	637.8
c19	489	532	575	613	677	802	795.8	873.6	817.5	823.3	828.2	844.6
c20	218	232	247	262	286	331	348.8	401.6	405.6	415.8	426	477.3
c21	93.5	99.6	106	112	123	142	149.5	172.1	173.8	180.7	187.8	193.3
c22	43.4	57.3	71.3	83.8	91.3	104	98.56	111.7	106.4	111.1	115.8	120.1

数据来源：作者根据《中国工业经济统计年鉴》(2004—2015)、《中国统计年鉴》(2004—2015)和《中国劳动统计年鉴》(2004—2015)整理计算。

在经济研究中,物质资本对于产品生产具有举足轻重的作用,是企业生产产品所必需的生产要素之一。但是,作为经济问题研究不可或缺的影响因素,目前并没有相应的官方数据可以直接使用,学界对物质资本存量的计算也尚未形成统一的估算方法,出于不同的估算方法和研究目的,不同的估算结果可能会导致同一研究问题的研究结论差异。到目前为止,国内学者从国家、省份和行业不同层面分别加以估算,主要运用Goldsmith提出的永续盘存法(PIM),围绕全国和各省份的物质资本存量展开,对于行业物质资本存量的研究相对较少。

全国层面物质资本存量估算方面的研究,以单豪杰(2008)为代表,贺菊煌(1992)、Jefferson et al.(1992)、张军和章元(2003)、李治国和唐国兴(2003)等研究运用非PIM方法从国家层面估算了资本存量,这些研究大多只估计了历史价格基础上的折旧率,而没有估计资本品的相对效率模式,是不准确的;而吴方卫(1999)、黄勇峰等(2002)、Young(2003)、王益煊和吴优(2003)、白重恩等(2007)用PIM方法进行了测算。

省份层面物质资本存量估算方面的研究,以张军等(2004)为代表,以及郝枫(2006)、单豪杰(2008)等运用PIM方法从区域省份层面进行了估算。

行业层面物质资本存量估算方面的研究相对较少,金戈(2012)估算了基础设施的资本存量,吴方卫(1999)利用PIM法估算农业部门的资本存量,黄勇峰等(2002)、田友春(2016)估算了制造业部门的资本存量,余永泽等(2017)估算了1985至2004年中国37个制造业部门的行业资本存量。

结合上述分析,Goldsmith提出的永续盘存经典估计方法被学术界广泛采用,该方法具体采用相对效率几何下降的模式,资本存量的估算公式如下:

$$k_{it} = k_{i(t-1)}(1-\delta_{it}) + I_{it} \tag{5.2}$$

式(5.2)中,k_{it}表示行业i在第t年的物质资本存量,$k_{i(t-1)}$表示行业i在第$(t-1)$年的物质资本存量(关键是行业基期资本存量k_{i0}的确定),δ_{it}表示行业i在第t年的资本折旧率,I_{it}表示行业i在第t年的投资额。这样,该公式可表述为:

$$物质资本存量_{it} = 物质资本存量_{i(t-1)}(1-折旧率_{it}) + 可比价投资额_{it} \tag{5.3}$$

对于式(5.2)和式(5.3)中这四个变量的确定,目前尚无一个统一的标准,不同学者采用不同方法估算。到目前为止,学界对投资额I_{it}的估算争议较少,在以往固定资本投资额的基础上增加无形资产的统计,主要采用行业i在第t年的资本形成总额或固定资本形成总额度量,使得估计结果更加合理(张军等,2004;单豪杰,2008)。根据《中国统计年鉴》(2004—2015)和《中国工业经济统计年鉴》(2004—2015)数据,本书采用各年各行业固定资产原值之差得到当年价格的新增投资额,进而得到可比价(全部口径)投资额,并估算行业物质资本存量,相应的计算公式为:

$$可比价投资额_{it} = \frac{当年价格的新增投资额_{it}}{固定资产投资价格指数_{it}} \tag{5.4}$$

固定资产投资价格指数(以便折算到不变价格):对于固定资产投资价

格指数的选取,本书直接采用《中国统计年鉴》(2004—2015)提供的固定资产投资价格指数,对于缺省的指数,采用各行业固定资产投资价格指数代替。

学界对行业基期物质资本存量 k_{i0} 和折旧率 δ_{it} 的确定存在较大争议。对于行业基期物质资本存量 k_{i0},现有文献一般将基期确定为1952年、1978年、1980年和1985年,不同方法估算的基期存量差异较大。张军等(2004)、单豪杰(2008)等对于1952年各行业的资本存量,采用各行业1953年的实际资本形成额除以平均折旧率和1953—1957年投资增长率的平均值之和。本书参考陈诗一(2011)、余永泽(2017)采用的方法,以1985年为基期,估算各年制造业分行业的固定物质资本存量。

行业折旧率 δ_{it} 的大小对资本存量的估算结果相当敏感,[①]对于折旧率的确定,参考余永泽等(2017)的研究,因为《中国工业经济统计年鉴》(2004—2009)提供了规模以上工业分行业的当年折旧和固定资产原值,可以利用当年折旧与上一年固定资产原值的比例计算出相应年份的固定资产折旧率。对于2010至2014年的固定资产折旧率,可以根据《中国工业经济统计年鉴》(2011—2015)提供的年份工业行业固定资产原值和净值数据估算出不同行业相应年份的固定资产折旧率。计算公式如下:

$$累计折旧_{it} = 固定资产原值_{it} - 固定资产净值_{it} \quad (5.5)$$

$$本年折旧_{it} = 累计折旧_{it} - 累计折旧_{i(t-1)} \quad (5.6)$$

$$折旧率_{it} = 本年折旧_{it} / 固定资产原值_{it} \quad (5.7)$$

式(5.5)、(5.6)、(5.7)中,t 和 $(t-1)$ 分别表示当期和前一期。这样,可以估算出样本期间2003至2014年各制造业行业的固定资产折旧率数据。

由于不同的指标处理方法可能得到不同的行业资本存量估算数据,因此,本书采用近年来被广泛使用的永续盘存法PIM,结合2003至2014年行业数据,根据上述确定四个变量的方法,估算出各年各制造业行业的物质资本存量,见表5-3。这也是本书在数据处理上的特色之一,为后续研究提供相对准确的基础数据。

---

① 孙琳琳和任若恩(2005)证明了只有在生产性资本存量相对效率几何下降的模式中,折旧率和重置率相等,此时,资本存量财富才等同于生产性资本存量。因此,在使用永续盘存法进行估算时,基于资本品相对效率几何下降模式的假定,采用表示几何效率递减的资本品余额折旧法:$d_r = (1-\delta)^T$。式中的 d_r 表示旧资本品相对于新资本品的边际生产效率。借鉴黄勇峰和任若恩(2002)的方法,假定法定残值率可以替代 d_r,δ 表示折旧率(重置率),T 表示时期。参考张军等(2004)、单豪杰(2008),假定建筑使用年限为38年,设备使用年限为16年,估算的建筑折旧率为8.12%,设备折旧率为17.08%;之后,根据年鉴提供的建筑和设备二者之间的结构比重,对折旧率进行加权平均处理,得出每年的折旧率为10.96%;由于根据现有资料数据很难区分不同行业的折旧率,因此,各行业统一采用折旧率10.96%。实际上,采用上述方法估算出的一个不变的折旧率数值来衡量不同年份、不同行业的折旧率方法可能过于粗糙。

表5-3　2003—2014年制造业各行业部门物质资本存量

单位：亿元

年份 行业	2003	2004	2005	2006	2007	2008	2009	2010	2011	2012	2013	2014
c5	2739	2955	3101	3335	3720	4512	5109	5922	6599	7475	8641	9678
c6	2944	3199	3301	3516	3761	4309	4434	4884	5072	5591	6037	6564
c7	253	298	313	346	399	535	573	696	735	830	958	1116
c8	883	1043	1194	1270	1372	1586	1679	1893	2073	2195	2316	2395
c9	349	393	414	437	461	539	568	619	574	648	763	862
c10	1447	1617	1825	2046	2141	2411	2966	3506	3720	4010	4279	4708
c11	2985	3195	3550	4165	4571	5461	6277	7436	8272	9321	10901	12114
c12	717	836	956	1027	1129	1296	1416	1579	1724	1931	2316	2697
c13	988	1228	1264	1373	1528	1812	1955	2224	2392	2547	2644	3209
c14	2183	2500	2620	2819	3067	3791	4301	5130	5775	6473	7297	8030
c15	4397	5088	5746	6681	7687	9273	10404	12188	12981	14625	16137	17322
c16	442	553	633	755	925	1301	1481	1766	1933	2572	2945	3720
c17	1664	2193	2478	2776	3281	3865	4083	5385	5059	5810	6515	6974
c18	1123	1289	1394	1532	1737	2286	2634	3236	3824	4301	4796	5174
c19	2787	2561	2679	2945	3330	4416	4865	5963	6276	6600	7500	8396
c20	1311	1479	1686	1879	2202	2769	3098	3624	4082	4352	4994	5851
c21	618	696	794	885	1037	1303	1456	1703	1918	2062	2219	2286
c22	123	156	175	217	259	294	311	369	402	483	561	639

数据来源：作者根据《中国工业经济统计年鉴》整理计算。

将2003至2014年制造业各行业部门的物质资本存量和劳动力数据代入公式(5.1)，可以得到2003至2014年制造业各行业部门的资本劳动比kl，见表5-4。

表5-4　2003—2014年制造业各行业部门资本劳动比

单位：亿元/万人

年份 行业	2003	2004	2005	2006	2007	2008	2009	2010	2011	2012	2013	2014
c5	6.97	6.99	6.86	6.98	7.16	7.49	7.99	8.508	9.505	10.03	10.85	11.66
c6	3.09	3.02	2.83	2.84	2.9	3.11	3.349	3.563	4.12	4.528	4.875	5.225
c7	3.96	4.05	3.76	3.78	3.76	4.07	4.385	4.891	5.712	6.223	6.939	7.843
c8	7.75	8.55	9.17	9.42	9.92	10.4	11.0	11.99	14.13	15.29	16.5	17.34
c9	5.87	6.22	6.19	6.34	6.37	6.57	6.916	7.277	8.087	7.939	8.27	8.988
c10	24.3	24.1	24.5	26.6	26.6	28.0	34.91	38.05	38.7	42.07	45.28	48.62

续表

年份 行业	2003	2004	2005	2006	2007	2008	2009	2010	2011	2012	2013	2014
c11	9.59	9.81	10.4	11.6	12.0	12.7	14.25	15.68	18.19	19.63	22.03	24.28
c12	6.21	7.01	7.74	7.88	8.22	8.6	8.824	9.118	9.653	9.975	11.11	12.13
c13	4.86	5.27	4.81	4.84	4.9	5.14	5.464	5.758	6.879	7.462	7.895	9.382
c14	5.51	6.14	6.27	6.61	6.84	7.6	8.451	9.42	11.17	11.93	12.83	13.49
c15	12.1	13.1	13.7	15.4	16.7	18.6	20.78	22.69	24.38	25.36	25.99	28.23
c16	2.58	2.8	2.84	3.04	3.38	3.98	4.638	5.124	6.205	7.526	7.917	9.786
c17	6.08	6.15	5.64	5.5	5.58	5.71	6.152	6.969	6.173	6.835	7.399	7.693
c18	4.24	4.08	3.8	3.79	3.87	4.33	4.923	5.355	6.377	7.035	7.696	8.112
c19	5.7	4.81	4.66	4.8	4.92	5.51	6.114	6.826	7.673	8.019	9.055	9.94
c20	6.01	6.36	6.83	7.17	7.7	8.36	8.881	9.024	10.06	10.47	11.72	12.26
c21	6.61	6.99	7.51	7.88	8.46	9.18	9.739	9.894	11.03	11.41	11.83	11.82
c22	2.83	2.72	2.46	2.59	2.84	2.82	3.155	3.303	3.777	4.346	4.843	5.323

数据来源：作者计算整理。

结合表5-4，可知"c10 焦炭和精炼石油产品的制造业"的资本劳动比最高，其次为"c15 基本金属的制造"。"c6 纺织品、服装、皮革和相关产品的制造"和"c22 家具制造、其他制造业"的资本劳动比相对最低。总体而言，资本密集型制造业行业部门的资本劳动比整体相对较高，技术密集型制造业行业部门次之，而劳动密集型制造业行业部门的资本劳动比整体相对较低。从时间变化趋势来看，各行业的资本劳动比呈现逐年上升的态势，说明中国制造业行业物质资本积累下的要素结构趋于优化。

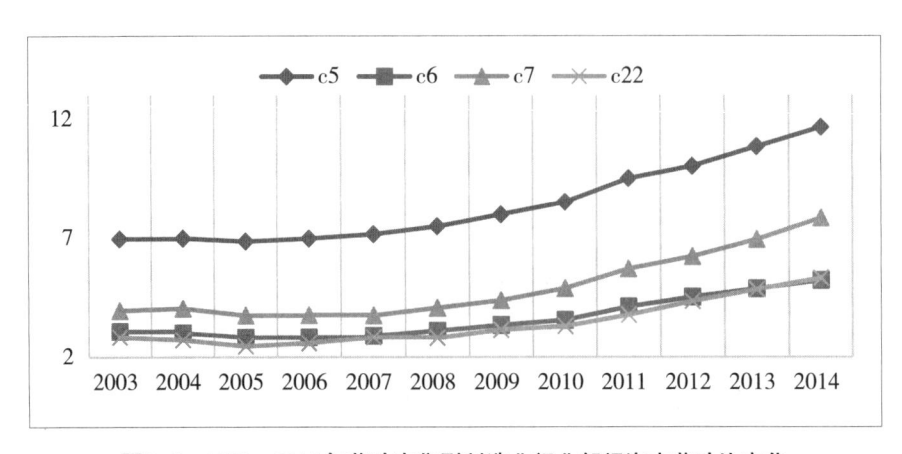

图5-1 2003—2014年劳动密集型制造业行业部门资本劳动比变化

资料来源：作者计算整理。

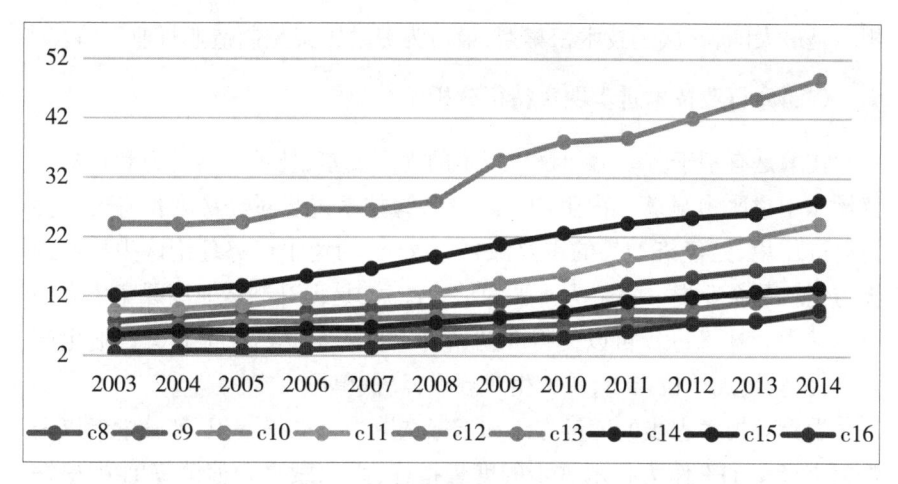

图5-2　2003—2014年资本密集型制造业行业部门资本劳动比变化

资料来源：作者计算整理。

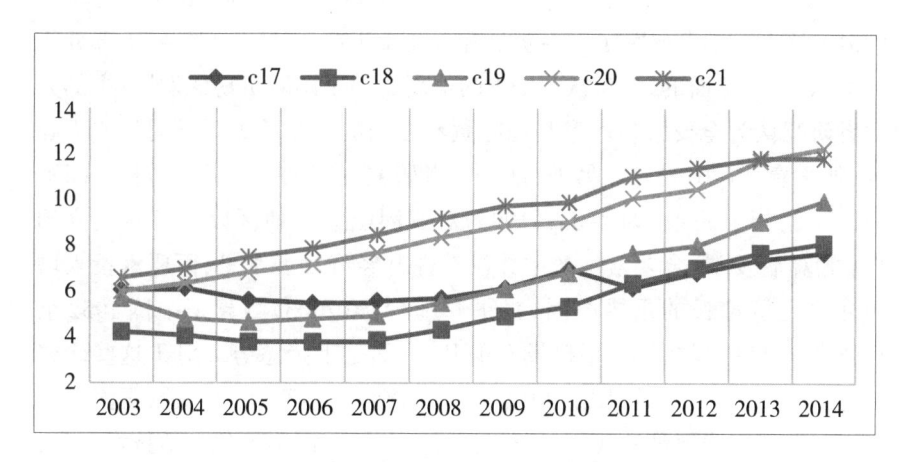

图5-3　2003—2014年技术密集型制造业行业部门资本劳动比变化

资料来源：作者计算整理。

图5-1、图5-2和图5-3表明了三大类行业资本劳动比的变化差异。总体而言，三大类行业部门资本劳动比都呈现整体上升趋势，表明物质资本不断积累，要素结构优化特征显现。其中，资本密集型制造业行业部门的资本劳动比整体增长最快，其次是技术密集型制造业行业部门，最后为劳动密集型制造业行业部门。另外，资本密集型制造业行业部门的资本劳动比最大，技术和劳动密集型制造业行业部门依次减少。这些和三大行业的整体特征是相对应的，即资本密集型制造业行业部门对物质资本的需求

相对是最大的,其次是技术密集型,最后为劳动密集型制造业行业部门。

(二)分行业技术进步现实特征分析

技术是有别于劳动力和物质资本的生产要素,技术对劳动力和资本的替代作用愈来愈显著。内生增长理论认为技术进步对经济增长有着重要的促进作用,是经济增长的重要源泉。Porter的竞争优势理论认为技术进步与创新是企业提升竞争力水平的动力源泉,是提升制造业国际竞争力的根本动力。技术进步可以使得在初始要素投入不变情况下相关产业生产效率提高,增加单位产出,扩大生产规模,降低单位成本。

学界对技术进步的度量方法和指标选取尚未取得共识,部分学者以全要素生产率TFP作为技术进步的度量指标,采用索洛余值测算TFP,根据柯布-道格拉斯生产函数,将产出的增长率扣除各要素投入增长率的产出效益后的余量作为索洛余值,度量TFP,这一方法在研究对外贸易方面得到较为广泛的运用。李小平和朱钟棣(2006)、张杰等(2009)、余淼杰(2010)等大量学者研究了国际贸易和全要素生产率之间的关系,大部分得到了积极的、正面的结论,认为TFP的提高有助于国际贸易的发展;少部分学者研究认为全要素生产率与国际贸易之间的正相关关系不明显或不确定,如李春顶(2010)等。另外,部分学者研究发现TFP与经济增长之间不一定是正相关关系,如Young(1995)对亚洲国家和地区以及发达国家的TFP测算后发现,全要素生产率并没有提升经济发展水平,而要素投入增加才是经济增长的重要原因;张军和施少华(2003)测算了中国1952至1998年的TFP,发现TFP不仅没有上升,反而是下降态势。对于这些研究结论,需要进一步讨论使用TFP衡量技术进步可能存在的问题:索洛余值是一个不能准确解释的残差,从经济角度来看,其原因不仅包括技术进步,而且还包括制度变迁、资源重新配置等诸多因素。因此,使用TFP衡量技术进步仍然存在一定的缺陷,尤其是对于发展中国家而言,它们更多的是通过技术模仿提高全要素生产率。这样,因较高的技术模仿进一步使得TFP不能准确度量发展中国家的技术进步水平。

除了采用TFP衡量技术进步外,还存在多种不同的代理变量指标。技术进步的原动力是科技创新,而科技创新需要相关的科研经费支出和研发人员投入。借鉴廖涵和谢靖(2017)、余东华和孙婷(2017)、余东华等(2018)等的研究,本书拟采用行业研发投入、行业研发占比、行业研发强度等指标衡量行业的技术进步[①],由于篇幅限制,本章节仅列出采用行业研发投入衡量行业的技术进步,即以行业科研经费内部支出加以度量,单位为亿元,见表5-5。

表5-5 2003—2014年制造业各行业部门研发投入

单位:亿元

年份 行业	2003	2004	2005	2006	2007	2008	2009	2010	2011	2012	2013	2014
c5	52.717	93.404	122.2	125.46	164.75	256.76	150.85	146.59	239.99	322.43	376.36	428.31
c6	54.132	91.612	85.579	103.94	135.69	182.35	107.92	111.55	180.42	221.06	261.67	291.95
c7	2.9189	6.4083	5.982	6.8263	9.1305	18.904	10.35	5.6274	14.47	18.724	27.158	32.716
c8	17.292	27.886	29.776	45.898	51.592	62.918	36.811	36.67	55.888	75.805	87.792	96.425
c9	3.777	7.7344	6.8667	6.6973	11.488	17.077	10.972	10.307	19.013	24.582	30.389	34.237
c10	15.199	35.87	42.474	40.226	50.741	61.263	37.091	43.827	62.545	81.638	89.319	106.57
c11	108.66	196.46	196.34	227.76	305.05	461.0	266.31	247.53	469.92	553.6	660.37	746.54
c12	52.735	91.331	76.807	94.787	116.94	184.07	134.54	122.63	211.25	283.31	347.66	390.32
c13	23.835	59.256	52.467	71.15	98.953	141.43	85.641	93.286	135.77	336.44	414.49	227.9
c14	31.508	49.895	51.321	57.813	70.968	146.11	81.545	81.333	139.72	627.85	633.04	246.46
c15	184.55	297.42	360.44	471.02	642.61	864.32	426.86	520.98	702.84	458.6	531.12	972.6
c16	15.886	34.442	33.924	41.714	63.931	108.09	65.857	61.856	111.29	474.6	547.89	251.24
c17	288.3	407.19	416.81	507.74	636.3	798.95	601.13	686.26	941.05	1064.7	1252.5	1392.5
c18	142.35	221.23	215.48	282.57	374.58	572.87	400.33	425.1	624.01	704.16	815.39	922.85
c19	143.39	247.65	237.08	331.55	447.24	725.98	522.26	472.22	772.33	995.55	1192.5	1161.5
c20	139.03	194.98	255.8	320.13	376.32	520.33	343.15	407.54	549.68	239.93	260.47	787.17
c21	59.586	83.563	109.63	137.2	161.28	223.0	147.07	174.66	235.58	102.83	111.63	426.15
c22	0.6065	3.6786	3.0724	4.6137	7.1598	11.241	6.9282	4.0365	9.0341	14.528	22.465	27.071

数据来源:作者根据《中国工业经济统计年鉴》和《中国科技统计年鉴》整理计算。

由表5-5可知,中国制造业各行业的研发投入差异较大,"c17计算机、电子产品和光学产品的制造"行业的技术进步相对最大,"c7木材、木材制品及软木制品的制造(家具除外)、草编制品及编织材料物品的制造"行业和"c22家具制造、其他制造业"的技术进步相对最小。总体而言,在所有制造业行业中,劳动密集型制造业行业部门的技术进步水平相对最低,其次

[①] 为了更好地度量不同变量和进行代理变量的稳健性检验,在不同的回归模型中,本书除了采用行业科研经费内部支出与行业企业数之比度量行业研发强度外,分别采用行业科研经费内部支出衡量行业研发投入、行业科研经费内部支出与行业工业总产值之比衡量行业研发占比。另外,还可采用行业专利申请数量与企业数量之比度量行业技术进步。以上指标在一定程度上都可以作为技术要素变化的代理变量。

是资本密集型制造业行业部门,而技术密集型制造业行业部门的技术进步水平相对较高。行业科研经费内部支出与行业工业总产值之比(刘维林等,2014),以及行业专利申请数量与企业数量之比等衡量技术进步的指标也体现出类似的特征。从时间变化趋势来看,各行业技术水平逐年提升,说明中国制造业在行业技术进步下的要素结构趋于优化。

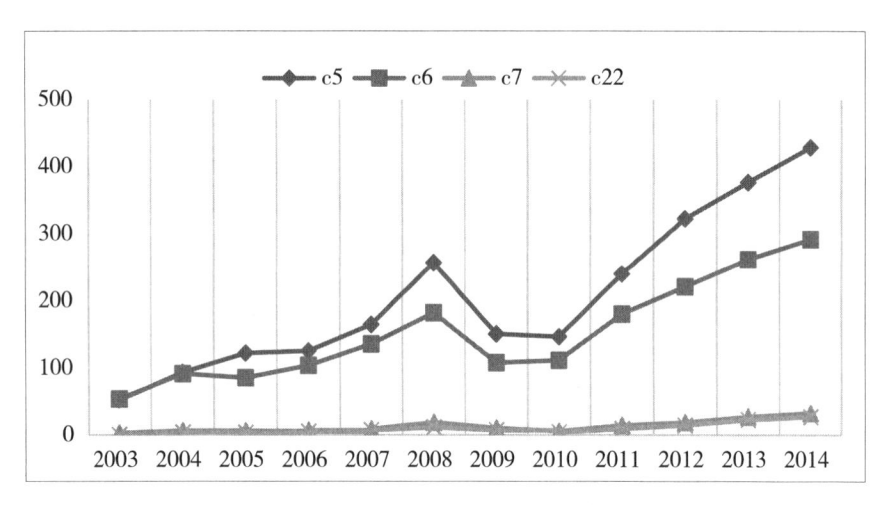

图5-4 2003—2014年劳动密集型制造业行业部门研发投入变化

资料来源:作者计算整理。

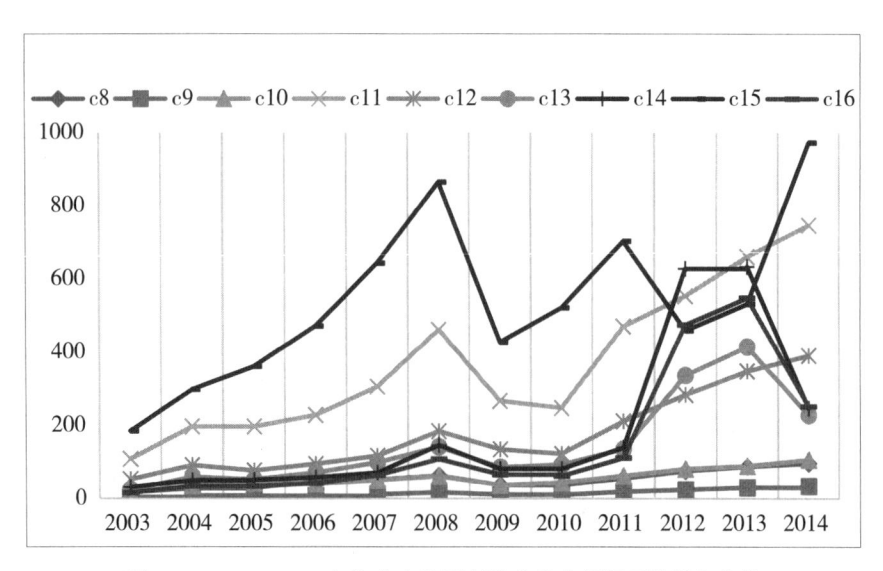

图5-5 2003—2014年资本密集型制造业行业部门研发投入变化

资料来源:作者计算整理。

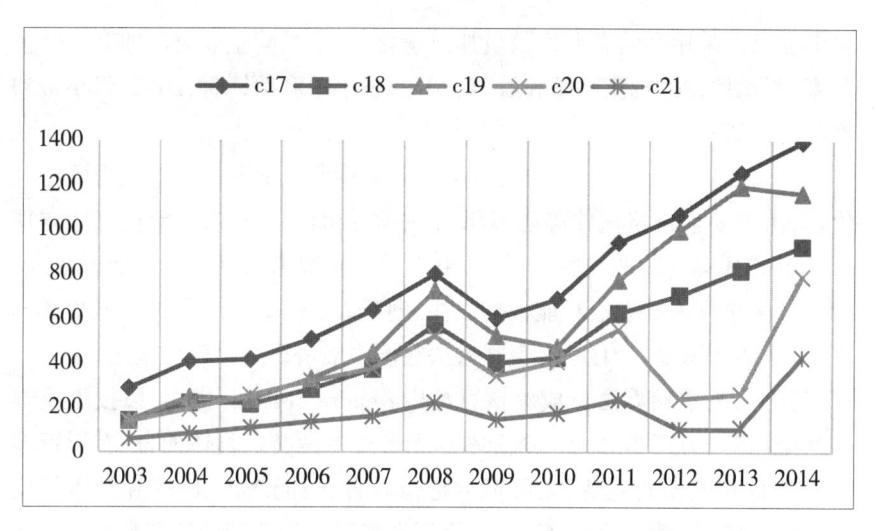

图5-6 2003—2014年技术密集型制造业行业部门研发投入变化

资料来源:作者计算整理。

由图5-4、图5-5和图5-6可知,三大类行业部门研发投入均呈现递增趋势,表明中国制造业行业因技术进步所带来的要素结构趋于优化。总体而言,技术密集型制造业行业部门研发投入增长最快且增速最快,其次为资本密集型制造业行业部门,最后为劳动密集型制造业行业部门。研发投入的增加,促进生产工艺的改进和生产效率的提高,新产品的生产使得国内行业部门可以更多地使用国内中间产品投入,减少进口中间投入品,进而提升行业贸易竞争力。

(三)分行业人力资本现实特征分析

相对于一般劳动力而言,人力资本是一种高级劳动力,如果将一般劳动力视为低级要素的话,人力资本就是一种高级要素。类似于技术,人力资本也是传统要素认知进一步拓展的产物。人力资本已经成为经济研究中不可或缺的要素之一,也是经济研究的重要研究对象(周其仁,1996;王开国和宗兆昌,1999;李忠民,1999)。目前,学界对人力资本的度量方法尚未形成统一的认识,大致存在以下几种:

其一,代理变量法。这种方法较为常用,是指利用某种可以量化的指标度量人力资本的变化,并且对于不同的研究对象可以选取不同的代理指标加以衡量。常用的代理指标有教育存量法、科技活动人员数量法和企业家丰度。其中,教育存量法以劳动者受教育程度加以量化,如教育年限和学历等;科技活动人员数量法可以对科技活动人员数量等加以量化;企业家丰度可以采用私营企业家数量加以量化，一个私营企业对应拥有一个企业家（程承坪，2001；张小蒂和姚瑶，2012；张小蒂和贾钰哲，2012；张小蒂和曾可昕，2013）。

其二，终生收入法。该方法以劳动者终生收入的现值度量人力资本的价值，由于要素价格扭曲等诸多原因，中国劳动者的收入不能很好地体现劳动者的真实技能和经验。另外，由于无法获取未来真实的劳动者收入，劳动者未来收入的现值只能根据以往经验加以预测，使得数据可能出现失真，带来估计偏误。因此，终生收入法在国内经济研究中较少采用。

其三，成本核算法。成本核算法由Kendrick（1976）提出，以投资成本为基础，将人力资本分为有形资本和无形资本两类。具体而言，有形资本是指养育和成长的耗费，无形资本是指教育、技能培训、医疗和健康等支出。由于特有的特征和核算方法，无形资产和有形资产的测算数据通常难以获取，使得该方法的应用受到很大限制，在国内很少采用。

本书研究对象为中国制造业行业贸易竞争力，需要获取制造业分行业的人力资本数据。考虑到中国要素市场存在价格扭曲，工资水平不能很好地解释行业人力资本情况，另外由于分行业劳动力受教育年限和学历等不易获取，因此，出于数据的可得性和研究样本的特征，以及篇幅限制，此处选取科技活动人员数量度量人力资本[①]，如表5-6所示。

表5-6　2003—2014年制造业各行业部门人力资本数量　单位：人

年份 行业	2003	2004	2005	2006	2007	2008	2009	2010	2011	2012	2013	2014
c5	55467	70616	60348	68720	83749	122178	73216	61141	100777	120852	137118	154226
c6	71041	89603	87077	89172	101884	133577	71788	64265	104816	130614	142908	148903
c7	2527	4129	5578	6811	6559	14051	5794	2340	7739	9788	12473	14552
c8	13863	18839	15749	20024	21108	28652	16575	15304	21234	27005	31420	34593
c9	4586	7167	4811	5584	6818	12771	7532	7245	11725	14535	16853	18047
c10	20835	23367	23781	29423	24414	28972	14252	14077	18117	20775	19651	23165
c11	103203	127196	110019	119265	147766	215482	136027	99645	176864	203497	231345	253844
c12	44561	73371	51832	64278	73408	128422	90222	70780	118558	141545	163248	182530

[①] 采用科技活动人员数量法衡量人力资本的方法有很多种，如此处列出的直接采用行业科技活动人员数量衡量方法。另外可采用：行业科技活动人员数量与行业职工人数之比、行业科技活动人员数量与行业企业数量之比等方法。

续表

年份 行业	2003	2004	2005	2006	2007	2008	2009	2010	2011	2012	2013	2014
c13	25047	39609	28962	33094	43566	77526	44244	45488	61346	171275	196064	216098
c14	42649	54041	46175	47939	52769	92476	55029	42751	75411	145131	148418	157520
c15	159510	177182	179098	203146	229287	251312	137105	139179	173258	174131	195507	208808
c16	18189	29003	25145	28494	36652	67034	44330	34957	57959	242270	267000	291639
c17	152466	210814	210923	242266	305987	435859	296136	313912	376172	455099	476612	505581
c18	97411	139107	112963	146348	171778	272307	194660	176333	265703	310887	340031	377906
c19	194059	272817	220675	242456	275429	449540	297951	238232	394426	434345	491131	526257
c20	127793	140146	147538	162424	189760	228403	138583	153202	200844	83385	97567	102636
c21	54770	60063	63230	69610	81325	97886	59393	65658	86076	35737	41815	43987
c22	984	3343	2407	3470	4997	8164	4867	3405	7378	10596	13071	15580

数据来源：作者根据《中国工业经济统计年鉴》和《中国科技统计年鉴》整理计算。

表5-6列出了归并后18个制造业行业的人力资本数据，从中可以看出，资本和技术密集型制造业行业部门的人力资本数量相对较多，尤其是技术密集型制造业行业部门；相应地，劳动密集型制造业行业部门的人力资本含量普遍较低。

由于技术和资本密集型制造业行业部门对人力资本的技能要求更高，所以人力资本相对丰裕的制造业行业部门的人力资本大多属于专用性资本。由于人力资本投资时间较长、投资锁定时间较长，这些行业的人力资本专用性很强。这样，这些人力资本与特定企业和行业的黏合度较高，改变人力资本用途的成本较高，双方需保持长期合作和聘用关系，导致人力资本流动性较差。

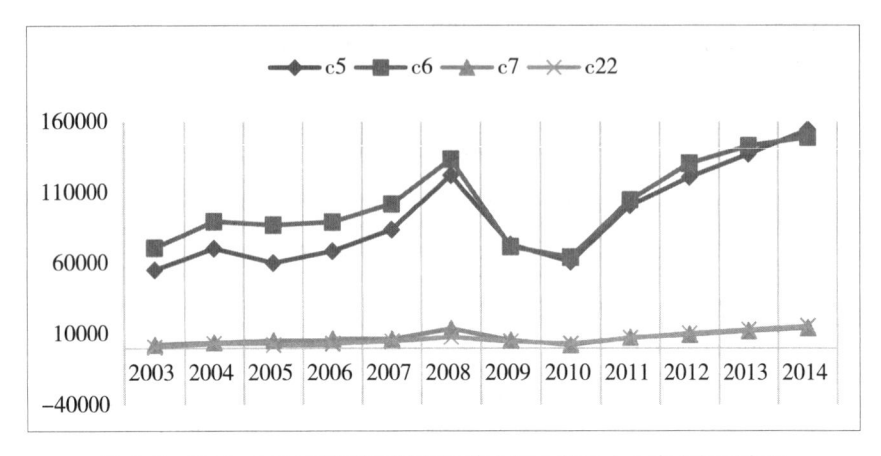

图 5-7　2003—2014 年劳动密集型制造业行业部门人力资本数量变化

资料来源：作者计算整理。

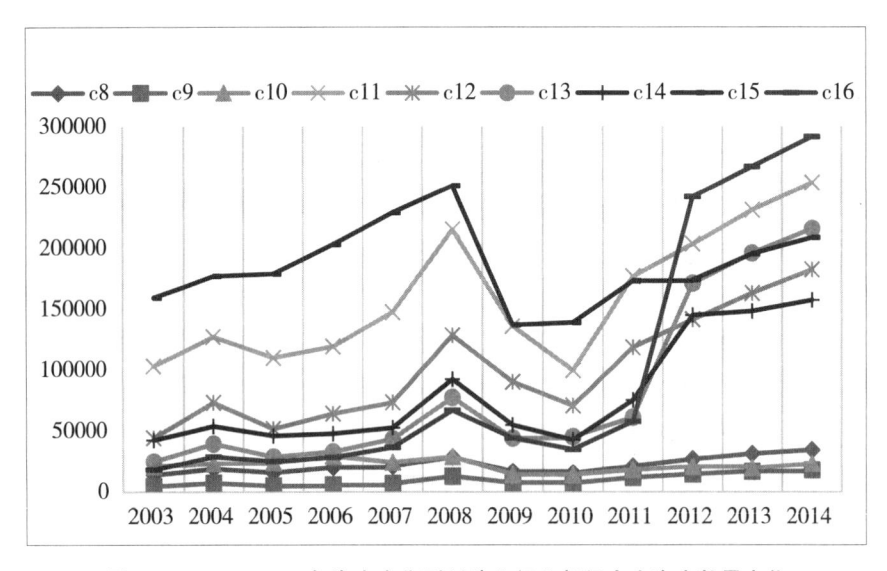

图 5-8　2003—2014 年资本密集型制造业行业部门人力资本数量变化

资料来源：作者计算整理。

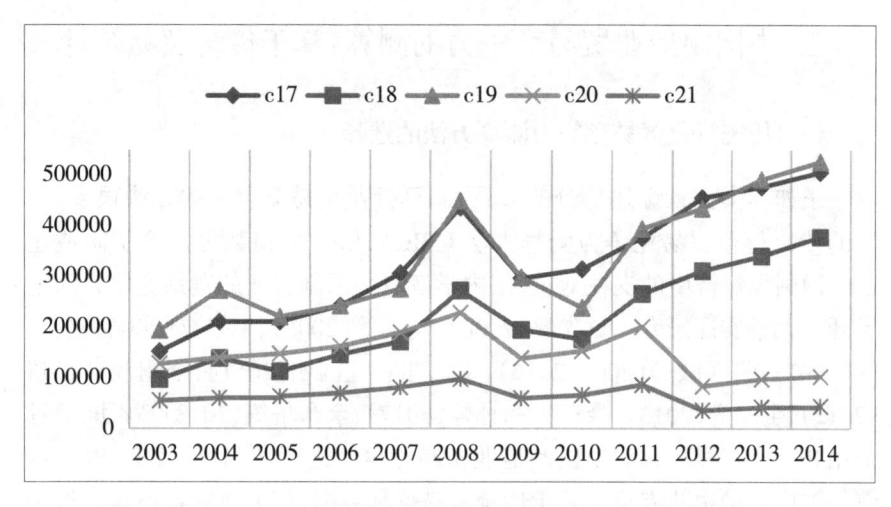

图5-9 2003—2014年技术密集型制造业行业部门人力资本数量变化

资料来源:作者计算整理。

图5-7、图5-8和图5-9表明,总体而言,中国制造业行业的人力资本数量呈现递增态势,表明人力资本积累下的要素结构优化。技术密集型制造业行业部门的人力资本数量配置相对最多,其次为资本密集型制造业行业部门,最后为劳动密集型制造业行业部门,这与三大产业部门的总产值和总出口存在一定的差异。另外,技术密集型制造业行业部门配置的人力资本数量基本达到与资本密集型制造业行业部门人力资本配置相同的水平,这样的人力资本配置表明,相对于行业部门数量、行业产值和行业出口额而言,技术密集型制造业行业部门配置了相对更多的人力资本,而资本密集型制造业行业部门配置了相对较少的人力资本。所有制造业行业部门都经历了2009年前后的人力资本数量波动,这和中国产业政策调整、国际金融危机、要素结构变化等诸多因素有着直接的关系,和资本劳动比、研发投入呈现出这一相同的特征。人力资本的大量投入,有利于提升行业生产效率,提高行业管理水平,有利于减少中间投入品的进口,增加国内中间采购,延长国内价值链,有助于获取行业贸易优势,提升行业贸易竞争力。

三、中国制造业贸易竞争力的测算:基于传统贸易统计

(一)传统行业贸易竞争力测算方法的选择

正如本书文献综述部分的分析,测算行业贸易竞争力的方法很多,主流的传统行业贸易竞争力测算方法有RCA、CA、TC指数等。鉴于制造业在中国国民经济中的支柱地位,国内学者对中国制造业的贸易竞争力问题展开了大量实证研究。黄先海(2006)、樊纲等(2006)、毛日昇(2006)、金碚等(2007)、陈立敏等(2009,2016)、文东伟和冼国明(2011)、李刚和刘吉超(2012)、金碚等(2013)、余东华和孙婷(2017)、余东华等(2018)等不同学者采用RCA、TC等指数对中国制造业贸易竞争力进行了测算,其中,RCA指数是被广泛采用的方法。基于传统贸易统计数据,相关研究普遍认为近年来中国制造业行业的贸易竞争力有了相应的提升,最具贸易竞争力的制造业行业部门仍然是劳动密集型行业,资本、技术密集型行业部门的贸易竞争力逐渐提升,尤其是在加入WTO以后。

显示性比较优势指数(RCA)最初由美国经济学家Balassa(1965)提出,该方法结合出口数据间接测定一国(地区)或产业的贸易竞争力,不直接分析贸易竞争力的决定因素,不受相关研究假设的制约,后经过不断改进,逐渐成为衡量一国(地区)产业贸易竞争力的主要指标方法。因此,显示性比较优势指数是指一定时期内一国(地区)某行业的出口额占该国(地区)该时期总出口额的份额与该时期内全球出口总额中该行业出口额所占份额的比率,其计算公式为:

$$RCA_{irt} = \frac{X_{irt} / \sum_{i}^{n} X_{irt}}{\sum_{r}^{G} X_{irt} / \sum_{r}^{G} \sum_{i}^{n} (X_{irt})} \quad (5.8)$$

式(5.8)中,RCA_{irt}表示r国(地区)i行业在时间t的显示性比较优势指数,X_{irt}表示r国(地区)i行业在时间t向国外的出口额,$\sum_{i}^{n} X_{irt}$表示r国(地区)所有行业在时间t向国外的出口额,$\sum_{r}^{G} X_{irt}$表示世界市场所有国家(地区)i行业在时间t向国外的出口额,$\sum_{r}^{G} \sum_{i}^{n} (X_{irt})$表示世界市场所有国家(地区)的所有行业在时间t向国外的出口额。

具体而言,RCA指数可以反映一定时期内一国某行业在世界范围内该行业中的贸易竞争能力。若RCA指数接近1,表明在国际市场上居于全球平均水平,具有中性的贸易竞争力。若RCA指数大于1,表明该行业在国际市场上具有贸易竞争力,该指数越大,贸易竞争力越强;RCA指数小于1,表明该行业处于劣势地位,该指数越小,表明劣势越大。具体而言,当$RCA>2.5$时,说明在国际市场上具有极强的贸易竞争力;当$1.25<RCA\leqslant$

2.5时,说明在国际市场上具有较强的贸易竞争力;当1<RCA≤1.25时,说明在国际市场上具有中度的贸易竞争力;当RCA=1时,表明该行业在国际市场上具有中性的贸易竞争力;当RCA<1时,表明该行业在国际市场上没有贸易竞争力,处于劣势地位,越小越没有竞争力。

(二)分行业贸易竞争力测算结果与分析

采用被学界广泛采用的RCA指数方法,本书对2003至2014年中国18个制造业行业的贸易竞争力进行了测算,其结果见表5-7:

表5-7 2003—2014年传统贸易统计下制造业各行业部门显示性比较优势指数

年份 行业	2003	2004	2005	2006	2007	2008	2009	2010	2011	2012	2013	2014
c5	0.6701	0.6255	0.6403	0.685	0.6476	0.5598	0.5229	0.5003	0.5017	0.4366	0.4491	0.4656
c6	3.8249	3.6602	4.0088	4.3863	4.4578	4.4911	4.108	3.8925	3.8214	3.0516	3.1104	3.2269
c7	1.1181	1.1438	1.2975	1.529	1.5498	1.5731	1.4403	1.3189	1.3182	0.9396	0.8924	0.9561
c8	0.3404	0.3137	0.366	0.4427	0.4934	0.4765	0.4475	0.4143	0.4022	0.5775	0.6485	0.7213
c9	0.3113	0.2994	0.3775	0.4488	0.5613	0.605	0.6338	0.5996	0.7047	0.7731	0.7846	0.7588
c10	0.555	0.4799	0.389	0.3404	0.3708	0.4301	0.361	0.3513	0.3268	0.2974	0.2983	0.3075
c11	0.8833	0.9374	1.0774	1.1146	1.2721	1.4031	1.1624	1.1612	1.1986	0.8139	0.833	0.9326
c12	0.2565	0.2514	0.2597	0.2787	0.33	0.3399	0.2718	0.2739	0.2903	0.2118	0.2088	0.2167
c13	1.2588	1.2234	1.4085	1.5616	1.5505	1.5778	1.4843	1.4206	1.4742	0.9035	1.0001	1.096
c14	1.5415	1.5451	1.8746	2.0621	2.0146	2.1645	2.1328	2.1168	2.1973	2.2237	2.2617	2.1324
c15	0.5892	0.8443	0.9171	1.1191	1.2192	1.3187	0.7285	0.755	0.7716	0.7966	0.8559	1.0665
c16	1.531	1.5599	1.7671	1.9099	2.0176	2.0519	1.8347	1.7284	1.7535	1.7587	1.7937	1.8811
c17	2.4798	2.7188	3.1907	3.4277	3.5774	3.762	3.5929	3.3096	3.2102	3.076	3.1174	3.1869
c18	2.1021	2.0083	2.2168	2.3953	2.5326	2.6649	2.4189	2.3979	2.3942	2.3346	2.3509	2.3494
c19	1.0654	1.0768	1.2524	1.3759	1.5495	1.6495	1.5621	1.4773	1.4285	1.3267	1.3355	1.2864
c20	0.2155	0.2556	0.3223	0.3634	0.4495	0.4969	0.3863	0.4035	0.4467	0.4272	0.4304	0.458
c21	0.638	0.5936	0.6968	0.8053	0.8925	1.104	1.1549	1.2996	1.2483	1.1021	0.8314	0.737
c22	2.3907	2.2997	2.48	2.5866	2.587	2.5983	2.2864	2.24	2.4412	2.4529	2.5216	2.5713

数据来源:作者利用UN Comtrade数据库和WB数据库整理计算。

结合表5-7数据可知,2003至2014年,只有"c6纺织品、服装、皮革和相关产品的制造""c17计算机、电子产品和光学产品的制造"和"c22家具制造、其他制造业"的行业显示性比较优势指数RCA一直保持在2.5左右,说明这些行业在国际市场上具有极强的贸易竞争力;"c14其他非金属矿物制品的制造""c16金属制品的制造业,机械设备除外""c18电力设备的制造"和"c19未另分类的机械和设备的制造"的RCA值一直保持在[1.25,2.5]区间,说明以上四个行业在国际市场上具有较强的贸易竞争力;"c7木材、木材制品及软木制品的制造(家具除外)、草编制品及编织材料物品的制造""c11化学品及化学制品的制造""c13橡胶和塑料制品的制造""c15基本金属的制造"和"c21其他运输设备的制造"等行业部门的显示性比较优势指数RCA平均保持在[1,1.25]区间,说明上述五个行业在国际市场上具有中等贸易竞争力;另外,"c5食品、饮料和烟草制品的制造""c8纸和纸制品的制造""c9记录媒介物的印制及复制""c10焦炭和精炼石油产品的制造""c12基本医药产品和医药制剂的制造"和"c20汽车、挂车和半挂车的制造"等六个行业部门的RCA值长期在0.8以下,说明这些行业在国际市场上没有贸易竞争力,尤其是行业"c10""c12"和"c20"。

下面,本书从制造业三大类行业部门分析各类行业部门贸易竞争力的大小及变化。结合图5-10,对于劳动密集型制造业行业部门而言,中国并非在劳动密集型制造业行业部门都具有绝对的贸易竞争力,只有"c6纺织品、服装、皮革和相关产品的制造"和"c22家具制造、其他制造业"的行业显示性比较优势指数RCA一直保持在2.5左右或以上,具有极强的贸易竞争力。但是,"c7木材、木材制品及软木制品的制造(家具除外)、草编制品及编织材料物品的制造"的RCA指数在数值1上下波动,表明该行业在国际市场上具有中等相对比较优势和贸易竞争力,在国际市场上拥有中等竞争能力。而"c5食品、饮料和烟草制品的制造"的RCA数值更是长期徘徊在0.5左右,表明该行业没有贸易竞争力。

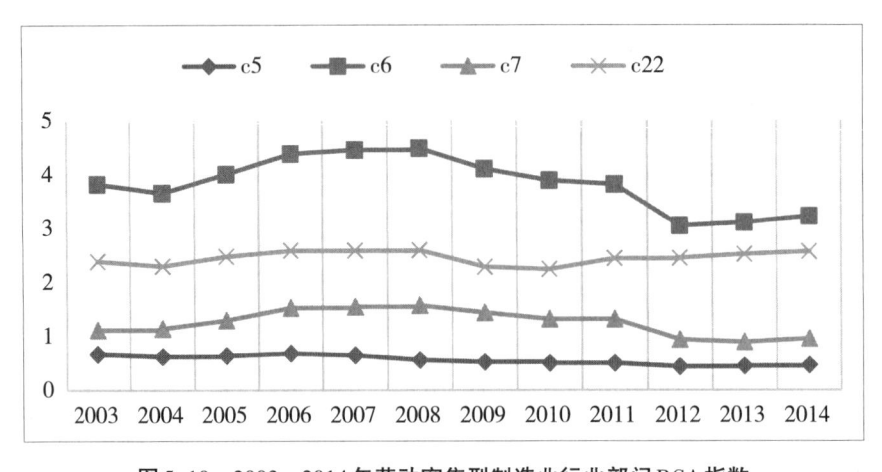

图5-10 2003—2014年劳动密集型制造业行业部门RCA指数

资料来源:作者计算整理。

结合图 5-11,对于资本密集型制造业行业部门而言,样本期内,其行业贸易竞争力呈现出多样化的特征:"c14 其他非金属矿物制品的制造"和"c16 金属制品的制造,机械设备除外"具有较强的贸易竞争力;"c11 化学品及化学制品的制造""c13 橡胶和塑料制品的制造"和"c15 基本金属的制造"具有中等贸易竞争力;而"c8 纸和纸制品的制造""c9 记录媒介物的印制及复制""c10 焦炭和精炼石油产品的制造"和"c12 基本医药产品和医药制剂的制造"的 RCA 数值保持在 0.8 以下,没有贸易竞争力,尤其是行业 c10 和 c12。总体而言,以 RCA 指数来看,除个别行业外,资本密集型制造业行业部门整体缺乏贸易竞争力。

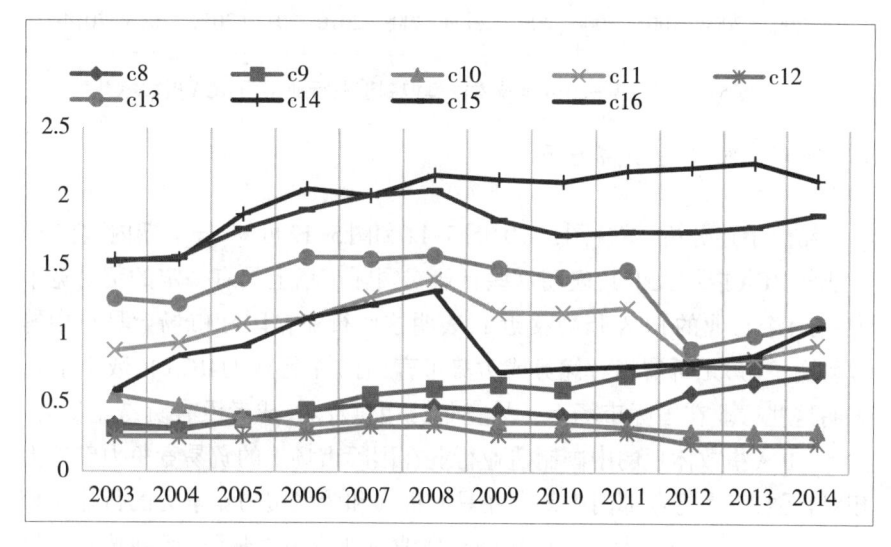

图 5-11 2003—2014 年资本密集型制造业行业部门 RCA 指数

资料来源:作者计算整理。

图 5-12 显示,样本期内技术密集型制造业行业部门贸易竞争力亦呈现出多样化的特征:"c17 计算机、电子产品和光学产品的制造"具有极强的贸易竞争力,"c18 电力设备的制造"具有较强的贸易竞争力,"c19 未另分类的机械和设备的制造"具有中度的贸易竞争力,"c21 其他运输设备的制造"和"c20 汽车、挂车和半挂车的制造"在国际市场上没有贸易竞争力,尤其是 c20 行业,处于绝对劣势地位,但呈现一定的上升态势。总体而言,技术密集型制造业行业部门的贸易竞争力并没有出现较大幅度的提升,部分行业的贸易竞争力反而下降了。

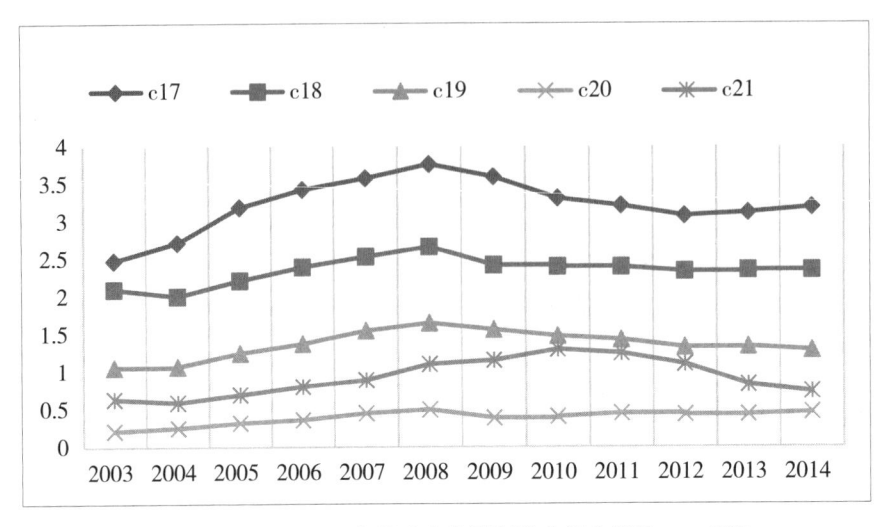

图5-12　2003—2014年技术密集型制造业行业部门RCA指数

资料来源：作者计算整理。

结合上述分析，结合图5-10、图5-11和图5-12可知，样本期内，有7个行业的RCA指数大于1，表明这些行业在国际市场上具有一定的贸易竞争力；有4个行业的RCA指数接近1，表明这些行业在国际市场上具有中等贸易竞争力，无所谓相对优势或劣势可言；有7个行业的RCA指数小于1，表明这些行业在国际市场上贸易竞争力相对较弱，或者没有贸易竞争力。因此，RCA指数体现的中国制造业行业在国际市场上的贸易竞争力整体上相对较强，三大行业部门中都存在具有极强和较强贸易竞争力的行业。相对而言，具有传统要素禀赋优势的制造业行业竞争力最强，而高技术含量的制造业行业和部分资本密集型制造业行业的贸易竞争力较弱，存在进一步提升的空间。

四、中国制造业贸易竞争力的测算：基于增加值贸易统计

在Porter（1980、1985）提出的价值链理论基础上，Kogut（1985）发展了价值链理论，Krugman（1995）进一步提出了全球价值链的概念。联合国贸发会议UNCTAD数据显示，全球价值链分工体系下，作为国际贸易主要体现的中间品贸易规模迅速扩张，在全球贸易中的占比超过60%；在最终贸易品生产中，也有一部分是由全球价值链所拉动；2014年，包含中间

品贸易和与全球价值链分工相关的最终品贸易之和占全球贸易比重达84%。[1]

在全球价值链分工体系下,贸易品的生产更多的是由多个国家共同完成,产品价值由多个国家共同分享,这就涉及对贸易品的价值分解,以确定不同国家的价值增值份额和比例。然而,传统贸易统计下无法解释和解决这一问题,可以借助增加值贸易统计方法测算和衡量更加真实的贸易竞争力。正如Baldwin和Venables(2013)所言,增加值贸易统计在一定程度上可以修正一国的出口情况,可以作为判断一国贸易竞争力的重要依据。这是因为全球价值链分工改变了贸易形成的基础和价值构成,不能简单地以传统贸易规模度量一国的贸易收益,本国所有权要素的构成部分及其所生产创造的增加值才是本国真实的贸易收益,才能体现本国真实的贸易竞争力。

测算贸易增加值的方法主要有两大类:其一为基于微观企业数据测算的国内增加值,其二为基于宏观投入产出数据测算的贸易增加值。对于第一种方法,需要获取精确的企业层面数据,目前操作较为困难,且这种方法无法研究上下游企业的前后向关联关系,因而无法得到广泛运用,如张杰(2013)、Kee和Tang(2016)。对于第二种方法,由于近年来不同的组织结构投入产出数据的编制及公开,如:欧盟资助的WIOD数据库、经合组织和世界贸易组织编制的OECD ICIO(Tiva)数据库,使得宏观国家层面的投入产出数据变得公开可获取;在研究数据的支持下,相关学者开创了基于投入产出表的贸易增加值测算,Grossman和Rossi-Hansberg(2008)、Johnson和Noguera(2012)、Wang et al.(2013)、Koopman et al.(2014)、Wang et al.(2017a、2017b)等学者进一步完善和拓展了增加值的分解和测算方法,进而形成了一套较为完整的、可利用的增加值测算方法。

(一)分行业全球价值链参与度测算结果与分析

正如前文所述,由于微观企业数据的不易获得性使得基于国家投入产出表测算贸易增加值的方法得到拓展和运用。根据Koopman et al.(2014)等提出的全球价值链分析框架KWW法,结合Wang et al.(2013)、王直等(2015)、Wang et al.(2017a、2017b)的研究成果,形成了当前比较成熟的增加值贸易核算方法和体系,将国际贸易核算和国民经济核算方法相统一,这些方法更具有包容性和综合性。本书基于WIOD2016数据库和对外经

---

[1] 资料来源:中国发展门户网,http://cn.chinagate.cn/news/2016-07/12/content_38860269.htm,2016年7月12日。

济贸易大学UIBE GVC Index数据库,对总出口价值分解,利用全球价值链参与度指数来衡量制造业行业部门的全球价值链参与度(GVCparticipation,可缩写为GVCp)。

1.前后向分解法和全球价值链参与度

由于一国某行业在全球价值链中既可能存在前向关联,也可能存在后向关联,这样根据分析角度不同(产业部门关联方向不同),基于投入产出表测算贸易增加值(被国外吸收的国内增加值DVA)存在两种不同的方法:前向关联分解和后向关联分解。

行业全球价值链前向关联是以r国i行业部门作为前向(价值链上的供给方),指r国i行业为其他国家产业部门出口提供中间品生产,而非最终消费,即:前一行业部门的产品作为后一行业部门的中间投入,表明该行业是全球价值链的上游行业;前向关联分解法测算得到的间接增加值是r国i行业隐含于其他国家行业部门中的出口增加值VAX_f,这种方法利于追踪r国i行业出口的可用作其他国家生产出口产品的中间投入品的最终去向(该间接增加值是隐含于其他行业部门出口中的该部门增加值被国外吸收的部分,与本行业部门出口没有关系)。按照行业全球价值链前向关联方法分解测算得出的行业全球价值链参与度称为行业全球价值链前向参与度(GVCparticipationforward,可简称为GVCpf)。

行业全球价值链后向关联是以r国i行业部门作为后向(价值链上的需求方),是其他国家行业部门为r国i行业部门出口提供中间品,即后续行业部门为先行行业部门生产出口提供中间产品。这些中间产品作为先行产业部门生产出口产品的中间消耗,表明该行业是全球价值链的下游行业。后向关联分解发测算得到的间接增加值是隐含于r国i行业部门出口中的国外增加值VAX_b,无法追踪r国i行业出口的可用作其他国家生产出口产品的中间投入品的最终去向(该间接增加值是为隐含于本行业部门出口中的其他行业部门增加值被国外吸收的部分,与其他行业部门出口不一定有关)。该方法在分解出国外增加值部分时,忽视了本国国内价值链分工现象的存在(郑乐凯和王思语,2017)。按照行业全球价值链后向关联方法分解测算得出的行业全球价值链参与度称为行业全球价值链后向参与度(GVCparticipationbackward,可简称为GVCpb)。

在Miller和Blair(2009)构建的经典跨国投入产出表中,涉及M国N行业的跨国投入产出数据,可知贸易增加值被分解为一个"$M×N$"的矩阵,前向关联分解法是将该矩阵沿着行方向进行分解,度量某行业部门作为中间品投入到其他行业部门的价值量,行方向各元素之和表示该行业部门被其自身和所有下游相关行业所使用的价值量。相反,后向关联分解法是将该矩阵沿着列方向进行分解,列方向各元素之和表示某行业部门的出口额总值。以上两种方法都可以从国家层面的总出口中分解出国外增加值部分(FVA)和重复计算部分(PDC),可以得到相同的增加值测算结果,但各行业部门的结果将会不同(程大中,2015;王直等,2015)。

行业全球价值链参与度同时反映了该行业前向关联的价值链参与和后向关联的价值链参与,是前向参与度与后向参与度的综合。结合行业全球价值链前向参与的定义,一定时期内,行业全球价值链前向参与度应该等于一国该行业国内间接出口增加值部分与该国该行业总出口的比值。同理,行业全球价值链后向参与度应该等于一国该行业总出口中国外增加值部分与该国该行业总出口的比值。

由于前向关联法分解测算的是某行业部门为其他国家行业部门出口提供中间品的程度,该数值越大,表明该行业处于全球价值链的上游。而后向关联法分解测算得出的是其他国家行业部门为某行业部门出口提供中间品的程度,该数值越大,反而体现出该行业处于全球价值链的下游。因此,相对于全球价值链参与度GVCp和全球价值链后向参与度GVCpb而言,行业全球价值链前向参与度GVCpf更能真实体现该行业在全球价值链中的真实参与程度,能更加真实地体现该行业在全球价值链体系中的参与程度。

若用IV_{irt}表示r国i行业在时间t的国内间接出口增加值,即r国i行业在时间t通过中间产品出口而隐含在第三国总出口中的增加值;用E_{irt}表示r国i行业在时间t的总出口;用FV_{irt}表示r国i行业在时间t总出口中来自国外增加值部分;以$GVCpf_{irt}$表示r国i行业在时间t的行业全球价值链前向参与度,则$GVCpf_{irt}$的计算公式为:

$$GVCpf_{irt} = \frac{IV_{irt}}{E_{irt}} \tag{5.9}$$

由于$GVCpf_{irt}$表示r国i行业在时间t为其他国家出口所提供的中间品增加值比重,因此,$GVCpf_{irt}$数值越大,说明r国i行业在时间t处于全球价值链的上游;相反,表明处于全球价值链的下游。同理,若以$GVCpb_{irt}$表示r国i产业在时间t的行业全球价值链后向参与度,则$GVCpb_{irt}$的计算公式为:

$$GVCpb_{irt} = \frac{FV_{irt}}{E_{irt}} \tag{5.10}$$

由于$GVCpb_{irt}$表示r国i行业在时间t出口中包含的国外中间品增加值比重,因此,与$GVCpf_{irt}$相反,若$GVCpb_{irt}$数值越大,说明r国i产业在时间t处于全球价值链的下游。

根据式(5.9)和式(5.10),可得 r 国 i 产业在时间 t 的行业全球价值链参与度 $GVCp_{irt}$ 为:

$$GVCp_{irt} = GVCpf_{irt} + GVCpb_{irt} = \frac{IV_{irt}}{E_{irt}} + \frac{FV_{irt}}{E_{irt}} \quad (5.11)$$

式(5.11)中,$GVCp_{irt}$ 表示 r 国 i 行业在时间 t 的行业全球价值链参与度,其数值为行业全球价值链前向参与度与后向参与度之和。

2.行业全球价值链参与度测算结果分析

根据KWW法、WWZ法和WWYZ法提出的对全球价值链核算和数据处理方法,本书基于WIOD2016数据库从"国家—产业"层面对总出口进行全球价值链生产活动价值分解,分别测算出2003至2014年归并后中国制造业18个行业的行业国内间接出口增加值 IV_{irt}、行业总出口中来自国外的增加值 FV_{irt}、行业总出口 E_{irt}。然后结合上述计算公式,测算出样本期内各制造业行业的行业全球价值链参与度、行业全球价值链前向参与度、行业全球价值链后向参与度,见表5-8。表5-8的数据分别为2003至2014年制造业各行业部门全球价值链参与度GVCp、前向参与度GVCpf和后向参与度GVCpb的具体数值。

表5-8　2003—2014年制造业各行业部门全球价值链参与度

行业	指标	2003	2004	2005	2006	2007	2008	2009	2010	2011	2012	2013	2014
c5	GVCp	0.1297	0.1488	0.1558	0.1613	0.1629	0.1586	0.1291	0.1421	0.1435	0.1346	0.1293	0.12156
c5	GVCpf	0.0393	0.0451	0.0513	0.0557	0.0572	0.0558	0.048	0.0492	0.0477	0.047	0.0464	0.04723
c5	GVCpb	0.0904	0.1037	0.1045	0.1056	0.1058	0.1028	0.0811	0.0929	0.0959	0.0876	0.0829	0.07433
c6	GVCp	0.3003	0.3309	0.324	0.3193	0.2964	0.2751	0.2229	0.2528	0.2585	0.2328	0.2325	0.22395
c6	GVCpf	0.1151	0.1344	0.1369	0.1416	0.1305	0.1254	0.1064	0.1202	0.1269	0.1169	0.12	0.1227
c6	GVCpb	0.1853	0.1964	0.1871	0.1777	0.166	0.1496	0.1166	0.1326	0.1316	0.1159	0.1125	0.10125
c7	GVCp	0.2578	0.2922	0.3299	0.3402	0.3332	0.3077	0.2351	0.2785	0.2875	0.2659	0.2653	0.26469
c7	GVCpf	0.1146	0.1377	0.1625	0.1734	0.1644	0.1544	0.1137	0.1309	0.1341	0.132	0.1296	0.13224
c7	GVCpb	0.1432	0.1545	0.1675	0.1669	0.1689	0.1533	0.1214	0.1476	0.1534	0.134	0.1357	0.13245
c8	GVCp	0.3157	0.3462	0.3605	0.3615	0.3642	0.3527	0.2962	0.3439	0.3631	0.3473	0.3396	0.33463
c8	GVCpf	0.1558	0.1621	0.1677	0.1734	0.1714	0.1687	0.1434	0.1654	0.1755	0.1784	0.1762	0.17887
c8	GVCpb	0.1599	0.1841	0.1928	0.1881	0.1928	0.1841	0.1528	0.1785	0.1876	0.1689	0.1633	0.15576

续表

行业	指标	2003	2004	2005	2006	2007	2008	2009	2010	2011	2012	2013	2014
c9	GVCp	0.2852	0.3111	0.3287	0.3291	0.3273	0.3117	0.262	0.2976	0.3069	0.2859	0.2749	0.26571
	GVCpf	0.1448	0.1475	0.1513	0.1567	0.1559	0.1503	0.128	0.143	0.1485	0.1431	0.1352	0.13565
	GVCpb	0.1404	0.1636	0.1774	0.1724	0.1714	0.1614	0.1339	0.1546	0.1584	0.1429	0.1397	0.13006
c10	GVCp	0.3832	0.4542	0.451	0.4611	0.4607	0.4747	0.3787	0.4348	0.4667	0.4459	0.4247	0.39568
	GVCpf	0.1896	0.2088	0.2024	0.2053	0.202	0.2043	0.1495	0.167	0.1686	0.1589	0.1568	0.15707
	GVCpb	0.1936	0.2454	0.2486	0.2559	0.2587	0.2704	0.2292	0.2678	0.2981	0.287	0.268	0.23861
c11	GVCp	0.4205	0.4826	0.5013	0.5142	0.5088	0.4903	0.3877	0.4421	0.4524	0.419	0.4045	0.38904
	GVCpf	0.2122	0.2385	0.2523	0.2655	0.2639	0.2552	0.1928	0.2208	0.2233	0.2047	0.2005	0.20543
	GVCpb	0.2083	0.2441	0.249	0.2487	0.2448	0.2351	0.1949	0.2213	0.2291	0.2143	0.204	0.18362
c12	GVCp	0.1717	0.1991	0.2099	0.2258	0.2352	0.2154	0.1841	0.1992	0.1918	0.1699	0.1604	0.15031
	GVCpf	0.0609	0.0708	0.0733	0.0911	0.0988	0.0895	0.0826	0.0857	0.0731	0.0638	0.0591	0.05789
	GVCpb	0.1108	0.1283	0.1366	0.1347	0.1364	0.1259	0.1015	0.1136	0.1187	0.1061	0.1013	0.09241
c13	GVCp	0.4221	0.4828	0.5221	0.54	0.5336	0.4821	0.3861	0.434	0.4355	0.4068	0.3956	0.37915
	GVCpf	0.2117	0.2392	0.2691	0.2866	0.2832	0.2534	0.1972	0.2203	0.2206	0.2151	0.2125	0.21205
	GVCpb	0.2104	0.2436	0.253	0.2534	0.2504	0.2287	0.1889	0.2137	0.2149	0.1917	0.1831	0.1671
c14	GVCp	0.2365	0.2743	0.2922	0.2876	0.2747	0.2765	0.2176	0.2589	0.2668	0.2604	0.2563	0.23687
	GVCpf	0.0936	0.1031	0.1104	0.108	0.0982	0.097	0.0715	0.0873	0.0892	0.0929	0.0946	0.09169
	GVCpb	0.1429	0.1712	0.1818	0.1795	0.1765	0.1795	0.146	0.1715	0.1775	0.1674	0.1617	0.14518
c15	GVCp	0.3585	0.4328	0.428	0.4484	0.4429	0.436	0.3348	0.3866	0.4038	0.3909	0.3931	0.37144
	GVCpf	0.1811	0.223	0.2122	0.2332	0.2243	0.2128	0.142	0.1617	0.1662	0.1564	0.1564	0.16267
	GVCpb	0.1774	0.2098	0.2158	0.2152	0.2186	0.2232	0.1929	0.2249	0.2377	0.2345	0.2368	0.20877
c16	GVCp	0.378	0.4279	0.4639	0.4688	0.4703	0.4466	0.3467	0.3901	0.3992	0.3714	0.3745	0.35093
	GVCpf	0.1988	0.2287	0.2635	0.2728	0.2742	0.2548	0.1812	0.1998	0.2	0.182	0.182	0.18324
	GVCpb	0.1792	0.1993	0.2004	0.196	0.1962	0.1918	0.1656	0.1904	0.1993	0.1893	0.1925	0.1677

续表

行业	指标	2003	2004	2005	2006	2007	2008	2009	2010	2011	2012	2013	2014
c17	GVCp	0.6123	0.6338	0.6402	0.6686	0.6725	0.6456	0.5799	0.6128	0.5923	0.5592	0.5749	0.54911
	GVCpf	0.2465	0.2477	0.2537	0.2764	0.2623	0.2636	0.2597	0.2773	0.2658	0.2482	0.2688	0.27039
	GVCpb	0.3658	0.3861	0.3865	0.3922	0.4102	0.382	0.3202	0.3355	0.3265	0.311	0.306	0.27872
c18	GVCp	0.3881	0.4308	0.4369	0.4551	0.4592	0.4274	0.3649	0.4025	0.4048	0.3897	0.3937	0.37503
	GVCpf	0.1736	0.1898	0.1973	0.2122	0.209	0.1934	0.1639	0.1775	0.1756	0.1747	0.178	0.18479
	GVCpb	0.2145	0.2409	0.2396	0.2429	0.2503	0.234	0.2011	0.2251	0.2292	0.2151	0.2156	0.19024
c19	GVCp	0.2848	0.3217	0.3373	0.3522	0.3739	0.3564	0.2873	0.3325	0.3417	0.3191	0.3171	0.29997
	GVCpf	0.0973	0.1093	0.1208	0.1375	0.1552	0.1481	0.109	0.1304	0.1381	0.1274	0.1268	0.13129
	GVCpb	0.1875	0.2124	0.2165	0.2147	0.2187	0.2083	0.1784	0.2021	0.2036	0.1918	0.1903	0.16868
c20	GVCp	0.2621	0.3105	0.3255	0.3406	0.3553	0.3182	0.237	0.2649	0.2665	0.2484	0.2445	0.22988
	GVCpf	0.0804	0.0987	0.1112	0.1234	0.1371	0.1204	0.0735	0.0862	0.084	0.0786	0.0795	0.08114
	GVCpb	0.1817	0.2118	0.2143	0.2172	0.2182	0.1977	0.1636	0.1787	0.1825	0.1698	0.165	0.14874
c21	GVCp	0.2929	0.336	0.3524	0.3515	0.348	0.3421	0.2621	0.2719	0.2803	0.258	0.2533	0.24451
	GVCpf	0.0886	0.11	0.1244	0.123	0.1208	0.1234	0.0747	0.0645	0.0684	0.058	0.0603	0.07133
	GVCpb	0.2043	0.2259	0.228	0.2284	0.2272	0.2187	0.1874	0.2074	0.2119	0.2	0.1931	0.17318
c22	GVCp	0.2156	0.2471	0.247	0.2588	0.257	0.2574	0.2232	0.2447	0.2593	0.2533	0.2589	0.27001
	GVCpf	0.0892	0.1103	0.1136	0.1264	0.1209	0.1292	0.1183	0.1215	0.1322	0.1389	0.1402	0.159
	GVCpb	0.1264	0.1368	0.1333	0.1324	0.1361	0.1282	0.1049	0.1232	0.1271	0.1144	0.1187	0.11101

数据来源：作者根据WIOD2016数据库和UIBE GVC Index数据库整理计算。

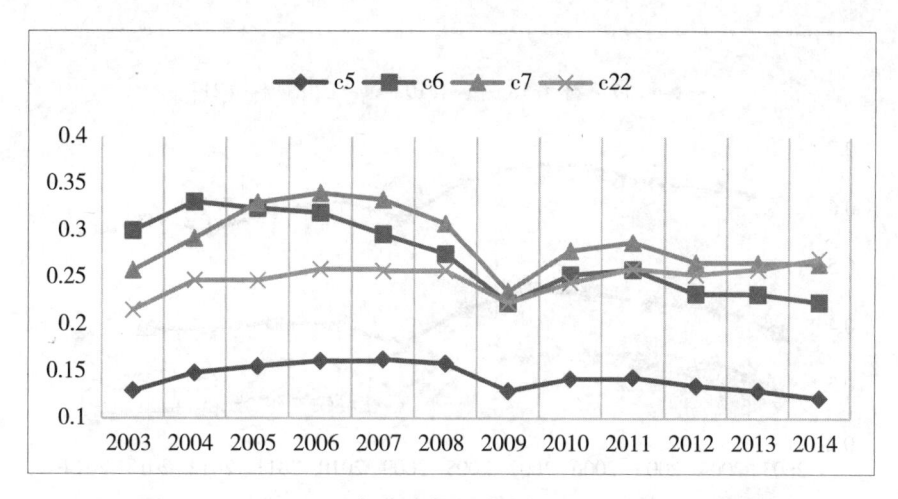

图5-13　2003—2014年劳动密集型制造业行业部门GVCp指数

资料来源：作者计算整理。

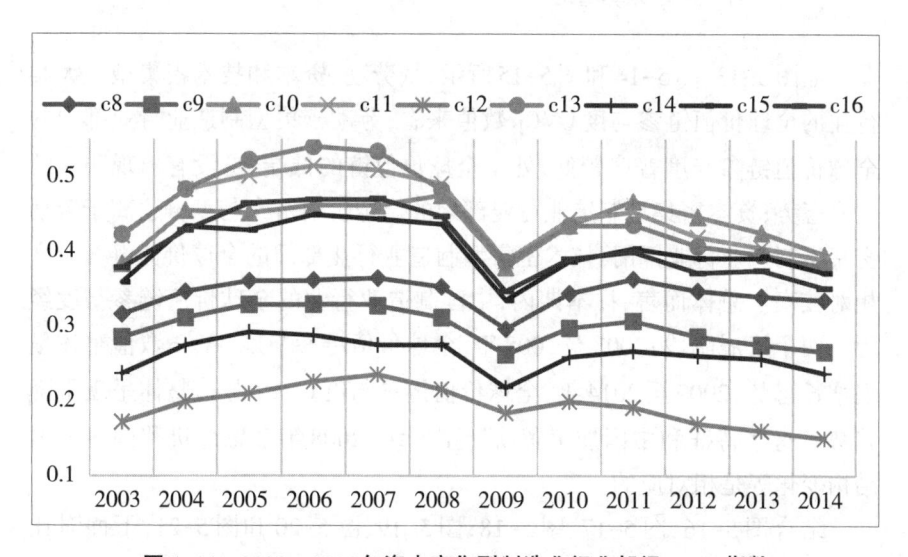

图5-14　2003—2014年资本密集型制造业行业部门GVCp指数

资料来源：作者计算整理。

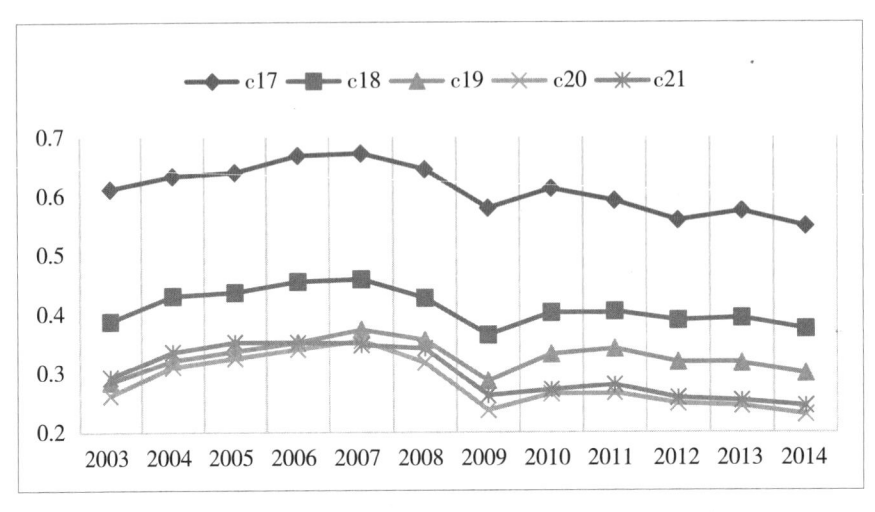

图5-15 2003—2014年技术密集型制造业行业部门GVCp指数

资料来源：作者计算整理。

如图5-13、图5-14和图5-15所示，从劳动、资本和技术密集型三大类行业的全球价值链参与度GVCp数值来看，劳动密集型制造业行业部门的全球价值链参与度普遍较低，处于全球价值链的低端，且没有出现明显的上升态势；资本密集型制造业行业部门的全球价值链参与度普遍高于劳动密集型制造业行业部门；技术密集型制造业行业部门的全球价值链参与度相对较高。总体而言，样本期内，中国制造业行业的全球价值链参与度经历了两个发展阶段：2003至2008年，全球价值链参与度GVCp数值整体呈现增长态势；2009至2014年，全球价值链参与度GVCp数值整体呈现下降趋势。这些特征和中国加工贸易转型升级、2008年金融危机和国内要素结构变化等是相对应的。

结合图5-16、图5-17、图5-18、图5-19、图5-20和图5-21，下面对比劳动密集型行业部门、资本密集型行业部门和技术密集型行业部门全球价值链参与度GVCp、前向参与度GVCpf和后向参与度GVCpb的具体数值，从GVCp的变化和GVCpf与GVCpb的变化两个方面加以分析：

首先，样本期内，劳动密集型制造业行业部门的全球价值链参与度整体不高，且出现波动下降趋势，说明劳动密集型制造业行业部门在全球价值链分工中的地位相对较低。对比前向和后向参与度，二者变化相对较小，二者之间大小差距逐渐缩小，且出现了趋同的趋势，部分年份的前向参与度指数甚至大于后向参与度指数，反映了近年来劳动密集型制造业行业部门的全球价值链参与度虽然没有提升,但更多地为其他国家和行业部门出口提供中间投入品,说明劳动密集型制造业行业部门的全球价值链地位相对是提升的。

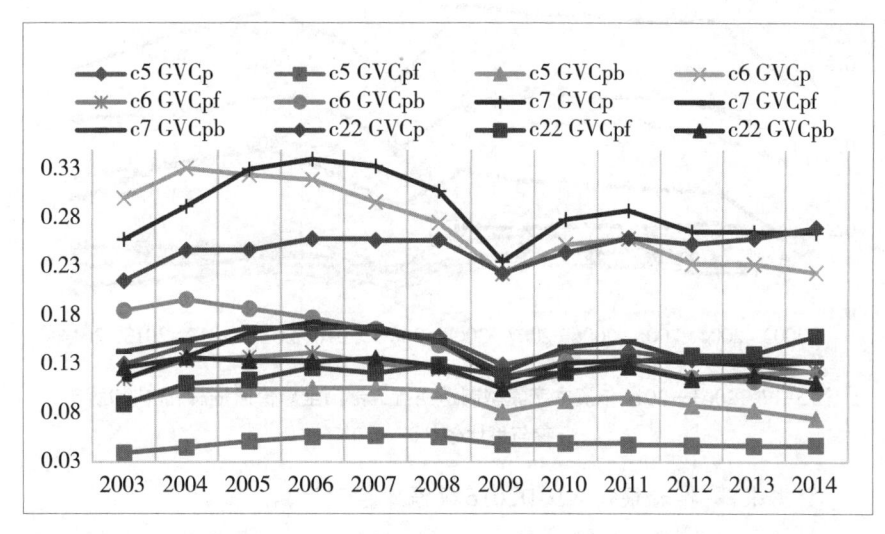

图 5-16 2003—2014 年劳动密集型制造业行业部门全球价值链总、前向和后向参与度比较(c5—c7、c22)

数据来源:作者根据 WIOD2016 数据库整理计算。

其次,对于资本密集型制造业行业部门而言,整体参与度水平不高,行业全球价值链参与度整体呈现先升后降的 M 型走势,以 2009 年为分界点,这可能与 2008 年全球金融危机有直接关联。另外,资本密集型制造业行业部门的前向和后向参与度差距相对仍然较大,并没有像劳动密集型制造业行业部门那样出现趋同趋势,呈现整体波动特征;并且部分行业的前向参与度小于后向参与度,表明部分中国资本密集型制造业行业部门的全球价值链地位相对较低,且近年来呈现下降趋势。这进一步说明,虽然在 2003 至 2008 年全球价值链参与度和地位整体有所提升,但部分行业更多的是依靠后向参与全球价值链分工,这些行业仍处于全球价值链的低端,2009 年后依然如此。

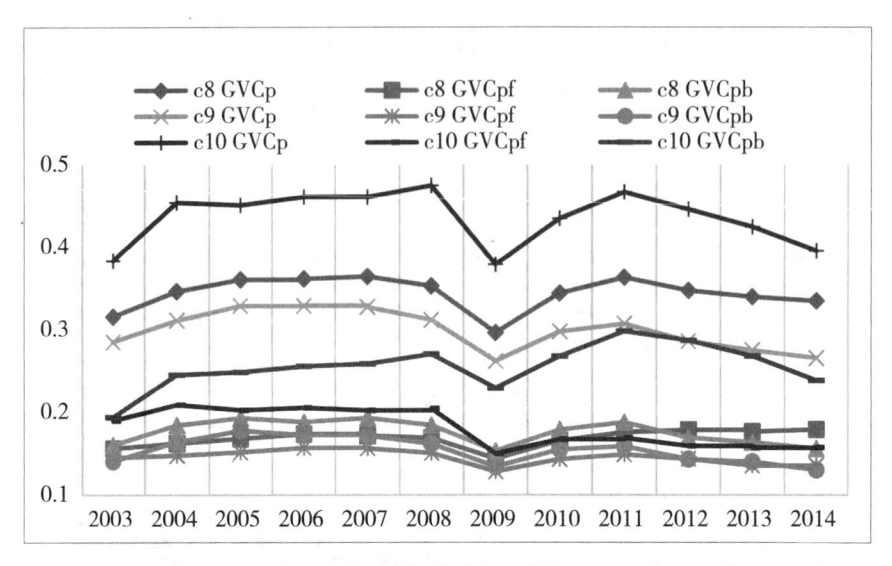

图5-17 2003—2014年资本密集型制造业行业部门全球价值链总、前向和后向参与度比较(c8—c10)

数据来源：作者根据WIOD2016数据库整理计算。

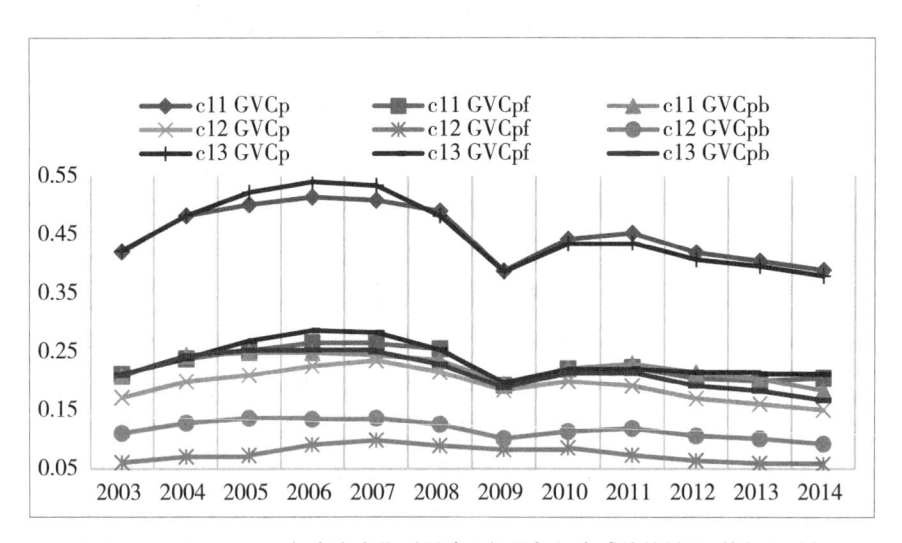

图5-18 2003—2014年资本密集型制造业行业部门全球价值链总、前向和后向参与度比较(c11—c13)

数据来源：作者根据WIOD2016数据库整理计算。

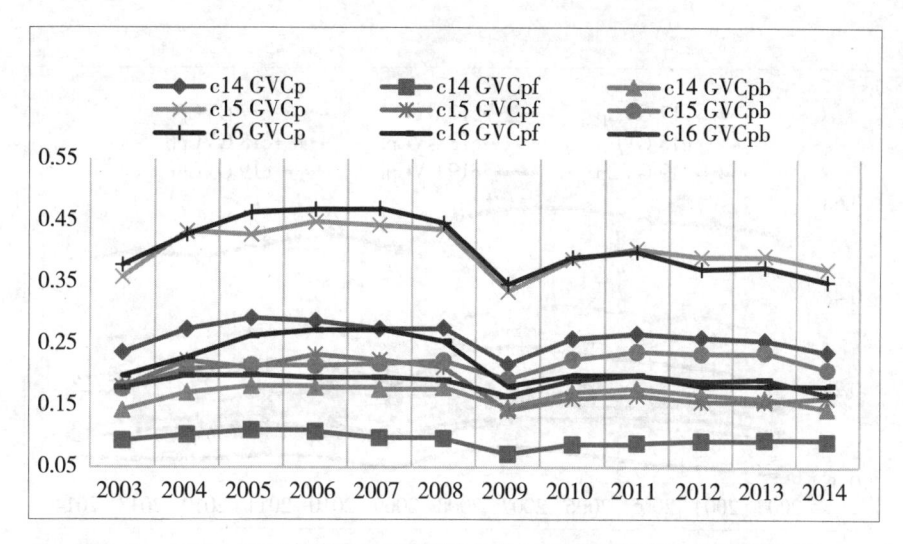

图5-19　2003—2014年资本密集型制造业行业部门全球价值链总、前向和后向参与度比较(c14—c16)

数据来源：作者根据WIOD2016数据库整理计算。

最后，对于技术密集型制造业行业部门而言，样本期内，其全球价值链参与度相对较高，但总体呈现先升后降态势，大体以2009年为分界点。对比前向和后向参与度，二者变化相对较小，且二者之间大小差距出现缩小趋势，前向参与度呈现缓慢提升态势，说明中国技术密集型制造业行业部门更多地投入本国中间投入品，并且更多地为他国提供中间投入品，其全球价值链地位整体呈上升态势。

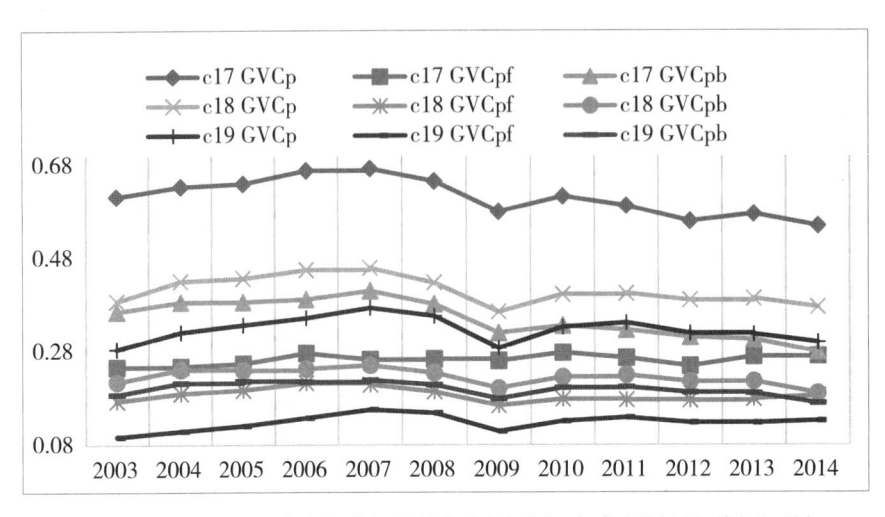

图5-20 2003—2014年技术密集型制造业行业部门全球价值链总、前向和后向参与度比较(c17—c19)

数据来源:作者根据WIOD2016数据库整理计算。

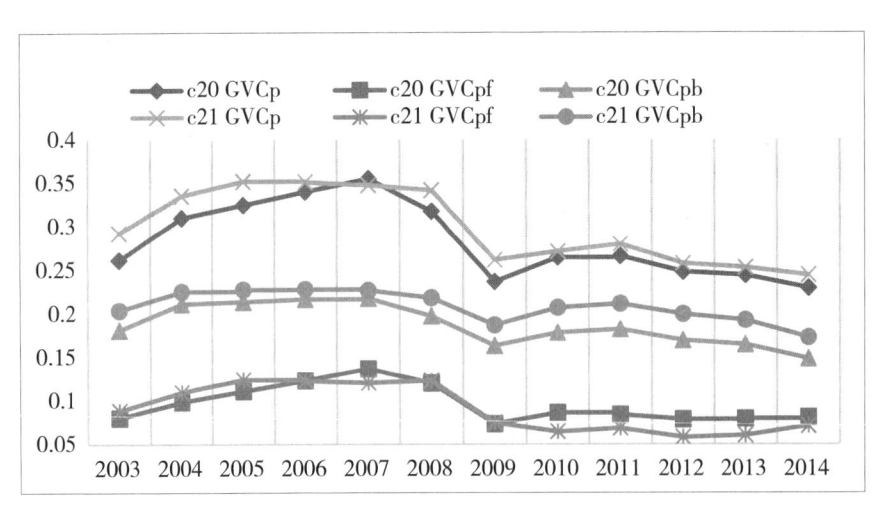

图5-21 2003—2014年技术密集型制造业行业部门全球价值链总、前向和后向参与度比较(c20—c21)

数据来源:作者根据WIOD2016数据库整理计算。

综合以上分析,整体而言,中国制造业行业的全球价值链参与度整体呈现先升后降趋势。劳动密集型制造业行业部门的全球价值链参与度整体较低,呈现低参与度、低附加值的双低特征;技术密集型制造业行业部门的全球价值链参与度相对较高,整体呈现高参与度、低附加值的一高一低特征;而资本密集型制造业行业部门的全球价值链参与度居中。通过对表5-8、图5-13至图5-21数据分析可知,中国制造业各行业部门的全球价值链参与度整体仍然相对较低,且行业部门的参与度并没有呈现单边增长态势,呈现两个阶段的不同阶段特征:2003至2008年,利用2001年中国入世的机遇,中国制造业行业的全球价值链参与度GVCp逐年提高,但这种提高更多的是依赖于GVCpb的提高,而依赖GVCpf的提高相对有限,这和中国大力发展加工贸易进口中间品出口产成品有着直接关联,出现全球价值链参与虚高、对外贸易大而不强的局面;2009至2014年,受全球金融危机的影响,国际市场需求减弱,发达国家实施再工业化政策,中国制造业行业全球价值链参与度GVCp有所下降,与国内产业结构调整、加工贸易转型升级有关,表明中国制造业行业部门受国际市场需求影响较大。

(二)分行业全球价值链地位测算结果与分析

根据Koopman et al.(2014)等提出的全球价值链分析框架KWW法,结合WWZ和WWYZ法(2017a、2017b)的研究成果,本书基于WIOD2016数据库和UIBE GVC Index数据库,对总出口价值分解,利用全球价值链地位指数来衡量制造业行业部门的全球价值链地位(GVCposition,可缩写为GVCpo)。

行业全球价值链地位指数GVCpo的测算公式如下:

$$GVCpo_{irt} = \ln\left(1 + \frac{IV_{irt}}{E_{irt}}\right) - \ln\left(1 + \frac{FV_{irt}}{E_{irt}}\right) \quad (5.12)$$

式(5.12)中的r表示国家、i表示行业、t表示时间,该数值越大,表明r国i产业在时间t处于全球价值链的上游;相反,该数值越小,表明r国i产业在时间t处于全球价值链的下游。一般而言,若该指数数值小于0,表明处于全球价值链低端,并且该数值越小,全球价值链地位越低;若该指数大于0,表明处于全球价值链中高端,并且该数值越大,全球价值链地位越高。

表5-9 2003—2014年制造业各行业部门全球价值链地位指数

年份 行业	2003	2004	2005	2006	2007	2008	2009	2010	2011	2012	2013	2014
c5	-0.04804	-0.0545	-0.04937	-0.04616	-0.04491	-0.04356	-0.03103	-0.04078	-0.04497	-0.03799	-0.03421	-0.02555
c6	-0.06104	-0.05319	-0.04313	-0.03112	-0.0309	-0.02127	-0.00918	-0.011	-0.00415	0.000865	0.006736	0.019287
c7	-0.02536	-0.01471	-0.0043	0.005532	-0.00384	0.001011	-0.00692	-0.01465	-0.01692	-0.00178	-0.00535	-0.00018
c8	-0.0035	-0.01878	-0.02124	-0.01238	-0.01816	-0.01312	-0.00821	-0.01122	-0.01022	0.008023	0.011045	0.019797

续表

年份 行业	2003	2004	2005	2006	2007	2008	2009	2010	2011	2012	2013	2014
c9	0.003845	-0.01399	-0.02243	-0.01351	-0.01337	-0.00956	-0.00521	-0.01015	-0.00862	0.00019	-0.00394	0.00494
c10	-0.00336	-0.02985	-0.03773	-0.04113	-0.04606	-0.05346	-0.06706	-0.08282	-0.10506	-0.10485	-0.09181	-0.0681
c11	0.003183	-0.00457	0.002656	0.013373	0.015235	0.016104	-0.00174	-0.00036	-0.00473	-0.00793	-0.00296	0.018258
c12	-0.04602	-0.05228	-0.05734	-0.03916	-0.03365	-0.03286	-0.01735	-0.02535	-0.04166	-0.03893	-0.03907	-0.03211
c13	0.001057	-0.0035	0.012725	0.026165	0.025858	0.019908	0.006949	0.005397	0.004674	0.019428	0.024551	0.037792
c14	-0.04409	-0.05989	-0.06232	-0.06252	-0.06888	-0.07254	-0.06723	-0.07459	-0.07795	-0.06595	-0.05953	-0.04784
c15	0.003143	0.01091	-0.00298	0.014661	0.004699	-0.00854	-0.04361	-0.05303	-0.05953	-0.06532	-0.06723	-0.03889
c16	0.016484	0.0242	0.051244	0.062259	0.063178	0.051467	0.013284	0.007853	0.000586	-0.00616	-0.00881	0.013219
c17	-0.09139	-0.10522	-0.10064	-0.08681	-0.11083	-0.08952	-0.04694	-0.04458	-0.04689	-0.04903	-0.02891	-0.00654
c18	-0.0342	-0.04206	-0.03477	-0.02496	-0.0336	-0.0335	-0.03147	-0.03963	-0.04453	-0.03381	-0.03142	-0.0046
c19	-0.07901	-0.08883	-0.08199	-0.06569	-0.05357	-0.05116	-0.06072	-0.06144	-0.05591	-0.05558	-0.05475	-0.03251
c20	-0.08962	-0.09801	-0.0887	-0.08016	-0.06882	-0.0667	-0.08063	-0.08171	-0.08701	-0.08121	-0.07628	-0.06065
c21	-0.10103	-0.09931	-0.08819	-0.08967	-0.09074	-0.08143	-0.09974	-0.12603	-0.12598	-0.12592	-0.11804	-0.09081
c22	-0.03361	-0.02358	-0.01753	-0.00529	-0.01343	0.000918	0.012059	-0.00159	0.004492	0.021736	0.019042	0.042291

数据来源：作者根据WIOD2016数据库整理计算。

结合表5-9，样本期内，在18个制造业行业中，有11个行业的GVCpo指数长期小于0，且大于0的行业部门其数值相对都较小，这些都表明中国制造业总体仍处于全球价值链低端。但是，从中国制造业行业在全球价值链分工中地位的变化可以得知：总体而言，中国制造业全球价值链地位呈现出阶段性波动上升特征。主要的原因可能有：入世后的国内外市场开放、中国加工贸易转型升级和产业结构调整、中国要素结构变化、全球金融危机的影响等。2003至2008年，得益于2001年中国入世后的国内外市场开放，中国制造业行业部门依据要素禀赋条件参与全球价值链分工，加工贸易在国际贸易中占比迅速提升，促使进口大量的中间品，尤其是大量利用外资的资本密集型制造业行业部门，以至于相应行业的全球价值链地位指数长期为负，处于全球价值链分工的低端。2009至2011年，受2008年全球金融危机的影响，国外市场需求放缓，中国制造业行业部门的全球价值链地位出现了短期下降的情况。2012至2014年间，受益于中国加工贸易转型升级和产业结构调整，同时国内要素结构变化，劳动力成本上升，环境约束强化，加工贸易占比下降，这些使得中国制造业的全球价值链地位得以逐步提升。

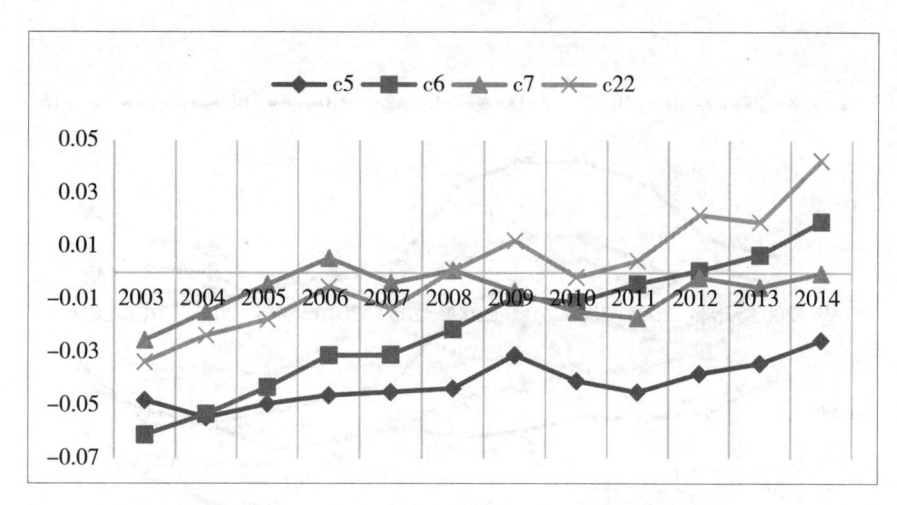

图5-22 2003—2014年劳动密集型制造业行业部门全球价值链地位

资料来源：作者根据WIOD数据库整理计算。

结合图5-22，样本期内，在参与全球价值链分工中，劳动密集型制造业行业部门更多地采用了国内产品作为中间投入品，减少了国外中间品的进口；其间，受2008年金融危机影响虽有所反复，但受劳动力成本上升等因素的影响，劳动密集型制造业行业部门的全球价值链地位呈现出波动上升态势。从图中可知，部分劳动密集型制造业行业部门在全球价值链中的地位已经实现了从低端向中端的转变。与全球价值链参与度指数相比，虽然近年来劳动密集型制造业行业部门的全球价值链参与度没有明显提升，但更多地为其他国家出口提供中间投入品，使得劳动密集型制造业行业部门的全球价值链地位相对是提升的。

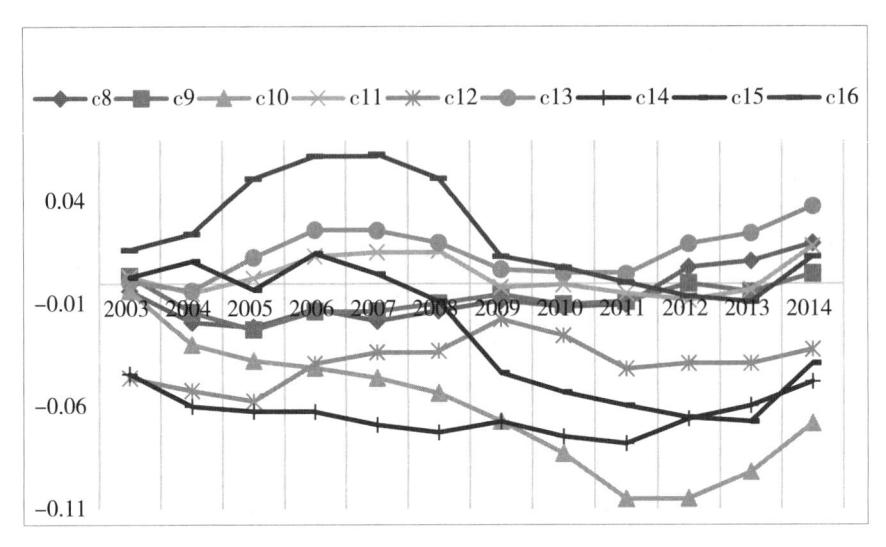

图 5-23 2003—2014年资本密集型制造业行业部门全球价值链地位

资料来源：作者根据WIOD数据库整理计算。

结合图5-23，样本期内，中国资本密集型制造业行业部门的全球价值链地位整体波动较大，出现部分行业上升、部分行业下降的局面。其中，"c10焦炭和精炼石油产品的制造"波动作为明显，从2003年最高值的-0.00336下降到2011年的最低值-0.10506，其后回升到2014年的-0.0681；其次为"c15基本金属的制造"，从正值变为负值。但是，并不是所有的资本密集型制造业行业部门的GVCpo指数一直处于下降趋势，大部分资本密集型行业呈现出缓慢波动攀升态势，部分行业的GVCpo指数在近几年保持为正值，表明这些行业在参与全球价值链分工中更多地投入了本国中间品，减少了进口中间品投入，这和加工贸易转型升级、要素投入结构和价格变化等有密切关系。

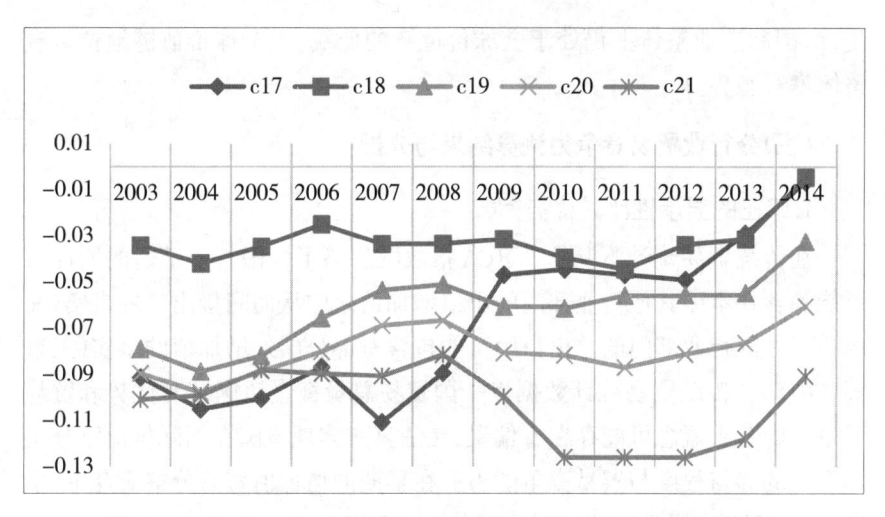

图 5-24　2003—2014 年技术密集型制造业行业部门全球价值链地位

资料来源:作者根据 WIOD 数据库整理计算。

结合图 5-24,样本期内,中国技术密集型制造业行业部门的全球价值链地位波动较大,但总体呈现缓慢提升态势。尤其是 2011 年以来,在参与全球价值链分工中,可能由于加强了技术的引进、消化、吸收和自主研发,技术密集型制造业行业部门可以更多地通过技术创新和进步生产新产品。这样,技术密集型制造业行业部门可以更多地采用国内产品作为中间投入品,减少了国外中间品的进口。其间,受 2008 年金融危机影响,虽有所反复,但技术密集型制造业行业部门的全球价值链地位呈现出波动上升态势。从图中可知,虽然技术密集型制造业行业部门的 GVCpo 指数依然为负,但负值明显减小,部分行业出现由负转正的趋势,表明在全球价值链中的地位逐渐提升。与全球价值链参与度指数相比,虽然近年来技术密集型制造业行业部门的全球价值链参与度没有明显提升,但更多地为其他国家出口提供中间投入品,使得技术密集型制造业行业部门的全球价值链地位相对是提升的。

整体而言,通过上述分析可知,在国内产业政策调整和加工贸易转型升级推动下,中国制造业行业参与全球价值链分工,出现从以往更多的进口中间品从事加工贸易逐渐向其他国家提供中间品转变的趋势,显示中国制造业行业部门的整体全球价值链地位是在缓慢提升的。虽然部分行业、部分年份出现了波动,但相应数据整体上支持了这一缓慢上升的结论。以上分析,初步反映出各行业的全球价值链参与度和全球价值链地位的变化,中国制造业整体上仍处于全球价值链的低端,但全球价值链地位呈现整体攀升态势。

(三)分行业贸易竞争力测算结果与分析

1.修正的显示性比较优势指数

在传统贸易统计下测算的RCA指数既忽略了一国行业部门的增加值可能隐含在本国其他行业部门的出口增加值之中从而间接出口的事实,又忽略了一国行业部门的总出口中可能包含有部分国外增加值的事实(王直等,2015)。传统贸易统计数据以一国贸易总量衡量该国贸易优势和贸易竞争力的若干概念可能存在着偏误,无法真实体现该国在国际价值链分工体系中的参与程度与贸易竞争能力。在早期的增加值贸易分解研究中,学者们更多地采用后向关联方法分解。正如Grossman和Rossi-Hansberg(2008)、Johnson和Noguera(2012)、Wang et al.(2013)、Koopman et al.(2014)、Wang et al.(2017a、2017b)等研究发现,贸易增加值统计下的出口增加值与传统贸易统计下的出口总量之间存在明显的差异,尤其是在20世纪90年代之后到2008年全球金融危机之间的年份。

国内部分学者基于后向关联分解法展开国内增加值的分解和测算,如戴翔(2015)利用WIOD2011数据库数据测算了中国14个制造业行业的显示性比较优势指数,并据此分析中国制造业行业的贸易竞争力。由于后向关联分解法无法追踪一国某行业出口的可用作其他国家生产出口产品的中间投入品的最终去向,忽视产品本国国内价值增值部分的最终流向,可能并不能准确度量一国真实的贸易竞争力,也不能准确体现出一国真实的贸易收益(张幼文和周琢,2016;郑乐凯和王思语,2017)。鉴于此,前向关联分解法可以追踪一国某行业出口的可用作其他国家生产出口产品的中间投入品的最终去向,可以准确计算和衡量该国的真实贸易收益。因而,采用前向关联分解法分解贸易增加值,可以更真实地测算中国制造业行业的贸易竞争力。

Koopman et al.(2014)、Wang et al.(2013)将总贸易流分解的KWW法进一步扩展到部门、双边和双边-部门层面,进而各层面的贸易流都可以分解为KWW的四个部分:本国增加值出口、返回的本国增加值、国外增加值和纯重复计算的中间品贸易部分。采用前向关联分解法分解贸易增加值,根据贸易品的价值来源、最终吸收地和吸收渠道的不同,构建出一个新的增加值贸易核算体系,利用该核算体系和方法,可以重新诠释增加值出口和贸易平衡,进而修正传统显示性比较优势指数,可以更好地、更真实地反映贸易竞争力。这种方法已经引起国内学者的广泛关注和讨论,如程大中等(2017)、郑乐凯和王思语(2017)、崔日明和张玉兰(2019)。Wang et al.(2017a、2017b)利用WWZ和WWYZ法将出口总额进行详细分解,进而提出了基于增加值的RCA value added指数,由于是相较于传统贸易统计下的RCA指数修正,故可以称为New RCA指数(简称为NRCA)。

$$NRCA_{irt} = \frac{\left(VAX\_f_{irt} + RDV\_f_{irt}\right) \Big/ \sum_{i}^{n}\left(VAX\_f_{irt} + RDV\_f_{irt}\right)}{\left(\sum_{r}^{G}\left(VAX\_f_{irt} + RDV\_f_{irt}\right)\right) \Big/ \left(\sum_{r}^{G}\sum_{i}^{n}\left(VAX\_f_{irt} + RDV\_f_{irt}\right)\right)} \quad (5.13)$$

式(5.13)中,$NRCA_{irt}$表示r国(地区)i行业在时间t、增加值贸易统计下修正的显示性比较优势指数,可称为修正的显示性比较优势指数;VAX_f_{irt}表示r国(地区)i行业在时间t、基于i行业部门前向关联的增加值出口;RDV_f_{irt}表示r国(地区)i行业在时间t、返回并被r国(地区)吸收的r国(地区)国内增加值;VAX_f_{irt}和RDV_f_{irt}之和为r国(地区)i行业在时间t的国内贸易增加值;$\sum_{i}^{n}\left(VAX\_f_{irt} + RDV\_f_{irt}\right)$表示r国(地区)所有行业在时间t、基于r国(地区)所有行业前向关联的增加值出口与r国(地区)所有行业在时间t、返回并被r国(地区)吸收的r国(地区)国内增加值之和,即r国(地区)所有行业在时间t的国内贸易增加值总和;$\sum_{r}^{G}\left(VAX\_f_{irt} + RDV\_f_{irt}\right)$表示全球所有国家(地区)i行业在时间t、基于所有国家(地区)i行业前向关联的增加值出口与所有国家(地区)i行业在时间t、返回并被所有国家(地区)吸收的国内增加值之和,即全球所有国家出口中的行业i所创造的贸易增加值总和;$\sum_{r}^{G}\sum_{i}^{n}\left(VAX\_f_{irt} + RDV\_f_{irt}\right)$表示全球所有国家(地区)所有行业在时间t、基于所有国家(地区)所有行业前向关联的增加值出口与所有国家(地区)所有行业在时间t、返回并被所有国家(地区)吸收的国内增加值之和,即全球所有行业总出口国内增加值。

这样,NRCA可以重新被定义为:基于某行业部门前向关联测算的一国总出口中、隐含的该行业中增加值占该国出口中所有行业总国内增加值的比例,相对于全球所有国家出口中的该行业所创造的增加值占全球总出口国内增加值的比例的比较值。NRCA指数接近1,表明该行业贸易竞争力居于全球平均水平;NRCA指数大于1,表明该行业贸易竞争力高于全球平均水平,该指数越大,贸易竞争力越强;NRCA指数小于1,表明该行业处于劣势地位,该指数越小,表明劣势越大。具体而言,当NRCA>1.8时,说明在国际市场上具有极强的贸易竞争力;当1.28<NRCA≤1.8时,说明在国际市场上具有较强的贸易竞争力;当1<NRCA≤1.28时,说明在国际市场上

具有较强的贸易竞争力;当 $NRCA=1$ 时,表明该行业在国际市场上具有中等贸易竞争力;当 $NRCA<1$ 时,表明该行业在国际市场上没有贸易竞争力,处于劣势地位,越小越没有竞争力。

2.分行业贸易竞争力测算结果与分析

关于行业贸易竞争力的衡量,传统贸易统计下,显示性比较优势指数 RCA 是被广泛采用的衡量指标之一。但是,在全球价值链分工体系下,传统贸易统计下的 RCA 指数往往与行业真实贸易竞争力存在差异,存在被高估和低估等问题。[1]结合前文所述,借鉴 KWW、WWZ 和 WWYZ 等方法,基于增加值贸易统计的 WIOD 数据库数据,在运用行业前向关联分解法进行增加值分解基础上,对样本期间中国18个制造业行业的显示性比较优势指数 NRCA 进行了测算(见表5-10),并以 NRCA 指数作为行业贸易竞争力的衡量指标,为后续实证研究提供相关数据。

结合表5-10,可知中国大多数制造业行业的 NRCA 指数大于1,表明这些行业在国际上具有贸易竞争力。具体而言,"c6纺织品、服装、皮革和相关产品的制造""c7木材、木材制品及软木制品的制造(家具除外)、草编制品及编织材料物品的制造""c14其他非金属矿物制品的制造""c17计算机、电子产品和光学产品的制造""c18电力设备的制造"等行业的 NRCA 指数都在1.8以上,具有极强的贸易竞争力;"c9记录媒介物的印制及复制""c13橡胶和塑料制品的制造""c15基本金属的制造""c22家具制造、其他制造业"的 NRCA 指数都在1.28以上,具有较强的贸易竞争力;"c5食品、饮料和烟草制品的制造""c8纸和纸制品的制造""c11化学品及化学制品的制造""c19未另分类的机械和设备的制造"等行业的 NRCA 指数都在1.0~1.28,具有较弱的竞争力;"c10焦炭和精炼石油产品的制造""c12基本医药产品和医药制剂的制造""c16金属制品的制造业,机械设备除外""c20汽车、挂车和半挂车的制造""c21其他运输设备的制造"的 NRCA 指数都小于1,表明这些行业在国际市场上不具有竞争力,处于劣势地位。

---

[1] 最新的研究结果表明,基于增加值贸易统计下测算的行业显示性比较优势指数是更准确的行业贸易竞争力的体现。如:郑乐凯和王思语(2017)分别采用测算了行业传统 RCA 指数、前向关联分解的 NRCA 指数和后向关联分解的 NRCA 指数,通过比较分析发现:基于行业前向关联分解的 NRCA 指数能更真实地体现行业贸易竞争力。

表5-10　2003—2014年增加值贸易统计下制造业行业部门修正显示性比较优势指数

年份 行业	2003	2004	2005	2006	2007	2008	2009	2010	2011	2012	2013	2014
c5	1.0074	1.0352	1.11	1.1271	1.1072	1.1052	1.037	1.0875	1.1074	1.1552	1.1113	1.0673
c6	3.1264	3.1625	3.3162	3.324	3.3018	3.2353	3.1966	3.1393	3.1043	3.0273	2.9218	2.7598
c7	1.4834	1.6668	1.6586	1.8722	1.9233	1.9163	2.1581	1.8052	1.9802	2.1366	2.1286	2.0155
c8	1.011	0.9957	0.945	0.975	0.963	1.0041	1.0307	0.9733	1.0395	1.0856	1.0318	1.0101
c9	1.4397	1.2727	1.0632	1.0401	0.9574	0.9888	1.124	1.118	1.182	1.3111	1.3153	1.2815
c10	1.0353	1.0839	1.0013	0.9979	1.1219	1.0344	1.1226	1.3358	1.0545	0.974	0.9864	0.9768
c11	1.2351	1.2047	1.3002	1.3104	1.3269	1.4297	1.2321	1.1951	1.2873	1.2109	1.1729	1.1541
c12	0.3085	0.3028	0.2981	0.3122	0.335	0.3463	0.2969	0.323	0.311	0.3269	0.3377	0.3195
c13	1.5957	1.5848	1.4887	1.5017	1.4187	1.4254	1.3698	1.3346	1.3603	1.3697	1.3583	1.3038
c14	1.3462	1.3846	1.4724	1.5213	1.4934	1.5813	1.7109	1.6921	1.8439	1.9403	2.0088	1.8724
c15	1.8512	1.9016	1.8376	1.801	1.7581	1.958	1.793	1.7061	1.6998	1.5897	1.5126	1.512
c16	0.7474	0.8213	0.8325	0.882	0.9248	0.9149	0.946	0.8798	0.8821	0.9556	0.944	0.9124
c17	1.6049	1.7854	1.7855	1.8167	1.7981	1.7886	1.7641	1.9075	1.8798	1.9021	1.8903	1.8363
c18	1.4743	1.499	1.5977	1.5308	1.5431	1.6864	1.5597	1.7509	1.8041	1.8573	1.8172	1.8003
c19	0.9971	1.05	0.9956	1.0843	1.2404	1.2878	1.3172	1.2684	1.2828	1.1703	1.1872	1.154
c20	0.2921	0.2852	0.3029	0.3248	0.4005	0.4434	0.5172	0.5704	0.5659	0.5341	0.5588	0.547
c21	0.5623	0.5637	0.5515	0.5883	0.6612	0.7358	0.7485	0.9014	0.887	0.8134	0.7467	0.689
c22	1.9117	1.5617	1.9885	2.1316	2.0699	1.7887	1.6819	1.2656	1.3283	1.5963	1.5423	1.4938

数据来源：作者根据 WIOD2016 数据库、UN Comtrade 数据库和 WB 数据库整理计算。

下面结合按行业属性分类的劳动、资本和技术密集型制造业三大行业部门类型分别加以分析。由图 5-25 可知，除行业 c5 外，劳动密集型制造业行业的 NRCA 指数普遍大于 1，且部分行业在 [1.5, 3] 区间，表明这些劳动密集型制造业行业具有极强或较强的贸易竞争力。

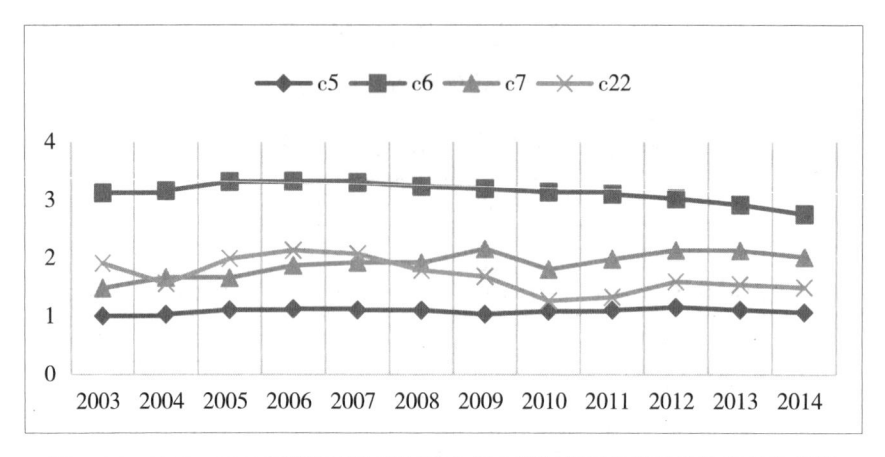

图 5-25 2003—2014年劳动密集型制造业行业部门修正的显示性比较优势指数

资料来源:作者根据 WIOD 数据库整理计算。

由图 5-26 可知,行业 c8、c9、c11、c13、c14 和 c15 的 NRCA 指数都大于 1,且相对稳定,表明这些资本密集型制造业行业具有贸易竞争力,但只有 c14 和 c15 等少数资本密集型行业具有较强或极强的贸易竞争力,大多数行业贸易竞争力较弱;c10、c12、c16 则不具有贸易竞争力。

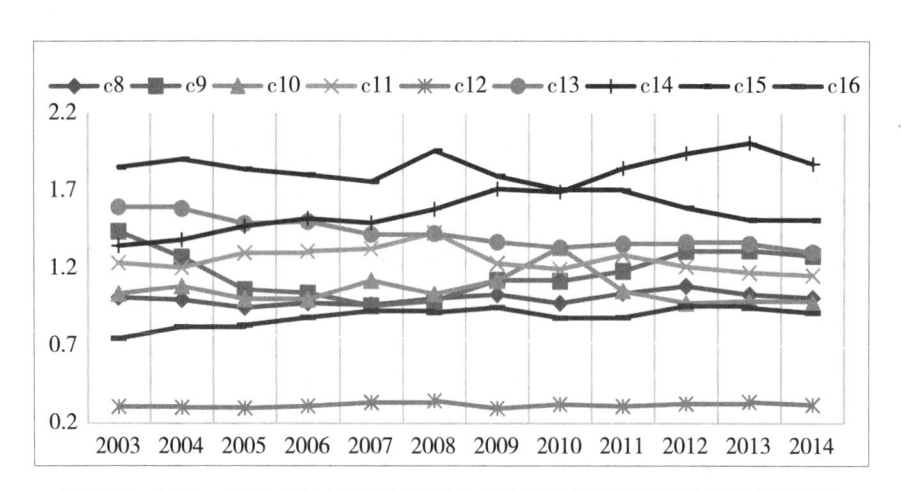

图 5-26 2003—2014年资本密集型制造业行业部门修正的显示性比较优势指数

资料来源:作者根据 WIOD 数据库整理计算。

由图 5-27 可知,对于技术密集型制造业行业部门而言,行业 c17 和 c18 的贸易竞争力较强,c19 具有中等贸易竞争力,c20 和 c21 不具有贸易竞争力。

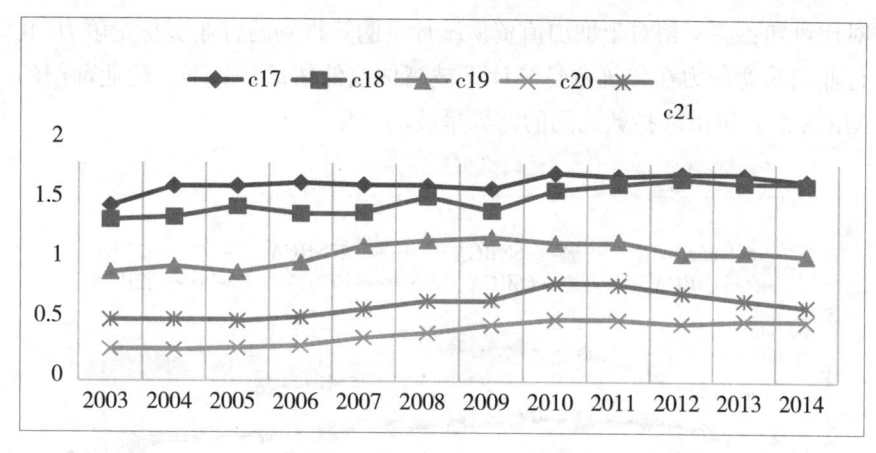

图5-27　2003—2014年技术密集型制造业行业部门修正的显示性比较优势指数

资料来源：作者根据WIOD数据库整理计算。

本书测算的结果与张禹和严兵（2016）、郑乐凯和王思语（2017）等学者的研究结论近似：中国大部分制造业行业都具有贸易竞争力，但其中接近一半的行业竞争力只是略高于国际平均水平，并不具备明显的贸易竞争力。竞争力较强的行业仍集中于传统比较优势的劳动密集型制造业行业，部分资本密集型行业和高技术含量行业缺乏竞争力。

五、两种测算结果比较分析

在国际价值链分工背景下，传统贸易统计下以一国贸易总量衡量该国贸易优势和贸易竞争力的若干概念可能存在着偏误，无法真实体现该国在国际价值链分工体系中的参与程度与贸易竞争能力。在前两节分析的基础上，本节将测算得到的RCA指数数值和NRCA指数数值进行比较分析，以便进一步明晰中国制造业行业部门的贸易竞争力，以及开展相应影响因素对贸易竞争力影响差异的实证检验。相较于RCA指数，NRCA指数可以更真实地反映贸易竞争力。因此，将测算得到的RCA指数与NRCA指数相比较，可以明晰中国制造业各行业被高估或低估的程度，NRCA能更准确地描述中国制造业的真实贸易竞争力。当 RCA>NRCA 时，表明行业贸易竞争力被高估了；当 RCA<NRCA 时，表明行业贸易竞争力被低估了；当 RCA=NRCA 时，表明行业贸易竞争力既没被低估也没被高估。

图5-28是关于劳动密集型制造业行业部门RCA与NRCA比较,通过对比可知:第一,相对于增加值贸易统计下测算得到的行业贸易竞争力,其行业贸易竞争力在传统贸易统计下被高估或低估;第二,不同行业部门的NRCA指数和RCA指数之间的差异呈波动变化。

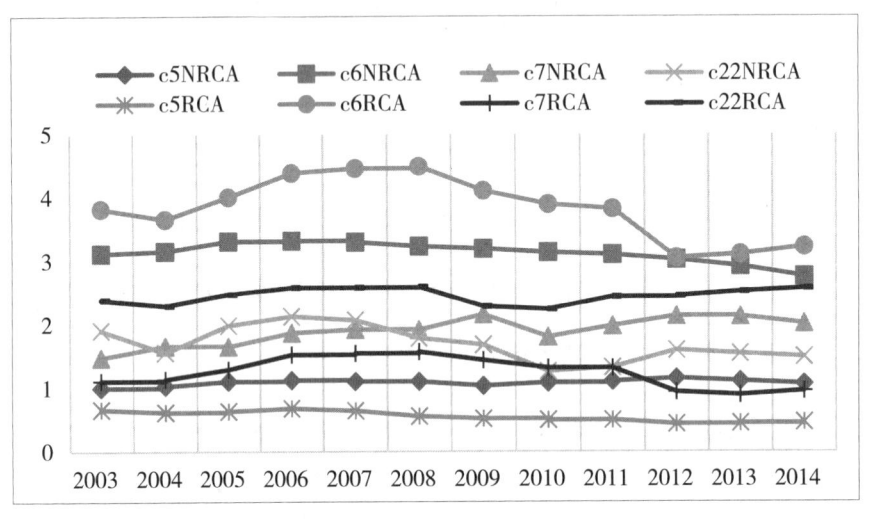

图5-28　2003—2014年劳动密集型制造业行业部门RCA与NRCA比较

资料来源:作者根据WIOD数据库整理计算。

具体分析如下:样本期内,"c5食品、饮料和烟草制品的制造"和"c7木材、木材制品及软木制品的制造(家具除外)、草编制品及编织材料物品的制造"被低估,而"c6纺织品、服装、皮革和相关产品的制造"和"c22家具制造、其他制造业"被高估。其中,"c5食品、饮料和烟草制品的制造"平均被低估了1.1倍,"c7木材、木材制品及软木制品的制造(家具除外)、草编制品及编织材料物品的制造"平均被低估了0.5倍,"c6纺织品、服装、皮革和相关产品的制造"平均被高估了0.2倍,"c22家具制造、其他制造业"平均被高估了近0.4倍,且高估水平呈递增态势。另外,除"c22家具制造、其他制造业"外,其他劳动密集型制造业行业部门的RCA指数呈现递减趋势;"c5食品、饮料和烟草制品的制造"的NRCA指数较为平稳,"c7木材、木材制品及软木制品的制造(家具除外)、草编制品及编织材料物品的制造"的NRCA指数呈缓慢递增趋势,其余的劳动密集型制造业行业部门的NRCA指数呈现递减趋势。最后,"c5"行业的NRCA指数高于RCA指数,且二者之间的大小差距呈缓慢逐渐扩大态势,但NRCA指数显示该行业仍不具有明显的贸易竞争力,处于全球平均水平;"c6"行业的NRCA指数低于RCA指数,二者之间的大小差距呈整体缩小态势,NRCA指数和RCA指数都显示该行业具有极强的贸易竞争力;"c7"行业的NRCA指数高于RCA指数,二者之间的大小差距呈逐渐扩大态势,NRCA指数显示该行业具有较强的贸易竞争力且较为稳定;"c22"行业的NRCA指数明显低于RCA指数,且二者之间差距逐渐拉大,NRCA指数显示该行业具有较强的贸易竞争力。

图 5-29 和 5-30 是关于资本密集型制造业行业部门的 RCA 与 NRCA 比较,对比可知:第一,相对于增加值贸易统计下测算得到的行业贸易竞争力,除少数行业外,多数行业贸易竞争力在传统贸易统计下整体被低估;第二,不同行业部门的 NRCA 指数和 RCA 指数之间的大小差异呈波动变化。

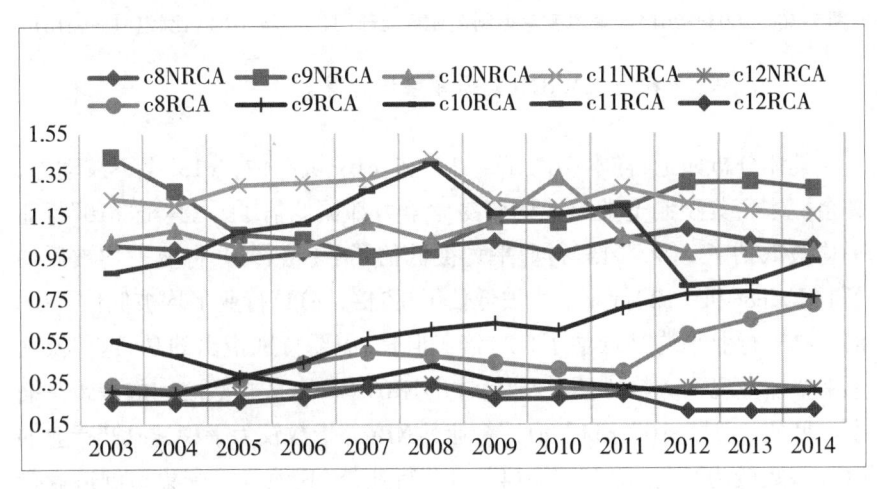

图 5-29 2003—2014 年资本密集型制造业行业部门 RCA 与 NRCA 比较(c8—c12)

资料来源:作者根据 WIOD 数据库整理计算。

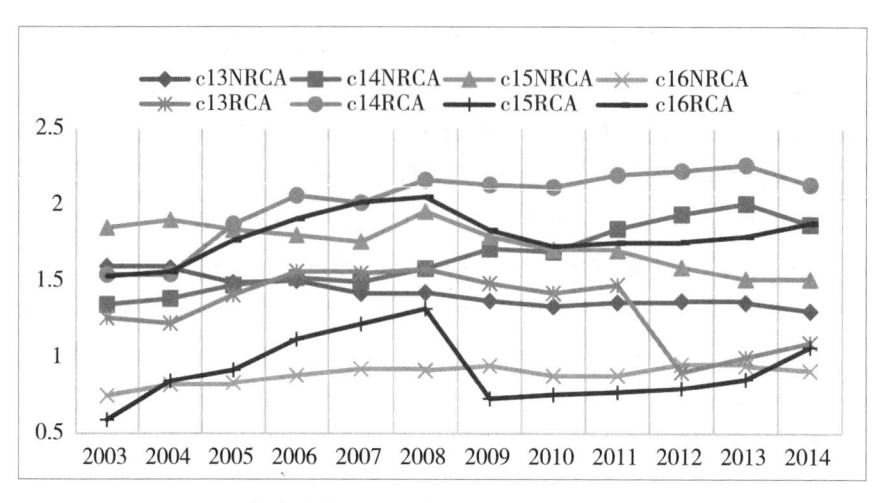

图5-30 2003—2014年资本密集型制造业行业部门RCA与NRCA比较(c13—c16)

资料来源：作者根据WIOD数据库整理计算。

具体分析如下：样本期内，除"c14"和"c16"被高估，"c13"上下波动外，其余资本密集型制造业行业的贸易竞争力都被低估了，尤其是"c10"行业平均被低估了2倍，"c15"行业平均被低估了1.1倍，"c9"行业平均被低估了1倍，"c8"和"c12"行业平均被低估了0.5倍，"c11"行业平均被低估了0.3倍，"c13"行业平均被低估了0.25倍。但是，需要特别指出的是，这种低估水平整体呈现下降趋势，即行业整体的NRCA和RCA指数之间的差距在缩小。另外，"c8""c10""c11""c12"行业的NRCA指数较为平稳，"c12"行业的RCA指数较为平稳；除"c9""c14""c16"行业外，其他资本密集型制造业行业的NRCA指数呈现逐年递减趋势；除"c8""c9""c14""c16"行业外，其他资本密集型制造业行业的RCA指数也呈现逐年递减趋势。最后，"c8"行业的NRCA指数高于RCA指数，且二者之间的大小差距呈缓慢缩小趋势，但NRCA指数显示该行业仍不具有明显的贸易竞争力，处于全球平均水平；"c9"行业的NRCA指数高于RCA指数，二者之间的大小差距呈整体缩小态势，NRCA指数显示该行业具有较强的贸易竞争力，但是RCA指数显示该行业不具有贸易竞争力；"c10"行业的NRCA指数高于RCA指数，二者之间的大小差距呈逐渐扩大态势，NRCA指数显示该行业不具有明显的贸易竞争力且较为稳定，RCA指数显示该行业不具有贸易竞争力；"c11"行业的NRCA指数高于RCA指数，且二者之间差距逐渐减小，NRCA指数显示该行业具有较强的贸易竞争力，但逐渐减弱，RCA指数显示该行业不具有明显的贸易竞争力；虽然"c12"行业的NRCA指数高于RCA指数，但是二者都很低，表明该行业不具有贸易竞争力；"c13"行业的NRCA指数高于RCA指数，虽然呈逐年下降趋势，但NRCA指数显示该行业仍具有较强的贸易竞争力；"c14"行业的NRCA指数低于RCA指数，二者都呈递增趋势，二者都表明该行业具有极强的贸易竞争力；"c15"行业的NRCA指数明显大于RCA指数，NRCA指数显示该行业具有较强的贸易竞争力，而RCA指数显示该行业不具有或具有微弱的贸易竞争力；"c16"行业的NRCA指数明显小于RCA指数，NRCA指数显示该行业不具有贸易竞争力，而RCA指数显示该行业具有较强的贸易竞争力。

图5-31是关于技术密集型制造业行业部门的RCA与NRCA比较，通过对比可知：第一，相对于增加值贸易统计下测算得到的行业贸易竞争力，其行业贸易竞争力在传统贸易统计下整体被高估；第二，不同行业的NRCA指数和RCA指数之间的大小差异逐渐缩小。

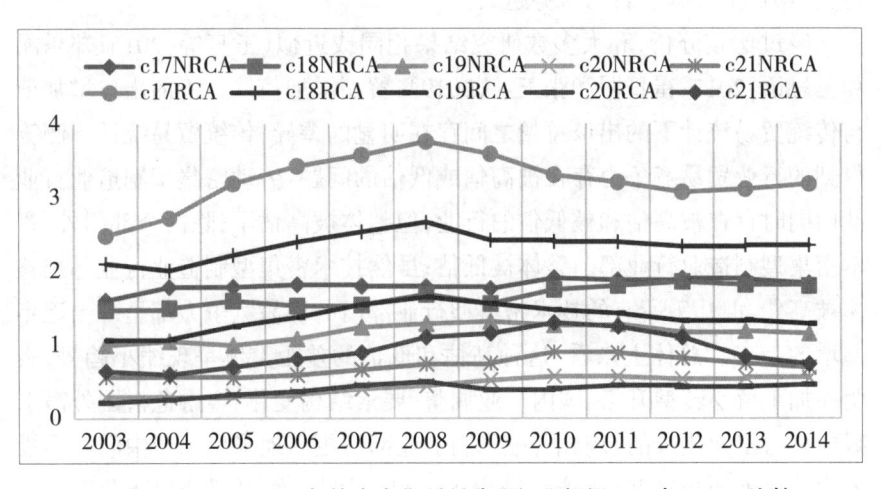

图5-31 2003—2014年技术密集型制造业行业部门RCA与NRCA比较

资料来源：作者根据WIOD数据库整理计算。

具体分析如下：样本期内，除"c20"外，所有的技术密集型制造业行业的贸易竞争力都被高估，相对于"c20"行业平均被低估了0.15倍而言，"c17"行业平均被高估了0.6倍，"c18"行业平均被高估了0.4倍，"c19"行业平均被高估了0.1倍，"c21"行业平均被高估了0.15倍。但是，需要特别指出的是，这种高估水平整体呈现下降趋势，即行业整体的NRCA和RCA指数之间的差距在缩小。另外，技术密集型制造业行业的NRCA指数和RCA指数整体都呈现出递增趋势，表明技术密集型制造业行业部门的贸易竞争力整体在持续增强。最后，"c17"和"c18"行业的NRCA指数低于RCA指数,且二者之间的大小差距呈缓慢缩小趋势,尤其是2008年以来,二者都显示这两个行业具有极强的贸易竞争力;"c19"行业的 NRCA 指数低于 RCA 指数,二者之间的大小差距呈整体下降态势,NRCA 指数显示该行业具有微弱的贸易竞争力,但 RCA 指数显示该行业具有较强的贸易竞争力;"c20"行业 NRCA 指数平均高于 RCA 指数,NRCA 和 RCA 指数都显示该行业不具有贸易竞争力,但这种状况逐年改善;"c21"行业 NRCA 指数低于 RCA 指数,NRCA 和 RCA 指数都显示该行业不具有贸易竞争力,但这种状况也在逐年改善。

行业 NRCA 指数越接近1,表明该行业贸易优势不明显,其贸易竞争力居于该行业全球平均水平;行业 NRCA 指数大于1,表明该行业具有贸易优势,其贸易竞争力高于全球平均水平,指数越大贸易竞争力越强;行业 NRCA 指数小于1,表明该行业不具有贸易优势,处于劣势地位,不具有贸易竞争力,指数越小表明劣势越大。

经过比较分析,和大多数研究结果相同或近似(王直等,2015;郑乐凯和王思语,2017;崔日明和张玉兰,2019),贸易增加值统计下的出口增加值与传统贸易统计下的出口总量之间存在明显的差异,传统贸易统计下测算得到的行业贸易竞争力存在被高估或低估的问题:劳动密集型制造业行业部门同时存在被高估和被低估的行业,但整体被高估了;除两个部门外,资本密集型制造业行业部门整体被低估;虽然技术密集型制造业行业部门整体被高估,但几乎所有的技术密集型行业部门的贸易竞争力都呈现出逐年递增的趋势。总体上来看,这种高估和低估的差距整体呈现缩小趋势,表明在加工贸易转型升级、国内产业调整、要素结构变化、金融危机国外需求减弱和再工业化等的影响下,中国制造业部门更多地采用国产中间产品投入生产进而出口产品,生产中减少了进口中间品,使得部分制造业行业的 NRCA 和 RCA 指数差异出现缩小趋势。

通过上述分析比较,NRCA 指数相对于传统的 RCA 指数,更能真实地体现中国制造业行业的贸易竞争力。经过 NRCA 和 RCA 测算结果的比较,RCA 测算得到的行业贸易竞争力存在高估或低估:劳动密集型制造业行业部门同时存在被高估和被低估的行业,行业 c5 和 c7 的贸易竞争力被低估,行业 c6 和 c22 的贸易竞争力则被高估;除行业 c14 和 c16 的真实贸易竞争力被高估外,其余资本密集型制造业行业的真实贸易竞争力都被低估;除行业 c20 外,其余技术密集型制造业行业的贸易竞争力都被高估。因此,本书采用测算得到的 NRCA 指数度量中国制造业行业的贸易竞争力,以便为后续实证研究提供数据支持。

六、本章小结

以中国制造业为研究对象，本章首先根据WIOD2016数据库行业分类和《国民经济行业分类》行业特点确定本研究制造业行业的归并关系，将《中国工业经济统计年鉴》《中国科技统计年鉴》《中国劳动统计年鉴》以及UN Comtrade数据库、WB数据库数据归入WIOD2016数据库中的18个制造业行业。然后结合归并后的数据，计算并分析了2003至2014年样本期内中国制造业各行业部门要素结构的现实特征。最后进一步结合传统贸易统计数据和增加值贸易统计数据开展制造业各行业的行业贸易竞争力测算和测算结果比较，并分别测算和分析了制造业各行业部门的全球价值链参与度与全球价值链地位，明晰制造业各行业的真实贸易竞争力，并为后文的实证分析提供数据支持。

通过制造业行业要素投入结构数据测算，本书发现中国制造业行业呈现物质资本积累、人力资本积累和技术进步的显著特征，鉴于行业内高级要素的引进、消化、吸收和自我培育，行业的要素结构呈现明显的优化升级特征。但是，研究发现部分制造业行业可能存在着要素错配的问题，如行业人力资本的配置与行业总产值、总出口之间存在明显的比例差异。

中国制造业基于自身要素禀赋比较优势，大力发展低附加值的加工贸易，进而融入以发达国家跨国公司主导的全球价值链分工体系之中，逐渐成为世界工厂和贸易大国，但并非贸易强国和制造业强国。究其原因之一便在于：通过开展低附加值的加工贸易，中国大量进口高附加值的中间产品，基于传统贸易统计数据来看，中国出口了大量高附加值的制成品，但实际上这些高附加值产品的绝大部分附加值都被其他国家所获取，因此，中国的贸易竞争力是被高估了。

全球价值链核算的相关研究成果已经形成一套相对健全完善的核算体系，构建出能够体现行业全球价值链参与程度与行业贸易竞争力的指标体系。基于增加值贸易统计的视角，采用前向关联分解法分解贸易增加值，测算出制造业行业修正的显示性比较优势指数NRCA，可以更好且更真实地反映贸易竞争力。通过制造业行业全球价值链参与度、全球价值链地位和修正的显示性比较优势指数的测算和分析，本书发现，在国内产业政策调整和加工贸易转型升级推动下，中国制造业行业参与全球价值链分工，出现从以往更多地进口中间品从事加工贸易逐渐向其他国家提供中间品转变的趋势，显示中国制造业行业的整体全球价值链地位是在缓慢提升的。虽然其中部分行业、部分年份出现了波动，但相应数据整体上支持了这一缓慢上升的结论。以上分析,初步反映各行业的全球价值链参与度、全球价值链地位和贸易竞争力的变化,中国制造业整体上仍处于全球价值链的低端,但全球价值链地位呈现整体攀升态势。

中国制造业长期依赖要素禀赋优势,依靠要素数量的大量投入,使得其整体处于全球价值链中低端;要实现向全球价值链中高端攀升,需要投入更多的本国中间品,尤其是高附加值、高技术含量的中间投入品,并且大力发展生产性服务业,扩大中间品的出口,实现本国产品价值链向国外的延伸,以获取更多的国内增加值。本章基于相应的增加值贸易核算体系和框架,展开中国制造业行业部门的全球价值链参与度与行业贸易竞争力相关指标的测算,结合行业要素结构数据的测算,为后续开展要素结构与制造业贸易竞争力的实证研究提供了基础数据。

第六章

要素结构变化对制造业贸易竞争力的影响：基于传统要素的视角

本章基于传统要素的视角,验证要素结构变化影响贸易竞争力的理论机理,研究各影响因素对制造业贸易竞争力的影响差异。将归并的制造业18个细分行业作为研究对象,结合面板数据从经验和实证的视角对上述理论进行验证和分析。

本章的大体研究思路和研究内容如下:首先,提出研究问题;然后,根据研究对象的特征和经济理论,构建计量模型,并对指标选取进行相应说明、分析数据来源并阐释数据相应计算的方法,开展变量的描述性统计和多重共线性分析;接着,通过 F 检验、Hausman 检验、组间异方差 Wald 检验、组内自相关 Wooldridge 检验、内生性 D-M 检验,确定有效的估计方法,并在回归估计的基础上,采用更换代理变量的方法开展稳健性检验,采用行业分组进行异质性检验,验证结果的有效性;最后,对本章内容进行简要总结,阐述研究结论。

一、问题的提出

通过中国制造业行业物质资本、人力资本和技术水平的现实特征测算和分析,制造业行业要素结构呈现结构优化升级的整体特征,但部分行业出现要素配置不均的情形。另外,以修正的显示性比较优势指数度量的中国制造业行业贸易竞争力呈现整体波动上升的态势。理论上,根据要素投入结构影响贸易竞争力的核心理论机理,物质资本积累优化了以"资本劳动比"度量的要素结构,为"一揽子要素"发挥作用提供了资金保障,人力资本是"一揽子要素"的支配者,技术是"一揽子要素"的主导者;物质资本与人力资本的积累,以及技术进步,推动了要素结构优化升级,促进产业结构升级和贸易结构优化,进而提升了贸易竞争力。

我们不禁要问:中国制造业行业的要素结构变化是否真正促进了贸易竞争力的提升?具体而言,制造业行业的物质资本积累是否提升了贸易竞争力?行业技术进步是否提升了贸易竞争力?行业人力资本积累是否提升了贸易竞争力?上述问题需要进一步明确和验证。因此,本章拟采用WIOD2016数据库,结合2003至2014年中国制造业分行业的平衡面板数据,展开要素结构变化对制造业国际竞争力影响的实证分析,验证各影响因素对制造业贸易竞争力的影响差异:行业物质资本积累、技术进步、人力资本积累是否都有利于提升行业贸易竞争力。

二、计量模型的构建与说明

正如前文理论部分的分析,传统要素主要包括物质资本、人力资本和技术等。根据理论机理的阐释,传统要素结构变化对贸易竞争力的影响途径主要体现在以下三个方面:

第一,物质资本的获取与积累。伴随经济增长与发展,相对于初始要素禀赋而言,物质资本不断积累,资本劳动比发生变化,进而影响资本和劳动要素的边际产出,影响出口产品成本和价格,进一步影响全球价值链分工地位、参与度和贸易竞争力。在此过程中,资本劳动比度量的要素结构优化促进贸易优势动态增进,也影响着不同制造业行业的贸易竞争力。

第二,人力资本的培育与积累。相对于一般劳动力而言,人力资本是更高级的要素;通过普及义务教育、加强高等教育和职业教育,以及在职培训等多种方式相结合,相对初始要素禀赋而言,人力资本要素出现明显的价值增值和质量提升。这样,可以以相对更少的人力投入完成生产过程,利于提高要素生产率、降低生产成本,进而影响贸易优势和贸易竞争力。

第三,技术的进步与创新。技术是一种高级要素,通过创新可以促使技术的进步,可以根本性地改变生产要素的投入与使用。技术进步引致的规模报酬递增可以在要素投入不变的情况下提高产出,进而降低产品的单位成本。同物质资本积累和人力资本积累一样,技术进步也会影响要素结构,促进贸易优势动态增进,使得不同制造业行业的贸易竞争力发生变化。

综合上述三种不同的影响途径,无论是行业的物质资本和人力资本积累,还是技术进步,都将使得传统要素构成的要素结构发生变化,进而影响行业的贸易竞争力。但是,学界从要素结构变化视角展开的分析与讨论主要围绕物质资本、人力资本等单一要素展开。这种主要基于单一要素投入变化对贸易竞争力的影响研究,不可避免地存在一些不足,不能客观地分析和讨论不同要素变化对贸易竞争力的影响。

一国的贸易竞争力受该国要素的影响,取决于该国的要素投入结构,一国产业的贸易竞争力主要由该国投入产业生产的要素结构决定,还可能受行业全球价值链参与度、行业规模、行业外商直接投资等因素的影响。在分析贸易竞争力的影响因素时,除了考虑传统要素结构变化的解释变量外,还要纳入其他可能影响因素作为控制变量。因此,本章变量选取主要考虑以下三点:

首先,传统要素视角下衡量要素的变量,新古典国际贸易理论认为劳动和资本是影响贸易优势的两种要素,因此,采用资本劳动比度量物质资本,物质资本是狭义要素结构的范畴。其次,人力资本和技术都属于传统要素的范畴,在模型中作为解释变量加以考察。最后,考虑到行业贸易竞争力可能受到行业全球价值链参与度、行业规模和行业外商直接投资的进一步影响,加入相应的控制变量以减少遗漏变量偏误。借鉴邱斌等(2012)、刘维林等(2014)、吴杨伟和李晓丹(2020b)的研究,构建如下计量模型:

$$NRCA_{it} = \alpha_0 + \alpha_1 kl_{it} + \alpha_2 rdinput_{it} + \alpha_3 humanquantity_{it} + \alpha_4 size_{it} + \alpha_5 ifdi_{it} + \alpha_6 GVCp_{it} + \varepsilon_{it} \tag{6.1}$$

式(6.1)中,$NRCA_{it}$表示制造业行业部门i在第t年修正的显示性比较优势指数,和传统贸易下的显示性比较优势指数相区别,用以衡量产业的贸易竞争力;α_0为常数项;$\alpha_j(j=1,2,3,4,5,6)$为变量的系数;kl_{it}表示制造业行业部门i在第t年的资本劳动比,用以衡量行业物质资本的变化;$rdinput_{it}$表示制造业行业部门i在第t年的研发投入,用以衡量行业的技术进步;$humanquantity_{it}$表示制造业行业部门i在第t年的科技活动人员数量,用以衡量行业人力资本的变化;$size_{it}$表示制造业行业部门i在第t年的行业规模,用以衡量相关产业和支撑产业的发展;$ifdi_{it}$表示制造业行业部门i在第t年的外商直接投资,用以衡量行业的利用外资程度;$GVCp_{it}$表示制造业行业部门i在第t年的全球价值链参与度指数,用以衡量行业全球价值链参与度;ε_{it}为误差项。[1]

三、指标选取说明、数据来源与计算

(一)被解释变量的选取说明与数据来源

正如第五章所述,传统贸易统计下测算的行业显示性比较优势指数RCA往往与行业真实贸易竞争力存在差异,存在被高估和低估的情形。因此,本章被解释变量行业贸易竞争力指标的选取与计算采用第五章的方法和数据,以增加值贸易统计下修正的行业显示性比较优势NRCA指数度量行业贸易竞争力。相应数据见表5-10列出的《2003—2014年增加值贸易

---

[1] 在设定基准模型后,对变量个数的选择进行了信息准则计算,考虑纳入新的变量"进口渗透率",通过计算基准模型和拟纳入变量模型的AIC值和BIC值,分别为:57.507、87.885和59.348、93.101。对二者加以比较,发现拟纳入新变量后模型的AIC值和BIC值都上升了,表明拟纳入模型的"进口渗透率"变量不应加入基准模型,最终确定该基准模型的有效性。随后,对模型设定的函数形式进行了"Link检验"和"Reset检验",确定没有遗漏高阶非线性项,采用线性模型是可靠的。

统计下制造业行业部门修正显示性比较优势指数》。

结合表5-10,可知中国大多数制造业行业的NRCA指数大于1,表明这些行业在国际上具有贸易竞争力。具体而言,"c6""c7""c14""c17""c18"等行业部门的NRCA指数都在1.8以上,具有极强的贸易竞争力;"c15""c22""c13""c9"的NRCA指数都在1.28以上,具有较强的贸易竞争力;"c5""c8""c11""c19"等行业的NRCA指数都在1.0~1.28,具有中等贸易竞争力;"c10""c12""c16""c20""c21"的NRCA指数都小于1,表明这些行业在国际市场上不具有贸易竞争力,处于劣势地位。

(二)解释变量的选取说明与数据来源

根据理论机理分析,要素结构优化有助于制造业行业提升贸易竞争力,要素结构优化意味着资本劳动比的提升、人力资本的增值和技术进步。因此,本章节解释变量选取考虑以下三点。首先,选取行业资本劳动比度量行业物质资本的变化,新古典的比较优势理论将劳动和资本作为衡量要素禀赋条件的基础和核心,资本劳动比的变化很大程度上能反映要素结构的变化。其次,选取行业研发投入度量行业技术要素的变化。再次,选取行业人力资本数量度量行业人力资本的变化。这样,本章节选取物质资本、人力资本和技术的变化用以度量传统要素投入结构的变化;为了和其他章节相区别,称为传统要素解释变量,对应传统要素结构,体现了行业投入要素的结构,可以衡量要素结构变化程度,便于分析行业要素投入结构与贸易竞争力的关系,便于讨论行业贸易竞争力的影响因素及各因素的影响差异。[①]

1.物质资本指标的选取和计算

在新古典国际贸易理论中,资本劳动比是衡量物质资本和劳动力两种生产要素相对丰裕程度的重要指标,新古典国际贸易理论的要素结构变化即资本劳动比发生变化,即狭义的要素结构变化。因此,在分析物质资本对行业贸易竞争力的影响时,不仅需要考虑行业总的物质资本存量变化,更应该注重考察资本劳动比的变化对行业贸易竞争力的影响。本书采用近年来被广泛使用的永续盘存法,结合2003至2014年行业数据,估算出各年各制造业行业的物质资本存量,用行业资本劳动比(kl_{it})衡量物质资本的变化,从《中国统计年鉴》(2004—2015)、《中国工业经济统计年鉴》(2004—2015)和《中国劳动统计年鉴》(2004—2015)中提取并测算出行业物质资本

[①] 生产要素内涵与外延的拓展,结合本书基于要素视角的贸易优势理论的认知拓展,传统要素和拓展要素共同决定了要素结构,本书将在第八章详细讨论和分析拓展要素结构变化对行业贸易竞争力的影响。

存量与行业劳动力人数数据,然后测算行业资本劳动比,相关数据见表5-4《2003—2014年制造业各行业部门资本劳动比》。一般认为,行业资本劳动比越高,越有利于提升要素生产率,进而提升行业的贸易竞争力。因此,预期该项系数为正。

2.技术进步指标的选取和计算

技术进步对贸易竞争力的培育与提升是突破性的,技术进步可以使得在初始要素投入不变情况下提高相关产业的生产效率,增加单位产出,降低单位成本。正如前文所述,使用TFP衡量技术进步存在一定的缺陷,尤其是对于发展中国家而言,因较高的技术模仿进一步使得TFP不能准确度量发展中国家的技术进步水平。本章节采用行业研发投入($rdinput_{it}$)衡量行业的技术进步,即行业科研经费内部支出加以度量,单位为亿元,见表5-5《2003-2014年制造业各行业部门研发投入》。传统要素中的技术要素对行业贸易竞争力的影响,一方面,技术进步可直接提高行业的技术水平和技术含量;另一方面,技术进步加强了吸收FDI技术外溢效应的能力,有助于"干中学"。行业技术越进步,越能提升行业的贸易竞争力;技术进步通过提升产业内劳动力技能和生产工艺、效率的改进,进而提升行业贸易竞争力。因此,预期该项系数为正。

3.人力资本指标的选取和计算

考虑到中国要素市场存在价格扭曲,工资水平不能很好地解释行业人力资本情况,且分行业劳动力受教育年限和学历等不易获取,本章节选取科技活动人员数量加以度量,直接采用行业科技活动人员数量衡量人力资本数量($humanquantity_{it}$),相关数据见表5-6《2003—2014年制造业各行业部门人力资本数量》。一般认为,行业人力资本越丰裕,越能提升行业的贸易竞争力,人力资本通过提升产业内劳动力技能和提高对外资"技术溢出"的吸收能力,进而提升行业贸易竞争力。因此,该项系数预期为正。

(三)控制变量的选取说明、数据来源与计算

为了减少遗漏偏误可能带来的内生性问题,在模型中加入控制变量。结合理论分析,本书将行业规模、行业外商直接投资和行业全球价值链参与度纳入控制变量,其中,$size_{it}$表示行业规模,$ifdi_{it}$表示行业外商直接投资,$GVCp_{it}$表示行业全球价值链参与度。[①]

[①] 面板数据很可能存在个体效应和时间效应,不同年份、各个行业间存在明显的相对差异,需要在基准模型的基础上加入个体固定效应φ_i和时间固定效应φ_t,以减少因遗漏变量可能带来的内生性问题,同时,减少估计偏误。

1.行业规模的选取说明、数据来源与计算

在全球价值链分工体系中,行业规模的大小会影响该行业参与国际竞争的实力。一般而言,行业规模的扩大有利于提升行业贸易竞争力,行业规模越大,越利于行业发展,促使行业内要素和产业集聚,促进生产效率的提高和单位成本的节约,其行业规模效应越显著,越能提高该行业的贸易竞争力。

目前,衡量行业规模的方法主要有行业工业总产值法、行业企业数量法、行业工业总产值与行业企业数之比等。结合样本特征和研究设计,本书采用行业工业总产值衡量行业规模($size_{it}$),以此控制传统要素物质资本、人力资本和技术对行业贸易竞争力的影响,相关数据见表6-1。结合理论分析,预期该项系数为正,行业规模与行业贸易竞争力正相关。

表6-1 2003—2014年制造业各行业部门行业规模

单位:亿元

年份 行业	2003	2004	2005	2006	2007	2008	2009	2010	2011	2012	2013	2014
c5	12911.42	16617.89	20324.35	24801.03	32465.61	42373.24	49570.27	61273.84	76813.58	88348.61	101554.1	108998.6
c6	13425.27	17267.17	21109.07	25624.94	31487.18	36700.31	39841.75	48736.66	55118.65	60122.79	67355.6	72616.31
c7	992.79	1410.25	1827.71	2429.03	3520.54	4803.6	5759.6	7393.18	9002.3	10283.81	12054.22	13490.65
c8	2526.05	3343.69	4161.33	5034.92	6325.45	7873.87	8264.36	10434.06	12079.53	12559.01	12976.59	13774.99
c9	1027.22	1235.09	1442.96	1706.58	2117.57	2685.01	2972.9	3562.91	3860.99	4533.55	6063.27	6893.98
c10	6235.26	9117.875	12000.49	15149.04	17850.88	22628.68	21492.59	29238.79	36889.17	39023.35	40168.42	40802.63
c11	9244.86	12802.26	16359.66	20448.69	26798.8	33955.07	36908.63	47920.02	60825.06	66432.85	75771.09	82352.92
c12	2889.98	3570.215	4250.45	5018.94	6361.9	7874.98	9443.3	11741.31	14941.99	16935.68	20129.16	23200.28
c13	4376.73	5820.68	7264.63	9112.86	11582.82	14125.78	15737.28	19778.89	22910.2	24299.95	27639.65	30131.04
c14	5653.25	7424.245	9195.24	11721.52	15559.44	20943.45	24843.9	32057.26	40180.26	44156.17	52253.06	58239.63
c15	13571.44	21490.19	29408.93	38340.27	51734.89	65676.7	63203.36	79952.6	99973.8	105725.5	114865.4	117181.2
c16	3857.4	5207.08	6556.76	8529.47	11447.08	15029.61	16082.95	20134.61	23350.81	28970.62	33207.42	36612.45
c17	15839.76	21417.07	26994.38	33077.58	39223.77	43902.82	44562.63	54970.67	63795.65	69480.88	78318.64	85274.75
c18	7916.19	10908.74	13901.29	18165.52	24019.04	30428.84	33757.99	43344.41	51426.42	54195.48	61442.08	66921.57
c19	9542.86	13119.33	16695.8	21688.07	29007.5	39208.86	44145.92	56694.57	67141.68	66234.28	75782.55	82189.93
c20	7849.835	9425.119	11000.402	14268.044	19003.18	23376.7	29211.22	38816.84	44275.91	49986.6	58552.74	66342.1
c21	3364.215	4039.337	4714.458	6114.876	8144.22	10018.58	12519.1	16635.79	18975.39	16186.02	16824.64	18653.82
c22	719.97	1073.615	1427.26	1883.09	2424.94	3072.6	3431.12	4414.81	5089.84	5647.49	6618.17	7348.16

数据来源:作者根据《中国工业经济统计年鉴》整理计算。

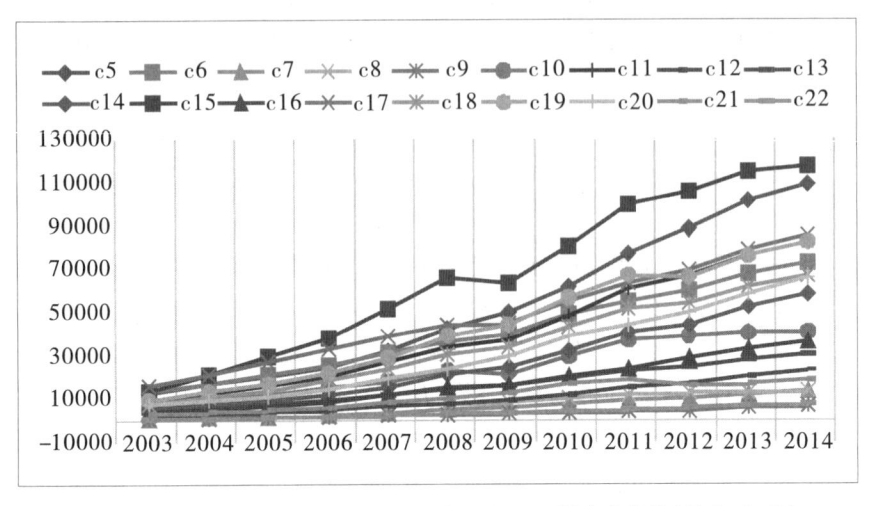

图6-1 2003—2014年制造业各行业部门行业规模变化趋势（单位：亿元）

数据来源：根据《中国工业经济统计年鉴》整理计算得到。

结合表6-1数据和图6-1变化趋势可知，中国制造业各行业的行业规模大小和行业规模增速存在明显的差异。具体而言，劳动密集型制造业行业部门中"c5"和"c6"行业规模相对较大、行业规模增速较快，体现了中国相对丰裕的劳动力要素禀赋优势；资本密集型制造业行业部门中的"c11"和"c14"行业规模相对较大，尤其是"c15"行业规模最大；技术密集型制造业行业部门的行业规模普遍较大、增速较快。

2.外商直接投资的选取说明、数据来源与计算

由于缺乏各行业外商直接投资的直接数据，大多数研究采用外资企业净资产、外资企业总资产、外资企业固定资产原始值度量外商直接投资。衡量行业外商直接投资的方法和指标主要有余东华和孙婷（2017）、余东华等（2018），用分行业实收资本中的港澳台资本和外商资本之和表示；廖涵和谢靖（2017）用"三资企业"的工业总产值占该行业工业总产值的比重衡量；部分学者用行业内企业平均利用外资额加以衡量，即用行业外商直接投资与行业企业数量之比加以衡量；或者采用行业外商直接投资与行业工业总产值之比加以衡量。以上不同方法针对不同研究对象加以采用，由于直接的行业利用外资数据难以获取，借鉴余东华和孙婷（2017）、余东华等（2018），采用行业实收资本中的港澳台资本和外商资本之和度量行业外商直接投资（$ifdi_{it}$），相关数据见表6-2。

表6-2 2003—2014年制造业各行业部门外商直接投资

单位：亿元

年份 行业	2003	2004	2005	2006	2007	2008	2009	2010	2011	2012	2013	2014
c5	912.49	1054	1195.5	1308	1518.4	1757.4	1832	1967.6	2113.9	2219.7	2389.8	2370.5
c6	1099.7	1378.8	1657.8	1992.2	2173.2	2490.6	2499.9	2574.7	2358.5	2411.9	2479.8	2368.8
c7	90.46	105.73	120.99	116.67	135.2	163.06	170.75	163.54	153.78	128.7	127.56	128.44
c8	310.78	421.09	531.4	596.45	682.36	852.73	904.78	1089.4	1175.8	1325.9	1375.1	1349.6
c9	130.22	142.08	153.94	167.69	200.28	231.38	229.64	233.38	212.27	251.84	283.49	285.03
c10	90.1	93.59	97.08	113.82	163.05	232.06	221.31	235.91	224.43	226.46	241.8	292.73
c11	667.32	850.98	1034.6	1389.4	1731.2	2074.2	2404.4	2698.8	2945.8	3066.5	3406.3	3632.3
c12	223.76	270.46	317.15	342.76	430.59	500.2	553.29	635.41	611.45	657.55	722.62	757.74
c13	621.9	768.09	914.27	994.72	1217.2	1384.8	1419.2	1504.8	1450.4	1493.7	1528.5	1529.5
c14	466.32	562.84	659.35	758.67	930.02	1103.5	1094.4	1190.1	1232.3	1373.9	1328.8	1309.2
c15	309.59	464.97	620.34	762.17	956.77	1101.1	1205.7	1270.7	1300.8	1405.2	1496.2	1476.8
c16	357.06	433.01	508.96	594.27	731.23	878.29	935.33	984	898.34	1065	1107.4	1186.5
c17	1579	2255.9	2932.7	3435.4	4246.1	5020	5162.2	5606	5591.6	6089.5	6273.3	6494.5
c18	659.54	827.85	996.15	1169.3	1444.2	1802.8	1905.6	2030.7	2041	2201.8	2237.3	2263.7
c19	627.6	865.7	1103.8	1342.5	1714.9	2286.4	2625.7	2663.4	2728.5	2864.5	3148.2	3678.3
c20	495.21	644.83	795.34	1077.4	1359.1	1646.4	1787.1	1993.7	2068.9	2210.8	2431.5	2647
c21	138.13	175.98	212.95	280.88	344.46	405.7	425.21	461.34	457.53	467.99	465.88	450.35
c22	91.17	123.85	156.52	190.63	234.81	266.6	267.67	300.25	268.2	283.69	316.22	284.6

数据来源：作者根据《中国工业经济统计年鉴》整理计算。

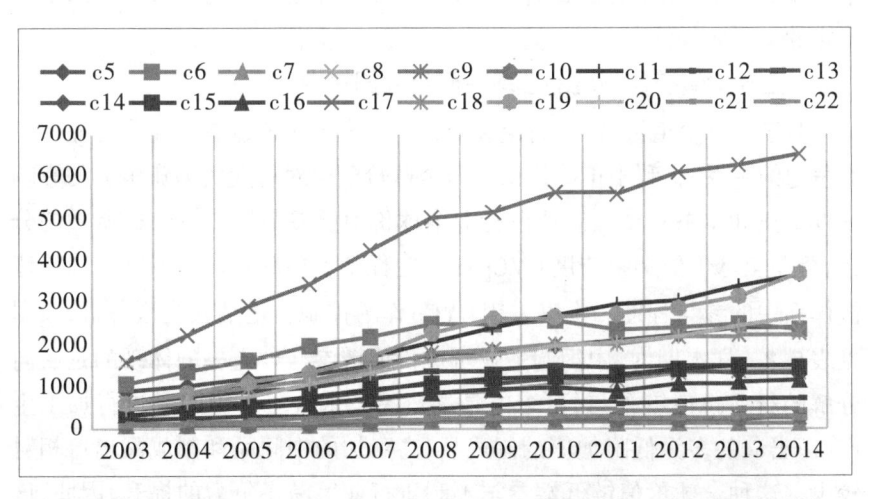

图6-2 2003—2014年制造业各行业部门外商直接投资变化趋势（单位：亿元）

数据来源：作者根据《中国工业经济统计年鉴》整理计算。

从表6-2数据和图6-2变化趋势可知，2003至2014年，制造业行业部门间外商直接投资金额存在较大差异，其中，"c17"保持第一的位置，吸引了大量外商直接投资。总体而言，技术密集型制造业行业部门吸引外商直接投资相对最多，其次是资本密集型制造业行业部门，最后为劳动密集型制造业行业部门，部分劳动密集型制造业行业部门吸引外商直接投资金额甚至出现了递减趋势。除个别年份、个别行业受2008年全球金融危机影响有所波动外，中国制造业各行业部门外商直接投资整体呈逐年上升态势，且部分行业增速明显，尤其是技术密集型制造业行业部门，如"c19"增长了近5倍，"c20"增长了4倍；资本密集型制造业行业部门整体也出现了较大幅度增长，如"c11"增长了4倍。相对而言，劳动密集型制造业行业部门的外商直接投资增速相对较慢，甚至部分年份呈现下降趋势，如"c7"从2003至2009年呈单边递增态势，但从2010年开始呈逐年下降态势。从以上分析可以看出，样本期间，外商直接投资出现明显的行业特征，更多地流向资本和技术密集型行业，为国内相关制造业行业的发展提供了相对充裕的资金，推动了这些行业快速发展。

一般认为，外资流入伴随先进生产技术和管理制度的外溢效应，有利于提升竞争力。但是，对于IFDI的作用，存在两种不同的观点。主流观点研究认为，IFDI有利于生产技术和管理制度的外溢，进而提升产业竞争力，获取贸易优势。另一种观点认为，过多的外资流入，加大了低级要素一般劳动力的低成本使用，不利于高级要素的培育和要素替代，反而减少了技术外溢，不利于竞争力的提升。这样，IFDI与行业贸易竞争力的关系是不确定的。

3. 全球价值链参与度的选取说明与数据来源

基于全球价值链分工，讨论和分析行业全球价值链参与度与行业贸易竞争力的关系，有利于正确认识参与全球价值链对行业贸易竞争力的影响程度。正如本书对中国制造业行业全球价值链参与度测算数据所做的分析，行业全球价值链参与度GVCp在一定程度上能反映该行业在全球价值链体系中的参与程度。本书采用GVCp作为控制变量纳入模型分析，数据见表5-8。样本期内，中国制造业全球价值链参与度更多的体现的是后向分解的行业价值链参与，更多的是进口高技术含量的中间品进行加工生产，而出口的多为低附加值的制成品，高附加的中间品和制成品出口相对较少。这种全球价值链低端参与不利于行业贸易竞争力的提升，因此，该项系数预期为负。

表6-3 变量的度量方法与数据来源

变量	变量定义	衡量方法	数据来源
ln$NRCA$	贸易竞争力	增加值贸易统计下的行业显示性比较优势指数	UN Comtrade数据库 WIOD数据库（WIOD2016） WB数据库
lnkl	物质资本	行业资本劳动比	《中国工业经济统计年鉴》 《中国统计年鉴》 《中国劳动统计年鉴》
ln$rdinput$	技术	研发投入：行业科研经费内部支出	《中国科技统计年鉴》
ln$humanquantity$	人力资本	人力资本数量：行业科技活动人员数量	《中国科技统计年鉴》
ln$size$	行业规模	行业工业总产值	《中国工业经济统计年鉴》
ln$ifdi$	外商直接投资	行业实收资本中的港澳台资本和外商资本之和	《中国工业经济统计年鉴》
ln$GVCp$	全球价值链参与度	行业全球价值链参与度指数	WIOD数据库（WIOD2016）

资料来源：作者整理。

为了回归结果的有效性，将所有计算得到的数据对数化，得到回归估计的基准模型，即式（6.2），纳入所有的解释变量和控制变量：

$$\ln NRCA_{it} = \alpha_0 + \alpha_1 \ln kl_{it} + \alpha_2 \ln rdinput_{it} + \alpha_3 \ln humanquantity_{it} + \alpha_4 \ln GVCp_{it} + \alpha_5 \ln size_{it} + \alpha_6 \ln ifdi_{it} + \varepsilon_{it} \quad (6.2)$$

四、实证过程与结果

（一）变量的描述性统计和多重共线性分析

1. 变量的描述性统计分析

表6-4给出了变量的统计描述，由表中数据可知：该面板数据是一个个体数量为18个行业、时间为12年的平衡面板，样本容量为216，各变量的最大值、最小值和均值表明该面板数据质量良好，标准差表明变量具有足够的变异性。因此，该面板数据有利于开展回归估计分析。

表6-4 变量的描述性统计

变量	样本量	个体	时间	均值	最大值	最小值	标准差
ln$NRCA$	216	18	12	0.166	1.201	−1.25	0.542
lnkl	216	18	12	2.048	3.884	0.898	0.615
L$nrdinput$	216	18	12	4.717	7.239	−0.5	1.489
ln$humanquantity$	216	18	12	11.01	13.17	6.891	1.319
ln$GVCp$	216	18	12	−1.13	−0.397	−2.107	0.35
ln$size$	216	18	12	9.682	11.67	6.579	1.131
ln$ifdi$	216	18	12	6.656	8.779	4.501	1.05

数据来源：作者运用Stata15计算整理。

2.变量的多重共线性分析

考虑到本研究的样本容量和变量选取，本书选取的解释变量kl_{it}、$rdinput_{it}$、$humanquantity_{it}$之间，以及解释变量与控制变量之间可能具有共同的时间趋势，可能存在着线性相关。虽然Stata统计软件会自动识别并删除多余的解释变量，避免严格多重共线性的发生，但是变量的非严格多重共线性仍然可能存在，可能带来系数估计值不准确的回归偏误，甚至部分变量的回归系数与理论预期相反，以及重要的解释变量t值很低等问题。为避免存在严重的多重共线性，本书采用两种方法进行了多重共线性检验。[①]

检验方法1：根据变量的"方差膨胀因子"VIF值的大小，VIF值越大，说明解释变量多重共线性问题越严重。判断的经验准则为：若最大的VIF值不超过10，则不必担心变量间存在严格的多重共线性。根据回归模型，变量的多重共线性检验结果如表6-5所示，最大的VIF值不超过10，平均VIF值为4.66，可以初步判断变量间不存在严格的多重共线性。

---

① 除了这两种检验方法外，还可以通过模型回归系数的正负号与理论预期是否一致加以检验，这种方法需要确定合适的回归方法并加以估计后才能实施。就本书而言，模型回归的系数与理论预期是一致的，可以判断各变量间不存在严格的多重共线性。

表6-5　变量的多重共线性检验结果

变量	lnkl	lnrdinput	lnhumanquantity	lnGVCp	lnsize	lnifdi	Mean VIF
VIF	2.41	8.17	5.67	1.15	5.84	4.7	4.66

数据来源：作者运用Stata15计算整理。

检验方法2：根据变量间的相关系数判断。检验的经验准则为：若变量间的相关系数不大于0.8，则不必担心模型设定存在严格的多重共线性问题。如表6-6所示，基准模型各变量的相关系数都不超过0.8，表明各变量间不存在严格的多重共线性。

表6-6　变量的相关系数矩阵

变量	lnNRCA	lnkl	lnrdinput	lnhumanquantity	lnGVCp	lnsize	lnifdi
lnNRCA	1						
lnkl	−0.241***	1					
lnrdinput	−0.347***	0.571***	1				
lnhumanquantity	−0.459***	0.418***	0.691***	1			
lnGVCp	0.271***	0.114*	0.308***	0.286***	1		
lnsize	0.182***	0.429***	0.608***	0.444***	0.111	1	
lnifdi	0.179***	0.024	0.444***	0.385***	0.168**	0.699***	1

注：*、**、***分别表示在10%、5%、1%的置信区间上显著；仅作为变量间多重共线性检验方法，表中变量间的相关系数符号并不能准确反映二者之间的正负相关关系，系数符号是无关紧要的。

数据来源：作者运用Stata15计算整理。

通过以上方法展开的多重共线性检验，表明本书模型选定的变量间不存在严格的多重共线性，不必担心解释变量和控制变量存在多重共线性可能对回归结果产生的回归偏误。

(二)回归方法的选用与相关检验

1.面板FE与面板RE

本书采用的数据为2003至2014年中国制造业18个行业的面板数据，

作为回归结果的参照系,首先不区分制造业行业数据的个体差异和时间差异,采用混合最小二乘法POLS回归估计,估计结果见表6-10中回归结果显示的第一列"POLS",即模型(1):可知解释变量资本劳动比(kl)、研发投入$rdinput$的回归结果极为显著但系数都为负,与理论预期不符;人力资本数量$humanquantity$不显著,整体表明POLS方法估计是有偏无效的,可能由于面板数据中存在明显的个体效应和时间效应,不同年份、各个行业间存在明显的相对差异。因此,需要进一步考虑面板固定效应模型和随机效应模型。

接着,考虑到面板数据可能存在着个体差异和时间差异,需要同时加以控制。本章节采用面板固定效应FE模型和RE模型进行了回归估计,并对POLS、FE、RE方法分别进行了F检验和Hausman检验,检验结果见表6-7,表明应该采用FE模型回归,回归结果见表6-10中回归结果显示的第二列"FE",即模型(2):可知解释变量资本劳动比(kl)和研发投入($rdinput$)都不显著,人力资本数量($humanquantity$)在5%置信区间显著,且资本劳动比kl系数为负,与预期不符,表明回归结果是有偏的。这可能是因为面板FE和RE模型在组间同方差假设下估计是有效的,而本研究样本数据可能存在组间异方差。因而,需要进一步考虑进行组间异方差检验。

表6-7 选用POLS、FE和RE的F检验、Hausman检验结果

F test	$F(17,192)=134.34$	Prob>F=0.0000
Hausman test	chi2(6)=681.81	Prob>chi2=0.0000

数据来源:作者运用Stata15计算整理。

2.组间异方差与组内自相关检验

由于面板固定效应FE模型遵循严格的"组间同方差"原假设,因此,需要进行样本数据组间异方差检验,以确定是否存在组间异方差。组间异方差Wald检验的原假设为"组间同方差",在面板固定效应FE模型回归后,Wald检验的结果显示P值等于零,十分显著,见表6-8。检验结果表明强烈拒绝"组间同方差"的原假设,即样本数据存在组间异方差,采用面板FE模型估计是有偏的。

由于样本数据存在组间异方差,很有可能还存在组内自相关。因此,接下来进行样本数据的组内自相关检验。组内自相关Wooldridge检验的原假设是"不存在组内自相关",Wooldridge检验结果显示P值等于零,十分

显著,见表6-8。检验结果表明强烈拒绝"不存在组内自相关"的原假设,即样本数据存在组内自相关。

表6-8　组间异方差Wald检验与组内自相关Wooldridge检验结果

Wald test	chi2(18)=656.99	Prob>chi2=0.0000
Wooldridge test	$F(1,17)=32.099$	Prob>F=0.0000

数据来源:作者运用Stata15计算整理。

这样,结合组间异方差和组内自相关检验结果,样本数据采用传统的面板FE模型回归估计是有偏的,需要考虑其他估计方法,而内生性问题是首先需要面对和解决的。

3. 内生性偏误检验

在实证分析中,内生性问题是被普遍关注和需要讨论的问题,需要考察解释变量与被解释变量之间是否存在互为因果的关系,即解释变量与被解释变量之间是否相互影响,这是造成回归结果存在内生性的重要原因。

针对解释变量与被解释变量之间互为因果可能带来的内生性问题。结合本书研究内容分析,由于回归主要围绕制造业行业贸易竞争力的影响因素展开,作为衡量物质资本的核心解释变量,行业资本劳动比(kl)很有可能存在内生性问题。一般认为,丰裕的人均物质资本可以影响企业研发和人力资本的培育与积累,若一国某行业人均物质资本相对丰裕,会影响该行业在全球价值链中的地位和参与度,进一步影响该行业的贸易竞争力;而更优的行业贸易竞争力和国际竞争地位可以获取更多的贸易利益,反过来会促进该行业的物质资本的积累。这样,解释变量(kl)很有可能与被解释变量NRCA存在互为因果关系,二者之间相互影响,需要对解释变量(kl)进行内生性检验。另外,研发投入($rdinput$)、人力资本数量($humanquantity$)与贸易竞争力NRCA之间也可能存在逆向因果关系,因此,也需要纳入内生性检验。

在内生性检验过程中,参考陈强(2014)、连玉君等(2008)、王智波和李长洪(2015)、余东华等(2018),采用疑似内生解释变量的滞后项作为工具变量,即采用kl、$rdinput$、$humanquantity$的滞后项作为工具变量加以检验。运用面板工具变量回归方法,并控制个体的固定效应对基准模型式(6.2)进行回归估计,以检验本模型中是否存在内生变量。若检验结果显示存在内生性,则需要考虑使用工具变量或其他回归估计方法。

内生性检验的方法主要有传统的豪斯曼检验(Hausman test)、"杜宾-吴-豪斯曼"检验(Durbin-Wu-Hausman test)和"戴维森-麦金农"检验(D-M test)。在内生性检验方法的选择上,首先,需要考虑采用豪斯曼检验,这也是现有文献中应用最为广泛的检验方法,但是,Hausman检验仅在组间同方差情况下有效,而Wald检验表明存在异方差。接着,采用"杜宾-吴-豪斯曼"检验,经过检验操作,发现"杜宾-吴-豪斯曼"检验统计量为负值,无法得到检验结果。因此,进一步采用"戴维森-麦金农"检验,检验的原假设是"所有解释变量外生性",检验结果见表6-9。

表6-9第(1)列显示的是假设kl为内生解释变量的D-M检验结果:P值为0.6417,不显著,表明接受"所有解释变量外生性"原假设,解释变量(kl)为外生的。第(2)列显示的是假设$rdinput$为内生解释变量的D-M检验结果:P值为0.6401,不显著,表明接受"所有解释变量外生性"原假设,解释变量$rdinput$为外生变量。第(3)列显示的是假设$humanquantity$为内生解释变量的D-M检验结果:P值为0.3942,不显著,表明接受"所有解释变量外生性"原假设,解释变量$humanquantity$为外生变量。这样,模型中的解释变量都是外生的。

本书考察了解释变量与被解释变量之间互为因果可能造成的内生性问题,检验结果表明:模型中不需考虑内生性问题,不需要采用面板工具变量法或其他解决变量内生性的估计方法。从表6-9的回归结果来看,存在明显的估计偏误,并且部分解释变量并不显著。

表6-9　解释变量内生性D-M检验结果

	(1)	(2)	(3)
lnkl	−0.172**	−0.260	−0.182**
	(0.08)	(0.20)	(0.07)
ln$rdinput$	0.078*	0.406	0.125*
	(0.04)	(0.82)	(0.07)
ln$humanquantity$	−0.070*	−0.315	−0.121*
	(0.04)	(0.61)	(0.07)
ln$GVCp$	−0.136	−0.238	−0.136
	(0.10)	(0.27)	(0.10)
ln$size$	0.049	−0.069	−0.045
	(0.05)	(0.31)	(0.05)

续表

	(1)	(2)	(3)
ln$ifdi$	0.059	0.043	0.047
	(0.05)	(0.07)	(0.05)
常数项	−0.102	2.359	0.376
	(0.41)	(6.23)	(0.72)
个体固定效应	是	是	是
样本量	198	198	198
个体	18	18	18
时间	12	12	12
F检验(Prob>F)	129.65 (0.0000)	81.56 (0.0000)	128.36 (0.0000)
Wald检验(Prob>chi2)	603.8 (0.0000)	439.09 (0.0000)	599.15 (0.0000)
D-M检验 (P-value)	0.2173 (0.6417)	0.2194 (0.6401)	0.7294 (0.3942)

注：变量系数括号内为se（稳健标准误），相应检验括号内为P值，*、**、***分别表示在10%、5%、1%的置信区间上显著。

资料来源：作者通过Stata15计算整理。

(三)回归结果分析

根据组间异方差Wald检验、组内自相关Wooldridge检验和内生性检验，样本数据存在组间异方差和组内自相关，并且不需考虑内生性问题。根据上述检验结果，本章节需要采用同时考虑组间异方差和组内自相关的广义可行最小二乘法FGLS进行回归估计，以避免组间异方差和组内自相关所带来的有偏估计。

根据基准模型公式(6.3)，采用FGLS方法对2003至2014年中国制造业的要素结构变化对贸易竞争力影响进行了计量回归，便于展开贸易竞争力影响因素分析，相应的结果见表6-10的第三列"FGLS"，即模型(3)。

表6-10 要素结构变化与制造业贸易竞争力关系的回归结果

	基准模型			稳健性检验	
	(1) POLS	(2) FE	(3) FGLS	(4) FGLS	(5) FGLS
lnkl	−0.409***	−0.0130	0.083***	0.068***	0.084***
	(0.06)	(0.09)	(0.02)	(0.02)	(0.02)
ln$rdinput$	−0.476***	0.0490	0.020***		0.017***
	(0.09)	(0.04)	(0.00)		(0.00)
ln$humanquantity$	0.0600	−0.072**	−0.008**	−0.016***	
	(0.09)	(0.04)	(0.00)	(0.00)	
ln$GVCp$	0.660***	−0.451***	−0.171***	−0.186***	−0.187***
	(0.07)	(0.14)	(0.02)	(0.02)	(0.01)
ln$size$	0.658***	0.348***	0.277***	0.289***	0.272***
	(0.06)	(0.07)	(0.01)	(0.01)	(0.01)
ln$ifdi$	−0.0150	0.158***	0.051***	0.061***	0.068***
	(0.06)	(0.06)	(0.01)	(0.01)	(0.01)
ln$rdintensity$				0.030***	
				(0.00)	
ln$entrepreneurs$					−0.013**
					(0.01)
常数项	−2.925***	−3.719***	−3.369***	−3.485***	−3.075***
	(0.79)	(0.78)	(0.16)	(0.16)	(0.11)
个体固定效应		是	是	是	是
时间固定效应		是	是	是	是
样本量	216	216	216	216	216
个体		18	18	18	18
时间		12	12	12	12
R^2	0.5555	0.1717			
F检验 (Prob>F)		134.34 (0.0000)			
Hausman检验 (Prob>chi2)		681.81 (0.0000)			
Wald检验 (Prob>chi2)			656.99 (0.0000)	858.75 (0.0000)	624.82 (0.0000)
Wooldridge检验 (Prob>F)			32.099 (0.0000)	33.909 (0.0000)	32.366 (0.0000)
D-M检验 (P-value)			0.2173 (0.6417)	0.6499 (0.4213)	0.2557 (0.6137)

注：变量系数括号内为se（稳健标准误），Wald检验括号内为P值，*、

、*分别表示在10%、5%、1%的置信区间上显著。以资本劳动比的滞后项作为工具变量进行内生性D-M检验。

资料来源：作者通过Stata15计算整理得到。

如表6-10所示，模型(1)是不区分个体行业差异和时间差异的混合最小二乘法POLS的回归结果，由于没有考虑样本面板数据的个体行业差异和时间差异，可能导致"较严重"的估计偏误。其中，资本劳动比(lnkl)的系数为负的0.409，并且通过了1%的显著性检验，这与理论预期不符。研发投入(ln$rdinput$)的回归系数为负的0.476，通过了1%的显著性检验，也与理论预期不符。人力资本数量(ln$humanquantity$)的系数为正的0.0600，但不显著。行业全球价值链参与度(ln$GVCp$)的回归系数为正的0.660，且通过了1%的显著性检验，与理论预期不符。行业规模(ln$size$)的系数为正的0.658，与理论预期相符，通过了1%的显著性检验。外商直接投资(ln$ifdi$)的系数为负的0.0150，且不显著。常数项为负的2.925，通过了1%的显著性检验。调整的R^2为0.5428，体现了较好的拟合优度。综合上述分析，可知采用POLS方法回归，可能由于面板数据中存在明显的个体效应和时间效应，不同年份、各个行业间存在明显的相对差异，导致估计结果是有偏无效的。

表6-10中模型(2)是采用面板固定效应FE模型估计结果，考虑到样本数据可能存在着个体差异和时间差异，需要同时加以控制，在基准模型中加入φ_i和φ_t，见式(6.3)。其中，φ_i表示个体固定效应，用以控制行业(解决不随时间而变但随个体而异的遗漏变量问题)；φ_t表示时间(年份)固定效应(采用时间趋势变量而不采用时间虚拟变量——以避免样本的损失，解决不随个体而变但随时间而变的遗漏变量问题)，用以控制时间。F检验表明面板FE模型优于POLS模型，Hausman检验表明面板FE模型优于面板RE模型。从回归结果来看，资本劳动比(lnkl)的系数为负的0.013，与理论预期不符，且不显著；研发投入(ln$rdinput$)的回归系数变为0.049，但不显著；人力资本数量(ln$humanquantity$)的系数为负的0.072，且通过了5%的显著性检验，但与理论预期不符；行业全球价值链参与度(ln$GVCp$)的回归系数为负的0.451，与理论预期相一致，且通过了1%的显著性检验；行业规模(ln$size$)的系数为正的0.348，通过了1%的显著性检验，与理论预期相符；外商直接投资(ln$ifdi$)的系数为0.158，且通过了1%的显著性检验；常数项为负的3.719，通过了1%的显著性检验。结合前文F检验的P值为0.0000，相对于POLS法，面板FE估计部分纠正了回归偏误，更加有效；但

是,部分解释变量的系数与理论预期不符、且部分解释变量不显著,说明面板FE也不是有效的估计方法。因为样本数据存在组间异方差和组内自相关,使得面板FE是有偏的。

$$ln NRCA_{it} = \alpha_0 + \alpha_1 ln kl_{it} + \alpha_2 ln rdinput_{it} + \alpha_3 ln humanquantity_{it}$$
$$+ \alpha_4 ln GVCp_{it} + \alpha_5 ln size_{it} + \alpha_6 ln ifdi_{it} + \varphi_i + \varphi_t + \varepsilon_{it} \quad (6.3)$$

表6-10中模型(3)是采用同时考虑组间异方差和组内自相关的广义可行最小二乘法FGLS进行回归估计的结果,纠正了面板FE的有偏估计,使得估计结果真实有效。在回归模型中使用时间趋势变量以控制时间效应,采用个体固定效应以控制个体效应。与面板FE回归结果相比,主要变化在于:资本劳动比($lnkl$)的系数由负变为正的0.083,且通过了1%的显著性检验;研发投入的回归系数变为0.020,且变化显著,通过了1%的显著性检验;通过比较二者系数大小,资本劳动比代表的物质资本要素对制造业贸易竞争力的促进作用大于研发投入代表的技术进步;人力资本数量($ln humanquantity$)的系数由负的0.072变为负的0.008,且通过了5%的显著性检验,表明行业人力资本数量对其贸易竞争力的影响程度下降了,但系数为负,仍与理论预期不符;行业全球价值链参与度($lnGVCp$)的回归系数由负的0.451变为负的0.171,表明行业全球价值链参与度对其贸易竞争力的影响程度下降了,与理论预期相一致,且通过了1%的显著性检验;[①]行业规模($lnsize$)的系数变为0.277,通过了1%的显著性检验,与理论预期相符;外商直接投资($lnifdi$)的系数变为0.051,且通过了1%的显著性检验;常数项为负的3.369,通过1%的显著性检验。从表6-10中检验结果可知:Wald检验的结果显示P值为0.0000,拒绝了"不存在组间异方差"的原假设,验证了样本数据存在组间异方差;组内自相关的Wooldridge检验P值为0.0000,拒绝了"不存在组内自相关"的原假设,结果表明样本数据存在组内自相关;内生性D-M检验的P值为0.6417,接受了"全部变量为外生变量"的原假设,表明模型设定中不存在内生性变量;以上检验结果表明采用系统FGLS方法是有效的。

在对表6-10模型(3)的回归分析中,人力资本数量的系数虽然通过了5%的显著性检验,但是其系数为负的0.008,表明行业人力资本数量的投入对行业贸易竞争力起着抑制作用,虽然该抑制作用很小,但与人力资本有利于促进贸易竞争力提升的理论预期不符。由于预期人力资本对制造

[①] 样本期内,中国制造业行业的全球价值链参与度GVCp的提高更多的是依赖于GVCpb的提高,而依赖GVCpf的提高相对有限,这和中国大力发展加工贸易,进口中间品、出口产成品有着直接关联,出现全球价值链参与虚高、对外贸易大而不强的局面。

业贸易竞争力有正向提升作用,但实际结果显示人力资本的回归系数为负值,与理论预期不符,需要进一步考虑人力资本在不同区间内对制造业贸易竞争力的影响可能有所差异,需要考虑是否是因为过多的人力资本投入抑制了贸易竞争力的提升,是否存在一个人力资本投入的门槛,在达到这个门槛前,人力资本数量对贸易竞争力起到促进作用,当超过这个门槛值时,二者之间转变为抑制作用。

因此,本小节接着借助 Hansen(1999)提出的门槛效应思路和门槛效应模型检验,以检验不同区间内人力资本对制造业贸易竞争力的影响是否不同。表6-9第(3)列已经检验了人力资本为外生变量,可以作为门槛变量进行门槛模型检验;将人力资本设置为门槛变量,分别设置单一门槛和双门槛[1],检验是否存在门槛,若存在门槛,则进一步确定门槛的数量,进行门槛模型回归估计。采用更高精度1000次的BP(Bootstrap)自助抽样次数,设置0.05的异常值去除比例,相应的门槛检验结果见表6-11和表6-12。表6-11为单一门槛检验结果,结果显示LM估计统计值的P值为0.861,表明接受"不存在门槛效应"的原假设,模型中人力资本数量不是门槛变量。接着进行了双门槛检验,表6-12显示单门槛LM估计统计值的P值为0.87,双门槛LM估计统计值的P值为0.975,再一次表明接受"不存在门槛效应"的原假设,模型中人力资本数量不是门槛变量。[2]

表6-11 单一门槛检验结果

	门槛值	MSE	F值	P值	10%临界值	5%临界值	1%临界值
单门槛检验	2.0758	0.0102	14.82	0.861	46.98	55.1	73.51

数据来源:作者通过Stata15计算整理。

表6-12 双门槛检验结果

	门槛值	MSE	F值	P值	10%临界值	5%临界值	1%临界值
单门槛检验	2.1581	0.0106	9.07	0.87	32.83	38.19	55.35
双门槛检验	2.1091	0.0103	4.73	0.975	23.79	28.03	36.55

数据来源:作者通过Stata15计算整理。

---

① 从理论上来说,若单门槛不显著,则应不存在双门槛和三门槛问题。
② 在基准模型设定时,本书对模型设定的函数形式进行了"Link检验"和"Reset检验",确定没有遗漏高阶非线性项,采用线性模型是可靠的。另外,基准模型加入平方项后,平方项系数依然为负,不显著,不用考虑存在非线性影响。因此,不存在人力资本对制造业行业贸易竞争力的非线性影响问题。

那么,是什么原因造成变量人力资本数量的系数为负呢?其最主要的原因可能在于:中国制造业行业部门内部和行业部门之间可能存在着人力资本错配的问题,导致人力资本的配置不仅没有达到最优的产出水平,而且还抑制了相应的产出水平,进而阻碍了行业贸易竞争力的提升。

一方面,正如本书在第五章中关于制造业行业人力资本数量的数据分析结果那样,中国制造业各行业部门的人力资本投入数量与各行业的行业规模、进出口额之间存在明显差异,资本和技术密集型制造业行业部门的人力资本投入数量相对较多,尤其是技术密集型制造业行业部门,劳动密集型制造业行业部门的人力资本含量普遍较低;由于技术和资本密集型制造业行业部门对人力资本的技能要求更高,所以人力资本相对丰裕的制造业行业部门的人力资本大多属于专用性资本。但是,人力资本投资的时间较长,并且投资锁定时间也较长,使得这些行业的人力资本专用性很强。这样,这些人力资本与特定企业和行业的黏合度较高,改变人力资本用途的成本较高,双方需保持长期合作和聘用关系,导致人力资本流动性较差。

另一方面,国内外相关研究文献也佐证了中国制造业存在人力资本错配问题,而且部分制造业行业的人力资本错配程度较高,这也为本书的实证结果提供了很好的经验解释。早期的要素错配问题主要将研究视角集中于劳动力和物质资本,分析其原因和对产出的影响。仅有少有研究涉及人力资本错配问题,如:Hsieh 和 Klenow(2009)利用中国和印度制造业企业的数据研究发现,中国和印度的要素错配对总产出存在不同程度的影响,若按照美国的方式重新配置要素,则中国和印度的全要素生产率将分别提高 30%~50% 和 40%~60%。Khandelwal et al.(2013)、Ranasinghe(2017)等学者先后从贸易政策、金融摩擦、政策规制和产权保护等视角研究要素错配问题。袁志刚和解栋栋(2011)研究发现中国劳动力错配导致全要素生产率 TFP 下降 2%~18%;龚关和胡关亮(2013)研究认为若中国制造业的劳动力和资本要素按照 Hsieh 和 Klenow(2009)的方法提高配置效率,将使得全要素生产率 TFP 提高 10.1%。

关于人力资本错配的研究,2015 年前,国内学者鲜有涉及,庆幸的是,从 2016 年开始,相关学者开始关注并从不同角度分析和讨论了行业部门的人力资本错配问题,发现中国存在严重的行业人力资本错配问题,尤其是制造业行业部门。钱雪亚和缪仁余(2014)研究发现人力资本相对价格偏低、物质资本相对价格偏高会影响要素配置效率。中国经济增长前沿课题组(2014)认为,人力资本错配阻碍了人力资本的有效利用乔红芳和沈利生(2015)研究发现,中国物质资本产出弹性和人力资本产出弹性之比,远远低于二者的存量之比,导致实际产出水平远远低于潜在产出水平。赖德胜和纪雯雯(2015)研究发现由于存在政府干预扭曲要素价格,造成垄断行业部门的人力资本错配问题。李静等(2017)、李静和楠玉(2016、2017)、李静(2017)等一系列研究发现中国人力资本在数量上已经具备一定的规模,在质量上得到较大提升,但人力资本在部门间的配置存在严重错配问题,导致具有创新潜力的科技人才选择到高薪的非生产性、非科技部门就业,从而带来产出的低效率。马颖等(2018)通过构建的行业间人力资本错配模型,研究发现中国制造业行业部门的人力资本同时存在供给不足和错配问题,发现人力资本错配会导致制造业行业实际产出低于最优的人力资本配置状态的产出,行业规模越大,其人力资本错配程度越高,容易导致过剩的行业产出;认为既需要增加人力资本存量,又需要提高人力资本配置效率。

上述关于人力资本专用性降低了其流动性的分析,结合人力资本错配,尤其是制造业行业人力资本错配的相关研究,为本研究得到的人力资本与贸易竞争力之间负相关关系提供了很好的经验解释。人力资本较强的专用性,以及存在行业内和行业间的人力资本错配,导致制造业行业部门不能达到最优产出水平,甚至严重低于最优产出水平,不利于提升行业贸易竞争力。

(四)稳健性检验

为了检验回归结果的稳健性,本章节采用替换代理变量的方法开展回归估计的稳健性检验,分别替换技术和人力资本的代理变量。

1. 研发强度作为技术的代理变量

正如本书在第五章关于行业技术现状分析中所述,与采用行业研发投入作为技术要素的代理变量类似,可以采用行业研发强度作为技术的代理变量,行业研发强度为行业科研经费内部支出与行业企业数的比值,单位为万元/个。相关数据见表6-13,数据来源于样本期内历年《中国工业经济统计年鉴》和《中国科技统计年鉴》。

表6-13 2003—2014年制造业各行业部门研发强度

单位:万元/个

年份 行业	2003	2004	2005	2006	2007	2008	2009	2010	2011	2012	2013	2014
c5	27.347	43.329	51.264	47.335	56.123	70.394	38.339	35.506	73.198	91.84	99.414	108.593
c6	18.603	26.265	21.047	22.957	27.065	30.396	18.23	18.351	44.246	51.375	57.708	64.3618

续表

年份 行业	2003	2004	2005	2006	2007	2008	2009	2010	2011	2012	2013	2014
c7	8.3373	14.404	11.084	10.71	11.628	18.329	9.6149	4.951	17.661	22.034	30.587	36.2782
c8	31.046	42.797	39.909	58.158	61.595	62.848	37.044	35.706	79.016	106.35	124.3	141.344
c9	9.2483	17.361	14.229	13.317	22.601	26.35	16.579	15.046	50.179	58.682	59.938	64.6834
c10	114.88	216.48	213.44	186.23	236.12	253.57	158.71	188.58	316.84	400.97	429.21	524.222
c11	78.72	120.82	104.9	109.95	132.74	163.34	92.49	83.896	207.93	233.64	263.73	295.517
c12	129.79	202.19	154.51	176.58	203.45	282.14	197.65	174.21	356.47	443.57	508.34	549.122
c13	22.922	46.523	34.804	42.208	51.887	58.604	34.793	36.033	81.394	205.7	234.72	125.614
c14	19.395	27.448	25.519	26.355	29.231	47.868	25.057	23.376	52.665	215.6	196.75	72.504
c15	246.52	308.24	305.15	366.21	463.58	533.14	269.93	323.97	520.35	257.15	289.39	548.004
c16	16.3	29.253	24.579	26.786	35.501	44.032	26.586	24.066	67.152	255.76	272.34	120.879
c17	492.31	553.09	470.02	522.96	567.11	556.88	420.84	462.5	828.1	863.64	924.35	992.243
c18	136.88	171.72	140.23	167.15	193.86	222.67	151.39	154.37	310.7	334.44	361.03	397.644
c19	72.881	99.226	78.397	96.045	111.35	130.56	92.4	78.99	194.22	268.34	292.94	276.436
c20	316.2	371.96	420.99	471.9	492.76	505.77	320.91	353.15	650.35	212.89	207.91	584.953
c21	153.41	183.41	209.25	236.47	249.89	261.74	168.11	190.3	359.11	215.97	226.29	856.232
c22	2.9643	14.37	9.9948	12.805	17.42	20.871	12.425	6.8024	21.232	31.868	44.24	51.1923

数据来源：作者根据《中国工业经济统计年鉴》和《中国科技统计年鉴》整理计算。

根据基准模型公式(6.3)，采用变量行业研发强度(lnrdintensity)替换解释变量行业研发投入(lnrdinput)，用以度量行业技术要素的变化；采用FGLS方法对2003至2014年中国制造业的要素结构变化对贸易竞争力的影响进行了计量回归，回归结果见表6-10的第四列"FGLS"，即模型(4)。

回归结果显示，与基准模型回归结果相比，替换解释变量后，各系数的回归结果并未发生明显的变化。具体而言，资本劳动比的系数由0.083变为0.068，表明物质资本对贸易竞争力的正向影响出现了细微的下降，且通过了1%水平的显著性检验；技术要素的系数由0.020变为0.030，表明技术对贸易竞争力的促进作用出现细微的提升，也通过了1%水平的显著性检验；人力资本的系数由-0.008变为-0.016，没有改变人力资本与贸易竞争力负相关的结果，且通过了1%水平的显著性检验。另外，全球价值链参与度的系数由-0.171变为-0.186，行业规模的系数由0.277变为0.289，外商直接投资的系数由0.051变为0.061，常数项系数由-3.369变为-3.485，且都通过了1%水平的显著性检验。上述回归结果分析表明，采用研发强度指标替换研发投入指标后,与原回归结果保持了较好的一致性,表明基准模型回归结果具有良好的稳健性。

从表6-10中第四列检验结果可知:Wald检验的结果显示P值为0.0000,拒绝了"不存在组间异方差"的原假设,验证了样本数据存在组间异方差;组内自相关的Wooldridge检验P值为0.0000,拒绝了"不存在组内自相关"的原假设,结果表明样本数据存在组内自相关;内生性D-M检验的P值为0.4213,接受了"全部变量为外生变量"的原假设,表明模型设定中不存在内生性变量。以上检验结果表明采用系统FGLS方法是有效的。

2.企业家丰度作为人力资本的代理变量

正如在第五章关于行业人力资本现状分析中所述,与采用科技人员数量作为人力资本数量的代理变量类似,可以采用企业家丰度作为人力资本的代理变量,张小蒂和姚瑶(2012)、张小蒂和贾钰哲(2012)、张小蒂和曾可昕(2013)等学者先后采用私营企业家数量量化企业家丰度,认为一个私营企业对应拥有一个企业家,企业家丰度在一定程度上可以反映人力资本数量。相关数据见表6-14,数据来源于样本期内历年《中国工业经济统计年鉴》和《中国私营经济年鉴》。

表6-14 2003—2014年制造业各行业部门企业家丰度

单位:人

年份 行业	2003	2004	2005	2006	2007	2008	2009	2010	2011	2012	2013	2014
c5	8020	9726	11410	13835	16233	22180	24389	26039	19332	20282	22264	23158
c6	15104	18057	20690	24734	28340	36854	36845	38900	24216	25616	27671	28033
c7	2103	2647	3426	4312	5580	7789	8211	8741	6065	6192	6527	6604
c8	3074	3494	3836	4359	4786	6191	6250	6582	4182	4165	4190	4025
c9	1329	1535	1828	2111	2514	3615	3808	4083	1978	2243	2869	3001
c10	865	958	981	1086	1112	1335	1320	1302	1015	1056	1100	1070
c11	6002	7305	8525	10375	12108	16017	16726	17162	12089	12543	13626	13749
c12	1125	1388	1573	1940	2198	2669	2911	3118	2436	2610	2929	3120
c13	4745	5857	6947	8575	10171	14280	14750	15970	9318	9064	10029	10427
c14	6922	8258	9669	11534	13515	18694	20427	22228	15779	17084	19186	20235
c15	5195	5895	6477	7381	8179	10209	10126	10367	8172	11086	11579	11136
c16	5012	6013	7230	8673	10428	15290	15752	16679	9982	11166	12297	12806
c17	1529	1791	2265	2653	3356	4982	5173	5629	3667	4201	5107	5515
c18	4591	5460	6609	7859	9505	13980	14737	15838	10638	11080	12283	12782
c19	9530	11879	14640	18250	22491	34089	35184	38183	23312	20955	23698	24620

续表

年份 行业	2003	2004	2005	2006	2007	2008	2009	2010	2011	2012	2013	2014
c20	2309	2766	3299	3951	4713	7062	7417	8146	5225	5548	8308	6603
c21	990	1185	1414	1693	2020	3027	3178	3492	2238	2377	3560	2829
c22	1039	1290	1532	1901	2257	3158	3396	3661	2485	2642	3019	3204

数据来源：作者根据《中国工业经济统计年鉴》和《中国私营经济年鉴》整理计算。

根据基准模型公式(6.3)，采用变量企业家丰度(lnentrepreneurs)替换解释变量人力资本数量(lnhumanquantity)，用以度量行业人力资本要素的变化；采用FGLS方法对2003至2014年中国制造业的要素结构变化与贸易竞争力的关系进行了计量回归，相应的结果见表6-10回归结果的第五列"FGLS"，即模型(5)。

回归结果显示，与基准模型回归结果相比，替换解释变量后，各系数的回归结果并未发生明显的变化。具体而言，资本劳动比的系数由0.083变为0.084，表明物质资本对贸易竞争力的正向影响出现了细微的提升，且通过了1%水平的显著性检验；技术要素的系数由0.020变为0.017，出现了细微的下降，也通过了1%水平的显著性检验；人力资本的系数由-0.008变为-0.013，没有改变人力资本与贸易竞争力负相关的结果，且通过了1%水平的显著性检验。另外，全球价值链参与度的系数由-0.171变为-0.187，行业规模的系数由0.277变为0.272，外商直接投资的系数由0.051变为0.068，常数项系数由-3.369变为-3.075，且都通过了1%水平的显著性检验。上述回归结果分析表明，采用企业家丰度指标替换人力资本数量指标后，与原回归结果保持了高度一致性，表明基准模型回归结果具有良好的稳健性。

从表6-10中第五列检验结果可知：Wald检验的结果显示P值为0.0000，拒绝了"不存在组间异方差"的原假设，表明样本数据存在组间异方差；组内自相关的Wooldridge检验P值为0.000，拒绝了"不存在组内自相关"的原假设，表明样本数据存在组内自相关；内生性D-M检验的P值为0.6137，接受了"全部变量为外生变量"的原假设，表明模型设定中不存在内生性变量。相关检验结果表明稳健性检验采用系统FGLS方法是有效的。

综上所述，采用替换两种不同的代理变量作回归结果的稳健性检验，都得出与基准回归相一致的结论，即物质资本和技术有利于促进贸易竞争力的提升，人力资本对提升贸易竞争力起到抑制作用，可能是行业人力资本的专用性和错配所致；且上述结论都通过了1%的显著性水平检验，对本书研究结论提供了有效的支持，本部分的研究结论具有较好的稳健性。

(五)异质性检验

1.按行业属性三分类法

正如本书第五章所述，参照 Los et al.(2015)对产业分类的标准，将中国制造业18个行业部门根据行业部门属性不同分成三大类，即行业 c5、c6、c7、c22 为劳动密集型制造业部门，行业 c8 至 c16 为资本密集型制造业部门，行业 c17 至 c21 为技术密集型制造业部门。

根据基准模型公式(6.3)，采用按行业属性三分类法进行分组异质性检验，以明确不同类别行业特征差异下的要素结构对贸易竞争力影响的差异，并验证回归结果的有效性。采用全面FGLS法，回归结果见表6-15"异质性检验1"。

表6-15　按行业分组异质性检验回归结果

	基准回归	异质性检验1			异质性检验2		
		劳动密集型	资本密集型	技术密集型	低技术	中低技术	中高和高技术
	(1)	(2)	(3)	(4)	(5)	(6)	(7)
$\ln kl$	0.083***	−0.594***	0.140***	0.241***	−0.426***	0.339***	0.054*
	(0.02)	(0.13)	(0.03)	(0.04)	(0.09)	(0.04)	(0.03)
$\ln rdinput$	0.020***	0.118**	0.050***	0.0270*	−0.0110	0.057***	0.0240**
	(0.00)	(0.05)	(0.01)	(0.02)	(0.03)	(0.02)	(0.02)
$\ln humanquantity$	−0.008**	−0.0500	−0.025**	−0.033*	0.0290*	−0.051***	−0.0160
	(0.00)	(0.04)	(0.01)	(0.02)	(0.03)	(0.02)	(0.02)
$\ln GVCp$	−0.171***	−0.181**	−0.169***	−0.136***	−0.214***	−0.105***	−0.0580
	(0.02)	(0.08)	(0.02)	(0.05)	(0.05)	(0.04)	(0.04)
$\ln size$	0.277***	0.355***	0.222***	0.577***	0.209***	0.164***	0.338***
	(0.01)	(0.03)	(0.03)	(0.05)	(0.05)	(0.05)	(0.05)
$\ln ifdi$	0.051***	−0.414***	0.00400	0.0270	−0.258***	0.0610	0.052*
	(0.01)	(0.07)	(0.02)	(0.05)	(0.04)	(0.04)	(0.03)
常数项	−3.369***	0.395	−2.071***	−5.162***	−0.0630	−2.400***	−3.454***
	(0.16)	(0.99)	(0.20)	(0.35)	(0.72)	(0.40)	(0.40)
个体固定	是	是	是	是	是	是	是
时间固定	是	是	是	是	是	是	是
样本量	216	48	108	60	72	60	84
个体	18	4	9	5	6	5	7

续表

	基准回归	异质性检验1			异质性检验2		
		劳动密集型	资本密集型	技术密集型	低技术	中低技术	中高和高技术
	(1)	(2)	(3)	(4)	(5)	(6)	(7)
时间	12	12	12	12	12	12	12
Wald检验	656.99	135.62	70.27	92.60	303.6	78.34	708.30
(Prob>chi2)	(0.0000)	(0.0000)	(0.0000)	(0.0000)	(0.0000)	(0.0000)	(0.0000)
Wooldridge检验	32.099	61.949	13.927	17.060	30.607	34.441	13.750
(Prob>F)	(0.0000)	(0.0000)	(0.0058)	(0.0145)	(0.0026)	(0.0042)	(0.0100)
D-M检验	0.2173	0.1183	1.5668	2.3552	0.2764	1.2325	0.0752
(P-value)	(0.6417)	(0.7331)	(0.2142)	(0.1322)	(0.6013)	(0.2731)	(0.7849)

注：变量系数括号内为se（稳健标准误），Wald检验括号内为P值，*、**、***分别表示在10%、5%、1%的置信区间上显著。以资本劳动比的滞后项作为工具变量进行内生性D-M检验。

资料来源：作者通过Stata15计算整理。

其中，劳动密集型制造业行业部门回归结果对应模型(2)，相关检验结果如下：Wald检验的结果显示P值为0.0000，拒绝了"不存在组间异方差"的原假设，说明样本数据存在组间异方差；组内自相关的Wooldridge检验P值为0.0000，拒绝了"不存在组内自相关"的原假设，表明样本数据存在组内自相关；内生性D-M检验的P值为0.7331，接受了"外生变量"的原假设，表明模型设定中不存在内生性变量。以上检验结果表明采用系统FGLS方法是有效的。

资本密集型制造业行业部门回归结果对应模型(3)，相关检验结果如下：Wald检验的结果显示P值为0.0000，表明样本数据存在组间异方差；组内自相关的Wooldridge检验P值为0.0058，拒绝了"不存在组内自相关"的原假设，表明样本数据存在组内自相关；内生性D-M检验的P值为0.2142，接受了"外生变量"的原假设，表明模型设定中不存在内生性变量。以上检验结果表明采用系统FGLS方法是有效的。

技术密集型制造业行业部门回归结果对应模型(4)，相关检验结果如下：Wald检验的结果显示P值为0.0000，拒绝了"不存在组间异方差"的原假设，说明样本数据存在组间异方差；组内自相关的Wooldridge检验P值为0.0145，在5%显著水平下拒绝了"不存在组内自相关"的原假设，表明样本数据存在组内自相关；内生性D-M检验的P值为0.1322，接受了"外生变量"的原假设,表明模型设定中不存在内生性变量。以上检验结果表明采用系统FGLS方法是有效的。

将不区分行业的基准回归结果表6-10中"基准模型(3)"作为参照系和按行业属性三分类法分类回归结果表6-15的"异质性检验1"加以比较,以验证不同类别行业特征差异下的要素结构与贸易竞争力之间的关系,结果分析如下:资本密集型制造业行业部门和技术密集型制造业行业部门的物质资本与行业贸易竞争力之间存在显著的正向相关关系,且都通过了1%水平的显著性检验,而且技术密集型制造业行业部门通过利用行业物质资本对行业贸易竞争力的促进作用更大,意味着其更依赖于物质资本。但是本书发现,劳动密集型制造业行业部门的物质资本与行业贸易竞争力之间存在显著的负相关关系,且在1%水平上显著,表明劳动密集型制造业行业部门不能通过物质资本的大量投入达到提升行业贸易竞争力的目的,更应该通过其他要素的投入,如技术的投入来实现。同时,发现技术要素对劳动密集型制造业行业部门提升行业贸易竞争力确有更强的促进作用,且通过了5%水平的显著性检验,和前文对物质资本系数为负的分析结论一致,劳动密集型制造业行业部门更应该通过技术的投入,进而提高行业贸易竞争力;技术要素对资本密集型制造业行业部门和技术密集型行业部门提升行业贸易竞争力都能起到正向促进作用,且资本密集型行业通过了1%的显著性水平检验,技术密集型行业部门通过了10%的显著性检验。在人力资本要素方面,发现劳动密集型制造业行业部门的系数为负,但不显著,表明人力资本对劳动密集型制造业行业部门提升行业贸易竞争力作用不明显。对于资本和技术密集型行业部门而言,人力资本的回归系数显著为负,与总行业回归结果为负相一致,但对提升行业贸易竞争力的抑制作用更为明显,表明资本和技术密集型行业的人力资本专用性更强、人力资本错配问题更加严重,且分别通过了5%、10%的显著性水平检验。控制变量行业全球价值链参与度,三个行业的系数都显著为负,与总行业回归结果相一致,且分别通过了5%、1%、1%的显著性水平检验。行业规模的系数显著为正,表明行业规模越大,越能提升行业贸易竞争力,且都在1%水平显著。外商直接投资的系数体现出其对劳动密集型制造业行业部门提升贸易竞争力的抑制性,但对资本和技术密集型行业的促进作用不显著。

2.按行业技术含量三分类法

参考Stöllinger(2013)的分类方法,按行业技术含量不同可以将制造业行业部门分为三类:低技术行业、中低技术行业和中高与高技术行业,即c5

至c9、c22为低技术行业，c10、c13至c16为中低技术行业，c11、c12、c17至c21为中高与高技术行业。[①]

根据基准模型公式(6.3)，采用按行业技术含量三分类法进行分组异质性检验，以明确不同类别行业特征差异下的要素结构与贸易竞争力之间的关系，并验证回归结果的有效性。采用全面FGLS法，回归结果见表6-15"异质性检验2"。

其中，低技术行业部门回归结果对应模型(5)，相关检验结果如下：Wald检验的结果显示P值为0.0000，说明样本数据存在组间异方差；组内自相关的Wooldridge检验P值为0.0026，在1%的显著水平下拒绝了"不存在组内自相关"的原假设，表明样本数据存在组内自相关；内生性D-M检验的P值为0.6013，接受了"外生变量"的原假设，表明模型设定中不存在内生性变量。以上检验结果表明采用系统FGLS方法是有效的。

中低技术行业部门回归结果对应模型(6)，相关检验结果如下：Wald检验的结果显示P值为0.0000，拒绝了"……"，表明样本数据存在组间异方差；组内自相关的Wooldridge检验P值为0.0042，在1%的显著水平下拒绝了"不存在组内自相关"的原假设，表明样本数据存在组内自相关；内生性D-M检验的P值为0.2731，接受了"外生变量"的原假设，表明模型设定中不存在内生性变量。以上检验结果表明采用系统FGLS方法是有效的。

中高与高技术行业部门回归结果对应模型(7)，相关检验结果如下：Wald检验的结果显示P值为0.0000，拒绝了"不存在组间异方差"的原假设，说明样本数据存在组间异方差；组内自相关的Wooldridge检验P值为0.0100，在1%的显著水平下拒绝了"不存在组内自相关"的原假设，表明样本数据存在组内自相关；内生性D-M检验的P值为0.7849，接受了"外生变量"的原假设，表明模型设定中不存在内生性变量。以上检验结果表明采用系统FGLS方法是有效的。

将不区分行业的基准回归结果表6-10中"基准模型(3)"作为参照系和按行业技术含量三分类法分类回归结果表6-15的"异质性检验2"加以比较，以验证不同类别行业特征差异下的要素结构与贸易竞争力之间的关系，结果分析如下：发现中低技术行业部门、中高与高技术行业部门的物质资本和行业贸易竞争力之间存在显著的正向相关关系，分别都通过了1%和10%水平的显著性检验，表明中低技术行业部门、中高与高技术行业部门利用行业物质资本对行业贸易竞争力具有促进作用。同样，与按行业属

[①] 低技术行业包括"c05""c06""c07""c08""c09"；中低技术行业包括"c10""c13""c14""c15"和"c16"；中高与高技术行业包括"c11""c12""c17""c18""c19""c20"和"c21"。

性异质性检验结果类似,本书发现低技术行业部门的物质资本与行业贸易竞争力之间存在显著的负相关关系,且在1%水平上显著,表明低技术行业部门不能通过物质资本的大量投入达到提升行业贸易竞争力的目的,更应该通过其他要素的投入,如人力资本的投入来实现。同时,发现技术要素对中低技术、中高与高技术行业部门提升行业贸易竞争力有显著的促进作用,且通过了1%和10%水平的显著性检验,但对低技术行业的作用并不显著。在人力资本要素方面,发现其对低技术行业部门的系数为正,且通过了10%水平的显著性检验,与总行业回归结果相反,表明人力资本的确对低技术行业部门提升行业贸易竞争力起到正向促进作用,与前文对物质资本系数为负的分析相一致,低技术行业部门更应该通过人力资本的投入以提升行业贸易竞争力。但是对中低技术行业而言,人力资本系数仍显著为负,且在1%水平通过了显著性检验,表明其抑制作用非常明显。对中高与高技术行业而言,其系数为负,但不显著。对于控制变量行业全球价值链参与度,三个行业的系数都为负,与总行业回归结果相一致,但中高与高技术行业没有通过显著性水平检验。行业规模的系数都显著为正,表明行业规模越大,越能提升行业贸易竞争力,且都在1%水平显著。外商直接投资的系数体现出其对低技术行业部门提升贸易竞争力具有显著的抑制性,对中高与高技术行业起到促进作用,但对中低技术行业作用不显著。

综上所述,结合"异质性检验1"和"异质性检验2"的结果分析,研究发现,无论是采用按行业属性分类,还是按行业技术含量分类,物质资本、人力资本和技术在不同行业间呈现出一定的差异性,但总体保持了与不区分行业基准回归结果的一致性。

五、本章小结

总体而言,在估计方法的选择上,本书首先在不区分产业和年度差异下进行了混合最小二乘POLS回归;其次,在面板固定效应F检验、面板随机效应F检验和Hausman检验下,确定面板固定效应FE模型优于POLS和面板随机效应RE,较好地解决了遗漏变量偏误;再次,在Hausman和Davidson-MacKinnon内生性检验的基础上确定本书样本数据和计量模型设定不需要考虑内生性问题,故不需采用面板工具变量和其他处理内生性方法估计;最后,为处理复杂的面板误差结构,进一步对面板数据进行组间异方差的Wald检验和组内自相关的Wooldridge检验,面板固定效应FE存在估计偏误,全面FGLS可以修正组间异方差和组内自相关,最终确定采用更有效的可行广义最小二乘法FGLS估计。另外,为了控制行业间的个体效应和时间效应,在Hausman检验基础上,加入个体虚拟变量和时间趋势变量,分别控制个体效应和时间效应,实现全面FGLS的双固定效应模型估计。

在回归分析中,实证结果验证了理论机理:要素结构优化利于提升行业贸易竞争力,行业物质资本积累、行业技术进步与行业贸易竞争力呈显著的正相关关系,表明行业物质资本积累和技术进步有利于提升制造业行业贸易竞争力,且物质资本积累的促进作用更加明显。针对解释变量人力资本回归系数为负的事实,对外生变量人力资本进行了门槛效应检验,发现不存在门槛效应。可能是因为中国制造业行业部门内部和行业部门之间存在严重的人力资本错配问题,这一结论得到诸多文献的佐证(袁志刚和解栋栋,2011;龚关和胡关亮,2013;钱雪亚和缪仁余,2014;赖德胜和纪雯雯,2015;李静和楠玉,2016、2017;李静等,2017;李静,2017;马颖等,2018)。通过技术和人力资本替代变量的稳健性检验,得到和基准模型近似的结果,表明基准回归结果具有较好的可信度。从对"异质性检验1"和"异质性检验2"分析的结果发现,无论是采用按行业属性分类,还是按行业技术含量分类,物质资本、人力资本和技术在不同行业间呈现出一定的差异性,但总体保持了与不区分行业部门基准回归结果的一致性。

第七章

要素结构变化对制造业贸易竞争力的内在影响机制:基于全球价值链地位的中介效应

前文分析和讨论了行业要素结构变化对制造业行业贸易竞争力的直接影响,在此基础上,本章通过行业全球价值链地位产生的中介效应,进一步考察行业要素结构变化是否会影响制造业行业全球价值链地位,以及行业贸易竞争力是否会受到行业全球价值链地位的影响,以确定行业全球价值链地位是否对制造业行业要素结构变化与行业贸易竞争力存在中介效应,检验行业全球价值链地位对要素结构变化与贸易竞争力关系的内在影响机制。结合中介效应模型的特征,本章的要素结构即行业物质资本投入,用行业资本劳动比度量,对应的是狭义要素结构。

本章首先研究要素结构变化与制造业全球价值链地位的关系,通过计量模型的设定和变量的描述说明,采用动态面板系统GMM回归方法进行回归,并采用F检验、Hausman检验、组间异方差Wald检验、组内自相关的Wooldridge检验和D-M内生性检验加以验证,分析估计结果并进行稳健性检验。然后,考察全球价值链地位的中介效应,通过指标选取说明和中介效应模型的构建,分别采用FGLS、系统GMM、FGLS方法展开中介效应模型估计,在实证结果分析的基础上进行中介效应检验和传导机制分析,并对回归结果进行稳健性检验。最后,对本章内容进行简要总结,阐述研究结论。

一、问题的提出

以往研究忽视了验证行业价值链地位对要素结构与产业贸易竞争力关系的影响,忽视了要素结构变化对行业贸易竞争力内在影响机制的分析和讨论。本书第六章验证了物质资本、人力资本和技术要素变化对制造业贸易竞争力的影响,物质资本积累和技术进步显著地提升了制造业行业的贸易竞争力,可能制造业行业内和行业间存在人力资本错配的问题,使得人力资本积累对制造业行业贸易竞争力具有微弱的抑制性。这样的研究设计,只是验证了要素结构变化对制造业贸易竞争力的直接影响效应,并没有完全验证理论机理的核心逻辑。结合本书拓展的贸易优势理论认知,可以进一步分析要素结构变化通过制造业全球价值链地位影响制造业贸易竞争力的间接效应,即开展行业全球价值链地位对要素结构变化与贸易竞争力关系的内在影响机制研究。这样,直接影响效应和间接影响效应相结合,可以完整地验证理论机理,这也是本书研究设计上的创新之处。

因此,本章在上一章的基础上,进一步验证要素结构变化影响制造业贸易竞争力是否存在不同的效应和机制:直接效应和中介效应;需要通过中介效应检验,验证行业要素结构是否既可以直接对制造业行业贸易竞争力产生影响(直接效应),又可以通过中介变量——行业全球价值链地位间接影响行业贸易竞争力(中介效应)？是否存在中介效应传导路径和相应传导机制？是否是行业全球价值链地位的提升促进了行业要素结构对制造业行业贸易竞争力的影响？

二、要素结构变化与制造业全球价值链地位的关系

(一)计量模型的构建与说明

根据本书拓展的贸易优势理论认知,本小节需要验证的是要素结构变化与制造业行业全球价值链地位的关系。一般认为,要素积累有利于促进要素集聚获取规模经济效应,贸易优势动态增进,进而提升国际分工地位。物质资本的积累改变了狭义的要素结构,以更多资本代替劳动力参与全球价值链分工,贸易优势动态增进促进全球价值链分工地位的提升。正如第六章所述,技术和人力资本作为投入制造业行业生产的主要生产要素,也可能会影响制造业行业全球价值链地位。除此以外,制造业行业规模也可能会影响其全球价值链地位,可以将这些因素作为控制变量纳入模型中,以减少因遗漏变量造成的内生性估计偏误。

因此,本部分结合中国制造业层面的平衡面板数据,展开要素结构变化对制造业全球价值链地位影响的实证分析,以验证制造业行业要素结构变化是否促进了行业全球价值链地位的提升。构建如下计量模型作为回归基准模型:

$$GVCpo_{it} = \beta_0 + \beta_1 \ln kl_{it} + \beta_2 \ln rdratio_{it} + \beta_3 \ln humanratio_{it} + \beta_4 \ln size_{it} + \mu_{it} \tag{7.1}$$

式(7.1)中,i表示制造业行业部门,t表示年份,$GVCpo_{it}$表示制造业行业i在第t年的全球价值链地位;$\ln kl_{it}$表示制造业行业i在第t年的资本劳动比,用以度量要素结构的变化;$\ln rdratio_{it}$表示制造业行业i在第t年的研发占比,用以度量技术要素水平;$\ln humanratio_{it}$表示制造业行业i在第t年的人力资本占比,用以衡量人力资本要素;$\ln size_{it}$表示制造业行业i在第t年

的行业规模;μ_{it}为误差项。①

(二)变量描述、数据来源与计算

1.被解释变量描述与数据来源

式(7.1)中,GVCpo作为被解释变量,表示样本期内中国18个制造业行业的全球价值链地位,相应的数据测算结果参见表5-9《2003—2014年制造业各行业部门全球价值链地位指数》。结合表5-9可知,在18个行业部门中,有11个行业的GVCpo指数在样本期内长期小于0,且大于0的行业部门其数值相对较小,表明中国制造业总体仍处于全球价值链低端。但是,从中国制造业行业部门在全球价值链分工中地位的变化趋势可以得知:样本期内,虽受2008年全球金融危机影响,但可能受益于入世后的国内外市场开放、加工贸易转型升级和产业结构调整以及国内要素结构变化,制造业全球价值链地位呈现出阶段性波动上升特征,与要素结构优化升级的整体特征相呼应。因此,本章节利用第五章测算得到的制造业行业全球价值链地位指数GVCpo作为回归模型的被解释变量,分析要素结构变化对制造业行业全球价值链地位的影响。由于行业GVCpo指数大多数为负值,所以回归模型式(7.1)中,被解释变量没有取对数。

2.解释变量描述与数据来源

"资本劳动比"是衡量资本和劳动两种生产要素相对丰裕程度的重要指标,体现了一国及其制造业行业部门的狭义要素投入结构。新古典比较优势理论将劳动和资本作为衡量要素禀赋条件的基础和核心,资本劳动比的变化反映了要素结构的变化。因此,在分析行业要素结构变化对行业全球价值链地位的影响时,结合中介模型特征,将体现行业人均物质资本变化的资本劳动比作为解释变量,分析和考察行业资本劳动比的变化对行业全球价值链地位的影响。②因此,本章节采用第五章测算得到的行业资本劳动比(kl_{it})衡量要素结构的变化,相关数据见表5-4《2003—2014年制造业各行业部门资本劳动比》。

3.控制变量描述、数据来源与计算

为了减少遗漏偏误可能带来的内生性问题,结合中介效应模型的需

---

① 同样,本章节对变量个数的选择进行了信息准则计算,计算结果表明基准模型式(7.1)是有效的。通过"Link检验"和"Reset检验",确定没有遗漏高阶非线性项,采用线性模型是可靠的。
② 出于中介效应模型设计的需要,本小节解释变量选取狭义要素结构的资本劳动比,即物质资本。将人力资本和技术作为控制变量加以考察分析,这样的方法设计是中介效应模型的需要,不会改变相关变量的回归结果。

要，本小节将行业研发占比、行业人力资本占比和行业规模纳入控制变量，为保证回归结果的有效性，回归时对相应数据取对数处理。

用 $rdratio$ 表示行业研发占比，在全球价值链分工体系中，行业研发占比的大小会影响该行业的全球价值链地位。一般而言，行业研发占比越大，越有利于行业的技术进步与创新，有利于行业内的企业参与全球价值链分工，提升行业全球价值链地位。因此，预期该项系数为正，行业研发占比与行业全球价值链地位正相关。参考刘维林等（2014），本章节采用行业科研经费内部支出与行业工业总产值之比衡量行业研发占比（亿元/亿元），用以度量行业的技术要素投入，以此控制要素结构变化对行业全球价值链地位的影响，相关数据见表7-1。

表7-1 2003—2014年制造业各行业部门研发占比

	2003	2004	2005	2006	2007	2008	2009	2010	2011	2012	2013	2014
c5	0.0041	0.0056	0.0060	0.0051	0.0051	0.0061	0.0030	0.0024	0.0031	0.0036	0.0037	0.0039
c6	0.0040	0.0053	0.0041	0.0041	0.0043	0.0050	0.0027	0.0023	0.0033	0.0037	0.0039	0.0040
c7	0.0029	0.0045	0.0033	0.0028	0.0026	0.0039	0.0018	0.0008	0.0016	0.0018	0.0023	0.0024
c8	0.0068	0.0083	0.0072	0.0091	0.0082	0.0080	0.0045	0.0035	0.0046	0.0060	0.0068	0.0070
c9	0.0037	0.0063	0.0048	0.0039	0.0054	0.0064	0.0037	0.0029	0.0049	0.0054	0.0050	0.0050
c10	0.0024	0.0039	0.0035	0.0027	0.0028	0.0027	0.0017	0.0015	0.0017	0.0021	0.0022	0.0026
c11	0.0118	0.0153	0.0120	0.0111	0.0114	0.0136	0.0072	0.0052	0.0077	0.0083	0.0087	0.0091
c12	0.0182	0.0256	0.0181	0.0189	0.0184	0.0234	0.0142	0.0104	0.0141	0.0167	0.0173	0.0168
c13	0.0054	0.0102	0.0072	0.0078	0.0085	0.0100	0.0054	0.0047	0.0059	0.0138	0.0150	0.0076
c14	0.0056	0.0067	0.0056	0.0049	0.0046	0.0070	0.0033	0.0025	0.0035	0.0142	0.0121	0.0042
c15	0.0136	0.0138	0.0123	0.0123	0.0124	0.0132	0.0068	0.0065	0.0070	0.0043	0.0046	0.0083
c16	0.0041	0.0066	0.0052	0.0049	0.0056	0.0072	0.0041	0.0031	0.0048	0.0164	0.0165	0.0069
c17	0.0182	0.0190	0.0154	0.0153	0.0162	0.0182	0.0135	0.0125	0.0148	0.0153	0.0160	0.0163
c18	0.0180	0.0203	0.0155	0.0156	0.0156	0.0188	0.0119	0.0098	0.0121	0.0130	0.0133	0.0138
c19	0.0150	0.0189	0.0142	0.0153	0.0154	0.0185	0.0118	0.0083	0.0115	0.0150	0.0157	0.0141
c20	0.0177	0.0207	0.0233	0.0224	0.0198	0.0223	0.0117	0.0105	0.0124	0.0048	0.0044	0.0119
c21	0.0177	0.0207	0.0233	0.0224	0.0198	0.0223	0.0117	0.0105	0.0124	0.0064	0.0066	0.0228
c22	0.0008	0.0034	0.0022	0.0025	0.0030	0.0037	0.0020	0.0009	0.0018	0.0026	0.0034	0.0037

用 humanratio 表示行业人力资本占比，在全球价值链分工体系中，行业人力资本占比的大小会影响该行业的全球价值链地位。一般而言，行业人力资本占比的扩大有利于提升行业中高级劳动力的比例，有利于行业内企业参与全球价值链分工，进而提升行业全球价值链地位。预期该项系数为正，行业人力资本占比与行业全球价值链地位正相关。参考李小平（2012）、廖涵和谢靖（2017），本章节采用行业科技活动人员数量与行业职工数之比衡量行业人力资本占比（人/人），用以度量行业的人力资本要素投入，以此控制要素结构变化对行业全球价值链地位的影响，相关数据见表7-2。表7-2列出了归并后18个制造业行业部门的人力资本数据，从中可以看出，各行业人力资本存在较大差异；"c12""c13""c16"和"c19"的人力资本相对较高，"c5""c6""c7""c9"和"c22"的人力资本含量相对较低。总体而言，资本和技术密集型制造业行业部门的人力资本相对较高，劳动密集型制造业行业部门的人力资本含量相对较低。

表7-2 2003—2014年制造业各行业部门人力资本占比

	2003	2004	2005	2006	2007	2008	2009	2010	2011	2012	2013	2014
c5	0.0141	0.0167	0.0133	0.0144	0.0161	0.0203	0.0115	0.0088	0.0145	0.0162	0.0172	0.0186
c6	0.0074	0.0085	0.0075	0.0072	0.0079	0.0097	0.0054	0.0047	0.0085	0.0106	0.0115	0.0119
c7	0.004	0.0056	0.0067	0.0074	0.0062	0.0107	0.0044	0.0016	0.006	0.0073	0.009	0.0102
c8	0.0122	0.0154	0.0121	0.0149	0.0153	0.0189	0.0109	0.0097	0.0145	0.0188	0.0224	0.025
c9	0.0077	0.0113	0.0072	0.0081	0.0094	0.0156	0.0092	0.0085	0.0165	0.0178	0.0183	0.0188
c10	0.0349	0.0349	0.032	0.0383	0.0303	0.0337	0.0168	0.0153	0.0188	0.0218	0.0208	0.0239
c11	0.0331	0.0391	0.0324	0.0333	0.0389	0.0502	0.0309	0.021	0.0389	0.0429	0.0467	0.0509
c12	0.0386	0.0614	0.042	0.0493	0.0534	0.0852	0.0562	0.0409	0.0664	0.0731	0.0783	0.0821
c13	0.0123	0.017	0.011	0.0117	0.014	0.022	0.0124	0.0118	0.0176	0.0502	0.0585	0.0632
c14	0.0108	0.0133	0.011	0.0112	0.0118	0.0185	0.0108	0.0078	0.0146	0.0267	0.0261	0.0265
c15	0.044	0.0454	0.0428	0.0469	0.0498	0.0504	0.0274	0.0259	0.0325	0.0302	0.0315	0.034
c16	0.0106	0.0147	0.0113	0.0115	0.0134	0.0205	0.0139	0.0101	0.0186	0.0709	0.0718	0.0767
c17	0.0558	0.0591	0.048	0.048	0.052	0.0644	0.0446	0.0406	0.0459	0.0535	0.0541	0.0558
c18	0.0367	0.044	0.0308	0.0362	0.0382	0.0516	0.0364	0.0292	0.0443	0.0508	0.0546	0.0592
c19	0.0397	0.0513	0.0384	0.0395	0.0407	0.0561	0.0374	0.0273	0.0482	0.0528	0.0593	0.0623
c20	0.0343	0.0351	0.0349	0.036	0.0382	0.0395	0.0249	0.0241	0.0298	0.0201	0.0229	0.0215

续表

	2003	2004	2005	2006	2007	2008	2009	2010	2011	2012	2013	2014
c21	0.0318	0.0326	0.0324	0.0335	0.0357	0.037	0.0224	0.0216	0.0273	0.0198	0.0223	0.0228
c22	0.0023	0.0058	0.0034	0.0041	0.0055	0.0078	0.0049	0.003	0.0069	0.0095	0.0113	0.013

数据来源：作者根据《中国工业经济统计年鉴》和《中国科技统计年鉴》整理计算。

用 size 表示行业规模，在全球价值链分工体系中，行业规模的大小会影响该行业的全球价值链地位。一般而言，行业规模的扩大有利于行业内企业参与全球价值链分工，提升行业全球价值链地位。预期该项系数为正，行业规模与行业全球价值链地位正相关。本章节采用行业工业总产值衡量行业规模，以此控制要素结构变化对行业全球价值链地位的影响，相关数据见表6-1《2003—2014年制造业各行业部门行业规模》。

被解释变量、解释变量和控制变量的度量方法与数据来源总结如下，见表7-3。

表7-3 变量的度量方法与数据来源

变量	变量定义	衡量方法	数据来源
$GVCpo$	全球价值链地位	行业全球价值链地位指数	WIOD2016
lnkl	要素结构	行业资本劳动比	《中国工业经济统计年鉴》《中国统计年鉴》《中国劳动统计年鉴》
ln$rdratio$	研发占比	行业科研经费内部支出与行业工业总产值之比	《中国科技统计年鉴》《中国工业经济统计年鉴》
ln$humanratio$	人力资本占比	行业科技活动人员数量与行业职工数之比	《中国科技统计年鉴》《中国工业经济统计年鉴》
ln$size$	行业规模	行业工业总产值	《中国工业经济统计年鉴》

资料来源：作者整理。

(三)实证过程与结果

1.变量的描述性统计分析

表7-4给出了主要变量的统计描述。由表中数据可知:该面板数据是一个个体数量为18个行业、时间为12年的平衡面板,样本容量为216,各变量的最大值、最小值和均值表明该面板数据质量良好,有利于开展回归估计分析。

表7-4 变量的描述性统计

变量	样本量	个体	时间	均值	最大值	最小值	标准差
$GVCpo$	216	18	12	-.032	0.063	-0.126	0.039
$\ln kl$	216	18	12	2.048	3.884	0.898	0.615
$\ln rdratio$	216	18	12	-4.96	-3.666	-7.181	0.765
$\ln humanratio$	216	18	12	-3.81	-2.463	-6.41	0.827
$\ln size$	216	18	12	9.682	11.671	6.579	1.131

数据来源:作者运用Stata15计算整理。

考虑到本研究的样本容量,选取的解释变量与控制变量之间可能具有共同的时间趋势,可能存在着线性相关,带来系数估计值不准确的回归偏误,甚至部分变量的回归系数与理论预期相反。为避免存在严重的多重共线性,本小节采用方差膨胀因子VIF进行多重共线性检验。根据回归模型变量的多重共线性检验结果表7-5所示,最大的VIF值为8.22、不超过10,平均VIF值为4.56,可以判断变量间不存在严格的多重共线性。

表7-5 变量的多重共线性检验结果

变量	$\ln kl$	$\ln rdratio$	$\ln humanratio$	$\ln size$	Mean VIF
VIF	2.20	6.38	8.22	1.43	4.56

数据来源:作者运用Stata15计算整理。

另外,如表7-6所示,基准模型各变量的相关系数都不超过0.8,亦表明各变量间不存在严格的多重共线性。

表7-6 变量的相关系数矩阵

	GVCpo	ln*kl*	ln*rdratio*	ln*humanratio*	ln*size*
GVCpo	1				
ln*kl*	−0.247***	1			
ln*rdratio*	−0.276***	0.023	1		
ln*humantatio*	−0.338***	0.418***	0.660***	1	
ln*size*	−0.208***	0.429***	0.203***	0.444***	1

注:*、**、***分别表示在10%、5%、1%的置信区间上显著。

数据来源:作者运用Stata15计算整理。

2.回归方法的选用与相关检验

由于采用的是2003至2014年中国制造业18个行业的面板数据,首先考虑POLS与面板固定效应FE,先在不区分个体行业差异和时间差异的情况下,将所有的样本数据作为混合观测数据集,采用混合最小二乘法POLS回归估计。接着考虑面板数据的固定效应模型回归估计,F检验的P值为0.0000,表明固定效应FE模型优于POLS模型。其次,需要进一步考虑面板固定效应模型和随机效应模型,采用Hausman检验。Hausman检验结果显示P值为0.017,表示拒绝原假设,应该使用面板固定效应FE模型,而非随机效应RE模型。

F检验和Hausman检验的结果见表7-7,表明应该采用FE模型回归,回归结果见表7-10中回归结果显示的第一列"FE",即模型(1):可知解释变量要素结构的系数为−0.096,且在1%的置信区间显著;研发占比不显著,且代表要素结构的资本劳动比(*kl*)系数和行业规模ln*size*的系数都为负,表明回归结果可能是有偏的;这可能是因为面板FE模型在组间同方差假设下估计是有效的,而本研究样本数据可能存在组间异方差和组内自相关。因而,需要进一步考虑进行组间异方差和组内自相关检验。

表7-7 选用POLS、FE和RE的F检验、Hausman检验结果

F test	$F(17,183) = 53.45$	Prob>F=0.0000
Hausman test	chi2(5)=13.8	Prob>chi2=0.017

数据来源:作者运用Stata15计算整理。

组间异方差Wald检验的原假设为"组间同方差",在面板固定效应FE模型回归后,Wald检验的结果显示P值等于零,十分显著,见表7-8。表明强烈拒绝"组间同方差"的原假设,即样本数据存在组间异方差,采用面板FE模型估计是无效、有偏的。组内自相关的Wooldridge检验结果见表7-8。检验结果的P值为0.0000,表明强烈拒绝"不存在一阶组内自相关"的原假设,即面板数据存在组内自相关。

表7-8　组间异方差Wald检验和组内自相关的Wooldridge检验结果

Wald test	chi2(18)=771.85	Prob>chi2=0.0000
Wooldridge test	$F(1,17)=131.297$	Prob>F=0.0000

数据来源:作者运用Stata15计算整理。

这样,结合组间异方差和组内自相关检验结果,样本数据采用传统的面板FE模型回归估计是有偏的,采用广义可行最小二乘法FGLS回归以解决组间异方差问题。回归结果见表7-10中回归结果显示的第二列"FGLS",即模型(2):可知解释变量要素结构的系数为-0.049,且在1%的置信区间显著;行业规模的系数为-0.041,且在1%的置信区间显著;表明回归结果可能是有偏的,这可能是因为本研究模型可能存在内生变量,内生性问题使得回归结果有偏。因而,需要进一步考虑其他估计方法,而内生性问题是首先需要面对和解决的。

针对解释变量与被解释变量之间互为因果可能带来的内生性问题,作为衡量要素结构的解释变量行业资本劳动比(kl),很有可能存在内生性问题。一般认为,丰裕的人均物质资本可以影响企业研发和人力资本的培育与积累,若一国某行业人均物质资本相对丰裕,会影响该行业在全球价值链中的地位;而更优的行业全球价值链地位可以获取更多的贸易利益,反过来会促进该行业的物质资本的积累。这样,解释变量(kl)很有可能与被解释变量$GVCpo$存在互为因果关系,二者之间相互影响,需要对解释变量(kl)进行内生性检验。

在内生性检验过程中,采用资本劳动比的滞后项作为工具变量加以检验。运用面板工具变量法并控制个体的固定效应对基准模型式(7.1)进行回归估计,以检验本模型中是否存在内生变量;若检验结果显示存在内生性,则需要考虑使用工具变量或其他回归估计方法。与第六章相似,最终采用D-M检验,结果见表7-9。

表7-9　解释变量D-M内生性检验结果

D-M test=3.086	P-value=0.0807

数据来源：作者运用Stata15计算整理。

内生性检验结果显示D-M test=3.086，P值为0.0807，在10%水平拒绝"不存在内生变量、所有变量都是外生"的原假设，表明本模型中度量要素结构的资本劳动比是内生变量。

内生性检验后，由于存在内生变量和面板数据的组间异方差，本部分最终决定采用动态面板系统GMM方法进行回归估计，将被解释变量的滞后项纳入回归方程中，不仅可以识别上一期对当期的影响，识别和解决内生性问题，还可以解决每个截面数据的误差项存在的异方差和自相关问题，相对于FGLS只能解决组间异方差和组内自相关问题，使得回归结果更加有效。从理论上讲，行业的当期全球价值链地位很可能受上一期行业全球价值链地位的影响，所以采用系统GMM方法可以体现出是否存在这种影响，将其滞后项纳入回归模型进行估计是可行的。

3. 估计结果分析

根据基准模型式(7.1)，采用系统GMM方法对2003至2014年中国制造业的要素结构与行业全球价值链地位的关系进行了计量回归，相应的结果见表7-10的第三列"系统GMM"，即模型(3)。

表7-10　要素结构与制造业全球价值链地位的回归结果与稳健性检验

	基准模型(1)	基准模型(2)	基准模型(3)	稳健性检验(4)	稳健性检验(5)
	FE	FGLS	系统GMM	系统GMM	系统GMM
ln*kl*	−0.096***	−0.049***	0.014***	0.013***	0.019***
	(0.01)	(0.00)	(0.00)	(0.00)	(0.00)
ln*rdratio*	0.000	0.004***	0.016***	0.015***	0.014***
	(0.01)	(0.00)	(0.00)	(0.00)	(0.00)
ln*humanratio*	0.018***	0.010***	−0.010***		−0.010***
	(0.01)	(0.01)	(0.00)		(0.00)
ln*size*	−0.0180	−0.041***	0.016***	0.016***	0.015***
	(0.01)	(0.00)	(0.00)	(0.00)	(0.00)

续表

	基准模型(1) FE	基准模型(2) FGLS	基准模型(3) 系统GMM	稳健性检验(4) 系统GMM	稳健性检验(5) 系统GMM
L.$GVCpo$			0.618***	0.646***	0.731***
			(0.12)	(0.11)	(0.07)
Ln$human\_qe$				−0.008***	
				(0.00)	
lnmcd					0.004***
					(0.00)
常数项	0.360***	0.236***	−0.096***	−0.056***	−0.071***
	(0.09)	(0.05)	(0.02)	(0.02)	(0.02)
F检验	53.45				
(Prob>F)	(0.0000)				
Hausman检验	13.8				
(Prob>chi2)	(0.017)				
Sargan检验 (Prob>chi2)			16.40 (0.9595)	15.883 (0.9675)	16.711 (0.9559)
Wald检验 (Prob>chi2)		5067.15 (0.0000)	984.0 (0.0000)	2125.9 (0.0000)	6776.94 (0.0000)
$AR(1)$ (Prob>z)			−2.0621 (0.0392)	−2.0357 (0.0418)	−2.4722 (0.0134)
$AR(2)$ (Prob>z)			−1.3383 (0.1808)	−1.4897 (0.1363)	−1.5951 (0.1107)
个体	18	18	18	18	18
时间	12	12	11	11	11
样本量	216	216	198	198	198
个体固定效应 时间固定效应	是 是	是 是			

注：变量系数括号内为se(稳健标准误)，相应检验括号内为P值,*、**、***分别表示在10%、5%、1%的置信区间上显著。

资料来源：作者运用Stata15计算整理。

如前文所述，由于模型中存在组间异方差、组内自相关和内生变量，所以表7-10中的第一列"FE"和第二列"FGLS"都是作为回归结果的参照系加以比较，采用这两种方法回归都造成了估计偏误，采用系统GMM方法可以很好地解决上述问题，故第三列系统GMM方法作为本书最终采用的回归方法。从回归结果来看：滞后一期的行业全球价值链地位确实对当期的行业全球价值链地位有着十分显著的正向影响，其系数为0.618，且通过了1%水平的显著性检验。度量要素结构变化的资本劳动比的回归系数为0.014，且在1%水平通过了显著性检验，表明行业资本劳动比对于行业全球价值链地位有正向促进作用，行业要素结构优化有利于行业全球价值链地位的提升，验证了理论机理的推断。度量行业技术水平的研发占比系数为0.016，在1%置信区间显著，表明行业技术水平的提升有利于行业全球价值链地位的提升。度量行业人力资本投入的人力资本占比系数为-0.010，且在1%水平通过了显著性检验，表明行业人力资本投入对行业全球价值链地位的提升有轻微的抑制性，这可能是由于人力资本在制造业行业间或行业内存在错配的问题，抑或是由于人力资本专用性阻碍了行业间人力资本的流动。[①]行业规模的系数为0.016，在1%置信区间显著，表明行业规模的扩大有利于行业全球价值链地位的提升。常数项为-0.096，且在1%置信区间显著。

另外，Sargan检验的P值为0.9595，表明接受了"所有工具变量都有效"的原假设，说明计量模型设定合理、工具变量有效；且通过了Wald检验，说明整体估计效果良好。一阶和二阶序列相关检验结果显示，AR(1)检验P值为0.0392，表明在5%显著性水平上拒绝了"计量回归模型不存在一阶序列相关"的原假设，即存在一阶序列相关，与前文的Wooldridge检验结果相一致；AR(2)检验P值为0.1808，表明接受了"计量回归模型不存在二阶序列相关"的原假设。以上回归结果显示，样本数据采用系统GMM估计方法是有效的。

（四）稳健性检验

为了检验回归结果的稳健性，本节分别采用替换代理变量和增加控制变量的方法开展回归估计的稳健性检验，分别替换人力资本占比的代理变量和增加行业国内市场竞争程度的控制变量。

[①] 在基准模型设定时，本书对模型设定的函数形式进行了"Link检验"和"Reset检验"，确定没有遗漏高阶非线性项，采用线性模型是可靠的，不存在人力资本对制造业行业全球价值链地位的非线性影响。

1. 替换人力资本占比的代理变量

除了可以采用行业科技活动人员数量与行业职工数之比作为行业人力资本占比的代理变量外,本书采用行业科技活动人员数量与行业企业数之比作为行业人力资本占比的另一代理变量——单位企业人力资本拥有量($human\_qe$),以替代$humanratio$,对回归结果进行稳健性检验,相关数据见表7-11。

表7-11 2003—2014年制造业各行业部门单位企业人力资本拥有量

单位:人/个

	2003	2004	2005	2006	2007	2008	2009	2010	2011	2012	2013	2014
c5	2.877	3.276	2.532	2.593	2.853	3.350	1.861	1.481	3.074	3.442	3.622	3.910
c6	2.441	2.569	2.142	1.970	2.032	2.227	1.213	1.057	2.571	3.035	3.152	3.283
c7	0.722	0.928	1.034	1.069	0.835	1.362	0.538	0.206	0.945	1.152	1.405	1.614
c8	2.489	2.891	2.111	2.537	2.520	2.862	1.668	1.490	3.002	3.789	4.449	5.071
c9	1.123	1.609	0.997	1.110	1.341	1.971	1.138	1.058	3.094	3.470	3.324	3.410
c10	15.748	14.102	11.950	13.622	11.361	11.992	6.098	6.057	9.178	10.204	9.443	11.394
c11	7.477	7.823	5.878	5.757	6.430	7.635	4.724	3.377	7.826	8.589	9.239	10.048
c12	10.968	16.243	10.427	11.974	12.771	19.685	13.254	10.055	20.006	22.161	23.870	25.680
c13	2.409	3.110	1.921	1.963	2.284	3.212	1.798	1.757	3.678	10.472	11.103	11.911
c14	2.625	2.973	2.296	2.185	2.174	3.030	1.691	1.229	2.842	4.984	4.613	4.634
c15	21.308	18.363	15.162	15.794	16.541	15.502	8.670	8.655	12.827	9.764	10.653	11.765
c16	1.866	2.463	1.822	1.830	2.035	2.731	1.790	1.360	3.497	13.055	13.272	14.032
c17	26.036	28.635	23.785	24.953	27.272	30.380	20.732	21.156	33.102	36.916	35.174	36.025
c18	9.366	10.798	7.351	8.657	8.890	10.584	7.361	6.403	13.230	14.765	15.056	16.283
c19	9.863	10.931	7.297	7.024	6.857	8.085	6.672	3.985	9.919	11.707	12.064	12.525
c20	29.064	26.735	24.282	23.942	24.847	22.201	12.960	13.276	23.763	7.399	7.788	7.627
c21	14.101	13.183	12.069	11.998	12.601	11.489	6.789	7.154	13.121	7.506	8.477	8.838
c22	0.481	1.306	0.783	0.963	1.216	1.516	0.873	0.574	1.734	2.324	2.574	2.946

数据来源:作者根据《中国工业经济统计年鉴》和《中国科技统计年鉴》整理计算。

表7-10的第四列系统GMM,即模型(4),显示的是替换人力资本占比的代理变量之后的回归结果。可知:度量要素结构的资本劳动比系数从

0.014变为0.013,且通过了1%水平的显著性检验;研发占比系数由0.016变为0.015,通过了1%水平的显著性检验;人力资本占比的回归系数依然为负,由−0.010变为−0.008,且在1%水平上显著,说明人力资本确实存在错配的问题;行业规模的系数和显著性没有发生变化;以上回归结果表明替换人力资本占比度量指标后,与原回归结果相比,回归系数和显著性等都没有发生大的变化,表明原回归结果具有较好的稳健性。

另外,Sargan检验的P值为0.9675,表明接受了"所有工具变量都有效"的原假设,说明计量模型设定合理、工具变量有效;且通过了Wald检验,说明整体估计效果良好。一阶和二阶序列相关检验结果显示,AR(1)检验P值为0.0418,表明在5%显著性水平上拒绝了"计量回归模型不存在一阶序列相关"的原假设,即存在一阶序列相关,与前文的Wooldridge检验结果相一致;AR(2)检验P值为0.1363,表明接受了"计量回归模型不存在二阶序列相关"的原假设。以上回归结果表明采用系统GMM估计方法是有效的,原回归结果具有较好的稳健性。

2.增加行业国内市场竞争程度的控制变量

为了进一步验证回归结果的稳健性,通过调整控制变量个数的方法加以检验。具体而言,采用增加行业国内市场竞争程度的控制变量,以进一步控制行业要素结构变化对行业全球价值链地位的影响。

行业国内市场竞争程度(mcd)采用行业单位企业亏损额衡量,即行业亏损额(亿元)与行业企业数(个)之比,该指标可以用以衡量国内某行业的市场竞争程度。一般而言,行业国内市场竞争程度越高,越能激发行业内企业的技术进步与科技创新,促进人力资本的培育与积累,进而有效地促进行业全球价值链地位的提升。因此,预期该项系数为正。行业国内市场竞争程度的相关数据见表7-12。

表7-12 2003—2014年制造业各行业部门国内市场竞争程度

单位:亿元/个

	2003	2004	2005	2006	2007	2008	2009	2010	2011	2012	2013	2014
c5	0.0053	0.0051	0.0050	0.0044	0.0038	0.0051	0.0037	0.0034	0.0051	0.0066	0.0066	0.0093
c6	0.0030	0.0028	0.0026	0.0024	0.0024	0.0030	0.0022	0.0014	0.0027	0.0037	0.0036	0.0037
c7	0.0029	0.0026	0.0023	0.0020	0.0018	0.0018	0.0019	0.0014	0.0019	0.0023	0.0021	0.0020
c8	0.0047	0.0044	0.0042	0.0045	0.0038	0.0050	0.0058	0.0035	0.0062	0.0089	0.0085	0.0137
c9	0.0025	0.0026	0.0026	0.0028	0.0024	0.0026	0.0024	0.0021	0.0035	0.0041	0.0035	0.0033

续表

	2003	2004	2005	2006	2007	2008	2009	2010	2011	2012	2013	2014
c10	0.0319	0.1261	0.1888	0.2752	0.1770	0.6425	0.0509	0.0546	0.3810	0.3436	0.2426	0.3590
c11	0.0062	0.0070	0.0076	0.0100	0.0055	0.0161	0.0129	0.0076	0.0131	0.0247	0.0285	0.0358
c12	0.0067	0.0075	0.0081	0.0086	0.0078	0.0065	0.0057	0.0050	0.0059	0.0085	0.0088	0.0110
c13	0.0036	0.0034	0.0033	0.0043	0.0029	0.0037	0.0025	0.0020	0.0044	0.0059	0.0053	0.0059
c14	0.0038	0.0048	0.0055	0.0053	0.0041	0.0040	0.0038	0.0025	0.0046	0.0079	0.0069	0.0084
c15	0.0078	0.0105	0.0122	0.0083	0.0067	0.0313	0.0246	0.0152	0.0286	0.0623	0.0403	0.0517
c16	0.0022	0.0024	0.0022	0.0022	0.0021	0.0024	0.0027	0.0016	0.0029	0.0047	0.0044	0.0055
c17	0.0175	0.0225	0.0258	0.0212	0.0180	0.0210	0.0241	0.0111	0.0214	0.0246	0.0233	0.0218
c18	0.0056	0.0052	0.0049	0.0047	0.0037	0.0041	0.0034	0.0032	0.0081	0.0146	0.0140	0.0137
c19	0.0050	0.0039	0.0033	0.0028	0.0024	0.0032	0.0034	0.0021	0.0042	0.0089	0.0097	0.0109
c20	0.0082	0.0093	0.0098	0.0089	0.0068	0.0072	0.0065	0.0047	0.0107	0.0170	0.0187	0.0223
c21	0.0089	0.0099	0.0109	0.0096	0.0087	0.0087	0.0076	0.0054	0.0143	0.0252	0.0233	0.0298
c22	0.0023	0.0024	0.0025	0.0022	0.0026	0.0036	0.0024	0.0017	0.0029	0.0033	0.0035	0.0037

数据来源:作者根据《中国工业经济统计年鉴》整理计算。

表7-10的第五列系统GMM,即模型(5),显示的是增加行业国内市场竞争程度的控制变量之后的回归结果。可知:度量要素结构的资本劳动比系数从0.014变为0.019,且通过了1%水平的显著性检验;研发占比系数由0.016变为0.014,通过了1%水平的显著性检验;人力资本占比的回归系数没有变化,依然为负,且保持在1%水平上显著,说明人力资本确实存在错配的问题;行业规模的系数由0.016变为0.015,且显著性没有发生变化;另外,增加的行业国内市场竞争程度lnmcd的回归系数为0.004,通过了1%水平的显著性检验,表明行业国内市场竞争程度对行业全球价值链地位确实起到正向提升作用,与理论预期相符。以上回归结果表明增加行业国内市场竞争程度的控制变量后,与原回归结果相比,回归系数和显著性等都没有发生大的变化,亦表明原回归结果具有较好的稳健性。

另外,Sargan检验的P值为0.9559,表明接受了"所有工具变量都有效"的原假设,说明计量模型设定合理、工具变量有效;且通过了Wald检验,说明整体估计效果良好。一阶和二阶序列相关检验结果显示,AR(1)检验P值为0.0134,表明在5%显著性水平上拒绝了"计量回归模型不存在一阶序列相关"的原假设,即存在一阶序列相关,与前文的Wooldridge检验结果相一致;AR(2)检验P值为0.1107,表明接受了"计量回归模型不存在二阶序列相关"的原假设。以上回归结果表明采用系统GMM估计方法是有效的,原回归结果具有较好的稳健性。

三、全球价值链地位中介效应分析

在完成对全球价值链地位影响因素的计量模型估计后,本书发现要素结构变化对行业全球价值链地位的提升有着重要的促进作用,部分验证了理论机理。下面,进一步结合拓展的贸易优势理论认知验证理论机理的核心逻辑:一国要素结构变化影响国际分工地位,进而影响贸易竞争力。

中介效应模型逐渐被学者运用于分析经济现象,相对于单纯的解释变量与被解释变量之间的因果分析,中介效应模型不仅在分析方法上有所进步,而且可以分析解释变量对被解释变量影响的过程和作用机制,可以得到更多、更深入的结果(温忠麟和叶宝娟,2014)。因此,为进一步研究行业要素结构变化对制造业行业贸易竞争力的直接影响,以及要素结构变化通过全球价值链地位对制造业行业贸易竞争力的间接影响,本小节采用中介效应模型进一步展开分析和讨论,并加以验证。

(一)中介变量与中介效应

对于中介效应,首先需要界定中介变量。若需要考察解释变量X对被解释变量Y的影响,如果存在一个变量M,使得解释变量X通过影响变量M进一步影响被解释变量Y,那么,变量M即为中介变量,中介变量M是解释变量X与被解释变量Y发生间接作用的内部传导媒介。若所有变量标准化,则可以构建式(7.2)(7.3)(7.4)组成的联立方程组,描述了解释变量X、中介变量M和被解释变量Y之间的关系,构成了一个简单的中介效应模型,ε_1、ε_2和ε_3分别表示三个方程的回归残差项。

$$Y = cX + \varepsilon_1 \tag{7.2}$$

$$M = aX + \varepsilon_2 \tag{7.3}$$

$$Y = c'X + bM + \varepsilon_3 \tag{7.4}$$

中介效应是一种内部作用和传导机制,通过这种内部作用机制,解释变量对被解释变量产生影响。除了可以考察解释变量对被解释变量的直接影响外,解释变量通过中介变量对被解释变量产生间接影响,这种间接影响称为中介效应,实际上是一种间接效应。因此,中介效应模型实际上是将解释变量对被解释变量的影响进行分解,包括解释变量对被解释变量的直接影响和通过中介变量对被解释变量产生的间接影响。

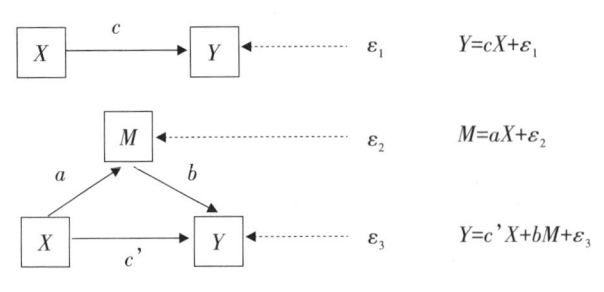

図7-1　中介变量和中介效应示意图

$$Y = cX + \varepsilon_1$$
$$M = aX + \varepsilon_2$$
$$Y = c'X + bM + \varepsilon_3$$

结合式(7.2)(7.3)(7.4)和图7-1,式(7.2)中解释变量X的系数c表示解释变量X对被解释变量Y的总效应;式(7.3)中解释变量X的系数a表示解释变量X对中介变量M的效应;式(7.4)中解释变量X的系数c'表示在控制了中介变量M对被解释变量Y的影响后,解释变量X对被解释变量Y的直接效应;式(7.4)中解释变量X的系数b表示在控制了解释变量X对被解释变量Y的影响后,中介变量M对被解释变量Y的效应。这样,当模型中只存在一个中介变量时,中介变量M的中介效应为ab或c-c',即,各效应之间存在如下关系式[①]:

$$c = c' + ab \tag{7.5}$$

关于中介效应的检验方法,学界曾展开激烈的讨论(Baron和Kenny,1986;Edwards和Lambert,2007;Zhao et al.,2010;Hayes,2009),目前被普遍使用的方法为Baron和Kenny(1986)提出的逐步法,后经温忠麟等(2004)等人进一步完善。

逐步法的中介效应检验大致可分为三步,即通过构建上述三个回归模型逐一进行检验,具体操作如下:

检验的第一步:总效应检验,构造解释变量X对被解释变量Y的回归模型,即式(7.2),如果解释变量的系数c显著,则开展第二步检验;若系数不显著,则不存在中介效应。

检验的第二步:中介效应检验,构造解释变量X对中介变量M的回归模型和解释变量X、中介变量M与被解释变量Y的回归模型,即式(7.3)和(7.4),依次检验系数a和b是否显著。

检验的第三步:完全或部分中介效应检验,若回归系数a、c'和b都显著,表明为部分中介效应;若系数a和b显著,但c'不显著,表明为完全中介效应。

[①] 若式(7.5)不成立,表明模型中中介变量可能多于一个,不排除存在其他中介变量的可能(温忠麟和叶宝娟,2014)。

(二)指标选取说明与数据来源

结合本书第六章回归分析,可知行业要素投入结构变化会对行业贸易竞争力产生直接影响。若变量行业全球价值链地位受行业要素结构的影响,而行业贸易竞争力受行业全球价值链地位的影响,则可以将变量行业全球价值链地位称为解释变量行业要素结构与被解释变量行业贸易竞争力的中介变量。

1.被解释变量的选取说明与数据来源

与第六章被解释变量的选取相同,以增加值贸易统计下修正的行业显示性比较优势NRCA指数度量行业贸易竞争力,相应数据见表5-10列出的《2003—2014年增加值贸易统计下制造业行业修正显示性比较优势指数》。

2.解释变量的选取说明与数据来源

本书第六章基于传统要素的视角,将传统要素中的物质资本、人力资本和技术都作为解释变量,分析和讨论行业传统要素对行业贸易竞争力的影响。与第六章回归分析的区别之处在于:结合中介效应模型特征,本章基于狭义要素结构的视角,重点讨论行业劳动力和资本要素变化对于行业贸易竞争力的影响,引入行业全球价值链地位的中介变量,分析相应的传导机制。结合要素禀赋论的理论分析,要素结构采用资本劳动比加以度量。这样,本章节实际上就是讨论解释变量行业物质资本、控制变量行业全球价值链地位、被解释变量行业贸易竞争力之间的关系。行业物质资本相关数据见表5-4《2003—2014年制造业各行业部门资本劳动比》,一般认为,行业资本劳动比(kl)越高,越有利于提升要素生产率,进而提升行业全球价值链地位和行业贸易竞争力。因此,预期该项系数为正。

3.中介变量的选取说明与数据来源

本章节在考察行业要素结构对行业贸易竞争力的直接影响外,将行业全球价值链地位作为中介变量,考察行业全球价值链地位是否受行业要素结构变化的影响,行业贸易竞争力是否受行业全球价值链地位的间接影响,若上述直接影响和间接影响都显著存在,则可以将变量行业全球价值链地位称为解释变量行业要素结构与被解释变量行业贸易竞争力的中介变量。因此,为便于进行计量回归分析与检验,将行业全球价值链地位GVCpo指数设定为中介变量,相应数据见表5-9《2003—2014年制造业各行业部门全球价值链地位指数》。根据理论分析,预期该项系数为正。

4.控制变量的选取说明与数据来源

由于行业全球价值链地位的中介效应分析建立在行业要素结构对行业贸易竞争力直接效应的基础之上,进一步结合中介效应模型的特征,将传统要素中物质资本作为解释变量,对于控制变量的选取,除了涉及第六章的全球价值链参与度、行业规模、行业外商直接投资以外,将传统要素中的研发投入和人力资本数量也纳入控制变量,考察行业要素结构、全球价值链地位和贸易竞争力之间的间接效应和影响机制。

控制变量 $rdinput$ 的相关数据见表5-5《2003—2014年制造业各行业部门研发投入》,预期该项系数为正;控制变量 $humanquantity$ 的相关数据见表5-6《2003—2014年制造业各行业部门人力资本数量》,预期该项系数为正;控制变量 $GVCp$ 的相关数据见表5-8《2003—2014年制造业各行业部门全球价值链参与度》,预期该项系数为负;控制变量 $size$ 的相关数据见表6-1《2003—2014年制造业各行业部门行业规模》,预期该项系数为正;控制变量 $ifdi$ 的相关数据见表6-2《2003—2014年制造业各行业部门外商直接投资》,该项系数不确定。

(三)中介效应模型的构建

根据上述分析,结合变量的选取说明与数据来源,采用逐步法的中介效应模型检验流程,本书构建如下中介效应计量模型:

$$\ln NRCA_{it} = \alpha_0 + \alpha_1 \ln kl_{it} + \alpha_2 \ln rdinput_{it} + \alpha_3 \ln humanquantity_{it}$$
$$+ \alpha_4 \ln GVCp_{it} + \alpha_5 \ln size_{it} + \alpha_6 \ln ifdi_{it} + \varepsilon_{it} \quad (7.6)$$

$$GVCpo_{it} = \beta_0 + \beta_1 \ln kl_{it} + \beta_2 \ln rdratio_{it} + \beta_3 \ln humanratio_{it}$$
$$+ \beta_4 \ln size_{it} + \mu_{it} \quad (7.1)$$

$$\ln NRCA_{it} = \gamma_0 + \gamma_1 \ln kl_{it} + \gamma_2 GVCpo_{it} + \gamma_3 \ln rdinput_{it}$$
$$+ \gamma_4 \ln humanquantity_{it} + \gamma_5 \ln GVCp_{it} + \gamma_6 \ln size_{it} + \gamma_7 \ln ifdi_{it} + \delta_{it} \quad (7.7)$$

在本书构建的中介效应模型中,$NRCA$ 度量行业贸易竞争力,kl 度量行业要素结构,$GVCpo$ 度量行业全球价值链地位,$rdinput$ 度量行业技术水平,$humanquantity$ 度量行业人力资本投入,$GVCp$ 度量行业全球价值链参与度,$size$ 度量行业规模,$ifdi$ 度量行业外商直接投资,ε_{it}、μ_{it}、δ_{it} 为随机误差项。

结合式(7.2)(7.3)(7.4)和式(7.6)(7.1)(7.7),式(7.2)(7.3)和(7.4)中的变量 X、M、Y 分别对应式(7.6)(7.1)和(7.7)中的变量 $\ln kl$、$GVCpo$、$\ln NRCA$,即行业要素结构、行业全球价值链地位、行业贸易竞争力。系数 α_1 体现的是 $\ln kl$ 对 $\ln NRCA$ 的总效应,$\beta_1 \times \gamma_2$ 是中介变量 $GVCpo$ 对 $\ln NRCA$ 的中介效应,系数 γ_1 体现的是 $\ln kl$ 对 $\ln NRCA$ 的直接效应,具体如图7-2所示。

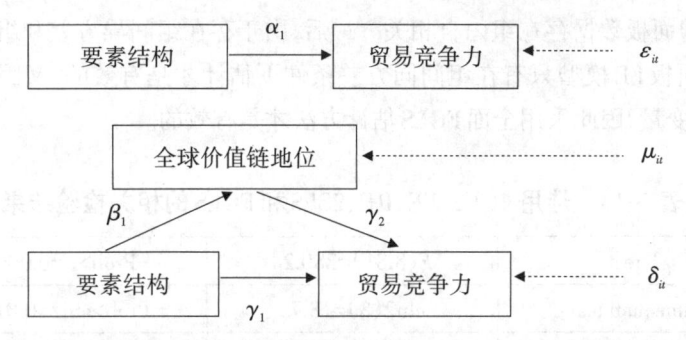

图7-2 行业要素结构、全球价值链地位与贸易竞争力的中介效应传导路径

资料来源：作者整理绘制。

(四)回归方法的选用与相关检验

本小节先进行回归方法的选择与甄别,对于中介效应模型的三个回归方程组成的联立方程组,式(7.6)和式(7.1)分别采用FGLS和系统GMM方法得到回归结果。对式(7.7)回归方法的选取,参照前文所作分析,本小节依次在POLS、FE、RE、IV和FGLS中进行选择,最终确定采用系统FGLS方法回归。相关检验过程如下：

针对2003至2014年中国制造业18个行业的平衡面板数据,首先,考虑POLS与面板固定效应FE,检验结果见表7-13,F检验的P值为0.0000,表明固定效应FE模型优于POLS模型。其次,需要进一步考虑面板固定效应模型和随机效应模型,采用Hausman检验,Hausman检验结果显示P值为0.0164,在5%的水平显著,表示拒绝原假设,表明固定效应FE模型优于随机效应RE模型。再次,针对解释变量kl很有可能与被解释变量$NRCA$存在互为因果关系,二者之间相互影响,需要对解释变量kl进行内生性检验。采用资本劳动比的滞后项作为工具变量,运用面板工具变量法对基准模型式(7.7)进行回归估计,采用D-M检验,结果见表7-13。结果显示D-M检验的P值为0.694,表明接受"不存在内生变量、所有变量都是外生"的原假设,表明本模型中度量要素结构的资本劳动比是外生变量,不需要使用工具变量处理内生性问题。然后,开展组间异方差Wald检验和组内自相关的Wooldridge检验,检验结果见表7-13;组间异方差Wald检验的结果显示P值为0.0000,在1%水平显著,表明强烈拒绝了"组间同方差"的原假设,即样本数据存在组间异方差;组内自相关的Wooldridge检验结果的P值为0.0000,在1%水平显著,表明强烈拒绝了"不存在一阶组内自相关"的原假设,即面板数据存在组内自相关。最后,由于存在组间异方差和组内自相关,而面板FE模型只有在组间同方差条件下估计才是有效的;又因为不存在内生变量,因此采用全面FGLS估计方法才是有效的。

表7-13 选用POLS、FE、RE、2SLS和FGLS的相关检验结果

F test	$F(8,81)=280.24$	Prob>F=0.0000
Hausman test	chi2(8)=18.72	Prob>chi2=0.0164
Wald test	chi2(9)=985.71	Prob>chi2=0.0000
Wooldridge test	$F(1,17)=31.832$	Prob>F=0.0000
D-M test=0.1553		P-value=0.694

数据来源:作者运用Stata15计算整理。

借助Hansen(1999)的门槛效应模型检验,以检验不同区间内人力资本对制造业贸易竞争力的影响是否不同。人力资本为外生变量,可以作为门槛变量进行门槛模型检验。采用更高精度1000次的BP(Bootstrap)自助抽样次数,设置0.05的异常值去除比例,相应的门槛检验结果见表7-14和表7-15。表7-14为单一门槛检验结果,检验结果显示LM估计统计值的P值为0.556,表明接受了"不存在门槛效应"的原假设。接着进行了双门槛检验,表7-15显示单门槛LM估计统计值的P值为0.532,双门槛LM估计统计值的P值为0.251,再一次表明接受"不存在门槛效应"的原假设,模型中人力资本数量不是门槛变量。[①]

表7-14 单一门槛检验结果

	门槛值	MSE	F值	P值	10%临界值	5%临界值	1%临界值
单门槛检验	2.0758	0.0102	14.82	0.861	46.98	55.1	73.51

数据来源:作者运用Stata15计算整理。

---

① 本书对基准模型设定的函数形式进行了"Link检验"和"Reset检验",确定没有遗漏高阶非线性项,采用线性模型是可靠的。另外,基准模型加入平方项后,平方项系数依然为负,不显著,不考虑存在非线性影响,直接进行门槛效应检验。

表7-15 双门槛检验结果

	门槛值	MSE	F值	P值	10%临界值	5%临界值	1%临界值
单门槛检验	2.1581	0.0106	9.07	0.87	32.83	38.19	55.35
双门槛检验	2.1091	0.0103	4.73	0.975	23.79	28.03	36.55

数据来源：作者运用Stata15计算整理。

(五)实证结果、中介效应检验与传导机制分析

参考温忠麟等(2005)、Brambor et al.(2006)，为了使得中介变量和解释变量的系数有经济意义，需要对中介效应模型分析的面板数据进行标准化处理，使得中介效应检验更加具有说服力。因此，在本小节实证分析前，先将面板数据标准化处理，结合中介效应检验的逐步法，逐个开展中介效应三个模型的回归，即分别对式(7.6)、式(7.1)和式(7.7)进行回归与检验分析。① 回归结果见表7-16。

表7-16 中介效应回归结果与稳健性检验

	基准模型(1)	基准模型(2)	基准模型(3)	稳健性检验(4)	稳健性检验(5)
	ln*NRCA*	*GVCpo*	ln*NRCA*	ln*NRCA*	ln*NRCA*
ln*kl*	0.247***	0.039***	0.151***	0.133***	0.150***
	(0.06)	(0.01)	(0.02)	(0.02)	(0.02)
GVCpo			0.894***	0.950***	0.894***
			(0.15)	(0.14)	(0.15)
ln*rdinput*	0.157***		0.177***	0.184***	
	(0.03)		(0.05)	(0.05)	
ln*humanquantity*	−0.053**		−0.116**		−0.116***
	(0.03)		(0.06)		(0.06)
ln*GVCp*	−0.293***		−0.269***	−0.217***	−0.269***
	(0.03)		(0.04)	(0.05)	(0.04)
ln*size*	1.409***	0.083***	1.506***	1.433***	1.622***
	(0.07)	(0.01)	(0.06)	(0.07)	(0.07)
ln*ifdi*	0.218***		0.217***	0.168***	0.217***
	(0.03)		(0.06)	(0.06)	(0.06)

---

① 本书采用min-max数据标准化方法处理原始数据，新数值=(原始值−最小值)/(最大值−最小值)。

续表

	基准模型(1) ln*NRCA*	基准模型(2) *GVCpo*	基准模型(3) ln*NRCA*	稳健性检验(4) ln*NRCA*	稳健性检验(5) ln*NRCA*
L.*GVCpo*		0.665***			
		(0.10)			
ln*rdratio*		0.058***			0.080***
		(0.01)			(0.02)
ln*humanratio*		−0.042***		−0.094**	
		(0.01)		(0.04)	
常数项	−0.952***	−0.053***	−1.752***	−1.075***	0.445***
	(0.05)	(0.01)	(0.10)	(0.07)	(0.09)
Wald检验 Prob>chi2	656.99 (0.0000)	771.84 (0.0000)	985.71 (0.0000)	777.44 (0.0000)	914.27 (0.0000)
Wooldridge检验 Prob>F	32.099 (0.0000)	131.297 (0.0000)	31.832 (0.0000)	31.952 (0.0000)	31.812 (0.0000)
D-M检验 P-value	0.2173 (0.642)	3.0861 (0.0807)	0.1553 (0.694)	0.1489 (0.700)	0.1554 (0.696)
Sargan检验 Prob>chi2		16.0129 (0.9656)			
AR(1) Prob>z		−2.2301 (0.0257)			
AR(2) Prob>z		−1.3783 (0.1681)			
个体	18	18	18	18	18
时间	12	11	12	12	12
样本量	216	198	216	216	216
个体固定效应 时间固定效应 回归方法	是 是 FGLS	系统GMM	是 是 FGLS	是 是 FGLS	是 是 FGLS

注:变量系数括号内为se(稳健标准误),相应检验括号内为P值,*、**、***分别表示在10%、5%、1%的置信区间上显著。

资料来源:作者运用Stata15计算整理得到。

1.实证结果分析

表7-16中回归结果的第一列是对式(7.6)的回归结果,反映的是行业要素结构对行业贸易竞争力的影响。度量行业要素结构的资本劳动比 $\ln kl$ 的系数为0.247,与理论预期相符,且通过了1%的显著性检验;研发投入的回归系数为0.157,与理论预期相符,通过1%的显著性检验;人力资本数量的系数为-0.053,且通过了5%的显著性检验,表明行业人力资本与贸易竞争力之间存在微弱的负相关关系;行业全球价值链参与度 $\ln GVCp$ 的回归系数为-0.293,与理论预期相一致,且通过了1%的显著性检验;行业规模 $\ln size$ 的系数变为1.049,通过了1%的显著性检验,与理论预期相符;外商直接投资 $\ln ifdi$ 的系数为0.218,且通过了1%的显著性检验,表明行业外商直接投资对贸易竞争力有促进作用;常数项为-0.952,通过了1%的显著性检验。Wald检验的结果显示 P 值为0.0000,验证了样本数据存在组间异方差;Wooldridge检验 P 值为0.0000,表明存在组内自相关;D-M检验的 P 值为0.642,表明模型中不存在内生变量。因此,采用系统FGLS方法是有效的。

表7-16中回归结果的第二列是对式(7.1)的回归结果,反映的是行业要素结构对行业全球价值链地位的影响。Sargan检验的 P 值为0.9656,表明接受了"所有工具变量都有效"的原假设,说明计量模型设定合理、工具变量有效。一阶和二阶序列相关AR检验结果显示AR(1)检验 P 值为0.0257,表明在5%显著性水平上拒绝了"计量回归模型不存在一阶序列相关"的原假设,即存在一阶序列相关;AR(2)检验 P 值为0.1681,表明接受了"计量回归模型不存在二阶序列相关"的原假设。Wald检验的 P 值为0.0000,表明存在组间异方差;Wooldridge检验的 P 值为0.0000,表明存在组内自相关。D-M检验的 P 值为0.0807,表明在10%显著性水平上拒绝了"不存在内生变量"的原假设,表明模型中存在内生变量。以上检验表明采用系统GMM方法估计是有效的。从回归结果来看:滞后一期的行业全球价值链地位确实对当期的行业全球价值链地位有着十分显著的正向影响,其系数为0.665,且通过了1%水平的显著性检验。度量要素结构变化的资本劳动比的回归系数为0.039,且在1%水平通过了显著性检验,表明行业要素结构对于行业全球价值链地位有正向促进作用,行业要素结构优化有利于行业全球价值链地位的提升。度量行业技术水平的研发占比系数为0.058,在1%置信区间显著,表明行业技术水平的提升有利于行业全球价值链地位的提升。度量行业人力资本投入的人力资本占比系数为-0.042,且在1%水平通过了显著性检验,表明行业人力资本投入对行业全球价值

链地位的提升有轻微的抑制性。这可能是由于人力资本在制造业行业存在错配的问题,抑或是人力资本的专用性降低了行业间人力资本的流动,使得人力资本的投入不仅没有提升行业全球价值链地位,反而抑制了全球价值链地位的提升。行业规模的系数为0.083,在1%置信区间显著,表明行业规模的扩大有利于行业全球价值链地位的提升。常数项为-0.053,且在1%置信区间显著。[①]

表7-16中回归结果的第三列是对式(7.7)的回归结果,反映的是行业要素结构、行业全球价值链地位对行业贸易竞争力的影响。Wald检验和Wooldridge检验的P值都为0.0000,结果显示样本数据存在组间异方差和组内自相关;D-M检验的P值为0.694,表明模型中不存在内生变量。因此,模型采用系统FGLS方法估计是有效的。从回归结果来看:度量行业要素结构的资本劳动比lnkl的系数为0.151,与理论预期相符,且通过了1%的显著性检验;行业全球价值链地位GVCpo的回归系数为0.894,通过了1%的显著性检验;研发投入的回归系数为0.177,与理论预期相符,通过了1%的显著性检验;人力资本数量ln$humanquantity$的系数为-0.116,且通过了5%的显著性检验,与前文相关分析一致,表明行业人力资本与贸易竞争力之间存在微弱的负相关关系;行业全球价值链参与度ln$GVCp$的回归系数为-0.269,与理论预期相一致,且通过了1%的显著性检验;行业规模ln$size$的系数为1.506,通过了1%的显著性检验,与理论预期相符;外商直接投资ln$ifdi$的系数为0.217,且通过了1%的显著性检验,表明行业外商直接投资对贸易竞争力有促进作用;常数项为-1.752,通过了1%的显著性检验。

2.中介效应检验与传导机制分析

中介效应可以通过式(7.6)、式(7.1)和式(7.7)回归结果进行逐步法检验分析,具体回归结果见表7-16第一列、第二列和第三列所示,回归结果已经在前文做了分析。逐步法的中介效应检验大致可分为三步,具体操作如下:

检验的第一步:总效应检验,构造解释变量lnkl对被解释变量ln$NRCA$的回归模型,即式(7.6),如果解释变量的系数α_1显著,则开展第二步检验;若系数不显著,则不存在中介效应。表7-13中的基准模型(1)是式(7.6)的回归结果,检验制造业行业要素结构变化对制造业行业贸易竞争力的总效应,可以看出要素结构变化对制造业行业贸易竞争力的影响系数α_1为

[①] 表7-16回归结果第二列相对于未标准化的原始面板数据回归结果而言(见表7-10回归结果的第三列),回归系数的显著性并没有发生变化,只是回归系数的大小发生了改变。

0.247,且在1%水平上显著为正。由于行业要素结构对行业贸易竞争力有显著正向影响,表明中介变量的中介效应的确存在。因此,基于行业全球价值链地位中介变量的中介效应检验可以继续进行。

检验的第二步:中介效应检验,构造解释变量lnkl对中介变量$GVCpo$的回归模型和解释变量lnkl、中介变量$GVCpo$与被解释变量ln$NRCA$的回归模型,即式(7.1)和(7.7),依次检验系数β_1和γ_2是否显著。表7-13中的基准模型(2)是式(7.1)的回归结果,检验制造业行业要素结构变化对中介变量制造业行业全球价值链地位的影响,回归系数β_1为0.039,在1%水平上显著。表7-13中的基准模型(3)是式(7.7)的回归结果,回归系数γ_2为0.894,在1%水平上显著。$\beta_1 \times \gamma_2$表明的是lnkl通过中介变量$GVCpo$对ln$NRCA$的中介效应,其中介效应为0.035。

检验的第三步:完全或部分中介效应检验,若回归系数β_1、γ_1和γ_2都显著,表明为部分中介效应;若系数β_1和γ_2显著,但γ_1不显著,表明为完全中介效应。在表7-13的基准模型(3)中,解释变量lnkl的回归系数γ_1为0.151,且在1%水平上显著,该系数γ_1体现的是lnkl对ln$NRCA$的直接效应。这样,中介效应模型中回归系数β_1、γ_1和γ_2都显著,说明本模型存在中介效应,且该中介效应为部分中介效应。由于$\alpha_1 < \beta_1 \times \gamma_2 + \gamma_1$,表明模型中可能还存在其他中介变量。结合表7-17可知,模型中行业全球价值链地位对行业贸易竞争力的中介效应为0.035,"中介效应/总效应"的比值为0.142,表明中介效应明显。

表7-17　解释变量与被解释变量的传导路径和中介变量的中介效应效果

传导机制	传导路径	效应测算系数	效应测算结果	效应类型	中介效应效果的检验结果
传导机制一	$kl \rightarrow NRCA$	α_1	0.247	总效应	中介效应=0.035 中介效应/总效应=0.142
传导机制二	$kl \rightarrow GVCpo$	β_1	0.035	中介效应	
	$GVCpo \rightarrow NRCA$	γ_2			
	$kl \rightarrow NRCA$	γ_1	0.151	直接效应	

注:系数α_1体现的是lnkl对ln$NRCA$的总效应,$\beta_1 \times \gamma_2$表明中介效应,γ_1体现的是lnkl对ln$NRCA$的直接效应。

资料来源:作者计算整理。

进一步结合表7-17分析,解释变量与被解释变量之间存在两种不同的传导机制。第一种机制为解释变量kl直接影响被解释变量$NRCA$,在不考虑中介变量的情况下,这种传导路径最为直接,该解释变量对被解释变量的作用被称为总效应。第二种机制为解释变量kl可通过中介变量$GVCpo$影响被解释变量$NRCA$,这种传导路径可称为中介效应传导路径;由于存在中介变量,所以传导路径可细分为直接路径和间接路径(中介路径);具体而言,该路径细分为解释变量kl直接影响被解释变量$NRCA$的直接路径,以及解释变量kl通过影响中介变量$GVCpo$、中介变量$GVCpo$进一步影响被解释变量$NRCA$的间接路径;该直接路径对应解释变量kl对被解释变量$NRCA$的直接效应,该间接路径对应解释变量kl对被解释变量$NRCA$的间接效应(中介效应)。

通过上述中介效应检验,发现行业要素结构既可以直接对制造业行业贸易竞争力产生影响,又可以通过中介变量行业全球价值链地位间接影响行业贸易竞争力,中介效应传导路径和相应传导机制作用显著。行业全球价值链地位的提升促进了行业要素结构对制造业行业贸易竞争力的影响,行业全球价值链地位的中介效应显著。这一结论和本书验证的要素结构优化提升贸易竞争力的理论机理是相一致的,表明行业资本劳动比的提高,即要素结构的优化有助于提升行业全球价值链地位,行业全球价值链地位的提高进一步有利于制造业行业提升贸易竞争力。

(六)稳健性检验

1.基准模型的稳健性检验

为了检验回归结果的稳健性,采用替换代理变量的方法进行回归结果的稳健性检验,分别将变量行业研发投入替换为行业研发占比用以度量行业技术水平,将变量行业人力资本数量替换为人力资本占比用以度量行业人力资本投入情况。表7-16中回归结果的第四列和第五列是对式(7.7)的稳健性检验,反映的是行业要素结构、行业全球价值链地位对行业贸易竞争力的影响。其中,第四列为替换行业技术水平的回归结果,第五列为替换行业人力资本投入的回归结果。

表7-16第四列(4)为替换行业研发占比的回归结果,与基准模型(3)回归结果相比,替换解释变量后,各系数的回归结果显著性并未发生变化,只是系数出现细微的改变。具体而言,度量变量行业要素结构的资本劳动比的系数由0.151变为0.133,表明物质资本对贸易竞争力的正向影响出现了细微的下降;行业全球价值链地位的系数由0.894变为0.950,表明行业

全球价值链地位对提升贸易竞争力的促进作用增大了;度量技术水平的系数由0.177变为0.184,表明技术对贸易竞争力的促进作用出现吧细微的提升;人力资本的系数由-0.116变为-0.094,表明行业人力资本对贸易竞争力的抑制性轻微下降;全球价值链参与度的系数由-0.269变为-0.217,行业规模的系数由1.506变为1.433,外商直接投资的系数由0.217变为0.168,常数项系数由-1.752变为-1.075。上述回归结果分析表明,采用行业研发投入替换为行业研发占比用以度量行业技术水平指标后,与原回归结果保持了较好的一致性,表明基准模型回归结果具有良好的稳健性。

表7-16第五列(5)为替换行业人力资本占比的回归结果,与基准模型(3)回归结果相比,替换解释变量后,各系数的回归结果显著性也并未发生变化,只是系数大小出现细微的改变。具体而言,度量变量行业要素结构的资本劳动比的系数由0.151变为0.150,表明物质资本对贸易竞争力的正向影响出现了细微的下降;度量技术水平的系数由0.177变为0.080,表明技术对贸易竞争力的促进作用下降了;行业规模的系数由1.506变为1.622,表明行业规模对贸易竞争力的提升作用增强了;常数项系数由-1.752变为0.445。上述回归结果分析表明基准模型回归结果具有良好的稳健性。

2.中介效应稳健性检验

为了检验中介效应的稳健性,采用替换代理变量的方法,通过式(7.6)、式(7.1)和式(7.7)回归结果进行中介效应的稳健性检验。具体结合表7-16中回归结果的第一列、第二列和第四列、第五列,分别可以构建出两个中介效应模型进行中介效应的稳健性检验,即第一列、第二列和第四列,以及第一列、第二列和第五列构成的中介效应联立方程组,逐步进行中介效应稳健性检验分析。与基准模型检验类似,先后进行总效应检验、中介效应检验和完全或部分中介效应检验,相应的三步法检验数值和结果见表7-18。

表7-18 中介效应效果的稳健性检验结果

稳健性检验	直接效应	中介效应	总效应	中介效应的效果
稳健性检验一	0.133	0.038	0.247	中介效应/总效应=0.154
稳健性检验二	0.150	0.035	0.247	中介效应/总效应=0.142

资料来源:作者计算整理。

表7-13的模型(4)和(5)稳健性检验一和稳健性检验二中,解释变量 lnkl 的回归系数 γ_1 分别为0.133和0.150,且在1%水平上显著,该系数 γ_1 体现的是 lnkl 对 ln$NRCA$ 的直接效应。这样,中介效应模型中回归系数 β_1、γ_1 和 γ_2 都显著,说明本模型存在中介效应,且该中介效应为部分中介效应,与基准模型(3)的中介效应相一致。$\alpha_1 < \beta_1 \times \gamma_2 + \gamma_1$,表明模型中可能还存在其他中介变量。结合表7-18可知,稳健性检验一中行业全球价值链地位对行业贸易竞争力的中介效应为0.038,中介效应的效果,即"中介效应/总效应"的比值为0.154,表明中介效应明显;稳健性检验二中行业全球价值链地位对行业贸易竞争力的中介效应为0.035,中介效应的效果,即"中介效应/总效应"的比值为0.142,亦表明中介效应明显。上述稳健性检验结果与原中介效应回归结果保持了较好的一致性,中介效应的效果接近,表明基准模型中介效应回归结果具有良好的稳健性。

与基准模型相同,稳健性检验表明解释变量与被解释变量之间存在两种不同的传导机制:总效应传导路径和中介效应传导路径。其中,中介效应传导路径又细分为直接路径和间接路径(中介路径):解释变量 kl 直接影响被解释变量 $NRCA$ 的直接路径,以及解释变量 kl 通过影响中介变量 $GVCpo$、中介变量 $GVCpo$ 进一步影响被解释变量 $NRCA$ 的间接路径;直接路径对应直接效应,间接路径对应间接效应(中介效应)。通过上述中介效应稳健性检验,发现行业要素结构既可以直接对制造业行业贸易竞争力产生影响,又可以通过中介变量行业全球价值链地位间接影响行业贸易竞争力,中介效应传导路径和相应传导机制作用显著。

四、本章小结

总体而言,本章考察了要素结构变化对制造业全球价值链地位的直接影响效应:在估计方法的选择上,首先在不区分产业和年度差异下进行了混合最小二乘POLS回归;其次,在面板固定效应 F 检验、面板随机效应 F 检验和Hausman检验下,确定面板固定效应FE模型优于POLS和面板随机效应RE,较好地解决了遗漏变量偏误;再次,在Hausman和D-M内生性检验的基础上确定本书样本数据和计量模型设定存在内生性问题;最后,采用系统GMM方法回归估计并进行稳健性检验。回归结果如下:度量要素结构变化的资本劳动比的回归系数显著为正,表明行业要素结构变化对于行业全球价值链地位有正向促进作用,行业要素结构优化有利于行业全球价值链地位的提升。另外,采用替换代理变量和增加控制变量的方法展开稳健性检验,亦得到与基准模型近似的结果:以资本劳动比度量的要素结构优化对行业全球价值链地位的提升有着重要的促进作用。

然后,本章考察了要素结构变化通过制造业全球价值链地位影响制造业贸易竞争力的间接效应,即全球价值链地位的中介效应:通过指标选取说明和中介效应模型的构建,通过相关检验,分别采用FGLS、系统GMM、FGLS方法展开中介效应模型估计,在实证结果分析的基础上进行了中介效应检验和传导机制分析,并对回归结果进行稳健性检验。具体而言,在研究行业要素结构变化对制造业行业贸易竞争力的直接影响之后,进一步研究要素结构变化通过全球价值链地位对制造业行业贸易竞争力的间接影响,通过中介效应模型验证了要素结构优化升级提升行业贸易竞争力的理论机理。将行业全球价值链地位作为中介变量,回归结果表明:资本劳动比代表的要素结构变化显著提升了制造业行业的贸易竞争力;中介变量的中介效应的确存在,且该中介效应为部分中介效应,并且通过了稳健性检验。要素结构变化影响制造业贸易竞争力存在两种不同的效应:直接效应和中介效应;通过中介效应检验,发现行业要素结构既可以直接对制造业行业贸易竞争力产生影响(直接效应),又可以通过中介变量行业全球价值链地位间接影响行业贸易竞争力(中介效应),中介效应传导路径和相应传导机制作用显著。行业全球价值链地位的提升促进了行业要素结构对制造业行业贸易竞争力的影响,行业全球价值链地位的中介效应显著。

本章节研究结论和本书关于贸易优势的理论拓展认知相一致,表明行业资本劳动比的变化,即要素结构的优化有助于提升行业全球价值链地位,行业全球价值链地位的提高有利于制造业行业提升贸易竞争力。

第八章

要素结构变化对制造业贸易竞争力的影响：
基于拓展要素的视角

在基于传统要素视角研究的基础上,本章从传统要素的物质资本、人力资本和技术要素向行业市场规模、国内外市场开放程度等经济要素和经济全球化要素拓展。基于拓展要素的视角,研究各影响因素对制造业贸易竞争力的影响差异,即要素结构变化对制造业贸易竞争力的影响。将归并的中国制造业18个细分行业作为研究对象,结合贸易优势的理论认知拓展,展开理论机理验证。

本章的大体研究思路和研究内容如下:首先,提出研究问题;其次,根据研究对象的特征和经济理论,构建计量模型,对指标选取进行相应说明,分析数据来源并阐释相应的数据计算方法,进而开展变量的描述性统计和多重共线性分析;再次,通过 F 检验、Hausman 检验、组间异方差 Wald 检验、组内自相关 Wooldridge 检验、内生性 D-M 检验,确定有效的估计方法,并在回归估计的基础上,进行相应的解释和说明;接着,采用替换代理变量、增加调节变量等方法开展稳健性检验,验证结果的有效性;然后,从进口视角探究出口贸易竞争力的提升,利用调节变量行业进口渗透率构建调节效应模型,展开调节作用和调节效应检验;最后,对本章内容进行简要总结,阐述研究结论。

一、问题的提出

在经济全球化视野下,生产和流通环节中愈来愈多的因素可以纳入生产要素的范畴。传统要素已经不能满足对经济贸易现象的认知,伴随经济贸易的发展,人们对要素的认知逐步拓展,从狭义要素禀赋的劳动力和资本到传统要素的物质资本、技术和人力资本,再到经济要素和经济全球化要素的内涵与外延拓展。这样的认知拓展既是认识经济贸易现象的需要,又是经济理论自身发展和完善的体现。

国内外学者对中国产业贸易竞争力影响因素的实证研究,更多的是将研究视野集中在传统要素的物质资本、人力资本、技术和经济要素的市场规模等因素,纳入计量模型加以考察。这些影响因素的纳入,更多的是从比较优势理论关于贸易竞争力来源的研究视角出发,忽视贸易优势源于拓展的"一揽子要素"。仅仅从传统要素视角往往不能全面认识和解释经济现象,不能全面地理解行业要素结构变化对行业贸易竞争力的影响。传统的理论和实证研究将研究视角集中于传统要素,忽视了拓展要素中的经济要素和经济全球化要素分析;有必要基于拓展要素组成的"一揽子要素"要素结构的变化,对要素结构变化与贸易竞争力之间的关系进行全新的考察。因此,进一步展开关于传统要素、经济要素和经济全球化要素对贸易竞争力影响的讨论,既可以拓展贸易竞争力影响因素的研究范围,又可验证重释与重构的贸易优势。

基于传统要素和拓展要素的视角开展要素结构变化影响行业贸易竞争力机理的验证,可以进一步比较两种不同视角下影响因素的大小和方向是否存在差异。这样,亦可以验证比较优势与竞争优势来源的一致性。如果存在差异性,可以进一步分析其可能存在的原因,进而针对性地提出提升行业贸易竞争力的对策建议,使得研究更有意义和应用价值。

二、计量模型的构建与说明

国内外从要素结构变化视角展开的分析与讨论主要围绕物质资本等传统要素视角而展开,这种基于传统要素结构变化对贸易竞争力影响的研究,不可避免地存在一些不足,不能全面地分析和讨论不同要素变化对贸易竞争力的影响。现有研究缺乏从拓展要素视角分析要素结构变化对贸易竞争力的影响,在第六章基于传统要素视角分析中国制造业贸易竞争力影响因素的基础上,本章结合中国制造业层面的平衡面板数据,将更多地拓展要素纳入影响因素分析,结合拓展的要素结构进一步探讨制造业行业要素结构变化对行业贸易竞争力的影响。

结合本书的理论分析可知,贸易竞争力主要受投入的要素结构影响,包含劳动力、物质资本、人力资本、技术等传统要素和市场规模等经济要素、国内外市场开放程度等经济全球化要素,以及在全球价值链分工中的参与程度等因素。一国某行业的贸易竞争力主要由该国投入该行业的"一揽子要素"要素结构决定,同时受该行业的全球价值链参与度等的影响。

因此,本章变量选取主要考虑以下四点。首先,物质资本、人力资本和技术等传统要素都属于要素的范畴,需要在模型中作为解释变量加以考察。其次,全球化与全球价值链分工视角下要素内涵与外延的拓展,将涉及行业层面易量化的经济要素和经济全球化要素纳入模型考察,如:市场规模、国外市场开放程度、国内市场开放程度。这样,本章就结合了传统要素和拓展要素的解释变量,将它们纳入到一个统一的框架内加以分析和讨论。再次,加入相应的控制变量以减少遗漏变量偏误,如行业全球价值链参与度。最后,在基准模型分析和讨论后,设置调节变量,考察行业进口渗透率的调节效应;考虑到进口渗透率可能在一定程度上影响着物质资本、技术、人力资本、市场规模、国内市场开放程度和国外市场开放程度等对行业贸易竞争力的影响,起到增强或干扰的调节作用。这样,在基准模型回归的基础上,加入调节变量进口渗透率,以考察进口渗透率的调节效应。

对于拓展要素视角下的解释变量的选取,可以进一步结合竞争优势理论的影响因素加以分析,将钻石模型中影响贸易竞争力的四个基本因素纳入模型之中,出于如下设计和考量:传统要素中物质资本、技术和人力资本对应四大基本影响因素中的"要素条件",四大基本影响因素中的"需求条件、相关产业和支撑产业以及行业内企业的战略、结构与竞争"分别与拓展要素中的国外市场开放程度、市场规模、国内市场开放程度等经济要素和经济全球化要素相对应。本书将这些拓展要素分别采用行业出口倾向、行业规模和行业外资参与度等指标加以度量,即采用行业出口倾向度量国外需求条件和国外市场开放程度,行业出口倾向越大意味着国外需求越大、国外开放程度越高;用行业规模度量相关产业和支撑产业以及市场规模,行业规模越大意味着相关产业和支撑产业越完善、市场规模越大;采用外资参与度度量行业国内市场开放程度和企业竞争程度,外资参与度越高表明国内市场开放程度越高、竞争程度越高。这样的变量选取和模型设定,既从拓展要素视角扩大了制造业行业贸易竞争力影响因素的研究范围,又间接地解释和验证了本书重释与重构的贸易优势。

在传统要素模型的基础上,从拓展要素的视角,结合上述关于变量选取的说明,将尽可能多的易量化影响因素同时纳入模型之中,构建如下基准计量模型:

$$NRCA_{it} = \beta_0 + \beta_1 kl_{it} + \beta_2 rdratio_{it} + \beta_3 humanratio_{it} + \beta_4 ms_{it} \\ + \beta_5 dmo_{it} + \beta_6 fmo_{it} + \beta_7 GVCp_{it} + \varepsilon_{it} \tag{8.1}$$

式(8.1)中,$NRCA_{it}$ 表示制造业行业部门 i 在第 t 年修正的显示性比较优势指数,用以衡量行业的贸易竞争力;β_0 为常数项;$\beta_j(j=1,2,3,4,5,6,7)$ 为变量的系数;kl_{it} 表示制造业行业部门 i 在第 t 年的资本劳动比,用以衡量行业物质资本的变化;$rdratio_{it}$ 表示制造业行业部门 i 在第 t 年的研发投入占比,用以衡量行业的技术进步水平;$humanratio_{it}$ 表示制造业行业部门 i 在第 t 年的科技活动人员数量占比,用以衡量行业人力资本的变化;ms_{it} 表示制造业行业部门 i 在第 t 年的行业规模,用以衡量市场规模(相关产业和支撑产业的发展);dmo_{it} 表示制造业行业部门 i 在第 t 年的外资参与度,用以衡量行业的国内市场开放程度(行业竞争状况和战略结构选择);fmo_{it} 表示制造业行业部门 i 在第 t 年的行业出口倾向,用以衡量行业国外市场开放程度(行业国外需求条件);$GVCp_{it}$表示制造业行业部门i在第t年的全球价值链参与度指数,用以衡量行业全球价值链参与程度;[①] ε_{it}为误差项。[②]

本章将尽可能多的易量化要素纳入统一的模型分析框架,这样的计量模型构建,同时考虑全球价值链下要素内涵的拓展与贸易优势的主要影响因素,使得在研究制造业贸易竞争力影响因素时,通过计量模型的回归估计,可以更全面和客观地分析和讨论不同要素变化对贸易竞争力的差异化影响。这样的计量回归模型设计,是本书相较于以往研究的创新与特色所在,既和前文贸易优势的理论分析相一致,又能更好地进行回归分析,考察不同要素对贸易竞争力的差异化影响,以减少估计偏误。

三、指标选取说明、数据来源与计算

(一)被解释变量的说明

本章被解释变量行业贸易竞争力指标的选取与计算与前文相同,采用测算的2003至2014年中国18个制造业修正的行业显示性比较优势NRCA指数,相应数据见表5-10。大多数制造业行业的NRCA指数大于1,表明这些行业在国际上具有贸易竞争力。

(二)解释变量的说明、数据来源与计算

根据理论机理,要素结构优化有助于提升贸易竞争力;从行业层面出发,行业要素结构优化不仅意味着行业传统要素中资本劳动比的提升、人力资本的增值和技术进步,还包括诸多经济要素和经济全球化要素的培育和获取所提供的保障作用,依靠这些高级要素的培育与积累,产业集聚发挥规模经济效应,扩大市场规模,提高国内外市场开放程度,促进贸易优势的获取与发挥,从而提升行业贸易竞争力。

[①] 和基于传统要素视角考察要素结构变化对贸易竞争力影响的模型设计类似,拟纳入行业全球价值链地位作为中介变量,进一步验证行业全球价值链地位与行业贸易竞争力的关系。但在变量多重共线性检验中发现,加入变量行业全球价值链地位后,模型设定存在严重的多重共线性问题。因此,基于拓展要素的视角,本章在基准模型设定中没有纳入行业全球价值链地位,而是采用全球价值链参与度作为控制变量。

[②] 在设定基准模型后,根据研究样本特征和研究需要,在因多重共线性未能考察行业全球价值链地位的中介效应基础上,纳入行业进口渗透率的调节效应分析,并进行了调节变量的显著性检验,确定行业进口渗透率可作为理想的调节变量。随后,本书对模型设定的函数形式进行了"Link检验"和"Reset检验",确定没有遗漏高阶非线性项,采用线性模型是可靠的。

1.传统要素解释变量

传统要素对应的解释变量是本章节关注解释变量的一部分,因为本书重点在于分析和讨论行业要素结构变化对行业贸易竞争力的影响,物质资本、技术和人力资本等传统要素结构变化是本书研究的重点之一。另外,结合本书基于拓展要素视角的理论分析,传统要素中物质资本、技术和人力资本对应竞争优势钻石模型中影响贸易竞争力四大基本因素中的"要素条件",本章的传统要素度量指标重点在于体现传统要素的变化程度,用相应的指标占比加以衡量。

(1)物质资本指标的选取

资本劳动比是衡量物质资本和劳动力两种生产要素相对丰裕程度的重要指标,本章节仍然采用行业资本劳动比(kl_{it})衡量行业物质资本的变化,相关数据参照表5-4《2003—2014年制造业各行业部门资本劳动比》。研究物质资本要素的变化对行业贸易竞争力的影响,预期该项系数为正。

(2)技术要素指标的选取

用$rdratio$表示行业研发占比,采用行业科研经费内部支出与行业工业总产值之比衡量行业研发占比(亿元/亿元),用以度量行业的技术要素投入,相关数据见表7-1《2003—2014年制造业各行业部门研发占比》。行业研发占比的大小会影响该行业的贸易竞争力,行业研发占比越大,越有利于行业的技术进步与创新,提升行业贸易竞争力。因此,预期该项系数为正。

(3)人力资本指标的选取

采用行业科技活动人员数量与行业平均用工人数之比加以衡量,即人力资本占比($humanratio_{it}$),相应数据如表7-2《2003—2014年制造业各行业部门人力资本占比》所示,该项符号预期为正。

2.拓展要素解释变量

传统要素中物质资本、技术和人力资本对应钻石模型贸易竞争力四大基本影响因素中的"要素条件",除了分析物质资本、技术和人力资本等传统要素结构变化对行业贸易竞争力的影响外,拓展要素解释变量对应的要素投入,亦是本书关注和分析解释变量的重要组成部分。拓展要素中的市场规模、国内市场开放程度、国外市场开放程度分别采用行业规模、行业外资参与度和行业出口倾向等指标加以度量。

(1)行业市场规模

在全球价值链分工体系中,行业市场规模的大小会影响该行业参与国际竞争的能力。一般而言,行业市场规模越大,通过生产效率的提高和单位成本的节约,其行业规模效应越显著,越能提高该行业的贸易竞争力。

用行业规模度量行业市场规模,即采用行业工业总产值衡量行业市场规模,相应数据见表6-1《2003—2014年制造业各行业部门行业规模》,行业规模越大意味着相关产业和支撑产业越完善,愈能获得规模经济效应,其行业市场规模越大,利于提高企业和企业所在行业的生产率和贸易竞争力。因此,预期该项系数为正。

(2)行业国内市场开放程度

本书研究行业国内市场开放程度对行业贸易竞争力的影响,区别于用行业实收资本中的港澳台资本和外商资本之和衡量外商直接投资,采用行业外资参与度衡量行业国内市场开放程度,行业外资参与度越高表明行业国内市场开放程度越高、行业国内竞争程度越高。参照廖涵和谢靖(2017)的研究,用行业"三资企业"的工业总产值占该行业工业总产值的比重衡量行业外资参与度,相应数据见表8-1。结合表8-1数据可知,中国制造业行业部门的国内市场开放程度呈现出一定的差异性。首先,各制造业行业部门间的国内市场开放程度呈现出明显差异性。其次,各制造业行业部门的国内市场开放程度呈现出总体递增态势,表明中国制造业行业部门在样本期内的国内市场开放程度是逐步提升的。在不考虑成本因素情况下,一定程度上可以衡量某行业国内市场对外开放程度;反映了生产要素中的全球化经济要素对行业贸易竞争力的影响。在一般情况下,行业国内市场开放程度越高,行业贸易竞争力越强。因此,预期该项系数为正。

表8-1　2003—2014年制造业各行业部门国内市场开放程度

年份 行业	2003	2004	2005	2006	2007	2008	2009	2010	2011	2012	2013	2014
c5	0.0473	0.0489	0.0502	0.0493	0.0517	0.0482	0.0466	0.0477	0.0645	0.0641	0.0631	0.0601
c6	0.0378	0.0395	0.0408	0.0440	0.0433	0.0415	0.0422	0.0424	0.0578	0.0562	0.0547	0.0522
c7	0.0258	0.0238	0.0224	0.0183	0.0172	0.0158	0.0159	0.0144	0.0188	0.0166	0.0144	0.0142
c8	0.0558	0.0646	0.0712	0.0756	0.0815	0.0852	0.0911	0.1061	0.1662	0.1789	0.1947	0.1978
c9	0.0319	0.0319	0.0319	0.0333	0.0394	0.0357	0.0347	0.0341	0.0560	0.0592	0.0559	0.0539
c10	0.0681	0.0565	0.0488	0.0527	0.0759	0.0961	0.0947	0.1015	0.1137	0.1145	0.1162	0.1440
c11	0.0483	0.0523	0.0553	0.0671	0.0753	0.0735	0.0835	0.0915	0.1303	0.1340	0.1360	0.1438
c12	0.0551	0.0599	0.0638	0.0639	0.0749	0.0767	0.0813	0.0903	0.1032	0.1044	0.1057	0.1066
c13	0.0598	0.0603	0.0606	0.0590	0.0638	0.0574	0.0577	0.0581	0.0870	0.0911	0.0866	0.0843
c14	0.0287	0.0310	0.0328	0.0346	0.0383	0.0362	0.0336	0.0342	0.0464	0.0440	0.0413	0.0385
c15	0.0414	0.0482	0.0525	0.0593	0.0690	0.0679	0.0762	0.0790	0.0963	0.0784	0.0815	0.0832
c16	0.0366	0.0368	0.0369	0.0382	0.0406	0.0358	0.0378	0.0383	0.0542	0.0540	0.0550	0.0571

续表

年份 行业	2003	2004	2005	2006	2007	2008	2009	2010	2011	2012	2013	2014
c17	0.2696	0.3064	0.3307	0.3538	0.3784	0.3499	0.3614	0.3778	0.4920	0.4812	0.4630	0.4628
c18	0.0634	0.0643	0.0648	0.0692	0.0747	0.0701	0.0721	0.0737	0.1016	0.1016	0.0991	0.0975
c19	0.0319	0.0347	0.0365	0.0389	0.0427	0.0411	0.0465	0.0446	0.0686	0.0792	0.0773	0.0875
c20	0.1383	0.1503	0.1643	0.1982	0.2186	0.1995	0.2069	0.2128	0.2989	0.2406	0.2313	0.1128
c21	0.1696	0.1874	0.1944	0.2364	0.2692	0.2433	0.2529	0.2809	0.4044	0.5753	0.5932	0.3174
c22	0.0446	0.0484	0.0509	0.0529	0.0571	0.0495	0.0480	0.0506	0.0630	0.0641	0.0623	0.0538

数据来源：作者根据《中国工业经济统计年鉴》整理计算。

(3)行业国外市场开放程度

本章节讨论行业国外市场开放程度对行业贸易竞争力的影响，与行业国内市场开放程度、行业市场规模等变量的度量指标选取相对应，用行业出口倾向衡量行业国外市场开放程度，是行业出口总值与行业工业总产值的比值(亿元/亿元)，体现了行业国外市场需求条件对行业贸易竞争力的影响，相关数据见表8-2。结合表8-2数据可知，中国制造业行业的国外市场开放程度呈现出一定的差异性。首先，各制造业行业间的国外市场开放程度呈现出明显差异性。其次，各制造业行业的国外市场开放程度呈现出先增后减的态势，这和2001年中国入世后国外市场开放、2008年金融危机后贸易保护主义抬头的整体国际环境相吻合。采用行业出口倾向度量行业国外需求条件和行业国外市场开放程度，行业出口倾向越大意味着行业国外开放程度越高。在一般情况下，行业国外开放程度越高，越有利于具有贸易竞争力的企业扩大出口，利于行业贸易竞争力的提升。因此，预期该项系数为正。

表8-2 2003—2014年制造业各行业部门国外市场开放程度

年份 行业	2003	2004	2005	2006	2007	2008	2009	2010	2011	2012	2013	2014
c5	0.0788	0.0799	0.0806	0.0815	0.0688	0.0603	0.0511	0.0479	0.0436	0.0434	0.0435	0.0392
c6	0.3951	0.3671	0.3493	0.3250	0.2958	0.2583	0.2218	0.2109	0.1918	0.1851	0.1749	0.1673
c7	0.2023	0.2072	0.2098	0.1973	0.1614	0.1242	0.1027	0.0877	0.0787	0.0689	0.0655	0.0573
c8	0.0757	0.0750	0.0746	0.0888	0.0825	0.0681	0.0545	0.0638	0.0507	0.0469	0.0439	0.0430
c9	0.1014	0.1057	0.1087	0.1012	0.1048	0.0974	0.0870	0.0823	0.0778	0.0730	0.0651	0.0636
c10	0.0480	0.0345	0.0274	0.0187	0.0198	0.0164	0.0164	0.0131	0.0098	0.0097	0.0138	0.0136

续表

年份 行业	2003	2004	2005	2006	2007	2008	2009	2010	2011	2012	2013	2014
c11	0.0920	0.0941	0.0952	0.0927	0.0911	0.0838	0.0614	0.0648	0.0592	0.0556	0.0526	0.0533
c12	0.1039	0.1036	0.1033	0.1073	0.1005	0.0948	0.0791	0.0808	0.0690	0.0688	0.0588	0.0566
c13	0.2439	0.2502	0.2539	0.2428	0.2284	0.2081	0.1658	0.1615	0.1507	0.1439	0.1344	0.1281
c14	0.0866	0.0956	0.1011	0.0964	0.0862	0.0689	0.0504	0.0479	0.0408	0.0403	0.0342	0.0328
c15	0.0521	0.0597	0.0632	0.0763	0.0705	0.0633	0.0272	0.0347	0.0353	0.0334	0.0308	0.0358
c16	0.2720	0.2685	0.2664	0.2538	0.2430	0.2058	0.1326	0.1370	0.1292	0.1139	0.1081	0.1048
c17	0.5215	0.5702	0.5988	0.6532	0.6695	0.6646	0.6109	0.6231	0.5873	0.6110	0.5735	0.5414
c18	0.2463	0.2602	0.2682	0.2541	0.2453	0.2253	0.1798	0.1842	0.1843	0.1684	0.1526	0.1477
c19	0.1223	0.1386	0.1479	0.1509	0.1466	0.1362	0.0967	0.0931	0.0917	0.1149	0.1051	0.1022
c20	0.0454	0.0571	0.0660	0.0743	0.0782	0.0871	0.0662	0.0628	0.0647	0.0548	0.0470	0.0455
c21	0.1721	0.2136	0.2418	0.2696	0.2815	0.3046	0.2266	0.2105	0.2082	0.2247	0.2047	0.1882
c22	0.4646	0.4964	0.5124	0.4621	0.4257	0.3612	0.2894	0.2725	0.2450	0.2332	0.2195	0.2127

数据来源：作者根据《中国工业经济统计年鉴》整理计算。

(三)控制变量的说明与数据来源

在分析和讨论拓展要素对制造业行业贸易竞争力影响的同时，为了减少遗漏偏误，模型中需要加入控制变量，将制造业行业部门在全球价值链中的参与程度、时间固定效应和行业固定效应纳入模型的控制变量，$GVCp_{it}$表示行业全球价值链参与度，φ_i表示行业固定效应，φ_t表示时间固定效应。

将行业全球价值链参与度$GVCp_{it}$指数纳入模型的控制变量，其目的有二：其一，在控制了行业全球价值链参与度之后，考察各拓展要素对行业贸易竞争力影响的差异；其二，进一步验证行业全球价值链参与度与行业贸易竞争力的关系。相应的数据见表5-8《2003—2014年制造业各行业部门全球价值链参与度》，根据前文理论与实证分析可知，由于中国制造业行业整体处于全球价值链的低端，更多的是进口中间品出口制成品，更多体现的是行业全球价值链的后向参与。因此，预期该项系数为负。

控制变量φ_i和φ_t，分别控制个体和时间，根据回归方法的选择而选择加入。φ_i表示个体固定效应，用以控制行业，解决不随时间而变但随个体而异的遗漏变量问题；φ_t表示时间(年份)固定效应，采用时间趋势变量而不采用时间虚拟变量，以避免样本的损失，解决不随个体而变但随时间而变的遗漏变量问题，用以控制时间。

(四)调节变量的说明、数据来源与计算

若两个变量x_1和x_2都是连续的,且解释变量x_1对被解释变量y的影响可能会受到变量x_2影响时,可以考虑采用交互项"$x_1 \times x_2$"回归。此时,变量x_2被称为调节变量,调节变量x_2对解释变量x_1与被解释变量y的影响称为调节效应。

在扩大进口、提高进口质量背景下,本书试图从进口视角探究出口贸易竞争力的影响因素,构建调节效应模型,展开调节作用和调节效应检验。行业进口渗透率是行业进口消费与行业国内总消费的比值,行业进口渗透率在一定程度上反映了某行业产品的进口数量,行业产品进口数量的变化可能引致各种生产要素在行业内和行业间的重新配置,引起各行业的要素结构变化,进而影响行业贸易竞争力。行业进口渗透率可能会改变行业各种生产要素对行业贸易竞争力的影响,进而影响要素结构与贸易竞争力之间的关系。因此,本书考虑纳入行业进口渗透率这一调节变量,考虑加入行业物质资本、技术、人力资本、市场规模、国内市场开放程度、国外市场开放程度与行业进口渗透率的交互项,以此检验这种调节作用和调节效应。

某一行业的进口可能会对该行业的出口产生影响,一般认为,某行业在国际市场上缺乏竞争力,则其出口相对较少、进口则相对较多。这样,在市场需求一定的情况下,某行业进口量的增加可能意味着该行业的贸易竞争力下降,二者之间是负相关关系。因此,预计该项系数为负。

样本期内,各制造业行业的进口渗透率数据见表8-3,结合表8-3和图8-1,中国制造业整体的行业渗透率在10%以下,大部分行业维持在5%以下,只有"c10"和"c18"在10%上下波动,这些表明中国制造业的行业渗透率呈现出明显的行业差异。另外,中国制造业具体行业的行业渗透率在样本期内波动较小,只有"c10"和"c18"等少数行业出现较大的波动。

表8-3 2003—2014年制造业各行业部门进口渗透率

年份 行业	2003	2004	2005	2006	2007	2008	2009	2010	2011	2012	2013	2014
c5	0.0213	0.0220	0.0208	0.0197	0.0211	0.0233	0.0292	0.0274	0.0270	0.0266	0.0273	0.0284
c6	0.0285	0.0249	0.0215	0.0185	0.0177	0.0154	0.0175	0.0163	0.0121	0.0134	0.0138	0.0153
c7	0.0040	0.0035	0.0032	0.0029	0.0029	0.0025	0.0027	0.0026	0.0022	0.0022	0.0022	0.0021
c8	0.0131	0.0122	0.0114	0.0102	0.0104	0.0095	0.0108	0.0109	0.0098	0.0094	0.0093	0.0100
c9	0.0027	0.0024	0.0025	0.0021	0.0021	0.0018	0.0020	0.0019	0.0018	0.0016	0.0014	0.0016
c10	0.0678	0.0754	0.0840	0.0931	0.1013	0.1105	0.0894	0.0990	0.1100	0.1115	0.1120	0.1067

续表

年份 行业	2003	2004	2005	2006	2007	2008	2009	2010	2011	2012	2013	2014
c11	0.0744	0.0771	0.0765	0.0705	0.0711	0.0699	0.0721	0.0760	0.0759	0.0744	0.0746	0.0763
c12	0.0075	0.0069	0.0066	0.0062	0.0069	0.0061	0.0084	0.0074	0.0068	0.0068	0.0073	0.0073
c13	0.0096	0.0091	0.0087	0.0082	0.0082	0.0074	0.0087	0.0087	0.0080	0.0082	0.0087	0.0086
c14	0.0203	0.0218	0.0250	0.0176	0.0188	0.0216	0.0274	0.0320	0.0287	0.0220	0.0252	0.0242
c15	0.0252	0.0292	0.0298	0.0300	0.0324	0.0341	0.0293	0.0295	0.0283	0.0263	0.0240	0.0239
c16	0.0124	0.0129	0.0125	0.0128	0.0136	0.0135	0.0158	0.0135	0.0125	0.0133	0.0132	0.0144
c17	0.0681	0.0608	0.0575	0.0558	0.0468	0.0404	0.0443	0.0415	0.0372	0.0386	0.0414	0.0413
c18	0.1535	0.1523	0.1405	0.1347	0.1240	0.0971	0.1151	0.1178	0.0987	0.0961	0.1024	0.1145
c19	0.0258	0.0255	0.0249	0.0235	0.0246	0.0233	0.0254	0.0245	0.0228	0.0227	0.0226	0.0226
c20	0.0334	0.0379	0.0447	0.0431	0.0460	0.0464	0.0474	0.0500	0.0479	0.0496	0.0515	0.0228
c21	0.0361	0.0411	0.0456	0.0439	0.0479	0.0468	0.0474	0.0525	0.0503	0.0501	0.0520	0.0238
c22	0.0032	0.0029	0.0028	0.0028	0.0029	0.0026	0.0028	0.0027	0.0024	0.0026	0.0027	0.0028

数据来源：作者根据《中国工业经济统计年鉴》《中国贸易外经统计年鉴》《中国统计年鉴》整理计算。

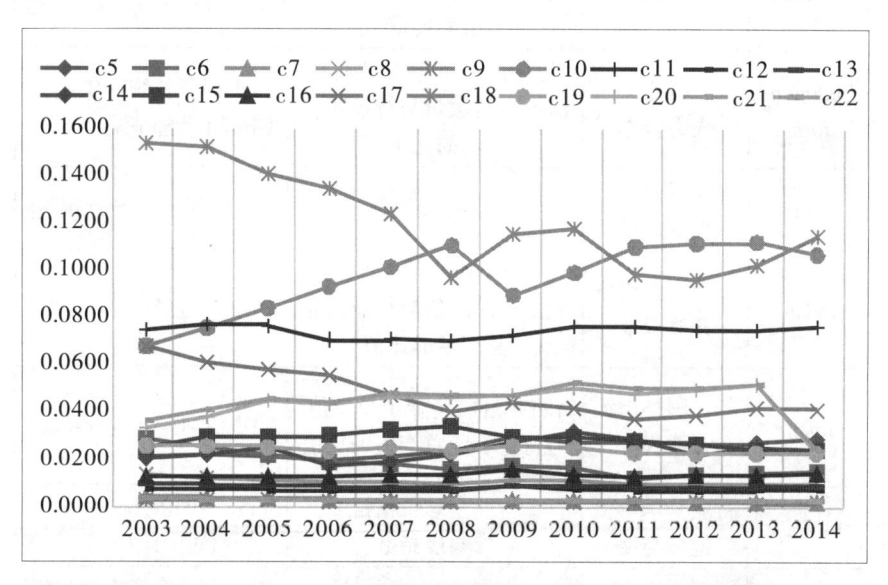

图8-1 2003—2014年制造业各行业部门进口渗透率变化趋势

资料来源：作者根据《中国工业经济统计年鉴》《中国贸易外经统计年鉴》《中国统计年鉴》整理计算。

为了回归结果的有效性,将所有计算得到的数据对数化,在不考虑调节变量的调节效应下,得到本小节回归估计的基准模型式8.2,回归分析中称为模型(5),该模型中纳入所有的解释变量。这样,主要变量的定义、度量方法和数据来源见表8-4。

$$\ln NRCA_{it} = \beta_0 + \beta_1 \ln kl_{it} + \beta_2 \ln rdratio_{it} + \beta_3 \ln humanratio_{it} + \beta_4 \ln ms_{it}$$
$$+ \beta_5 \ln dmo_{it} + \beta_6 \ln fmo_{it} + \beta_7 \ln GVCp_{it} + \varphi_i + \varphi_t + \varepsilon_{it} \quad (8.2)$$

表8-4 变量的度量方法与数据来源

变量	变量定义	度量方法	数据来源
ln$NRCA$	行业贸易竞争力	增加值贸易统计下修正的行业显示性比较优势指数	UN Comtrade数据库、WIOD数据库(WIOD2016)、WB数据库
lnkl	行业物质资本	物质资本占比:行业物质资本与行业职工数的比值	《中国工业经济统计年鉴》《中国统计年鉴》《中国劳动统计年鉴》
ln$rdratio$	行业技术	研发占比:行业科研经费内部支出与行业工业总产值的比值	《中国科技统计年鉴》《中国工业经济统计年鉴》
ln$human$-$ratio$	行业人力资本	人力资本占比:行业科技活动人员数量与行业职工数的比值	《中国科技统计年鉴》《中国工业经济统计年鉴》
lnms	行业市场规模	行业总产值	《中国工业经济统计年鉴》
lndmo	行业国内市场开放程度	外资参与度:行业外资企业工业总产值与行业工业总产值的比值	《中国工业经济统计年鉴》
lnfmo	行业国外市场开放程度	出口倾向:行业出口总值与行业工业总产值的比值	《中国工业经济统计年鉴》
ln$GVCp$	行业全球价值链参与度	行业全球价值链参与度指数	WIOD数据库(WIOD2016)
lnmr	行业进口渗透率	行业进口消费与行业国内总消费的比值	《中国工业经济统计年鉴》《中国贸易外经统计年鉴》《中国统计年鉴》

资料来源:作者整理。

对于传统要素和拓展要素的解释变量,为了比较不同解释变量对被解释变量影响的差异,基于基准模型(5),本小节构建了模型(1)至模型(4)。在分模型回归时,每一个分模型都纳入行业全球价值链参与度这一控制变量。对于调节变量行业进口渗透率将在式(8.7)中加以考察。模型(1)至模型(2)中为一个和两个传统要素解释变量与三个拓展要素解释变量,考察一个和两个传统要素解释变量对被解释变量的影响。模型(3)至模型(4)中各包含三个传统要素解释变量与一个和两个拓展要素变量,以便考察和模型(1)至模型(2)的影响差异。在模型(4)的基础上增加变量$\ln fmo_{it}$即为基准模型(5),基准模型(5)可以考察所有解释变量对行业贸易竞争力的影响。

模型(1),纳入$\ln kl_{it}$单一传统要素解释变量和三个拓展要素解释变量:

$$\ln NRCA_{it} = \beta_0 + \beta_1 \ln kl_{it} + \beta_2 \ln ms_{it} + \beta_3 \ln dmo_{it} + \beta_4 \ln fmo_{it}$$
$$+\beta_5 \ln GVCp_{it} + \varphi_i + \varphi_t + \varepsilon_{it} \qquad (8.3)$$

模型(2),纳入$\ln kl_{it}$和$\ln rdratio_{it}$两个传统要素解释变量和三个拓展要素解释变量:

$$\ln NRCA_{it} = \beta_0 + \beta_1 \ln kl_{it} + \beta_2 \ln rdratio_{it} + \beta_3 \ln ms_{it} + \beta_4 \ln dmo_{it}$$
$$+\beta_5 \ln fmo_{it} + \beta_6 \ln GVCp_{it} + \varphi_i + \varphi_t + \varepsilon_{it} \qquad (8.4)$$

模型(3),纳入$\ln kl_{it}$、$\ln rdratio_{it}$和$\ln humanratio_{it}$三个传统要素解释变量和$\ln ms_{it}$一个拓展要素解释变量:

$$\ln NRCA_{it} = \beta_0 + \beta_1 \ln kl_{it} + \beta_2 \ln rdratio_{it} + \beta_3 \ln humanratio_{it}$$
$$+\beta_4 \ln ms_{it} + \beta_5 \ln GVCp_{it} + \varphi_i + \varphi_t + \varepsilon_{it} \qquad (8.5)$$

模型(4),纳入$\ln kl_{it}$、$\ln rdratio_{it}$和$\ln humanratio_{it}$三个传统要素解释变量和$\ln ms_{it}$和$\ln dmo_{it}$两个拓展要素解释变量:

$$\ln NRCA_{it} = \beta_0 + \beta_1 \ln kl_{it} + \beta_2 \ln rdratio_{it} + \beta_3 \ln humanratio_{it} + \beta_4 \ln ms_{it}$$
$$+\beta_5 \ln dmo_{it} + \beta_6 \ln GVCp_{it} + \varphi_i + \varphi_t + \varepsilon_{it} \qquad (8.6)$$

同时纳入$\ln kl_{it}$、$\ln rdratio_{it}$和$\ln humanratio_{it}$三个传统要素解释变量和$\ln ms_{it}$、$\ln dmo_{it}$和$\ln fmo_{it}$三个拓展要素解释变量的模型,即式(8.2)所述的基准模型(5)。

$$\ln NRCA_{it} = \beta_0 + \beta_1 \ln kl_{it} + \beta_2 \ln rdratio_{it} + \beta_3 \ln humanratio_{it} + \beta_4 \ln ms_{it}$$
$$+\beta_5 \ln dmo_{it} + \beta_6 \ln fmo_{it} + \beta_7 \ln GVCp_{it} + \varphi_i + \varphi_t + \varepsilon_{it} \qquad (8.2)$$

四、实证过程与结果

(一)变量的描述性统计和多重共线性分析

1.变量的描述性统计分析

表8-5给出了主要变量的统计描述,列出了被解释变量、解释变量、控制变量和调节变量的均值、最大值、最小值和标准差,表明样本数据质量良好,为18个行业、12年的平衡面板数据,样本量为216。

表8-5 变量的描述性统计

变量	样本量	个体	时间	均值	最大值	最小值	标准差
ln$NRCA$	216	18	12	0.166	1.201	−1.25	0.542
lnkl	216	18	12	2.048	3.884	0.898	0.615
ln$rdratio$	216	18	12	−4.965	−3.666	−8.181	0.765
ln$humanratio$	216	18	12	−3.810	−2.463	−6.410	0.827
lnms	216	18	12	9.682	11.67	6.579	1.131
lndmo	216	18	12	−2.623	−0.522	−4.252	0.769
lnfmo	216	18	12	−2.204	−0.401	−4.632	0.871
ln$GVCp$	216	18	12	−1.135	−0.397	−2.107	0.350
lnmr	216	18	12	−3.994	−1.874	−6.581	1.194

数据来源:作者整理。

2.变量的多重共线性分析

考虑到本研究的样本容量,选取的解释变量与控制变量之间可能具有共同的时间趋势,可能存在着线性相关。为避免存在严重的多重共线性,采用两种方法进行多重共线性检验。[1]

检验方法1:根据变量的"方差膨胀因子"VIF值的大小,若最大的VIF值不超过10,则不必担心变量间存在严重的多重共线性。根据表8-6变量的多重共线性分析结果所示,在6组VIF值中,最大的都不超过10,可以初步判断变量间不存在严格的多重共线性。其中,$VIF1$对应模型(1)、$VIF2$对应模型(2)、$VIF3$对应模型(3)、$VIF4$对应模型(4)、$VIF5$对应模型(5)、$VIF6$对应纳入调节变量的模型(6)。

---

[1] 如前文所述,本章节的基准模型中未纳入全球价值链地位指数,因为加入拓展要素解释变量后,经过变量的多重共线性检验结果发现,存在严重的多重共线性问题,因此模型中未纳入该变量。

表8-6 变量的多重共线性分析结果

变量	VIF1	VIF2	VIF3	VIF4	VIF5	VIF6
ln*kl*	8.52	8.59	2.20	2.25	9.34	9.40
ln*rdratio*	—	1.40	6.38	6.49	6.49	6.50
ln*humanratio*	—	—	8.29	8.36	8.36	8.43
ln*ms*	1.30	1.32	1.43	1.45	1.45	1.84
ln*dmo*	2.58	2.93	—	1.63	2.95	3.12
ln*fmo*	8.95	8.95	—	—	8.96	8.14
ln*GVCp*	1.51	1.53	1.09	1.12	1.54	1.71
ln*mr*	—	—	—	—	—	2.31
Mean *VIF*	4.37	3.95	3.88	3.55	5.44	5.18

数据来源:作者根据相关资料计算整理。

检验方法2:根据变量间的相关系数判断,若变量间的相关系数不大于0.8,则不必担心模型设定存在严格的多重共线性问题。如表8-7所示,各变量的相关系数都不超过0.8,表明各变量间不存在严格的多重共线性。

表8-7 变量的相关系数矩阵

	ln*NRCA*	ln*kl*	ln*rdratio*	ln*humanratio*	ln*ms*	ln*dmo*	ln*fmo*	ln*GVCp*	ln*mr*
ln*NRCA*	1								
ln*kl*	−0.240***	1							
ln*rdratio*	−0.407***	0.0226	1						
ln*humanratio*	−0.460***	0.418***	0.760***	1					
ln*ms*	0.182***	0.429***	0.203***	0.444***	1				
ln*dmo*	−0.316***	0.337***	0.492***	0.587***	0.350***	1			
ln*fmo*	0.285***	−0.795***	0.231***	−0.105*	−0.250***	0.146**	1		
ln*GVCp*	0.271***	0.114*	0.252***	0.286***	0.111	0.286**	0.236***	1	
ln*mr*	−0.0372	0.426***	0.387***	0.570***	0.614***	0.507***	−0.159***	0.362***	1

注:*、**、***分别表示在10%、5%、1%的置信区间上显著,变量间的相关系数符号不能准确反映二者之间的正负相关关系。

数据来源:作者根据相关资料计算整理。

通过上述两种方法展开的多重共线性检验,可以判断模型选定的变量间不存在严格的多重共线性,不必担心解释变量、控制变量和调节变量间存在多重共线性可能对回归结果产生的回归偏误。

(二)回归方法的选用与相关检验

1.POLS、面板FE与面板RE的选择

对于2003至2014年中国制造业18个行业的面板数据,作为回归结果的参照系,首先不区分制造业行业数据的行业个体差异和时间差异,采用混合最小二乘法POLS回归估计,回归结果发现大部分解释变量的系数与理论预期不符,且部分回归结果不显著,整体表明采用POLS方法估计是有偏的。究其原因,可能是由于面板数据中存在明显的个体效应和时间效应,不同年份、制造业各个行业间存在明显的相对差异。因此,需要进一步考虑采用面板固定效应模型或随机效应模型进行回归估计。

接着,考虑到面板数据可能存在着个体差异和时间差异,采用面板固定效应FE模型和RE模型进行了回归估计,并对POLS、FE、RE方法分别进行了F检验和Hausman检验,检验结果见表8-8。对于POLS与FE方法,检验结果表明应该采用FE模型回归,回归结果见表8-11中回归结果显示的第一列"FE",即模型(1):可知解释变量资本劳动比lnkl不显著,研发占比lnrdratio在10%水平上显著,人力资本占比lnhumanratio在1%置信区间显著为负,市场规模lnms在1%水平上显著,国内市场开放程度lndmo不显著,国外市场开放程度在1%水平上显著。对于面板FE和RE的选择,通过Hausman检验发现P值为0.000,表明面板FE优于面板RE方法。但面板FE模型回归的部分解释变量并不显著,这可能是因为面板FE和RE模型在组间同方差假设下估计是有效的,而本研究样本数据可能存在组间异方差。因而,需要进一步考虑进行组间异方差检验。

表8-8 选用POLS、FE和RE的F检验、Hausman检验结果

F test	F(17,180)=76.14	Prob>F=0.0000
Hausman test	chi2(8)=51.46	Prob>chi2=0.0000

数据来源:作者运用Stata15计算整理。

2.组间异方差与组内自相关检验

由于面板固定效应FE模型在组间同方差条件下才是有效的,因此,进

一步进行组间异方差检验,以确定是否存在组间异方差、面板FE方法是否有效。组间异方差Wald检验的原假设为"组间同方差",在面板固定效应FE模型回归后,Wald检验的结果显示P值等于0.0000,见表8-9,表明强烈拒绝"组间同方差"的原假设,即样本数据存在组间异方差,采用面板FE模型估计是有偏的,故FE估计后部分解释变量的系数并不显著。

样本数据在存在组间异方差的同时,很有可能还存在组内自相关。因此,接下来进行组内自相关检验;组内自相关Wooldridge检验的原假设是"不存在组内自相关",Wooldridge检验结果显示P值等于0.0000,如表8-9所示,表明强烈拒绝"不存在组内自相关"的原假设,即样本数据存在组内自相关。

表8-9 组间异方差Wald检验与组内自相关Wooldridge检验结果

Wald test	chi2(18)=1435.22	Prob>chi2=0.0000
Wooldridge test	$F(1,17)=41.627$	Prob>F=0.0000

数据来源:作者运用Stata15计算整理。

这样,结合样本数据的组间异方差和组内自相关检验结果,采用传统的面板FE模型回归估计是有偏的,接下来进一步考虑内生性问题。

3.内生性偏误检验

在经济学实证分析中,内生性问题是普遍关注和需要讨论的问题,需要考察解释变量与被解释变量之间是否存在互为因果的关系,即解释变量与被解释变量之间是否相互影响。正如前文所述,解释变量行业资本劳动比 *kl*、研发占比 *rdratio*、人力资本数量 *humanratio* 与行业贸易竞争力 *NRCA* 之间可能存在逆向因果关系,因此,需要进行以上解释变量的内生性检验。

在内生性检验过程中,参考陈强(2014)、连玉君等(2008)、王智波和李长洪(2015)、余东华等(2018),采用上述疑似内生解释变量的滞后项作为工具变量实施变量的内生性检验。运用面板工具变量回归方法,并控制个体的固定效应对基准模型(5),即式(8.2)进行回归估计;若检验结果显示存在内生变量,则需要考虑使用工具变量法或其他回归估计方法。

在内生性检验方法的选择上,Wald检验表明样本数据存在组间异方差,传统Hausman检验无效;需要采用"D-W-H"检验,但"D-W-H"检验统计量为负值,无法得到检验结果。因此,采用D-M检验,检验结果见表8-10。

表8-10 解释变量内生性D-M检验结果

	(1)	(2)	(3)
ln*kl*	−0.0180	−0.00200	−0.0190
	(0.10)	(0.22)	(0.09)
ln*rdtatio*	0.0570	−0.0840	0.0870
	(0.04)	(1.01)	(0.07)
ln*humanratio*	−0.064*	0.0380	−0.0960
	(0.03)	(0.73)	(0.07)
ln*ms*	0.172***	0.142	0.178***
	(0.03)	(0.23)	(0.03)
ln*dmo*	−0.0340	−0.0500	−0.0290
	(0.04)	(0.14)	(0.04)
ln*fmo*	0.224***	0.262	0.213***
	(0.06)	(0.31)	(0.06)
ln*GVCp*	−0.184*	−0.167	−0.177*
	(0.10)	(0.17)	(0.10)
常数项	−1.231***	−1.225***	−1.265***
	(0.27)	(0.28)	(0.28)
个体固定效应	是	是	是
样本量	198	198	198
个体	18	18	18
时间	12	12	12
*F*检验	74.36	68.99	68.6
(Prob>*F*)	(0.0000)	(0.0000)	(0.0000)
Wald检验(Prob>chi2)	672.11	623.6	668.6
	(0.0000)	(0.0000)	(0.0000)
D-M检验	0.0601	0.0208	0.3073
(*P*-value)	(0.8067)	(0.8854)	(0.58)
R^2	0.2480	0.2227	0.2444

注：变量系数括号内为se(稳健标准误)，相应检验括号内为*P*值，*、**、***分别表示在10%、5%、1%的置信区间上显著。

资料来源：作者运用Stata15计算整理。

表8-10第(1)列显示的是假设资本劳动比为内生解释变量的D-M检验结果:P值为0.8067,表明接受了"所有解释变量外生性"的原假设,解释变量kl为外生变量。第(2)列显示的是假设研发占比为内生解释变量的D-M检验结果:P值为0.8854,表明接受了"所有解释变量外生性"的原假设,解释变量rdratio为外生变量。第(3)列显示的是假设人力资本占比为内生解释变量的D-M检验结果:P值为0.58,表明接受了"所有解释变量外生性"的原假设,解释变量humanratio为外生变量。

本书考察了解释变量与被解释变量之间互为因果可能造成的内生性问题,检验结果表明:模型不需要采用面板工具变量法或其他解决变量内生性的估计方法。表8-10中回归结果的大部分解释变量都不显著,表明工具变量法存在估计偏误。

(三)模型回归与结果分析

1.模型回归结果

综合上述F检验、Hausman检验、Wald检验、Wooldridge检验和D-M检验的检验结果,不需要考虑样本数据的内生性问题,但存在组间异方差和组内自相关,采用全面的FGLS回归方法是有效的,可以解决组间异方差和组内自相关问题。因此,本小节采用FGLS方法分别对模型(1)至模型(5),即对式8.3、式8.4、式8.5、式8.6和式8.2进行回归估计,并对回归结果进行比较分析,以比较不同解释变量对被解释变量的影响差异,相关回归结果见表8-11。

表8-11　制造业行业部门要素结构变化与行业贸易竞争力关系的回归结果

	模型(5)	模型(1)	模型(2)	模型(3)	模型(4)	模型(5)
	FE	FGLS	FGLS	FGLS	FGLS	FGLS
lnkl	0.140	0.135***	0.123***	0.062***	0.081***	0.142***
	(0.09)	(0.02)	(0.02)	(0.01)	(0.03)	(0.02)
ln$rdratio$	0.063*		0.011***	0.025***	0.034***	0.022***
	(0.04)		(0.00)	(0.00)	(0.01)	(0.00)
ln$humanratio$	−0.095***			−0.017***	−0.024***	−0.023***
	(0.03)			(0.00)	(0.01)	(0.00)
lnms	0.509***	0.386***	0.386***	0.309***	0.348***	0.402***
	(0.08)	(0.02)	(0.02)	(0.01)	(0.01)	(0.01)
lndmo	0.0150	0.027***	0.027***		0.040***	0.040***
	(0.05)	(0.01)	(0.01)		(0.01)	(0.01)

续表

	模型(5) FE	模型(1) FGLS	模型(2) FGLS	模型(3) FGLS	模型(4) FGLS	模型(5) FGLS
lnfmo	0.242***	0.145***	0.142***			0.135***
	(0.05)	(0.01)	(0.01)			(0.01)
ln$GVCp$	−0.357***	−0.294***	−0.308***	−0.160***	−0.211***	−0.309***
	(0.13)	(0.02)	(0.02)	(0.01)	(0.01)	(0.01)
常数项	−4.440***	−4.443***	−4.327***	−3.228***	−3.573***	−4.600***
	(0.61)	(0.19)	(0.36)	(0.11)	(0.17)	(0.16)
个体固定效应	是	是	是	是	是	是
时间固定效应	是	是	是	是	是	是
样本量	216	216	216	216	216	216
个体	18	18	18	18	18	18
时间	12	12	12	12	12	12
R^2	0.4082					
F检验	76.14					
(Prob>F)	(0.0000)					
Hausman检验	51.46					
(Prob>chi2)	(0.0000)					
Wald检验		1210.74	1204.51	542.96	645.13	1435.22
(Prob>chi2)		(0.0000)	(0.0000)	(0.0000)	(0.0000)	(0.0000)
Wooldridge检验		46.089	42.638	32.193	33.192	41.627
(Prob>F)		(0.0000)	(0.0000)	(0.0000)	(0.0000)	(0.0000)
D-M检验		0.3436	0.3434	0.1769	0.1285	0.0601
(P-value)		(0.5585)	(0.5587)	(0.6745)	(0.7204)	(0.8067)

注：变量系数括号内为se(稳健标准误)，相关检验括号内为P值，*、**、***分别表示在10%、5%、1%的置信区间上显著。以资本劳动比的滞后项作为工具变量进行内生性D-M检验。

资料来源：作者运用Stata15计算整理。

2.模型回归结果分析

不同解释变量的选取，通过不同模型的回归结果比较，既可以比较不同解释变量对被解释变量影响的变化程度，从某种程度上又起到回归结果稳健性检验的效果。首先对模型(1)至模型(5)回归方法的选取进行解释和说明，上述模型先后通过Wald检验、Wooldridge检验和D-M检验，表明各模型数据都存在组间异方差和组内自相关，并且不需要考虑内生性问题，采用FGLS回归方法是有效的。

表8-11中的第一列，是作为回归结果的参照系，采用面板FE方法对

基准模型(5)回归的结果,F检验和Hausman检验表明面板FE回归优于POLS和面板RE回归,且相应系数大多数通过了显著性检验,但解释变量行业物质资本和行业国内市场开放程度的回归系数不显著,可能是由于面板数据存在组间异方差和组内自相关的原因,FE方法对组间异方差估计存在偏误,采用FGLS方法更有效。

表8-11中的第六列,是采用FGLS方法对基准模型(5)的回归结果,该模型纳入了所有的解释变量,考察不同解释变量对被解释变量的影响,是回归结果比较的基础,因此,先对该模型回归结果进行分析和讨论。与第一列FE方法回归结果相比,回归结果更加显著,说明采用FGLS估计更有效。变量行业物质资本的回归系数为0.142,且在1%水平显著,表明行业资本劳动比每增加一个百分点将带来行业贸易竞争力0.142%的提升,具有显著的促进作用。变量行业技术的系数为0.022,通过了1%显著性检验,表明行业技术占比每提高一个百分点将带来行业贸易竞争力0.022%的提升,具有显著的促进作用。变量行业人力资本的回归系数为-0.023,在1%水平显著,表明行业人力资本的投入对行业贸易竞争力具有显著的抑制性;该项系数与理论预期依然不符,可能是因为人力资本在行业内及行业间存在错配,以及人力资本专用性等原因所造成,导致人力资本的配置不仅没有达到最优的产出水平,反而抑制了相应的产出水平,阻碍了行业贸易竞争力的提升。变量行业市场规模的系数为0.402,且通过了1%的显著性检验,表明行业规模对行业贸易竞争力的正向促进作用很明显,行业规模每扩大一个百分点,将带来行业贸易竞争力0.402%的提升。变量行业国内市场开放程度的回归系数为0.040,在1%水平显著,表明行业国内市场开放程度每提高一个百分点,将带来行业贸易竞争力0.040%的提升。变量行业国外市场开放程度的系数为0.135,且通过了1%的显著性检验,表明行业国外市场开放程度对行业贸易竞争力的正向促进作用很明显,行业国外市场开放程度每提升一个百分点,将带来行业贸易竞争力0.135%的提升。另外,变量行业全球价值链参与度的系数为-0.309,且在1%水平显著,表明行业全球价值链参与度与行业贸易竞争力是负相关关系。这和中国制造业行业部门整体更多地参与后向关联的全球价值链分工相对应,处于全球价值链的低端,更多的是进口中间品开展加工贸易,生产出口本国低附加值的制成品。

表8-11中的第二列,模型中包括一个传统要素物质资本和三个拓展要素市场规模、国内市场开放程度与国外市场开放程度,是采用FGLS方法对模型(1)的回归结果。与第六列模型(5)相比,各解释变量和控制变量的

显著性没有发生变化,依然通过了1%的显著性检验,检验了基准模型回归结果的稳健性。进一步比较发现,在未控制行业技术和行业人力资本要素的情况下,模型各变量的回归系数都发生了细微的变化,表明不同解释变量的选取的确会改变解释变量对被解释变量的影响程度。具体而言,变量行业物质资本的系数从0.142变为0.135,表明轻微地减弱了正向促进作用;变量行业市场规模的系数从0.402变为0.386,表明轻微地减弱了正向促进作用;变量行业国内市场开放程度的系数0.040变为0.027,降低了行业国内市场开放程度对行业贸易竞争力的正向促进作用;变量行业国外市场开放程度的系数从0.135变为0.145,表明行业国外市场开放程度增强了对行业贸易竞争力的正向促进作用;控制变量行业全球价值链参与度的系数从-0.309变为-0.294,该抑制作用变化不明显。从上述回归结果的比较分析发现,基准模型的回归结果具有较好的稳健性。

表8-11中的第三列,模型中包括两个传统要素物质资本与技术和三个拓展要素市场规模、国内市场开放程度与国外市场开放程度,是采用FGLS方法对模型(2)的回归结果。与第六列模型(5)相比,各解释变量和控制变量的显著性没有变化,都通过了1%的显著性检验,从某种程度上起到了回归结果稳健性检验的效果。进一步比较发现,在未控制行业人力资本的情况下,模型各变量的回归系数都发生了细微的变化,同样表明不同解释变量的选取的确会改变解释变量对被解释变量的影响程度。具体而言,变量行业物质资本的系数从0.142变为0.123,表明减弱了正向促进作用;变量行业技术的系数从0.022变为0.011,表明减弱了正向促进作用;变量行业市场规模的系数从0.402变为0.386,表明轻微地减弱了正向促进作用;变量行业国内市场开放程度的系数0.040变为0.027,降低了行业国内市场开放程度对行业贸易竞争力的正向促进作用;变量行业国外市场开放程度的系数从0.135变为0.142,表明行业国外市场开放程度提高了对行业贸易竞争力的正向促进作用;变量行业全球价值链参与度的系数从-0.309变为-0.308,该抑制作用变化不明显。从上述回归结果的比较分析发现,基准模型的回归结果依然具有较好的稳健性。

表8-11中的第四列,模型中包括三个传统要素物质资本、技术与人力资本和一个拓展要素市场规模,是采用FGLS方法对模型(3)的回归结果。与第六列模型(5)相比,各解释变量和控制变量的显著性没有变化,都通过了1%的显著性检验,表明基准模型的回归结果具有较好的稳健性。进一步比较发现,在未控制行业国内市场开放程度与国外市场开放程度的情况下,模型各变量的回归系数都发生了细微的变化,同样表明不同解释变量

的选取的确会改变解释变量对被解释变量的影响程度。具体而言,变量行业物质资本的系数从0.142变为0.062,表明减弱了正向促进作用;变量行业技术的系数从0.022变为0.025,表明增强了正向促进作用;变量行业人力资本的系数从-0.023变为-0.017,表明减弱了人力资本对贸易竞争力的负向影响;变量行业市场规模的系数从0.402变为0.309,表明减弱了正向促进作用;变量行业全球价值链参与度的系数从-0.309变为-0.160,表明明显地减弱了该抑制作用。从上述回归结果的比较分析发现,基准模型的回归结果仍具有较好的稳健性。

表8-11中的第五列,模型中包括三个传统要素物质资本、技术与人力资本和两个拓展要素市场规模与行业国内市场开放程度,是采用FGLS方法对模型(4)的回归结果。与第六列模型(5)相比,各解释变量和控制变量的显著性没有变化,都通过了1%的显著性检验,从某种程度上起到了回归结果稳健性检验的效果。进一步比较发现,在未控制行业国外市场开放程度的情况下,模型各变量的回归系数都发生了细微的变化,同样表明不同解释变量的选取的确会改变解释变量对被解释变量的影响程度。具体而言,变量行业物质资本的系数从0.142变为0.081,表明减弱了行业物质资本对贸易竞争力的正向促进作用;变量行业技术的系数从0.022变为0.034,表明增强了正向促进作用;变量行业人力资本的系数从-0.023变为-0.024,表明人力资本对贸易竞争力的负向抑制作用没有发生大的变化;变量行业市场规模的系数从0.402变为0.348,表明减弱了正向促进作用;变量行业国内市场开放程度的系数仍为0.040,表明该项的正向促进作用没有发生改变;变量行业全球价值链参与度的系数从-0.309变为-0.211,表明较明显地减弱了该项的抑制作用。从上述回归结果的比较分析发现,基准模型的回归结果依然具有较好的稳健性。

由于上述回归变量人力资本的系数都为负,且保持了较好的一致性,这与理论预期不符,需要进一步考虑人力资本是否在不同区间内对制造业贸易竞争力的影响存在差异,需要考虑是否是因为过多的人力资本投入抑制了贸易竞争力的提升,是否存在一个人力资本投入的门槛,在达到这个门槛前,人力资本对贸易竞争力起到促进作用,当超过这个门槛值时,二者之间转变为抑制作用。[①]由于人力资本为外生变量,借助Hansen(1999)提出的门槛效应模型,检验不同区间内人力资本对制造业贸易竞争力的影响

---

① 对基准模型设定的函数形式进行了"Link检验"和"Reset检验",确定没有遗漏高阶非线性项,采用线性模型是可靠的。加入平方项后,平方项系数依然为负,不显著,表明不存在非线性影响,可以开展门槛检验。

是否不同。将人力资本设置为门槛变量,与前文相一致,采用更高精度1000次的BP(Bootstrap)自助抽样次数,设置0.05的异常值去除比例,分别设置单一门槛和双门槛,检验是否存在着门槛效应,若存在门槛,则进一步确定门槛的数量,进行门槛模型回归估计。表8-12为单一门槛检验结果,检验结果显示LM估计统计值的P值为0.4040,表明接受了"不存在门槛效应"的原假设,模型中人力资本不是门槛变量。接着进行了双门槛检验,表8-13显示单门槛LM估计统计值的P值为0.3660,双门槛LM估计统计值的P值为0.3010,表明接受了"不存在门槛效应"的原假设,人力资本不是门槛变量。

表8-12 单一门槛检验结果

	门槛值	MSE	F值	P值	10%临界值	5%临界值	1%临界值
单门槛检验	-2.8810	0.0089	20.07	0.4040	30.0236	34.8629	45.7229

数据来源:作者运用Stata15计算整理。

表8-13 双门槛检验结果

	门槛值	MSE	F值	P值	10%临界值	5%临界值	1%临界值
单门槛检验	-2.8810	0.0092	16.50	0.3690	25.0172	28.9825	38.4916
双门槛检验	-5.1445	0.0085	16.89	0.2130	21.5206	24.1500	32.2941

数据来源:作者运用Stata15计算整理。

(四)拓展要素与传统要素视角回归结果的比较

为了比较拓展要素与传统要素不同视角下解释变量回归结果系数显著性、符号和大小的差异,结合第六章基于传统要素视角的要素结构与贸易竞争力关系分析的表6-10的第三列,对比表6-10的第三列和表8-11的第六列,相关基准模型解释变量的回归系数统计见表8-14。其中,第一列为拓展要素的回归结果,第二列为传统要素的回归结果。通过回归系数的显著性、符号和大小比较,本书发现:解释变量的符号和显著性保持了基本一致,系数大小存在一定差异;相对于传统要素回归结果而言,在拓展要素视角下,物质资本的回归系数为0.142,大于传统要素视角的0.083,表明在拓展要素视角下,物质资本对贸易竞争力的正向促进作用更大;技术要素的回归系数为0.022,略大于传统要素视角下的0.020,表明细微地增强了技术对贸易竞争力的正向促进作用；人力资本的系数由-0.008变为-0.023,在5%置信区间显著,表明拓展要素视角下,中国制造业行业部门内部和行业部门之间同样可能存在着人力资本错配的问题,并且人力资本对贸易竞争力的负向抑制作用得到了强化。另外,考虑拓展要素的影响因素市场规模,在1%水平上显著,系数为0.402,表明行业市场规模对制造业贸易竞争力有显著促进作用；考虑到拓展要素的影响因素国内外市场开放程度,都在1%置信区间显著,系数分别为0.040和0.135,说明国外市场开放程度对制造业贸易竞争力的促进作用明显大于国内市场开放程度；拓展要素回归结果都显著为正,对制造业行业贸易竞争力有明显的促进与保障作用。

表8-14 拓展要素与传统要素解释变量实证结果对比

解释变量	(1) 拓展要素	(2) 传统要素
物质资本	0.142***	0.083***
	(0.02)	(0.02)
技 术	0.022***	0.020***
	(0.00)	(0.00)
人力资本	-0.023***	-0.008**
	(0.00)	(0.00)
市场规模	0.402***	
	(0.01)	
国内市场开放程度	0.040***	
	(0.01)	
国外市场开放程度	0.135***	
	(0.01)	

注:变量系数括号内为se(稳健标准误),相关检验括号内为P值,*、**、***分别表示在10%、5%、1%的置信区间上显著。

资料来源:作者运用Stata15计算整理。

上述解释变量系数大小的变化,可能是由于在拓展要素视角下,增加了解释变量市场规模、国内市场开放程度和国外市场开放程度,作为拓展要素的培育与投入,为传统要素发挥作用起到了保障,进而强化了物质资本和技术对贸易竞争力的促进作用。

通过上述分析,无论是传统要素的视角,还是拓展要素的视角,物质资本、技术和人力资本与贸易竞争力的关系得到了近似的结果。但是,仅仅从传统要素视角可能不能全面认识和解释经济现象,不能全面地揭示行业要素结构变化对行业贸易竞争力的影响。基于拓展要素的视角,结合传统要素、经济要素和经济全球化要素,既是全球价值链要素分工的体现,又可以进一步拓展认识其他要素与贸易竞争力的关系,可以更全面地揭示行业要素结构变化对行业贸易竞争力的影响,进而可以更加有针对性地提出相应的对策建议。

传统要素是制造业行业提升贸易竞争力的基础,经济要素和经济全球化要素等拓展要素为行业贸易竞争力的提升提供支持和保障。传统要素与拓展要素都与行业贸易竞争力有关,是影响行业贸易竞争力的主要因素。从拓展要素视角能更全面地认识影响制造业行业贸易竞争力的因素。基于拓展要素视角地研究,不仅扩大了制造业行业贸易竞争力影响因素的研究范围,而且间接地解释和验证了本书重释与重构的贸易优势。随着更多经济要素和经济全球化要素可以被量化,对要素结构变化影响行业贸易竞争力的研究可以进一步加以扩展。

(五)稳健性检验

在表8-15的第一列基准模型式(8.2)回归结果的基础上,本小节通过替换代理变量和增加调节变量的方法进一步检验模型回归结果的稳健性。分别替换技术和人力资本的代理变量,以及增加行业进口渗透率的调节变量,各自对应模型(2)至模型(4)。通过对模型(2)至模型(4)的回归结果与基准模型(1)的回归结果比较分析,可知基准模型回归结果具有较好的稳健性。

表8-15 稳健性检验与调节效应回归结果

	(1) 基准回归	(2) 稳健性检验一	(3) 稳健性检验二	(4) 稳健性检验三	(5) 调节效应
$\ln kl$	0.142***	0.150***	0.131***	0.143***	0.0670
	(0.02)	(0.03)	(0.02)	(0.02)	(0.08)
$\ln rdratio$	0.022***		0.022***	0.021***	−0.076***
	(0.00)		(0.01)	(0.00)	(0.03)
$\ln humanratio$	−0.023***	−0.028***		−0.023***	0.124***

续表

	（1）基准回归	（2）稳健性检验一	（3）稳健性检验二	（4）稳健性检验三	（5）调节效应
	（0.00）	（0.01）		（0.00）	（0.02）
lnms	0.402***	0.410***	0.389***	0.401***	0.266***
	（0.01）	（0.02）	（0.02）	（0.01）	（0.04）
lndmo	0.040***	0.030***	0.042***	0.043***	0.003
	（0.01）	（0.01）	（0.01）	（0.01）	（0.03）
lnfmo	0.135***	0.149***	0.141***	0.132***	−0.055
	（0.01）	（0.01）	（0.01）	（0.01）	（0.05）
ln$GVCp$	−0.309***	−0.332***	−0.311***	−0.306***	−0.291***
	（0.01）	（0.02）	（0.02）	（0.01）	（0.02）
lnrd_qe		0.025***			
		（0.00）			
ln$human\_qe$			−0.014***		
			（0.00）		
lnmr				−0.0130	−0.320***
				（0.01）	（0.06）
lnkl×lnmr					−0.106
					（0.36）
ln$rdratio$×lnmr					0.725***
					（0.16）
ln$humanratio$×lnmr					−1.092***
					（0.15）
lnms×lnmr					1.500***
					（0.21）
lndmo×lnmr					0.348**
					（0.17）
lnfmo×lnmr					0.994***
					（0.30）
常数项	−4.600***	−4.599***	−4.335***	−4.636***	−5.061***
	（0.16）	（0.15）	（0.19）	（0.16）	（0.25）
个体固定效应	是	是	是	是	是
时间固定效应	是	是	是	是	是
样本量	216	216	216	216	216

续表

	（1）基准回归	（2）稳健性检验一	（3）稳健性检验二	（4）稳健性检验三	（5）调节效应
个体	18	18	18	18	18
时间	12	12	12	12	12
Wald检验	1435.22	845.22	1239.88	1589.26	1088.22
(Prob>chi2)	(0.0000)	(0.0000)	(0.0000)	(0.0000)	(0.0000)
Wooldridge检验	41.627	41.709	42.214	41.529	72.894
(Prob>F)	(0.0000)	(0.0000)	(0.0000)	(0.0000)	(0.0000)
D-M检验	0.0601	0.0432	0.1518	0.0024	0.6825
(P-value)	(0.8067)	(0.8355)	(0.6973)	(0.9613)	(0.1331)
回归方法	FGLS	FGLS	FGLS	FGLS	FGLS

注：变量系数括号内为se（稳健标准误），相关检验括号内为P值，*、**、***分别表示在10%、5%、1%的置信区间上显著。以资本劳动比的滞后项作为工具变量进行内生性D-M检验。

资料来源：作者运用Stata15计算整理。

1. 研发强度作为技术的代理变量

与采用行业研发占比（rdratio）作为技术要素的代理变量类似，可以采用行业研发强度（rd_qe）作为技术的代理变量，行业研发强度为行业科研经费内部支出与行业企业数的比值，单位为万元/个。相关数据见表6-13《2003—2014年制造业各行业部门研发强度》。

表8-15的第二列是将行业研发占比lnrdratio替换为行业研发强度lnrd_qe的回归结果，与第一列基准模型回归结果相比，替换解释变量后，各系数回归结果的显著性并没有发生变化，保持在1%水平上显著，且回归系数并未发生明显变化。具体而言，资本劳动比的系数由0.142变为0.150，表明增强了物质资本对贸易竞争力的正向影响；技术要素的系数从0.022变化为0.025，表明采用行业研发强度替代行业研发占比后，增强了技术对贸易竞争力的正向影响；人力资本要素的系数从-0.023变为-0.028，表明替换技术要素代理变量后，人力资本对贸易竞争力的负向影响得到强化；变量市场规模的系数由0.402变为0.410，表明增强了市场规模对贸易竞争力的正向影响；国内市场开放程度的系数从0.040变化为0.030，表明弱化了国内市场开放程度对贸易竞争力的正向促进作用；国外市场开放程度的系数由0.135变为0.149，表明增强了国外市场开放程度对贸易竞争力的正向促进作用；控制变量全球价值链地位的系数由-0.309变为-0.332，强化

了全球价值链地位对贸易竞争力的抑制性。从上述替换技术要素代理变量的回归结果比较分析来看,回归系数的显著性没有变化,系数的符号不变,回归系数的大小只是出现了细微的改变,说明原模型回归结果具有较好的稳健性,是可靠的。并且,通过Wald检验、Wooldridge检验、D-M检验,表明面板数据存在组间异方差和组内自相关,并且不存在内生性,采用FGLS回归是有效的。

2.单位企业人力资本拥有量作为人力资本的代理变量

除了采用行业科技活动人员数量与行业职工数之比作为行业人力资本占比的代理变量外,与技术要素替代变量的选取类似,本小节采用行业科技活动人员数量与行业企业数之比,即单位企业人力资本拥有量作为行业人力资本要素的另一代理变量 $human\_qe$,以替代 $humanratio$,对回归结果进行稳健性检验,相关数据见表7-11《2003—2014年制造业各行业部门单位企业人力资本拥有量》,数据来源于样本期内历年的《中国工业经济统计年鉴》和《中国科技统计年鉴》。

表8-15的第三列是将行业人力资本占比 $lnhumanratio$ 替换为单位企业人力资本拥有量 $lnhuman\_qe$ 的回归结果,与基准模型的第一列进行比较。替换解释变量后,各系数回归结果的显著性依然没有发生变化,保持在1%水平显著,且回归系数并未发生明显变化。具体而言,资本劳动比的系数由0.142变为0.131,弱化了物质资本对贸易竞争力的正向促进作用;技术要素的系数不变,没有改变技术对贸易竞争力的影响;人力资本要素的系数从-0.023变为-0.014,表明人力资本替换代理变量后,弱化了人力资本对贸易竞争力的负向影响;变量市场规模的系数由0.402变为0.389,表明弱化了市场规模对贸易竞争力的正向影响;国内市场开放程度的系数从0.040变化为0.042,表明增强了国内市场开放程度对贸易竞争力的正向促进作用;国外市场开放程度的系数由0.135变为0.141,表明增强了国外市场开放程度对贸易竞争力的正向促进作用;控制变量全球价值链地位的系数由-0.309变为-0.311,表明增强了全球价值链地位对贸易竞争力的抑制作用。从上述替换技术要素代理变量的回归结果比较分析来看,回归系数的显著性和符号没有变化,回归系数的大小只是出现细微的改变,亦表明原模型回归结果具有较好的稳健性,是可靠的。并且,通过Wald检验、Wooldridge检验、D-M检验,表明面板数据存在组间异方差和组内自相关,并且不存在内生性,采用FGLS回归是有效的。

3. 增加调节变量行业进口渗透率

在开展稳健性检验时,除了前文采用增减解释变量的方法和替换解释变量的代理变量方法外,本小节拟在基准模型中增加调节变量行业进口渗透率(mr)。此时,虽不能进行调节效应分析,但可以进一步开展基准模型回归结果的稳健性检验,亦能为调节变量的选取提供支撑与佐证。若变量行业进口渗透率的系数不显著,其可能是一个良好的调节变量。[①]行业进口渗透率的数据见表8-3《2003—2014年制造业各行业部门进口渗透率》。

表8-15的第四列是增加调节变量行业进口渗透率$\ln mr$的回归结果,可以与基准模型的第一列进行比较,增加调节变量后,除调节变量外,各系数回归结果的显著性没有发生变化,都保持在1%水平显著,回归系数的符号没有发生变化,且回归系数的大小只是出现了微小的变化。具体而言,资本劳动比的系数由0.142变为0.143,表明物质资本对贸易竞争力的正向促进作用出现细微的强化;技术要素的系数从0.022变为0.021,弱化了技术对贸易竞争力的促进作用;人力资本要素的系数不变,表明人力资本对贸易竞争力的影响不变;变量市场规模的系数由0.402变为0.401,表明弱化了市场规模对贸易竞争力的正向影响;国内市场开放程度的系数从0.040变化为0.043,表明强化了国内市场开放程度对贸易竞争力的正向促进作用;国外市场开放程度的系数由0.135变为0.132,表明弱化了国外市场开放程度对贸易竞争力的正向促进作用;控制变量全球价值链地位的系数由-0.309变为-0.306,表明弱化了全球价值链地位对贸易竞争力的抑制作用。从上述增加调节变量的回归结果比较分析来看,回归系数的显著性和符号没有变化,且回归系数的变动较小,表明原模型回归结果具有较好的稳健性,是可靠的。并且,通过Wald检验、Wooldridge检验、D-M检验,表明面板数据存在组间异方差和组内自相关,不存在内生性,采用FGLS回归是有效的。

调节变量$\ln mr$的回归系数为-0.0130,表明行业进口渗透率对行业贸易竞争力存在抑制作用,抑制了行业贸易竞争力的提升,但是回归结果不显著。参照温忠麟等(2005),变量行业进口渗透率的回归系数不显著,表明其与被解释变量行业贸易竞争力不存在显著的相关性,可能是一个理想的调节变量。

[①] 温忠麟等(2005)认为,如果一个变量与被解释变量相关性不明显,则其不可能是中介变量,但可能是调节变量,理想的调节变量应与被解释变量不存在显著的相关性。

五、行业进口渗透率调节效应分析

(一)调节效应模型的构建

在扩大进口、提高进口质量背景下,本小节试图从进口视角进一步探究出口贸易竞争力的影响因素。对于本研究样本,所有的解释变量都是连续的,并且变量行业进口渗透率也是连续的。行业进口渗透率在一定程度上反映了某行业产品的进口数量,行业产品进口数量的变化可能引致各种生产要素在行业内和行业间的重新配置,引致要素结构变化,进而影响行业贸易竞争力。行业进口渗透率可能会改变行业各种生产要素对行业贸易竞争力的影响,进而影响要素结构与贸易竞争力之间的关系。这样,考虑到各解释变量与被解释变量的关系可能会受到变量行业进口渗透率的影响,将行业进口渗透率设置为调节变量,如图8-2所示,考察调节变量对解释变量与被解释变量关系的影响,并对相应的调节效应进行分析和讨论。

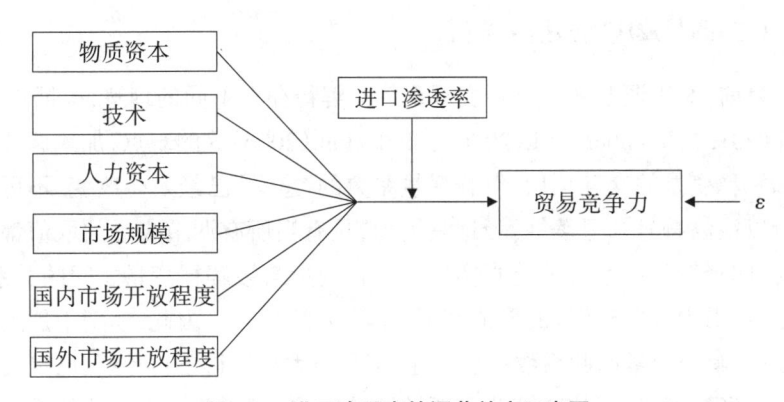

图8-2 进口渗透率的调节效应示意图

依据 Berry et al.(2012)、Brambor et al.(2006)、Clark et al.(2006)、温忠麟等(2005),调节变量的选取最好与被解释变量和解释变量不存在明显的相关性,这样的变量才是理想的调节变量。表8-15第四列"稳健性检验三"是未纳入交互项的稳健性检验基准模型式(8.2),其回归结果表明变量行业市场渗透率的系数为-0.013,并不显著,是比较理想的调节变量。[①]因

[①] 在第六章基于传统要素视角展开的实证研究中,对基准模型进行了信息准则计算,发现拟纳入"进口渗透率"新变量后,模型的AIC值和BIC值都上升了,表明该变量不应加入基准模型。并且,考虑到模型中加入该变量后其系数显著为负,不是理想的调节变量,因此没有分析行业进口渗透率的调节作用。

此，在基准模型的基础上纳入行业进口渗透率这一调节变量，并加入行业物质资本、技术、人力资本、市场规模、国内市场开放程度、国外市场开放程度与行业进口渗透率的交互项，以便检验是否存在调节作用和调节效应，相关数据见表8-3。

考虑到调节效应模型回归的特点，将模型所有交互项的变量数据进行了中心化处理，解释变量的数据无须中心化(Berry et al.，2012；Brambor et al.，2006；Clark et al.，2006；温忠麟等，2005)[①]。调节效应模型中应包括所有解释变量、调节变量和所有解释变量与调节变量的交互项，若遗漏的话，可能因遗漏变量偏误而使得交互项系数显著。同时，本书通过对解释变量与交互项之间相关性检验表明不存在严格的多重共线性。根据上述分析，设置如下调节效应模型：

$$\ln NRCA_{it} = \beta_0 + \beta_1 \ln kl_{it} + \beta_2 \ln rdratio_{it} + \beta_3 \ln humanratio_{it} + \beta_4 \ln ms_{it} + \beta_5 \ln dmo_{it} + \beta_6 \ln fmo_{it} + \beta_7 \ln mr_{it} + \beta_8 \ln kl_{it} \times \ln mr_{it} + \beta_9 \ln rdratio_{it} \times \ln mr_{it} + \beta_{10} \ln humanratio_{it} \times \ln mr_{it} + \beta_{11} \ln ms_{it} \times \ln mr_{it} + \beta_{12} \ln dmo_{it} \times \ln mr_{it} + \beta_{13} \ln fmo_{it} \times \ln mr_{it} + \beta_{14} \ln GVCp_{it} + \varphi_i + \varphi_t + \varepsilon_{it} \quad (8.7)$$

(二)调节效应回归结果分析

目前，对于调节效应解释变量系数的解释存在不同的理解，根据Berry et al.(2012)、Brambor et al.(2006)、Clark et al.(2006)等的观点，加入调节变量和解释变量的交互项后，解释变量系数的"意义"已经发生改变，不可能保持以往的符号与显著性。[②]这是因为，只有当所有调节变量的取值都为零时，解释变量的系数才能真实反映解释变量与被解释变量之间的关系，但是，本书中，调节变量的取值都不为零(见表8-3)。因此，模型中加入交互项后，解释变量回归系数的显著性、符号与大小变得不再重要，已经没有太大的经济意义，不应该成为需要关注的问题，只须关注交互项的系数是否显著即可。

表8-15的第五列是在基准模型式(8.2)基础上加入调节变量、解释变量与调节变量的交互项后，对式(8.7)回归得到的结果，根据上述分析，解释变量行业物质资本、技术、人力资本、市场规模、国内市场开放程度与国

[①] 若想要让交互项的系数变得有意义，需要将交互项数据中心化处理，即：新数值=原始值-均值$(x_1 - \overline{x_1})$。可以证明，中心化后的交互项模型与原交互项模型具有相同的R^2，且得到相同的回归系数。同样可以证明，对于解释变量是否需要中心化处理，并不重要，只是影响常数项的估计值。因此，只须对交互项做中心化处理即可。

[②] 部分学者对此有不同的理解，认为在分析调节效应时，解释变量的系数和显著性依然具有经济意义，如温忠麟等(2005)。本书认为这样的理解是有误的。

外市场开放程度的回归系数变得不再重要,无须解释其是否显著,也无须关注其正负及大小。这是因为,只有在调节变量行业市场渗透率都等于零时,解释变量的系数才是有经济意义的。但是,本书调节变量的取值显然都不等于零,且都大于零。这样,需要解释和分析的是这六个解释变量与调节变量交互项的系数,若交互项的系数显著,表明存在调节效应;[①]若交互项系数显著为负,表明调节变量对解释变量与被解释变量的关系起到干扰(抑制)调节作用;若交互项系数显著为正,表明调节变量对解释变量与被解释变量的关系起到增强(促进)调节作用。[②]下面具体展开行业进口渗透率的调节效应分析:

加入交互项后,调节变量的系数由-0.0130变为-0.320,并且变化显著,通过了1%水平的显著性检验,表明行业进口渗透率对行业贸易竞争力的提升存在抑制作用,不利于提升行业贸易竞争力。这可能是因为行业进口渗透率的提高意味着进口量的增加,而进口的增加直接体现了行业缺乏贸易竞争力。正是行业缺乏竞争力,导致大量行业进口,因而行业进口渗透率与行业贸易竞争力是显著负相关关系。

解释变量物质资本与调节变量进口渗透率的交互项$lnkl \times lnmr$的系数为-0.106,表明行业进口渗透率削弱(抑制)了物质资本对贸易竞争力的促进作用,但不显著,说明行业进口渗透率对物质资本与贸易竞争力关系的调节作用不明显。

解释变量技术与调节变量进口渗透率的交互项$lnrdratio \times lnmr$的系数为0.725,在1%置信区间显著,表明行业进口渗透率增强了技术对贸易竞争力的促进作用,说明进口渗透率对技术与贸易竞争力关系的调节作用非常明显,存在显著的促进(增强)调节作用,进口渗透率的提高有利于技术要素对贸易竞争力提升的促进作用。这可能是因为行业进口的增加加强了行业国内市场的竞争,出于市场份额和企业利润的考量,推动国内企业加强技术研发投入与科技创新,进而提高生产效率和提升贸易竞争力。

解释变量人力资本与调节变量进口渗透率的交互项$lnhumanratio \times lnmr$的系数为-0.192,且在1%置信区间显著,表明行业进口渗透率削弱了

[①] 一般而言,调节效应的大小可以用Stata命令"interflex"画出图形并展示说明:在不同的调节变量取值下,各解释变量对被解释变量的边际效果,即调节效应大小。令人遗憾的是,目前已开发的命令主要适用于OLS、FE回归,本书采用的FGLS回归不可以使用。

[②] 部分文献和学者将调节效应关注点放在解释变量的系数是否显著、符号和大小是否发生变化的分析上,认为调节变量将影响解释变量与被解释变量之间关系的方向(正负)和强弱(大小),如温忠麟等(2005);或者将交互项的正号理解为正向调节作用和调节效应、符号理解为负向调节作用和调节效应。这些理解和解释可能是片面的(Brambor et al.,2006;Clark et al.,2006;Berry et al.,2012)。

人力资本对贸易竞争力的抑制作用,说明进口渗透率对人力资本与贸易竞争力关系的调节作用非常明显,存在显著的干扰调节作用,进口渗透率的提高有利于缓解人力资本要素对贸易竞争力的负向抑制作用。这可能是由于行业进口量的增加加剧了国内企业的竞争,为了维持一定的市场份额和获取相应的企业利润,行业内企业加大了人力资本投入,通过引进高科技研发和管理人才、企业员工在职培训等方式,提升企业员工的职业技能;抑或是激烈的市场竞争淘汰了那些低效率的企业,降低了行业人力资本错配程度,促进了行业人力资本的合理配置。这样,有助于缓解人力资本错配对提升行业贸易竞争力的负向作用。

解释变量市场规模与调节变量进口渗透率的交互项 lnms×lnmr 的系数为1.500,在1%置信区间显著,表明行业进口渗透率增强了行业市场规模对行业贸易竞争力的促进作用,说明进口渗透率对市场规模与贸易竞争力关系的调节作用非常明显,存在显著的促进(增强)调节作用,进口渗透率的提高加强了市场规模经济要素对提升贸易竞争力的促进作用。从表面上看,行业进口渗透率的提高挤占了国内企业的市场份额,压缩了国内企业的市场规模。实际上,正是进口渗透率的提高加剧了国内市场竞争,实现了国内行业的优胜劣汰,使得国内优质企业可以通过技术进步与科技创新、人力资本积累等手段,扩大生产规模获取规模经济效应,反而有助于扩大优质企业的市场份额,进而提升行业贸易竞争力。

解释变量行业国内市场开放程度与调节变量进口渗透率的交互项 lndmo×lnmr 的系数为0.348,在5%置信区间显著,表明行业进口渗透率增强了行业国内市场开放程度对行业贸易竞争力的促进作用,说明行业进口渗透率对行业国内市场开放程度与行业贸易竞争力关系的调节作用十分明显,存在显著的促进(增强)调节作用,进口渗透率的提高有利于经济全球化要素行业国内市场开放程度对贸易竞争力提升的促进作用。这可能是因为行业进口的增加加强了行业国内市场的开放程度,进而促进国内企业加大技术研发与人力资本投入,有助于提升行业贸易竞争力。

解释变量行业国外市场开放程度与调节变量进口渗透率的交互项 ln-fmo×lnmr 的系数为0.994,在1%置信区间显著,表明行业进口渗透率增强了行业国外市场开放程度对行业贸易竞争力的促进作用,说明行业进口渗透率对行业国外市场开放程度与行业贸易竞争力关系的调节作用十分明显,存在显著的促进(增强)调节作用,进口渗透率的提高有利于经济全球化要素行业国外市场开放程度对贸易竞争力提升的促进作用。这可能是因为行业进口渗透率的提高意味着国外政府可能实行积极的贸易政策,以达到扩大出口的目的。相应地,国外市场保持了相对较高的开放程度,利于企业扩大出口开拓国际市场,进而有助于提升行业贸易竞争力。

通过上述对交互项系数调节效应的分析和讨论,本书发现:就调节变量本身而言,在加入调节变量之前,各解释变量的系数都是显著的;调节变量与被解释变量的关系是不显著的,表明本书调节变量的选取是合理的。加入调节变量之后,部分解释变量系数的显著性、大小和方向发生了改变,但这并不影响分析行业进口渗透率的调节效应。进一步可知,加入调节变量与解释变量的交互项后,调节变量的系数显著为负,且大多数交互项的系数都是显著的。一方面表明行业进口量的增加意味着该行业的贸易竞争力不强,二者负相关;另一方面表明行业进口量的增加可以推动该行业的国内竞争,通过技术进步、人力资本积累、市场规模扩张、国内外市场开放程度的提高等传统要素,经济要素和经济全球化要素结构的优化,可以提高该行业在国际市场上的贸易竞争力。这样,调节变量对解释变量与被解释变量的正向关系起到增强的调节作用,对解释变量与被解释变量的负向关系起到干扰的调节作用,表明调节变量行业进口渗透率的调节作用是显著的,存在明显的调节效应。

六、本章小结

本章将尽可能多的、易量化的影响因素纳入统一的分析框架,这样的计量模型构建,同时考虑要素内涵与贸易竞争力影响因素的拓展,通过计量模型的回归估计,可以更全面地分析和讨论不同种类要素投入对贸易竞争力的影响差异。这样的计量回归模型设计,是本书相较于以往研究的创新与特色所在,既和前文贸易优势的理论认知拓展分析相一致,又能更好地考察不同要素对贸易竞争力的差异化影响。这样的变量选取和模型设定,既从拓展要素视角扩大了制造业行业贸易竞争力影响因素的研究范围,又间接地解释和验证了本书重释与重构的贸易优势。贸易优势根源于"一揽子要素",物质资本和技术等传统要素是贸易优势的基础,市场规模、国内外市场开放程度等经济要素和经济全球化要素是贸易优势的保障,强化了传统要素对贸易竞争力的影响。传统要素、拓展要素都与行业贸易竞争力有关,都是影响行业贸易竞争力的主要因素,从拓展要素视角能更全面地认识影响制造业行业贸易竞争力的因素,进而可以有针对性地提出并实施差异化的对策。

在估计方法的选择上,首先,在不区分产业和年度差异下进行了混合最小二乘POLS回归;其次,在面板固定效应F检验、面板随机效应F检验和Hausman检验下,确定面板固定效应FE模型优于POLS和面板随机效应RE,较好地解决了遗漏变量偏误;再次,在D-M内生性检验的基础上确定样本数据和计量模型设定不需要考虑内生性问题,不需要采用面板工具变量和其他处理内生性方法估计;然后,为处理复杂的面板误差结构,进一步对面板数据进行组间异方差的Wald检验和组内自相关的Wooldridge检验,面板固定效应FE存在估计偏误,全面FGLS可以修正组间异方差和组内自相关,最终确定采用更有效的可行广义最小二乘法FGLS估计,并开展相应的稳健性检验;另外,为了控制行业间的个体效应和时间效应,在Hausman检验基础上,加入个体虚拟变量和时间趋势变量分别控制个体效应和时间效应,实现全面FGLS的双固定效应模型估计;最后,采用理想的调节变量行业进口渗透率开展调节效应分析。

在回归分析中,实证结果验证了理论机理:要素结构优化利于提升行业贸易竞争力,行业物质资本积累、行业技术进步、行业市场规模、国内市场开放程度、国外市场开放程度与行业贸易竞争力呈显著的正相关关系,表明行业物质资本积累、技术进步、市场规模扩大、国内外市场开放程度提高有利于提升制造业行业贸易竞争力。针对解释变量人力资本回归系数为负的事实,对外生变量人力资本进行了门槛效应检验,发现不存在门槛效应,可能是因为中国制造业行业部门内部和行业部门之间存在严重的人力资本错配问题,这一结论得到诸多文献的佐证(李静和楠玉,2016、2017;李静等,2017;李静,2017;马颖等,2018;等)。通过研发强度和单位人力资本拥有量替换代理变量、增加行业进口渗透率调节变量的方法开展稳健性检验,得到和基准模型近似的结果,表明基准回归结果具有较好的可信度。

从对传统要素和拓展要素实证结果比较分析的结果来看,各解释变量的显著性和方向并没有发生大的变化,只是系数大小发生了调整,可能是拓展要素强化了物质资本和技术的促进作用。通过行业进口渗透率调节效应分析,发现行业进口渗透率的调节效应较为显著,对行业技术、市场规模、国内市场开放程度、国外市场开放程度与贸易竞争力关系的调节作用非常明显,存在显著的促进(增强)调节作用;进口渗透率对人力资本与贸易竞争力关系的调节作用非常明显,存在显著的干扰调节作用,但对物质资本与贸易竞争力关系的调节作用不明显。

第九章

研究结论、对策建议与研究展望

一、研究结论

中国抓住了世界产业结构调整与产业转移的有利时机,实施改革开放,发挥低成本的要素禀赋比较优势,国民经济和对外贸易快速发展,取得了令人瞩目的成绩,成为制造业大国和贸易大国。在经济全球化背景下,要素呈现诸多新特征,通过稀缺高级要素的引进、复制、消化和吸收,以及自身创新培育和跨国并购获取,国内部分稀缺高级要素逐渐丰裕,要素结构持续优化,要素流动促进要素配置趋于合理化。

中国经济发展进入新常态,劳动力和土地等要素价格上行倒逼经济转型升级,中国实施了要素引进来与走出去相结合的自贸区战略和"一带一路"倡议,正逐步从制造业大国和贸易大国向制造业强国和贸易强国转变。与此同时,世界经贸进入了新平庸,"逆全球化"和贸易保护主义抬头,全球市场需求减弱,发达国家对外投资减少。2018年以来,美国单方面发起针对中国的贸易争端,将《中国制造2025》确定的重点发展产业作为直接打压对象,中美贸易争端主要体现在两个方面:其一是中国具有比较优势的出口行业;其二是中国不具有竞争优势的进口行业和技术知识领域。

复杂多变的国际形势给中国制造业转型升级带来新压力和新挑战,从制造业大国和贸易大国向制造业强国和贸易强国的转变不可能一蹴而就。中国提出《中国制造2025》,打造具有国际竞争力的制造业。如何获取和发挥贸易优势、提升贸易竞争力成为当前不可忽视的问题,需要寻求相应的理论加以引领和支撑。

鉴于此,本书在现有研究的基础上,进一步拓展了贸易优势的理论认知,梳理了要素结构对贸易竞争力影响的理论机理,结合制造业行业要素结构和贸易竞争力现实特征分析,展开制造业贸易竞争力影响因素实证研究,通过研究结果的检验,验证了要素结构优化有利于提升制造业行业贸易竞争力的结论。本书主要的研究结论总结如下:

(一)重释与重构的贸易优势根源于拓展要素观下的"一揽子要素"

重释了贸易优势。以要素为载体,要素结构优化为基础,要素集聚提升全球价值链分工地位为核心,改善的内外部环境为保障,获取本国要素收益为本质,提升贸易竞争力为客观体现,多层面的立体贸易优势,本质上是比较优势的体现,是比较优势与竞争优势的统一。贸易优势根源于拓展要素视角下的"一揽子要素",贸易竞争力是贸易优势的直接体现,各国的竞争本质上是各国要素投入结构的竞争,是各国高级要素的竞争。提升贸易竞争力以传统要素为基础,拓展要素为保障,通过第六章和第八章进行了实证检验。

重构的贸易优势包括要素、产品、企业、产业和国家等不同层次,要素优势是微观层面贸易优势的基础,产品成本优势和质量优势构成的产品优势是要素优势的直接体现,企业制度优势是微观层面贸易优势的保障;产业层面的贸易优势,是所有层面贸易优势的核心;国家层面的贸易优势,为微观和中观层面贸易优势提供保障。

(二)贸易优势是比较优势与竞争优势的统一

利用相对效用价格比原则,将传统和现代比较优势理论单一供给侧产品成本的相对价格分析拓展为:供给侧产品成本的相对价格分析和需求侧消费者效用满足的非价格分析相结合,弥补了以往比较优势单一产品相对价格优势的传统认知不足。仅具有相对价格优势的产品不一定能在国际市场上销售,不一定能满足国内外消费者的需求,比较优势应是在满足相同消费者效用基础上的产品价格比较和竞争。当代比较优势是一种相对效用价格比比较优势,双重异质性模型为当代比较优势的理论认知提供了理论基础,而相对效用价格比原则为当代比较优势的理论认知提供了分析方法和框架。

基于拓展要素视角展开竞争优势影响因素的再认识,钻石模型的四大基本因素和两个辅助因素都可纳入拓展要素的范畴。比较优势和竞争优势都根源于拓展要素视角下的"一揽子要素",比较优势的产品相对成本价格优势和效用满足的质量优势与竞争优势的成本领先和标新立异相一致,统一表现为产品的成本优势和质量优势。利用双重异质性模型验证了产品出口价格由生产率部分和质量部分构成,生产率部分体现成本优势,质量部分体现质量优势。因此,比较优势与竞争优势的来源与表现具有一致性,贸易优势本质上是一种比较优势,是相同消费者效用满足下产品价格的比较与竞争,贸易优势融合了比较优势与竞争优势。传统的以贸易竞争力衡量比较优势与竞争优势的方法,同样可以衡量贸易优势。这样的理论拓展认知和数理模型验证,解决了比较优势与竞争优势"理论上分离"和"实证上统一"的"自我矛盾"。

(三)制造业行业要素结构整体呈现优化特征

运用最新的 WIOD2016 数据库、UN Comtrade 数据库、WB 数据库、《中国统计年鉴》、《中国科技统计年鉴》、《中国工业经济统计年鉴》和《中国劳动统计年鉴》，按WIOD2016的18个制造业行业归并各数据库数据，明确了中国制造业行业的要素投入结构现实特征。三大类行业部门物质资本投入呈现整体上升趋势，物质资本的积累促进了要素结构的优化。资本密集型制造业行业部门的物质资本整体增长最快，其次是技术密集型制造业行业部门，最后为劳动密集型制造业行业部门。三大类行业部门技术进步均呈现递增趋势，技术进步优化了要素投入结构。技术密集型制造业行业部门增长最快且增速最快，其次为资本密集型制造业行业部门，最后为劳动密集型制造业行业部门。三大类行业部门的人力资本投入数量都呈现递增态势；技术密集型制造业行业部门的人力资本数量配置相对最多，其次为资本密集型制造业行业部门，最后为劳动密集型制造业行业部门，这与三大产业部门的行业规模、总产值和总出口存在一定的差异。

(四)增加值贸易统计下测算的贸易竞争力更加真实

1.基于传统贸易统计测算的中国制造业行业贸易竞争力

在制造业18个行业中，"c6""c17"和"c22"，这三个行业在国际市场上具有极强的贸易竞争力。"c14""c16""c18"和"c19"，这四个行业在国际市场上具有较强的贸易竞争力。"c7""c11""c13""c15"和"c21"，以上四个行业在国际市场上具有中等的贸易竞争力。"c5""c8""c9"和"c10"等四个行业部门在国际市场上贸易竞争力较弱。"c10""c12"和"c20"在样本期内没有贸易竞争力。

RCA指数体现的中国制造业行业部门在国际市场上的贸易竞争力整体上相对较强，三大行业部门中都存在具有极强和较强贸易竞争力的行业部门，与黄先海(2006)、金碚等(2007)、余东华和孙婷(2017)等的研究结果近似。相对而言，具有传统要素禀赋优势的制造业行业竞争力更强，而高技术含量的制造业行业部门和部分资本密集型制造业行业部门的贸易竞争力较弱，存在进一步提升的空间。

2.基于增加值贸易统计测算的中国制造业行业贸易竞争力

中国大多数制造业行业的NRCA指数大于1，表明这些行业在国际上具有贸易竞争力。"c6""c7""c14""c17""c18"等行业具有极强的贸易竞争力。"c15""c22""c13""c9"等行业具有较强的贸易竞争力。"c5""c8""c11""c19"等行业具有微弱的贸易竞争力。"c10""c12""c16""c20""c21"等行业则不具有贸易竞争力，在国际竞争中处于劣势地位。

通过RCA指数和NRCA指数比较，传统贸易统计下测算得到的行业贸易竞争力存在被高估或低估的问题：劳动密集型制造业行业部门同时存在被高估和被低估的行业,但整体被高估了;除两个部门外,资本密集型制造业行业部门整体被低估;技术密集型制造业行业部门整体被高估,但几乎所有的技术密集型行业部门的贸易竞争力都呈现出逐年递增的趋势。总体上来看,这种高估和低估的差距呈现缩小趋势,表明在加工贸易转型升级、国内产业调整、要素结构变化、金融危机导致国外需求减少和国外再工业化等的影响下,中国制造业部门更多地采用国产中间产品投入生产进而出口产品,减少了进口中间品,使得部分制造业行业的NRCA和RCA指数差异出现缩小趋势。修正的NRCA指数相对于传统的RCA指数,更能真实体现中国制造业行业部门的贸易竞争力,验证了戴翔(2015)、张禹和严兵(2016)、袁红林和许越(2017)、李清如(2017)等的研究结论。

(五)制造业整体上仍处于全球价值链低端,但呈现攀升态势

1.全球价值链参与度虚高

从劳动、资本和技术密集型三大类行业部门的全球价值链参与度 $GVCp$ 数值来看,劳动密集型制造业行业部门的全球价值链参与度普遍较低,处于全球价值链的低端,且没有出现明显的上升态势;资本密集型制造业行业部门的全球价值链参与度普遍高于劳动密集型制造业行业部门;技术密集型制造业行业部门的全球价值链参与度相对较高。样本期内,中国制造业行业部门的全球价值链参与度经历了两个发展阶段:2003—2008年,全球价值链参与度GVCp数值整体呈现增长态势;2009—2014年,全球价值链参与度GVCp数值整体呈现下降趋势。需要注意的是,2003—2008年,中国制造业行业的全球价值链参与度GVCp逐年提高,这种提高更多的是依赖于GVCpb的提高,而依赖GVCpf的提高相对有限,这和中国大力发展加工贸易,进口中间品,出口产成品有着直接关联,出现全球价值链参与虚高、对外贸易大而不强的局面;2009—2014年,受全球金融危机的影响,国际市场需求减少,发达国家实施再工业化政策,中国制造业行业全球价值链参与度GVCp有所下降,也与中国国内产业结构调整、开展加工贸易转型升级有关,表明中国制造业行业受国际市场需求影响较大的特征。

2.全球价值链地位整体提升

在18个行业部门中,有11个行业的 $GVCpo$ 指数在样本期内长期小于0,且大于0的行业其数值相对都较小,这些都表明中国制造业总体仍处于全球价值链低端。但是,从中国制造业行业在全球价值链分工中地位的变化可以得知:总体而言,中国制造业全球价值链地位呈现出阶段性波动上升特征。主要的原因可能有:入世后的国内外市场开放、加工贸易转型升

级、产业结构调整、中国要素结构变化等。2003至2008年,得益于2001年中国入世后的国内外市场开放,中国制造业行业依据要素禀赋条件参与全球价值链分工,加工贸易在国际贸易中占比迅速提升,导致进口大量的中间品,尤其是出现了大量利用外资的资本密集型制造业行业部门,以至于相应行业的全球价值链地位指数长期为负,处于全球价值链分工的低端。2009至2011年,受制于2008年全球金融危机的影响,国外市场需求放缓,中国制造业行业部门的全球价值链地位出现了短期下降的情况。2012至2014年,受益于中国加工贸易转型升级和产业结构调整的调整,同时国内要素结构变化,加工贸易占比下降,这些使得中国制造业的全球价值链地位得以提升。整体而言,在国内产业政策调整和加工贸易转型升级推动下,中国制造业行业参与全球价值链分工,出现从以往更多地进口中间品从事加工贸易逐渐向其他国家提供中间品转变的趋势,中国制造业行业的整体全球价值链地位缓慢提升。其中部分行业、部分年份出现了波动,但相应数据整体上支持了这一缓慢上升的结论。

(六)制造业要素结构优化整体有利于提升贸易竞争力

分别从传统要素和拓展要素视角验证了要素结构变化对制造业贸易竞争力的直接影响效应。总体而言,制造业要素结构优化有利于制造业贸易竞争力的提升。

1. 基于传统要素视角

制造业行业物质资本积累、技术进步与贸易竞争力呈显著的正相关关系,表明行业物质资本积累和技术进步有利于提升制造业行业贸易竞争力,且物质资本积累的促进作用更加明显。行业人力资本积累的回归结果显著为负,表明行业人力资本抑制了贸易竞争力的提升,这一结论得到诸多文献的佐证(李静和楠玉,2016、2017;李静等,2017;李静,2017;马颖等,2018)。究其原因,可能是由于中国制造业行业部门之间存在着人力资本错配的问题,行业的人力资本专用性很强。这些人力资本与特定企业和行业的黏合度较高,改变人力资本用途的成本较高,双方需保持长期合作和聘用关系,导致人力资本流动性较差,人力资本的配置不仅没有达到最优的产出水平,而且还抑制了相应的产出水平,阻碍了行业贸易竞争力的提升。通过技术和人力资本代理变量的稳健性检验,得到和基准模型近似的结果,表明基准回归结果具有较好的可信度。

2. 基于拓展要素视角

从传统要素视角向拓展要素视角延伸,通过基准模型回归和稳健性检验,物质资本、技术和人力资本的代理变量得到与传统要素视角近似的结果,显著性和方向没有发生变化,只是影响的大小发生变化。行业物质资本积累、行业技术进步与行业贸易竞争力呈显著的正相关关系,有利于提升制造业行业贸易竞争力,且物质资本的促进作用更大。行业人力资本积累的回归结果表明其抑制了贸易竞争力的提升,亦表明可能存在着人力资本错配的问题。经济要素市场规模、经济全球化要素国内市场开放程度和国外市场开放程度都能显著促进制造业提升贸易竞争力。通过比较传统要素和拓展要素不同视角实证结果发现,基于拓展要素视角分析,要素结构优化对制造业贸易竞争力的促进作用得到了强化。传统要素与拓展要素都与行业贸易竞争力有关,是影响行业贸易竞争力的主要因素,传统要素是提升贸易竞争力的基础影响因素,而经济要素和经济全球化要素为进一步提升贸易竞争力提供了保障。

从拓展要素视角能更全面地认识影响制造业行业贸易竞争力的因素,扩大了制造业行业贸易竞争力影响因素的研究范围。传统要素与拓展要素都与行业贸易竞争力有关,二者在影响贸易竞争力的作用上存在着差异,传统要素是提升行业贸易竞争力的基础,拓展要素为提升行业贸易竞争力提供保障和支持。

(七)全球价值链地位对要素结构与贸易竞争力存在部分中介效应

度量狭义要素结构变化的指标资本劳动比的回归系数显著为正,表明行业物质资本积累对于行业全球价值链地位有正向促进作用。在研究行业要素结构变化对制造业行业贸易竞争力的直接影响基础上,进一步研究要素结构变化通过全球价值链地位对制造业行业贸易竞争力的间接影响,通过行业全球价值链地位的中介效应模型验证了要素结构优化影响行业贸易竞争力的理论机理。将行业全球价值链地位作为中介变量,研究表明:中介变量的中介效应的确存在,且该中介效应为部分中介效应,并且通过了稳健性检验。要素结构变化影响制造业贸易竞争力存在两种不同的机制:直接机制和间接机制。通过中介效应检验,发现行业要素结构既可以直接对制造业行业贸易竞争力产生影响(直接效应),又可以通过中介变量行业全球价值链地位间接影响行业贸易竞争力(间接效应),中介效应传导路径和相应传导机制作用显著。研究结论和贸易优势理论认知拓展相一致,要素投入结构优化有助于提升行业全球价值链地位,行业全球价值链地位的提高进一步利于制造业行业获取贸易优势,提升贸易竞争力。

(八)进口渗透率对要素投入影响贸易竞争力存在调节效应

在基准模型基础上加入调节变量行业进口渗透率,以及调节变量和各解释变量的交互项,研究表明:行业进口渗透率对物质资本与贸易竞争力关系的调节作用不明显;进口渗透率对技术与贸易竞争力关系的调节作用非常明显,存在显著的促进(增强)调节作用,进口渗透率的提高有利于技术要素对贸易竞争力提升的促进作用;进口渗透率对人力资本与贸易竞争力关系的调节作用非常明显,存在显著的干扰调节作用,进口渗透率的提高有利于缓解人力资本要素对贸易竞争力的负向抑制作用;进口渗透率对市场规模与贸易竞争力关系的调节作用非常明显,存在显著的促进(增强)调节作用,进口渗透率的提高有利于市场规模经济要素对贸易竞争力提升的促进作用;行业进口渗透率对行业国内市场开放程度与行业贸易竞争力关系的调节作用十分明显,存在显著的促进(增强)调节作用,进口渗透率的提高有利于经济全球化要素行业国内市场开放程度对贸易竞争力的提升促进作用;行业进口渗透率对行业国外市场开放程度与行业贸易竞争力关系的调节作用十分明显,存在显著的促进(增强)调节作用,进口渗透率的提高有利于经济全球化要素行业国外市场开放程度对贸易竞争力提升的促进作用。

二、对策建议

制造业作为国民经济的支柱产业,中国提出《中国制造2025》,打造具有国际竞争力的制造业。2018年以来,美国单方面发起针对中国的贸易争端,直接将《中国制造2025》确定的重点发展产业作为直接打压对象。围绕制造业,中美贸易争端主要体现在两个方面:其一是中国具有比较优势的出口行业;其二是中国不具有竞争优势的进口行业和技术知识领域。针对美国单方面发起针对中国的贸易争端,实际上是围绕传统比较优势和竞争优势而展开的贸易竞争,其实质是中美两国投入要素的竞争。COVID-19疫情对世界经济的发展带来较大的消极影响,全球价值链面临重构。新形势下如何保持与提升中国制造业的贸易竞争力,成为急需解决的关键问题,在需要寻求相应理论支持的基础上,结合研究结论提出相应的对策建议显得尤为重要。通过对贸易优势理论的认知拓展和制造业贸易竞争力影响因素的实证分析,结合在理论和实证研究上得到的研究结论,本书认为可以从以下几个方面采取有针对性的措施,以期优化制造业行业要素结构,提高制造业行业全球价值链地位,提升制造业行业贸易竞争力。

(一)拓展理论认知,转变低质低价竞争策略和发展方式

1.拓展贸易优势来源的理论认知

贸易竞争力是贸易优势的直接体现,以往研究更多地认为贸易优势来源于劳动、资本和技术等传统要素,忽视市场规模、国内外市场开放程度等经济要素与经济全球化要素亦是贸易优势的来源。这就需要拓展要素观,丰富要素内涵的认识,结合贸易优势源于传统要素和拓展要素的"一揽子要素"认识,改变以往贸易优势理论的认知,拓展贸易竞争力影响因素的认知范围。通过进一步推进贸易优势理论的认知拓展,以便更好地发挥理论指导作用。

2.转变低质低价竞争策略

当今的产品竞争不再限于单一的成本竞争,体现出的是在满足消费者效用基础上的价格竞争。产品在国际市场上具有竞争力,这种竞争力不应局限于低成本的价格竞争力,而是一种提高产品质量满足消费者需求的相对价格竞争力。因此,需要改变传统的低质低价竞争策略,企业在控制产品成本的同时,应注重提升产品质量,生产有差异性的异质产品,以满足国内外市场异质性的消费者需求,通过产品创新培育获取产品创新优势,提升产品的贸易竞争力。

3.认清中美贸易争端的本质特征

2018年以来,美国单方面发起针对中国的贸易争端,实际上是围绕比较优势和竞争优势而展开的贸易竞争,其实质是中美两国投入要素的竞争。作为国民经济的支柱产业,中国制造业应通过物质资本和人力资本的积累、技术进步、制度的完善、市场规模的扩张和吸引外商直接投资等不同手段,通过引进、消化、吸收、创新等不同方式培育高级要素,不断优化行业要素结构,进而参与全球价值链分工,获得提升贸易竞争力的新源泉。

4.转变经济和贸易发展方式

面对国际经贸进入新平庸、中美贸易争端和中国经济进入新常态的时代背景,在从贸易大国向贸易强国、从制造业大国向制造业强国转变过程中,需要转变经济发展方式,从以往依靠大量要素投入的粗放型发展向依靠要素数量节约和质量提升的集约型发展转变,从要素驱动型向要素升级驱动型转变,转变经济发展方式的基础和核心离不开要素的积累与优化配置。同时,需要转变贸易发展方式,在优化出口的同时注重进口质量的提

升,适当增加进口数量。行业进口渗透率的调节效应表明,行业进口量的增加可以推动该行业的国内竞争,通过技术进步、人力资本积累、市场规模扩张、国内外市场开放程度的提高,可以提升行业在国际市场上的贸易竞争力。

(二)完善要素市场,优化要素结构与配置

1.推动要素市场化与国际化

"一揽子要素"是贸易优势和贸易竞争力的根源,要素市场化是产品市场化和企业市场化的基础,要素市场化才可以实现要素流动进而优化配置。要素市场化主要是指传统要素交易的市场化,可以实施如下举措加以实现:通过改革户籍制度和完善社会保障制度等建设劳动力要素市场,通过金融创新和金融系统建设完善资本要素市场,通过知识产权保护和健全知识产权交易转化平台发展技术要素市场。通过要素市场化建设,改善要素价格扭曲所造成的要素错配。要素国际化是产品国际化和企业国际化的基础,要素国际化才可以实现要素跨国流动,进而形成并优化本国要素与外国要素的新型要素组合国际分工;积极参与区域和国际经贸合作,推进要素的跨国流动,通过自贸区战略带动国内相对稀缺高级要素的流入与自我培育,以"一带一路"倡议推进国内相对丰裕要素的流出与优化配置。要素市场化和国际化可以更好地促进要素在区域与产业集聚,发挥要素集聚优势,获取要素集聚效应,进而带来生产的规模经济。

2.优化要素投入和要素配置

(1)促进物质资本积累,为要素结构优化提供资金保障

"一揽子要素"发挥作用离不开物质资本的基础性作用,物质资本的积累是人力资本和技术等"一揽子要素"发挥作用的基础和载体,"一揽子要素"中的其他要素不能单独发挥作用,需要和物质资本相结合,才能实现要素的合理配置和合理利用。对内通过资本市场和融资平台建设,对外推进人民币国际化,促进物质资本积累,为"一揽子要素"发挥作用提供资金支持。

(2)发挥企业家的支配作用,优化人力资本配置

人力资本具有较强的专用性,劳动者对某行业劳动技能的掌握需要时间,导致流动性较弱,容易出现人力资本错配。针对中国制造业行业存在的人力资本错配问题,可以通过加大基础教育和高等教育投入、完善岗前和在职培训,提升劳动者技能,提高劳动者对同一行业或不同行业职业技能的掌握能力,以劳动者技能的提升带动更有效地利用其他生产要素,实

现人力资本和其他要素的合理化配置。另外,需要激发高素质劳动者的积极性,通过"干中学"效应不断地增强劳动者的素质和能力,实现人力资本对物质资本等要素的替代,降低生产成本;鼓励高素质劳动力投入,提高研发效率,降低研发风险,带动新技术和新工艺的创新,进而降低研发成本。上述提高人力资本技能和配置效率的举措,离不开企业家才能的发挥,作为"一揽子要素"的支配者,企业家的信息获取和决策行为起到关键作用。因此,激发企业家才能和企业家能力的提升是扩大人力资本积累、优化人力资本配置的关键。

(3)鼓励技术进步,以获取技术的外溢效应和扩散效应

技术是"一揽子要素"的核心和主导者,技术创新和进步是要素积累的最重要推动力,在产业结构升级和经济增长中技术要素最重要。一方面,加大技术创新投入,建立健全创新激励机制,鼓励自主创新,对于技术进步与科技创新给予金融、税收、人才等诸多方面的政策支持,加大对核心技术攻关和关键设备研发的扶持,促进科技成果转化,鼓励通过自主研发提高生产效率,提高产品技术含量。另一方面,通过健全完善技术交易市场,开展技术交易和交换,鼓励先进技术的引进、消化和吸收,实现自主创新与引进、消化、吸收相结合,依靠技术的外溢和扩散,获取新的贸易优势,提升贸易竞争力。

(4)促进传统要素的协同,提升要素生产率

劳动力和土地等要素价格上行引致传统要素的价格比较优势减弱,一方面,可以通过提高要素生产率抵消要素价格上升带来的产品成本和价格压力;另一方面,通过提高要素生产率可以提高产品质量,有利于生产异质性产品,满足不同的消费者需求偏好。这样,将依赖于要素禀赋条件获取的产品成本价格优势向产品质量优势转换,在保持原有产业部门贸易竞争力的同时提升新产业的贸易竞争力。作为"一揽子要素"中的主要要素,物质资本积累和技术进步有利于促进制造业行业提升贸易竞争力,而人力资本可能由于存在错配和专用性表现出抑制制造业行业贸易竞争力的作用,可以通过人力资本、物质资本和技术的协同,一方面提高人力资本配置效率,另一方面提升全要素生产率。这样,物质资本积累、人力资本积累和技术进步既优化了要素结构,又提升了要素生产率,利于提升制造业贸易竞争力。

3. 实行分行业要素差异性配置

劳动密集型、资本密集型和技术密集型行业在物质资本、人力资本和技术的配置上应采取差异性的策略:对于劳动密集型行业而言,应更加重视技术进步对提升行业贸易竞争力的促进作用;因物质资本的积累对提升

行业贸易竞争力具有抑制性,应适当减少物质资本的投入;人力资本对提升行业贸易竞争力的作用则不明显,应通过提高行业劳动者技能,实现行业人力资本增值。对于资本密集型行业而言,物质资本积累对提升行业贸易竞争力的促进作用优于技术进步的促进作用,而人力资本对行业贸易竞争力具有抑制性。因此,应加大物质资本的投入,通过技术进步和纠正人力资本错配的方法,进一步促进资本密集型行业提升贸易竞争力。对于技术密集型行业而言,物质资本积累和技术进步都能显著提升贸易竞争力,而人力资本积累则具有抑制性。因此,应强化行业物质资本和技术的投入,通过进一步提升劳动者技能、优化人力资本配置等方法提升技术密集型行业的贸易竞争力。

(三)培育和获取经济要素和经济全球化要素

1.市场主导与政府引导相结合,扩大市场规模,获取规模经济效应

以"市场主导、政府引导"为引领,发挥市场机制在要素配置中的决定性作用,发挥企业主体地位;转变政府职能,完善和实施差异性扶持政策;加大财税支持力度,健全法律法规,为企业发展创造良好环境。在要素市场化的基础上推进产品市场化,扩大国内市场规模,具体而言:需要完善市场体系,发挥市场机制对要素配置的主导作用;加大基础设施建设,降低流通成本;打破区域性的市场分割,促进国内市场一体化;通过扩大的市场分摊研发费用,降低单位创新成本,获取成本优势;利用扩大的市场促进专业化分工,提高产品差异化程度,满足不同消费者需求,获取质量优势;利用扩大的市场发展规模经济,发展与主导产业配套的相关产业与支撑产业,获取规模经济效应;在国内市场规模扩大的基础上,推进市场的国际化,提升产品在国际市场上的竞争力。

2.提高国内外市场开放程度

新型经济全球化需要更高程度的开放和市场准入,通过双边、多边和区域经贸协定的签订促进国外市场开放程度的提升。相对于国内市场开放程度而言,国外市场开放程度对制造业贸易竞争力的促进作用更大。因此,在促进制造业行业国内市场开放的同时,更应该注重国外市场开放程度的提高。同时,要素跨国流动离不开国外市场开放程度的提高。政府可以发挥积极的调节与促进作用,推进国内体制机制改革,营造公平竞争的市场环境,通过产业政策和贸易政策的制定与实施,体制与机制的建立、健全与完善,进一步提高对外市场开放程度。通过提高国内外市场开放程度,促进制造业行业贸易竞争力的提升。

(四)差别化产业发展促进制造业转型升级

1.增加中间品出口,提升制造业行业全球价值链地位

无论是劳动密集型行业部门,还是资本和技术密集型行业部门,中国制造业行业全球价值链地位整体相对偏低,但行业的全球价值链地位整体呈现缓慢提升态势。为了进一步提升制造业行业部门的全球价值链地位,可以从以下四个方面入手:其一,推进加工贸易转型升级,从更多地进口中间投入品出口制成品向进口原材料出口中间品和制成品转变,增加国内采购,改变传统加工贸易"大进大出""两头在外"的特点;其二,扶持相关和支撑产业发展,重塑产品价值链,完善国内产业链条,延长国内产品价值链长度,在最终品的生产中更多地投入本国中间投入品,实现更多的全球价值链前向参与;其三,制造业与服务业协同发展,大力推进生产性服务业发展,发挥生产性服务业的配套作用,为制造业提供更好的技术、物流、信息和金融支持;其四,注重全球价值链重构,后COVID-19疫情时代,国外需求减少,发达国家吸引制造业回流,贸易争端和摩擦加剧,深刻影响全球价值链,需要积极融入全球价值链重构,进一步提升贸易竞争力。

2.不同行业部门差异化发展

美国单方面发起针对中国的贸易争端,直接将《中国制造2025》确定的重点发展产业作为直接打压对象,围绕中美贸易争端主要体现的两个方面:中国具有比较优势的出口行业、中国不具有竞争优势的进口行业和技术知识领域,应实行差异化的制造业行业部门发展策略,进一步优化产业结构,提高高附加值制造业的行业比重,与《中国制造2025》对接,重点扶持高附加值的新一代信息技术产业(第三代半导体和芯片产业)、航空航天、海洋装备、新能源、新材料、生物医疗等新兴战略性产业。对于传统制造业行业,促使这些产业从低附加值制造业行业和生产环节向高附加值制造业行业和生产环节转变和延伸。通过产业结构优化和加工贸易转型升级,获取新的贸易优势,提升制造业行业全球价值链地位和贸易竞争力。

结合行业属性三分类法分行业来看,应提升劳动密集型行业部门的技术含量,依靠技术进步和研发,而不是依靠物质资本投入提升劳动密集型行业部门的贸易竞争力。应同时注重资本密集型行业的物质资本积累和技术进步,并且优化人力资本配置。对于技术密集型行业而言,应通过物质资本的投入提高研发能力,并且扭转人力资本错配的局面。针对不同行业要素结构特点,实行差异化政策扶持,促进制造业行业转型升级,提升制造业的贸易竞争力。

制造业作为国民经济的支柱产业,制造业贸易竞争力的提升离不开要素、产品、企业、产业和国家各个层面的投入和支持,通过各个层面贸易优势的培育与获取,提升制造业行业的贸易竞争力。因此,应在国家顶层设计"国家制造强国建设领导小组"的引领下,以《中国制造2025》为指导,促进要素结构优化,推进制造业的转型升级,提升制造业全球价值链地位和贸易竞争力。

三、研究展望

结合研究结论和研究过程,本书认为可以从以下几个方面展开后续研究:

(一)纳入更多的影响因素,进一步拓展研究范围

在后续的研究中,伴随研究数据的更新和可得性的提高,从拓展要素的视角,可以考虑将更多的拓展要素纳入影响因素分析,进而可以得到更广泛的研究结论,增强现实解释力。

(二)更好的度量指标和方法的采用

本书采用的WIOD2016数据库数据更新到2014年,与UN Comtrade数据库更新到2019年、国内各统计年鉴数据更新到2018年不相匹配。受现有研究条件和数据可得性的限制,今后可以结合更新的研究数据,尝试构建和运用更加科学合理的指标和变量度量不同的影响因素,使用更全面、更准确的度量方法,进一步提高研究结论的时效性。尤其是研究数据的后续更新,可以进一步研究中美贸易争端下中国制造业贸易竞争力的影响因素,增强研究的针对性和政策建议的时效性。

(三)区分要素国别属性的要素结构分析

现有行业要素投入测算数据是本国要素与他国要素组成的"一揽子要素"组合,并没有严格区分要素的国别属性。和基于增加值贸易统计的行业贸易竞争力测算数据相比,不区分要素国别属性的要素投入结构可能会影响研究结论的有效性。在现有条件下,完全区分"一揽子要素"的国别属性存在一定的难度,可以成为今后进一步深入研究的方向。

附录

附表1　1978—2019年中国国内生产总值与进出口额

单位：亿元

年份	国内生产总值	进出口额	贸易差额	年份	国内生产总值	进出口额	贸易差额
1978	3678.70	355	−19.8	1999	90564.40	29896.20	2423.3
1979	4100.50	454.6	−31.2	2000	100280.10	39273.20	1995.6
1980	4587.60	570	−27.6	2001	110863.10	42183.60	1865.3
1981	4935.80	735.3	−0.10	2002	121717.40	51378.20	2517.6
1982	5373.40	771.3	56.30	2003	137422.00	70483.50	2092.3
1983	6020.90	860.1	16.50	2004	161840.20	95539.10	2667.6
1984	7278.50	1201.00	−40.00	2005	187318.90	116921.80	8374.4
1985	9098.90	2066.70	−449	2006	219438.50	140974.00	14221
1986	10376.20	2580.40	−416.2	2007	270232.30	166863.70	20330.2
1987	12174.60	3084.20	−144.2	2008	319515.50	179921.47	20868.4
1988	15180.40	3821.80	−288.4	2009	349081.40	150648.06	13411.3
1989	17179.70	4155.90	−243.9	2010	413030.30	201722.15	12323.3
1990	18872.90	5560.10	411.6	2011	489300.60	236401.99	10079.2
1991	22005.60	7225.80	428.5	2012	540367.40	244157.60	14558.3
1992	27194.50	9119.60	233	2013	595244.40	258252.88	16094
1993	35673.20	11271.00	−701.4	2014	643974.00	264334.58	23525.7
1994	48637.50	20381.90	461.8	2015	689052.10	245849.00	36830.7
1995	61339.90	23499.90	1403.7	2016	743585.50	243344.21	33452.1
1996	71813.60	24133.80	1019	2017	827121.70	277920.92	28715.72
1997	79715.00	26967.20	3354.1	2018	919281.00	305008.10	23,247.5
1998	85195.50	26849.70	3597.4	2019	990865.00	315446.00	29,150

数据来源：历年《中国统计年鉴》和Wind资讯。

附表2　1978—1995年中国与世界出口额

单位：亿美元

年份	中国出口额	世界出口总额	中国占比%	排名	年份	中国出口额	世界出口总额	中国占比%	排名
1978	97.45	12988	0.75	32	1987	394.37	24969	1.6	16
1979	136.58	16430	0.83	32	1988	475.16	28382	1.7	16
1980	181.91	19906	0.9	26	1989	525.38	30361	1.7	14
1981	220.07	19724	1.1	19	1990	620.93	34700	1.8	15
1982	223.21	18308	1.2	17	1991	718.42	35300	2	13
1983	222.26	18078	1.2	17	1992	849.4	37000	2.3	11
1984	261.39	19019	1.4	18	1993	917.63	36870	2.5	11
1985	273.5	19277	1.4	17	1994	1210.11	41683	2.9	11
1986	309.42	21157	1.5	16	1995	1487.8	50200	3	11

数据来源：黄勇峰和任若恩（2002）。

附表3　1990—2018年中国进出口额占比及排名

单位：亿美元

年份	出口 中国出口额	出口 世界出口额	出口 占比%	出口 排名	进口 中国进口额	进口 世界进口额	进口 占比%	进口 排名
1990	620.9	34490	1.8	14	533.5	35500	1.5	17
1991	718.4	35150	2	13	637.9	36320	1.8	16
1992	849.4	37660	2.3	11	805.9	38810	2.1	13
1993	917.4	37820	2.4	11	1039.6	38750	2.7	11
1994	1210.1	43260	2.8	11	1156.1	44280	2.6	11
1995	1487.8	51640	2.9	11	1320.8	52830	2.5	12
1996	1510.6	54030	2.8	11	1388.4	55440	2.5	12
1997	1827	55910	3.3	10	1424	57370	2.5	12
1998	1838	55010	3.4	9	1402	56810	2.5	11
1999	1952	57120	3.5	9	1658	59210	2.8	10
2000	2493	64560	3.9	7	2251	67240	3.4	9
2001	2662	61910	4.3	6	2436	64830	3.8	6
2002	3256	64920	5	5	2952	67420	4.4	6
2003	4379	75860	5.8	4	4131	78670	5.3	3

续表

年份	出口				进口			
	中国出口额	世界出口额	占比%	排名	中国进口额	世界进口额	占比%	排名
2004	5933	92180	6.5	3	5612	95680	5.9	3
2005	7620	104890	7.3	3	6600	108550	6.1	3
2006	9688	121130	8	3	7915	124370	6.4	3
2007	12178	140000	8.7	2	9560	143000	6.7	3
2008	14307	161160	8.9	2	11326	165200	6.9	2
2009	12016	125220	9.6	1	10059	127180	7.9	2
2010	15778	152890	10.3	1	13962	155040	9	2
2011	18984	182910	10.4	1	17435	184870	9.4	2
2012	20487	184040	11.1	1	18184	186080	9.8	2
2013	22096	187840	11.8	1	19504	188740	10.3	2
2014	23423	189950	12.3	1	19592	191040	10.3	2
2015	22737	164820	13.8	1	16796	167660	10	2
2016	20976	154600	13.6	1	15879	157900	10.1	2
2017	22633	177300	12.8	1	18419	180240	10.2	2
2018	24869	194750	12.8	1	21357	198670	10.8	2

数据来源：作者根据WTO网站 https://www.wto.org/、《国际统计年鉴》和《中国统计年鉴》整理[①]。

附表4　1978—2018年中国和世界进出口额占比及排名

单位：亿美元

年份	中国进出口额	世界进出口总额	占比%	排名	年份	中国进出口额	世界进出口总额	占比%	排名
1978	206.4	25800	0.8	29	2003	8510	154530	5.5	4
1980	381.4	42378	0.9	26	2004	11545	187860	6.1	3
1981	440.3	40018	1.1	22	2005	14219	213440	6.7	3
1985	696	38667	1.8	10	2006	17603	245500	7.2	3
1990	1154.4	69990	1.6	16	2007	21738	283000	7.7	3
1991	1356.3	71470	1.9	14	2008	25633	326360	7.9	2

[①] 部分数据计算结果与黄勇峰和任若恩(2002)有差异。

续表

年份	中国进出口额	世界进出口总额	占比%	排名	年份	中国进出口额	世界进出口总额	占比%	排名
1992	1655.3	76470	2.2	12	2009	22075	252400	8.7	2
1993	1957	76570	2.6	11	2010	29729	307930	9.7	2
1994	2366.2	87540	2.7	11	2011	36419	367780	9.9	2
1995	2808.6	104470	2.7	11	2012	38671	370120	10.5	2
1996	2899	109470	2.6	11	2013	41600	376580	11.0	1
1997	3251	113280	2.9	11	2014	43015	381001	11.3	1
1998	3240	111820	2.9	11	2015	39533	332188	11.9	1
1999	3610	116330	3.1	9	2016	36855	321886	11.5	2
2000	4743	131800	3.6	8	2017	41071	357540	11.5	1
2001	5098	126740	4	6	2018	46224	393420	11.8	1
2002	6208	132340	4.7	6					

数据来源：作者根据WTO网站https://www.wto.org/、《国际统计年鉴》和《中国统计年鉴》整理。

附表5 1980—2018年按商品类别分类进出口额及占比

单位：亿美元

年份	初级产品 出口 出口额	占比%	进口 进口额	占比%	进出口 进出口总额	占比%	工业制成品 出口 出口额	占比%	进口 进口额	占比%	进出口 进出口总额	占比%
1980	91.14	23.90	69.59	18.25	160.73	42.15	90.05	23.61	130.58	34.24	220.63	57.85
1981	102.48	23.28	80.44	18.27	182.92	41.55	117.59	26.71	139.71	31.74	257.3	58.45
1982	100.5	24.15	76.34	18.35	176.84	42.5	122.71	29.50	116.51	28.00	239.22	57.5
1983	96.2	22.06	58.08	13.31	154.28	35.37	126.06	28.90	155.82	35.73	281.88	64.63
1984	119.34	22.28	52.08	9.73	171.42	32.01	142.05	26.53	222.02	41.46	364.07	67.99
1985	138.28	19.87	52.89	7.60	191.17	27.47	135.22	19.42	369.63	53.11	504.85	72.53
1986	112.72	15.26	56.49	7.65	169.21	22.91	196.7	26.64	372.55	50.45	569.25	77.09
1987	132.31	16.00	69.15	8.37	201.46	24.37	262.06	31.71	363.01	43.92	625.07	75.63
1988	144.06	14.02	100.68	9.79	244.74	23.81	331.1	32.21	452.07	43.98	783.17	76.19
1989	150.78	13.50	117.54	10.53	268.32	24.03	374.6	33.54	473.86	42.43	848.46	75.97

续表

年份	初级产品 出口 出口额	占比%	初级产品 进口 进口额	占比%	初级产品 进出口 进出口总额	占比%	工业制成品 出口 出口额	占比%	工业制成品 进口 进口额	占比%	工业制成品 进出口 进出口总额	占比%
1990	158.86	13.76	98.53	8.54	257.39	22.3	462.05	40.02	434.92	37.68	896.97	77.7
1991	161.45	11.90	108.34	7.99	269.79	19.89	556.98	41.06	529.57	39.05	1086.55	80.11
1992	170.04	10.27	132.55	8.01	302.59	18.28	679.36	41.04	673.3	40.68	1352.66	81.72
1993	166.66	8.52	142.1	7.26	308.76	15.78	750.78	38.36	897.49	45.86	1648.27	84.22
1994	197.08	8.33	164.86	6.97	361.94	15.3	1012.98	42.81	991.28	41.89	2004.26	84.7
1995	214.85	7.65	244.17	8.69	459.02	16.34	1272.95	45.33	1076.67	38.33	2349.62	83.66
1996	219.25	7.56	254.41	8.78	473.66	16.34	1291.23	44.54	1133.92	39.12	2425.15	83.66
1997	239.53	7.37	286.2	8.80	525.73	16.17	1588.39	48.85	1137.5	34.98	2725.89	83.83
1998	204.89	6.33	229.49	7.08	434.38	13.41	1632.2	50.38	1172.88	36.21	2805.08	86.59
1999	199.41	5.53	268.46	7.44	467.87	12.97	1749.9	48.53	1388.53	38.50	3138.43	87.03
2000	254.6	5.37	467.39	9.85	721.99	15.22	2237.43	47.18	1783.55	37.60	4020.98	84.78
2001	263.38	5.16	457.43	8.98	720.81	14.14	2397.6	47.05	1978.1	38.81	4375.7	85.86
2002	285.4	4.60	492.71	7.93	778.11	12.53	2970.56	47.85	2458.99	39.62	5429.55	87.47
2003	348.12	4.09	727.63	8.55	1075.75	12.64	4034.16	47.41	3399.96	39.95	7434.12	87.36
2004	405.49	3.51	1172.67	10.16	1578.16	13.67	5527.77	47.88	4439.62	38.45	9967.39	86.33
2005	490.37	3.45	1477.14	10.39	1967.51	13.84	7129.16	50.14	5122.39	36.02	12251.55	86.16
2006	529.19	3.01	1871.29	10.63	2400.48	13.64	9160.17	52.03	6043.32	34.33	15203.49	86.36
2007	615.09	2.83	2430.85	11.18	3045.94	14.01	11562.7	53.19	7128.65	32.80	18691.35	85.99
2008	779.57	3.04	3623.95	14.14	4403.52	17.18	13527.4	52.77	7701.67	30.05	21229.07	82.82
2009	631.12	2.86	2898.04	13.13	3529.16	15.99	11384.8	51.57	7161.19	32.44	18545.99	84.01
2010	816.86	2.74	4338.5	14.59	5155.36	17.33	14960.7	50.31	9623.94	32.36	24584.64	82.67
2011	1005.45	2.76	6042.69	16.58	7048.14	19.35	17978.4	49.37	11392.15	31.28	29370.55	80.65
2012	1005.58	2.60	6349.34	16.42	7354.92	19.02	19481.6	50.38	11834.71	30.60	31316.31	80.98
2013	1072.68	2.58	6580.81	15.82	7653.49	18.4	21017.4	50.53	12919.09	31.07	33936.49	81.6
2014	1126.92	2.62	6469.4	15.04	7596.32	17.66	22296.01	51.83	13122.95	30.51	35418.96	82.34
2015	1039.27	2.63	4720.57	11.94	5759.84	14.57	21695.41	54.88	12075.07	30.55	33770.48	85.43
2016	1051.87	2.85	4410.55	11.97	5462.42	14.82	19924.44	54.06	11468.71	31.12	31393.15	85.18
2017	1177.3	2.87	5796.4	14.11	6973.7	16.98	21456.38	52.24	12641.5	30.78	34097.88	83.02
2018	1349.93	2.92	7017.44	15.18	8367.37	18.1	23516.89	50.88	14339.9	31.02	37856.79	81.9

资料来源：作者根据历年《中国统计年鉴》整理计算。

附表6 中国与各大洲进出口金额与占比

单位：亿美元

年份	亚洲 金额	亚洲 占比%	非洲 金额	非洲 占比%	欧洲 金额	欧洲 占比%	拉丁美洲 金额	拉丁美洲 占比%	北美洲 金额	北美洲 占比%	大洋洲及太平洋群岛 金额	大洋洲及太平洋群岛 占比%	进出口总额
1997	1974	60.70	57	1.75	547	16.82	84	2.58	529	16.27	61	1.88	3252
1998	1852	57.18	55	1.70	597	18.43	83	2.56	593	18.31	58	1.79	3239
1999	2042	56.63	65	1.80	681	18.89	83	2.30	662	18.36	73	2.02	3606
2000	2737	57.71	106	2.23	863	18.20	126	2.66	814	17.16	98	2.07	4743
2001	2881	56.52	108	2.12	976	19.15	149	2.92	879	17.25	104	2.04	5097
2002	3606	58.09	124	2.00	1126	18.14	178	2.87	1051	16.93	121	1.95	6208
2003	4955	58.23	185	2.17	1579	18.55	268	3.15	1364	16.03	159	1.87	8510
2004	6649	57.59	295	2.55	2114	18.31	400	3.46	1853	16.05	235	2.04	11546
2005	8079	56.82	397	2.79	2621	18.43	505	3.55	2308	16.23	309	2.17	14219
2006	9811	55.73	555	3.15	3302	18.76	702	3.99	2860	16.25	373	2.12	17604
2007	11878	54.64	737	3.39	4275	19.67	1027	4.72	3325	15.30	495	2.28	21737
2008	13667	53.32	1072	4.18	5115	19.96	1434	5.59	3683	14.37	661	2.58	25632
2009	11722	53.10	910	4.12	4267	19.33	1219	5.52	3281	14.86	676	3.06	22075
2010	15669	52.69	1270	4.27	5731	19.27	1836	6.17	4229	14.22	990	3.33	29740
2011	19031	52.26	1663	4.57	7007	19.24	2414	6.63	4944	13.58	1298	3.56	36419
2012	20451	52.88	1986	5.14	6831	17.66	2613	6.76	5363	13.87	1365	3.53	38671
2013	22240	53.47	2103	5.06	7299	17.55	2614	6.29	5755	13.84	1533	3.69	41590
2014	22735	52.85	2217	5.15	7750	18.02	2633	6.12	6106	14.20	1560	3.63	43015
2015	20944	52.98	1788	4.52	6963	17.61	2359	5.97	6131	15.51	1334	3.37	39530
2016	19469	52.82	1490	4.04	6778	18.39	2170	5.89	5657	15.35	1282	3.48	36856
2017	21265	51.77	1706	4.15	7561	18.41	2586	6.30	6357	15.48	1592	3.88	41072
2018	23806	51.50	2042	4.42	8540	18.48	3072	6.64	6974	15.09	1786	3.86	46224

资料来源：作者根据历年《中国统计年鉴》整理计算。

附表7 中国与主要贸易伙伴的进出口金额与占比

单位:亿美元

国家地区组织 / 年份	美国	东盟	中国香港	日本	韩国	中国台湾	德国	澳大利亚	英国	印度	俄罗斯	巴西	荷兰	法国	加拿大	瑞士	墨西哥	南非
1997	490	259	508	608	241	19	127	53	58	18	61	25	55	56	39	15	6	16
1998	549	244	454	579	213	205	143	50	66	19	55	22	60	60	44	14	8	16
1999	614	276	438	662	250	235	161	63	79	20	57	18	64	67	48	17	10	17
2000	745	404	539	832	345	305	197	85	99	29	80	28	79	77	69	22	18	21
2001	805	414	560	877	359	323	235	90	103	36	107	37	87	78	74	24	26	22
2002	972	549	692	1019	441	446	278	104	114	49	119	45	107	83	79	27	40	26
2003	1263	795	874	1336	632	584	417	136	144	76	158	80	154	134	100	35	49	39
2004	1696	1078	1127	1678	900	783	541	204	197	136	212	123	215	176	155	51	71	59
2005	2115	1329	1367	1844	1119	912	633	273	245	187	291	148	288	206	192	58	78	73
2006	2627	1638	1661	2073	1342	1078	782	333	307	249	334	203	345	252	232	68	114	99
2007	3021	2060	1972	2360	1599	1245	941	438	394	386	482	297	463	337	303	94	150	140
2008	3337	2360	2036	2667	1860	1292	1150	597	456	518	569	487	512	389	345	113	176	179
2009	2983	2176	1749	2288	1562	1062	1056	601	391	434	388	424	418	345	297	95	162	161
2010	3854	3000	2306	2978	2071	1454	1423	883	501	618	555	626	562	448	371	201	248	257
2011	4466	4430	2835	3428	2456	1600	1691	1166	587	739	793	842	682	520	474	309	333	455
2012	4847	4086	3413	3295	2564	1690	1611	1223	631	665	882	857	676	510	513	263	367	600
2013	5207	4538	4007	3124	2742	1970	1615	1365	700	654	893	902	701	498	545	596	392	652
2014	5551	4927	3757	3123	2904	1983	1777	1368	809	706	953	865	743	558	552	435	434	603
2015	5570	4673	3432	2785	2758	1881	1568	1138	785	716	680	715	682	514	556	443	438	460
2016	5197	3918	3040	2751	2527	1791	1514	1082	744	702	696	678	673	472	457	430	427	351
2017	5837	5134	2865	3031	2803	1999	1681	1364	790	844	842	878	784	545	518	361	477	392
2018	6335	5875	3105	3277	3134	2262	1838	1531	804	955	1071	1123	852	629	635	425	580	435

资料来源:作者根据历年《中国统计年鉴》整理。

附表8　1978—2019年中国外汇储备

单位:亿美元

年份	外汇储备	年份	外汇储备	年份	外汇储备	年份	外汇储备
1978	1.67	1989	55.5	2000	1655.74	2011	31811.48
1979	8.4	1990	110.93	2001	2121.65	2012	33115.89
1980	−12.96	1991	217.12	2002	2864.07	2013	38213.15
1981	27.08	1992	194.43	2003	4032.51	2014	38430.18
1982	69.86	1993	211.99	2004	6099.32	2015	33303.62
1983	89.01	1994	516.2	2005	8188.72	2016	30105.17
1984	82.2	1995	735.97	2006	10663.44	2017	31399.49
1985	26.44	1996	1050.49	2007	15282.49	2018	30727.12
1986	20.72	1997	1398.9	2008	19460.3	2019	31079.24
1987	20.23	1998	1449.59	2009	23991.52		
1988	33.72	1999	1546.75	2010	28473.38		

数据来源:国家外汇管理局网站http://www.safe.gov.cn/。

附表9　2006—2018年中国IFDI和OFDI

单位:亿美元

年份	IFDI 金额	IFDI 增长率%	OFDI 金额	OFDI 增长率%
2006	630	4.48	212	72.36
2007	748	18.73	265	25.00
2008	923	23.40	559	110.94
2009	900	−2.49	565	1.07
2010	1057	17.44	688	21.77
2011	1160	9.74	747	8.58
2012	1117	−3.71	878	17.54
2013	1176	5.28	1078	22.78
2014	1196	1.70	1231	14.19
2015	1263	5.60	1457	18.36
2016	1260	−0.24	1961	34.59
2017	1310	3.97	1583	−19.28
2018	1350	3.05	1430	−9.67

注:在中国IFDI规模持续上升的同时,中国OFDI规模亦呈现逐年上升态势;2014至2016年,中国从资本净输入国转变为资本净输出国,体现

出资本流入与流出的双向流动特征。2017年开始,受汇率变动、贸易保护主义抬头等因素影响,中国又转变为资本净输入国。

数据来源:根据历年《中国统计年鉴》计算整理。

附表10 中国劳动力数量与质量

单位:万人

年份	劳动力数量(万人)	增长率%	人均受教育年限(年)	增长率%
2006	78244	0.47	8.28	1.38
2007	78645	0.51	8.4	1.49
2008	79243	0.76	8.53	1.47
2009	79812	0.72	8.65	1.41
2010	78388	−1.78	9.1	4.79
2011	78579	0.24	9.57	5.63
2012	78894	0.40	9.66	0.96
2013	79300	0.51	9.72	0.65
2014	79690	0.49	9.84	1.23
2015	80091	0.50	9.95	1.09
2016	80694	0.20	10.09	1.41
2017	80686	0.75	10.23	1.39
2018	80567	−0.15	10.39	1.56

注:以人均受教育年限衡量劳动力的质量,表明在劳动力要素数量增加的同时劳动力要素质量逐年提升,且质量提升的幅度明显高于数量的幅度,要素结构优化升级特征显著。

数据来源:作者根据历年《中国统计年鉴》《中国劳动统计年鉴》整理计算。

附表11 2018年世界五大知识产权局国内专利授权数量

单位:件

中国	日本	美国	欧洲	韩国
345959	152440	144413	127625	89227

资料来源:中华人民共和国国家知识产权局网站:http://www.sipo.gov.cn/。

附表12 2011—2019年国内外三项专利申请数量

单位:件

年份	国内外发明专利申请 合计	国内	国外	国内外实用新型专利申请 合计	国内	国外	国内外外观设计专利申请 合计	国内	国外
2011	526412	415829	110583	585467	581303	4164	521468	507538	13930
2012	652777	535313	117464	740290	734437	5853	657582	642401	15181
2013	825136	704936	120200	892362	885226	7136	659563	644398	15165
2014	928177	801135	127042	868511	861053	7458	564555	548428	16127
2015	1101864	968251	133613	1127577	1119714	7863	569059	551481	17578
2016	1338503	1204981	133522	1475977	1468295	7682	650344	631949	18395
2017	1381594	1245709	135885	1687593	1679807	7786	628658	610817	17841
2018	1542002	1393815	148187	2072311	2063860	8451	708799	689097	19702
2019	1400661	1243568	157093	2268190	2259765	8425	711617	691771	19846

注:以专利申请与授予数量衡量技术进步与创新,通过引进、消化、吸收和自主创新,高级要素的培育促进国内要素结构升级优化。

资料来源:中华人民共和国家知识产权局网站:http://www.sipo.gov.cn/。

附表13 1978—2018年进出口贸易差额

单位:亿美元

年份	出口额	进口额	贸易差额	年份	出口额	进口额	贸易差额
1978	97.80	108.90	−11.1	1998	1837.10	1402.40	434.7
1979	136.60	156.70	−20.1	1999	1949.30	,657.00	292.3
1980	181.20	200.20	−19	2000	2492.00	2250.90	241.1
1981	220.10	220.20	−0.1	2001	2661.00	2435.50	225.5
1982	223.40	192.90	30.5	2002	3256.00	2951.70	304.3
1983	222.60	213.90	8.7	2003	4382.28	4127.60	254.68
1984	261.40	274.10	−12.7	2004	5933.30	5612.30	321
1985	273.50	422.50	−149	2005	7619.50	6599.50	1020

续表

年份	出口额	进口额	贸易差额	年份	出口额	进口额	贸易差额
1986	309.40	429.10	−119.7	2006	9689.80	7914.60	1775.2
1987	394.40	432.10	−37.7	2007	12204.60	9561.16	2643.44
1988	475.20	552.70	−77.5	2008	14306.90	11325.67	2981.23
1989	525.40	591.40	−66	2009	12016.10	10059.23	1956.87
1990	620.90	533.50	87.4	2010	15777.54	13962.44	1815.10
1991	719.10	637.90	81.2	2011	18983.81	17434.84	1548.98
1992	849.40	805.90	43.5	2012	20487.14	18184.05	2303.09
1993	917.40	1039.60	−122.2	2013	22090.04	19499.89	2590.15
1994	1210.10	1156.10	54	2014	23422.93	19592.35	3830.58
1995	1487.80	1320.80	167	2015	22734.68	16795.65	5939.04
1996	1510.50	1388.30	122.2	2016	20976.31	15879.26	5097.05
1997	1827.90	1423.70	404.2	2017	22634.90	18409.85	4225.05
				2018	24866.80	21357.30	3509.50

数据来源：作者根据历年《中国统计年鉴》整理计算。

附表14　中国平均工资及增长率

单位：元

年份	平均工资	增长率%	年份	平均工资	增长率%	年份	平均工资	增长率%
1998	7446	15.55	2005	18200	14.32	2012	46769	11.89
1999	8319	11.72	2006	20856	14.59	2013	51483	10.08
2000	9333	12.19	2007	24721	18.53	2014	56360	9.47
2001	10834	16.08	2008	28898	16.9	2015	62029	10.06
2002	12373	14.21	2009	32244	11.58	2016	67569	8.93
2003	13969	12.9	2010	36539	13.32	2017	74318	9.99
2004	15920	13.97	2011	41799	14.4	2018	82413	10.89

数据来源：作者根据历年《中国统计年鉴》整理计算。

附表15　1994—2019年中国遭遇贸易救济调查数量及金额

单位:件

年份	反倾销数量	反补贴数量	保障措施数量	特别保障措施数量	贸易救济调查数量合计	年份	反倾销数量	反补贴数量	保障措施数量	特别保障措施数量	贸易救济调查数量合计
1994	9	0	0	0	9	2007	61	8	8	0	77
1995	23	0	1	1	25	2008	78	11	14	3	106
1996	42	0	4	0	46	2009	78	13	25	7	123
1997	37	0	3	0	40	2010	44	6	23	0	73
1998	28	0	5	0	32	2011	49	9	13	1	72
1999	44	0	12	0	56	2012	62	9	19	2	92
2000	44	0	20	0	64	2013	74	14	12	0	100
2001	59	0	14	1	74	2014	62	14	24	0	100
2002	49	0	19	3	71	2015	72	8	17	0	97
2003	54	0	10	8	72	2016	92	19	10	0	121
2004	52	3	13	17	85	2017	56	13	7	0	76
2005	51	0	7	38	96	2018	60	29	15	0	104
2006	75	2	17	7	101	2019	63	9	30	0	102
						合计	1418	167	342	88	2015

数据来源:中国贸易救济信息网, http://cacs.mofcom.gov.cn/cacscms/view/statistics/ckajtj。

附表16　1983—2018年中国价格贸易条件指数

年份	出口价格指数	进口价格指数	价格贸易条件指数%	年份	出口价格指数	进口价格指数	价格贸易条件指数%
1983	91.6	91.5	100.11	2001	98.4	100.1	98.30
1984	102.3	98.2	104.18	2002	97.5	102.3	95.31
1985	97	98	98.98	2003	103	109.2	94.32
1986	85.3	106.4	80.17	2004	106.6	113.3	94.09
1987	103.4	100.6	102.78	2005	103	103.5	99.52
1988	105.1	114.9	91.47	2006	102.5	103.2	99.32

续表

年份	出口价格指数	进口价格指数	价格贸易条件指数%	年份	出口价格指数	进口价格指数	价格贸易条件指数%
1989	106.6	108.3	98.43	2007	105.5	106.6	98.97
1990	103.3	96.7	106.83	2008	108.6	115.8	93.78
1991	97.6	94.3	103.50	2009	93.8	87.3	107.45
1992	99.3	103.3	96.13	2010	102.9	113.6	90.58
1993	96	101.5	94.58	2011	110	113.9	96.58
1994	105.3	104.6	100.67	2012	102	99.3	102.72
1995	110.7	112.1	98.75	2013	99.2	97.6	101.64
1996	102.9	102.2	100.68	2014	99.3	96.6	102.80
1997	101.5	103.2	98.35	2015	99	88.4	111.99
1998	95.3	99.4	95.88	2016	98	97.6	100.41
1999	95.6	104.4	91.57	2017	103.9	109.4	94.97
2000	100.8	110.1	91.55	2018	103.3	106.1	97.36

数据来源：作者根据历年《中国统计年鉴》计算，从2014年起，改用人民币币值计算。

附表17 1997—2018年外商投资企业进出口额及占比

单位：亿美元

年份	中国进出口总额	中国出口额	中国进口额	外商投资企业进出口总额	占比%	外商投资企业出口金额	占比%	外商投资企业进口金额	占比%
1997	3251	1827	1424	1526	48.03	749	49.08	777	50.92
1998	3240	1838	1402	1577	48.69	810	51.36	767	48.64
1999	3610	1952	1658	1745	48.39	886	50.77	859	49.23
2000	4743	2493	2251	2367	49.91	1194	50.44	1173	49.56
2001	5098	2662	2436	2591	50.83	1332	51.41	1259	48.59
2002	6208	3256	2952	3302	53.19	1670	50.58	1602	48.52
2003	8510	4379	4131	4722	55.49	2403	50.89	2319	49.11
2004	11545	5933	5612	6630	57.42	3386	51.07	3244	48.93

续表

年份	中国进出口总额	中国出口额	中国进口额	外商投资企业进出口 总额	外商投资企业进出口 占比%	外商投资企业出口 金额	外商投资企业出口 占比%	外商投资企业进口 金额	外商投资企业进口 占比%
2005	14219	7620	6600	8316	58.49	4441	53.4	3875	46.6
2006	17603	9688	7915	10363	58.87	5638	54.41	4725	45.59
2007	21738	12178	9560	12552	57.74	6954	55.4	5598	44.6
2008	25633	14307	11326	14099	55.01	7905	56.07	6194	43.93
2009	22075	12016	10059	12175	55.15	6721	55.2	5454	44.8
2010	29740	15778	13962	16006	53.82	8622	53.87	7384	46.13
2011	36419	18984	17435	18599	51.07	9952	53.51	8647	46.49
2012	38671	20487	18184	18941	48.98	10226	53.99	8715	46.01
2013	41600	22096	19504	19183	46.12	10437	54.41	8746	45.59
2014	43015	23423	19592	19836	46.11	10747	54.18	9089	45.82
2015	39533	22737	16796	18335	46.38	10046	54.79	8289	45.21
2016	36855	20976	15879	16875	45.79	9168	54.33	7707	45.67
2017	41071	22633	18438	18391	44.78	9776	53.16	8615	46.84
2018	46224	24867	21357	19677	42.57	10359	52.65	9318	47.35

数据来源:作者根据历年《中国统计年鉴》加工整理。

附表18 加工贸易进出口额及占比

单位:亿美元

年份	进出口总额	出口额	进口额	进出口差额	加工贸易进出口额	加工贸易出口额	加工贸易进口额	加工贸易差额	加工贸易占比%	加工贸易差额占比%
1981	440.3	220.1	220.2	-0.1	26.35	11.31	15.04	-3.73	5.99	-3730
1985	696	273.5	422.5	-149	75.9	33.16	42.74	-9.58	10.91	6.43
1990	1154.4	620.9	533.5	87.4	441.8	254.2	187.6	66.6	38.27	76.2
1991	1356.3	719.1	637.9	81.2	574.6	324.3	250.3	74	42.37	91.13
1992	1655.3	849.4	805.9	43.5	711.6	396.2	315.4	80.8	42.99	185.75
1993	1957	917.4	1039.6	-122.2	806.2	442.5	363.7	78.8	41.20	200

续表

年份	进出口总额	出口额	进口额	进出口差额	加工贸易进出口额	加工贸易出口额	加工贸易进口额	加工贸易差额	加工贸易占比%	加工贸易差额占比%
1994	2366.2	1210.1	1156.1	54	1045.5	569.8	475.7	94.1	44.18	174.26
1995	2808.6	1487.8	1320.8	167	1320.7	737	583.7	153.3	47.02	91.8
1996	2899	1510.5	1388.3	122.2	1466	843.3	622.7	220.6	50.57	180.52
1997	3251	1827	1424	403	1698	996	702	294	52.22	72.94
1998	3240	1838	1402	436	1731	1045	686	359	53.43	82.24
1999	3610	1952	1658	294	1845	1109	736	373	51.15	126.88
2000	4743	2493	2251	242	2302	1377	926	451	48.54	186.34
2001	5098	2662	2436	226	2414	1474	940	535	47.36	236.54
2002	6208	3256	2952	304	3021	1799	1222	577	48.67	189.89
2003	8510	4379	4131	248	4048	2419	1629	789	47.56	318.33
2004	11545	5933	5612	321	5497	3280	2217	1063	47.61	331.08
2005	14219	7620	6600	1020	6905	4165	2740	1425	48.56	139.66
2006	17603	9688	7915	1773	8318	5104	3215	1889	47.25	106.53
2007	21738	12178	9560	2618	9860	6176	3685	2491	45.36	95.14
2008	25633	14307	11326	2981	10535	6751	3784	2967	41.10	99.54
2009	22075	12016	10059	1957	9093	5870	3223	2646	41.19	135.23
2010	29740	15778	13962	1816	11578	7403	4174	3229	38.93	177.82
2011	36419	18984	17435	1549	13052	8354	4698	3656	35.84	236.04
2012	38671	20487	18184	2303	13440	8628	4812	3816	34.75	165.70
2013	41600	22096	19504	2592	13578	8608	4970	3638	32.65	140.34
2014	43015	23423	19592	3831	14087	8844	5244	3600	32.75	93.97
2015	39533	22737	16796	5941	12448	7978	4470	3508	31.49	59.05
2016	36855	20976	15879	5097	11126	7159	3967	3192	30.19	62.62
2017	41071	22633	18438	4214	11900	7588	4312	3276	28.99	77.74
2018	46224	24867	21357	3510	12672	7971	4701	3270	17.25	93.16

数据来源:1981至2008年数据来源于《中国统计年鉴2009》;2009至2013年数据来源于《中华人民共和国海关总署统计快讯》;2014至2018数据来源于《中华人民共和国海关总署统计月报》。

附表19 1979至2018年外贸贡献度和外贸拉动度

年份	外贸贡献度%	外贸拉动度%	年份	外贸贡献度%	外贸拉动度%
1979	−2.70	−0.31	1999	−21.87	−1.38
1980	0.74	0.09	2000	−4.40	−0.47
1981	7.90	0.60	2001	−1.23	−0.13
1982	12.89	1.14	2002	6.01	0.59
1983	−6.15	−0.74	2003	−2.71	−0.35
1984	−4.49	−0.94	2004	2.36	0.42
1985	−22.47	−5.62	2005	22.40	3.53
1986	2.57	0.36	2006	18.20	3.12
1987	15.12	2.62	2007	12.03	2.78
1988	−4.80	−1.18	2008	1.09	0.20
1989	2.23	0.29	2009	−25.22	−2.33
1990	38.71	3.82	2010	−1.70	−0.31
1991	0.54	0.09	2011	−2.94	−0.54
1992	−3.77	−0.89	2012	8.77	0.92
1993	−11.02	−3.44	2013	2.80	0.28
1994	8.97	3.26	2014	15.25	1.25
1995	7.42	1.94	2015	29.52	2.07
1996	−3.67	−0.63	2016	−6.20	−0.49
1997	29.55	3.25	2017	−5.67	−0.64
1998	4.44	0.31	2018	2.43	0.26

数据来源：作者根据历年《中国统计年鉴》和Wind资讯整理计算。

附表20 中国国家竞争力排名及占比

年份	WEF排名及占比			IMD排名及占比		
	WEF排名	经济体个数	排名占比%	IMD排名	经济体个数	排名占比%
2006	54	125	43.2	18	55	32.73
2007	34	131	25.95	15	55	27.27
2008	30	134	22.39	17	56	30.36
2009	29	133	21.8	20	56	35.71
2010	27	139	19.42	18	58	31.03

续表

年份	WEF排名及占比			IMD排名及占比		
	WEF排名	经济体个数	排名占比%	IMD排名	经济体个数	排名占比%
2011	26	142	18.31	19	58	32.76
2012	29	144	20.14	23	59	38.98
2013	29	148	19.59	21	60	35
2014	28	144	19.44	23	60	38.33
2015	28	140	20	28	60	46.67
2016	28	138	20.29	25	61	40.98
2017	27	137	19.71	18	63	28.57
2018	28	140	20	13	63	20.63
2019	28	141	19.86	14	63	22.22

数据来源：作者根据GCR（2006—2019）和WCY（2006—2019）整理与计算。

附表21 金砖五国WEF国家竞争力排名

年份\国家	中国	印度	俄罗斯	南非	巴西
2006	54	43	59	36	66
2007	34	48	58	44	72
2008	30	50	51	45	64
2009	29	49	63	45	56
2010	27	51	63	54	58
2011	26	56	66	50	53
2012	29	59	67	52	48
2013	29	60	64	53	56
2014	28	71	53	56	57
2015	28	55	45	49	54
2016	28	39	43	47	81
2017	27	40	38	61	80
2018	28	58	43	67	72

数据来源：GCR（2006—2018）。

附表22　2012—2017年WEF企业产品创新能力相关指标排名

年份	经济体个数	企业成本控制能力		企业创新能力		
		7.06薪酬与生产率	11.08营销推广	9.02企业技术吸收能力	12.03公司研发支出	12.01创新能力
2012	144	16	71	52	24	23
2013	148	17	71	50	22	30
2014	144	15	68	52	23	40
2015	140	20	66	64	23	49
2016	138	27	60	62	25	45
2017	137	26	58	57	21	44

数据来源:《全球竞争力报告》(GCR,2012—2017)。

附表23　2012—2017年WEF企业制度和成本控制能力相关指标排名

年份	经济体个数	6.01本地竞争程度	6.02市场支配地位	6.15顾客导向程度	11.01本地供给数量	11.02本地供给质量	11.05价值链宽度	11.07生产过程复杂性
2012	144	37	23	90	28	66	49	57
2013	148	46	23	76	31	69	43	58
2014	144	44	29	70	24	63	37	56
2015	140	36	28	68	15	63	43	49
2016	138	36	23	68	16	57	29	44
2017	137	33	22	69	52	56	29	39

数据来源:《全球竞争力报告》(GCR,2012—2017)。

中外文参考文献

[1]吴敬琏.比较32[M].北京:中信出版社,2007.

[2]包群,阳佳余.金融发展影响了中国工业制成品出口的比较优势吗[J].世界经济,2008(03).

[3][美]保罗·萨缪尔森等.经济学[M].萧琛等译.北京:商务印书馆,2011.

[4]曹桂珍.我国制造业国际竞争力影响因素分析[J].金融与经济,2010(02).

[5]曾可昕,张小蒂.中国企业家精神增进的激励机理——以矫正资本市场的估值扭曲为视角[J].学术月刊,2016(08).

[6]曾铮,张亚斌.相对效用价格比——基于不完全竞争市场的比较优势模型[J].产业经济研究,2008(04).

[7]陈光,张超.生产性服务业对制造业效率的影响研究——基于全国面板数据的实证分析[J].经济问题探索,2014(02).

[8]陈华.生产要素演进与创新型国家的经济制度[M].北京:中国人民大学出版社,2008.

[9]陈立敏,谭力文.评价中国制造业国际竞争力的实证方法研究——兼与波特指标及产业分类法比较[J].中国工业经济,2004(05).

[10]陈立敏.波特与李嘉图的契合点——从国家竞争力角度对竞争优势理论和比较优势理论框架及核心概念的对比分析[J].南大商学评论,2006(04).

[11]陈立敏,王璇,饶思源.中美制造业国际竞争力比较:基于产业竞争力层次观点的实证分析[J].中国工业经济,2009(06).

[12]陈立敏,周材荣,倪艳霞.全球价值链嵌入、制度质量与产业国际竞争力——基于贸易增加值视角的跨国面板数据分析[J].中南财经政法大学学报,2016(05).

[13]陈强.高级计量经济学及Stata应用(第2版)[M].北京:高等教育出版社,2014.

[14]陈诗一.中国工业分行业统计数据估算:1980—2008[J].经济学(季刊),2011(02).

[15]程承坪.论企业家人力资本与企业绩效关系[J].中国软科学,2001(07).

[16]程大中.中国参与全球价值链分工的程度及演变趋势——基于跨国投入—产出分析[J].经济研究,2015,50(09).

[17]程大中,郑乐凯,魏如青.全球价值链视角下的中国服务贸易竞争力再评估[J].世界经济研究,2017(05).

[18]程恩富,丁晓钦.构建知识产权优势理论与战略——兼论比较优势和竞争优势理论[J].当代经济研究,2003(09).

[19]崔日明,张玉兰.基于增加值视角下新兴经济体贸易竞争力评估[J].经济问题探索,2019(01).

[20]崔日明,张志明.中国对外贸易新型竞争力发展战略研究[J].经济学家,2014(02).

[21]崔远淼,曾利飞,陈志昂.教育红利对中国制造业国际竞争力作用及渠道的实证研究[J].国际贸易问题,2016(07).

[22][英]大卫·李嘉图.政治经济学及赋税原理[M].周洁译.北京:华夏出版社,2000.

[23]代谦,别朝霞.FDI、人力资本积累与经济增长[J].经济研究,2006a(04).

[24]代谦,别朝霞.外国直接投资、人力资本与经济增长:来自中国的数据[J].经济评论,2006b(04).

[25]代谦,别朝霞.人力资本、动态比较优势与发展中国家产业结构升级[J].世界经济,2006c(11).

[26]戴翔.中国制造业国际竞争力——基于贸易附加值的测算[J].中国工业经济,2015(01).

[27]单豪杰.中国资本存量K的再估算:1952-2006年[J].数量经济技术经济研究,2008(10).

[28]邓军.增加值贸易视角下中国制造业出口竞争力评估[J].中南财经政法大学学报,2013(05).

[29]邓小平.邓小平文选第三卷[M].北京:人民出版社,2001.

[30]丁溪,韩秋.比较优势与比较优势陷阱——基于黑龙江省外贸进出口数据分析[J].国际贸易问题,2015(02).

[31][瑞典]贝蒂尔·奥林.地区间贸易与国际贸易[M].王继祖等译.北京:首都经贸大学出版社,2001.

[32]樊纲,关志雄,姚枝仲.国际贸易结构分析:贸易品的技术分布[J].经济研究,2006(08).

[33]樊茂清,黄薇.基于全球价值链分解的中国贸易产业结构演进研究[J].世界经济,2014,37(02).

[34]樊秀峰,韩亚峰.生产性服务贸易对制造业生产效率影响的实证研究——基于价值链视角[J].国际经贸探索,2012,28(05).

[35]范爱军.中国各类出口产业比较优势实证分析[J].中国工业经济,2002(02).

[36]冯德连.知识经济时代的技术要素与国际贸易[J].财贸研究,1998(06).

[37]符正平.比较优势与竞争优势的比较分析:兼论新竞争经济学及其启示[J].国际贸易问题,1999(8).

[38]高运胜,甄程成,郑乐凯.中国制成品出口欧盟增加值分解研究——基于垂直专业化分工的视角[J].数量经济技术经济研究,2015,32(09).

[39]龚静,尹忠明.增加值核算体系下我国服务贸易出口的国际分工地位与竞争力研究——基于世界投入产出数据库的上游度指数与显示性比较优势指数分析[J].国际商务(对外经济贸易大学学报),2018(05).

[40]龚关,胡关亮.中国制造业资源配置效率与全要素生产率[J].经济研究,2013,48(04).

[41]郭晶,刘菲菲.中国服务业国际竞争力的重新估算——基于贸易增加值视角的研究[J].世界经济研究,2015(02).

[42]韩民春,徐姗.国外动态比较优势理论的演进[J].国外社会科学,2009(03).

[43]何树全,高旻.基于增值贸易的中国国际贸易竞争力分析[J].世界经济研究,2014(8).

[44]贺菊煌.我国资产的估算[J].数量经济技术经济研究,1992(08).

[45]贺正楚,曹德,吴艳.中国制造业发展质量与国际竞争力的互动路径[J].当代财经,2018(11).

[46]洪银兴.从比较优势到竞争优势——兼论国际贸易的比较利益理论的缺陷[J].经济研究,1997(06).

[47]洪银兴.以创新支持开放模式转换——再论由比较优势转向竞争优势[J].经济学动态,2010(11).

[48]胡永刚.国际交换价值与比较利益[J].学术月刊,2000(07).

[49]黄先海.中国制造业贸易竞争力的测度与分析[J].国际贸易问题,2006(05).

[50]黄勇峰,任若恩,刘晓生.中国制造业资本存量永续盘存法估计[J].经济学(季刊),2002,1(2).

[51]黄勇峰,任若恩.中美两国制造业全要素生产率比较研究[J].经济学(季刊),2002(04).

[52][美]约翰·肯尼思·加尔布雷思.富裕社会[M].赵勇等译.南京:江苏人民出版社,2009.

[53]翼名峰.比较优势与竞争优势[J].国际贸易问题,1995(2).

[54]江静,刘志彪,于明超.生产者服务业发展与制造业效率提升:基于地区和行业面板数据的经验分析[J].世界经济,2007(08).

[55]金碚,李钢,陈志.中国制造业国际竞争力现状分析及提升对策[J].财贸经济,2007(3).

[56]金碚,李鹏飞,廖建辉.中国产业国际竞争力现状及演变趋势——基于出口商品的分析[J].中国工业经济,2013(05).

[57]金戈.中国基础设施资本存量估算[J].经济研究,2012(04).

[58]赖德胜,纪雯雯.人力资本配置与创新[J].经济学动态,2015(03).

[59]李春顶.中国出口企业是否存在"生产率悖论":基于中国制造业企业数据的检验[J].世界经济,2010(07).

[60]李钢,董敏杰,金碚.比较优势与竞争优势是对立的吗?——基于中国制造业的实证研究[J].财贸经济,2009(09).

[61]李辉文,董红霞.现代比较优势理论:当代国际贸易理论的理论基准[J].国际经贸探索,2004(02).

[62]李辉文.现代比较优势理论的动态性质——兼评"比较优势陷阱"[J].经济评论,2004(01).

[63]黎峰.增加值视角下的中国国家价值链分工——基于改进的区域投入产出模型[J].中国工业经济,2016(03).

[64]黎峰.要素禀赋结构升级是否有利于贸易收益的提升?——基于中国的行业面板数据[J].世界经济研究,2014(08).

[65]李静,楠玉.中国产业比较优势演进为何受阻[J].财经科学,2016(12).

[66]李静,楠玉,刘霞辉.中国经济稳增长难题:人力资本错配及其解决途径[J].经济研究,2017(03).

[67]李静,楠玉.为何中国"人力资本红利"释放受阻?——人力资本错配的视角[J].经济体制改革,2017(02).

[68]李静.人力资本错配:产业比较优势演进受阻及其解释[J].统计与信息论坛,2017(10).

[69]李俊.中国要素贸易问题研究——全球要素分工格局与中国贸易强国建设[M].北京:经济科学出版社,2015.

[70]李清如.中国高技术制造业的国际竞争力——基于贸易增加值的分析[J].经济与管理评论,2017(02).

[71]李小平,朱钟棣.国际贸易、R&D溢出和生产率增长[J].经济研究,2006(02).

[72]李永.动态比较优势理论:一种新的模型解释[J].经济评论,2003(01).

[73]李治国,唐国兴.资本形成路径与资本存量调整模型——基于中国转型时期的分析[J].经济研究,2003(02).

[74]李忠民.人力资本:一个理论框架及其对中国一些问题的解释[M].北京:经济科学出版社,1999.

[75]连玉君,苏治.上市公司现金持有:静态权衡还是动态权衡[J].世界经济,2008(10).

[76]廖涵,谢靖.环境规制对中国制造业贸易比较优势的影响——基于出口增加值的视角[J].亚太经济,2017(04).

[77]林建红,徐元康.比较优势与竞争优势的比较研究[J].商业研究,2004(09).

[78]林善波,陈飞翔.动态比较优势与经济增长——基于东部地区11省市的面板数据分析[J].国际贸易问题,2011(06).

[79]林毅夫,孙希芳.经济发展的比较优势战略理论——兼评《对中国外贸战略与贸易政策的评论》[J].国际经济评论,2003(06).

[80]林毅夫,李永军.比较优势、竞争优势与发展中国家的经济发展[J].管理世界,2003(7).

[81]林毅夫.新结构经济学:反思经济发展与政策的理论框架[M].北京:北京大学出版社,2012.

[82]林平凡.创新驱动实现区域竞争优势重构的路径选择[J].广东社会科学,2016(02).

[83]刘斌,魏倩,吕越,祝坤福.制造业服务化与价值链升级[J].经济研究,2016,51(03).

[84]刘力.比较优势原则的若干否定之否定[J].国际经贸探索,1998(1).

[85]刘似臣,汪娅兰.贸易增加值视角下的中国服务出口国际竞争力——基于2016版WIOD世界投入产出表[J].调研世界,2017(04).

[86]刘维林,李兰冰,刘玉海.全球价值链嵌入对中国出口技术复杂度的影响[J].中国工业经济,2014(06).

[87]刘志铭,李晓迎.企业家精神与经济增长——奥地利学派的视角[J].华南师范大学学报(社会科学版),2008(06).

[88]刘遵义,陈锡康,杨翠红,Leonard K.Cheng,K.C.Fung,Yun-Wing Sung,祝坤福,裴建锁,唐志鹏.非竞争型投入占用产出模型及其应用——中美贸易顺差透视[J].中国社会科学,2007(05).

[89]隆国强.比较优势在变化出口战略需调整[N].经济日报,2013-07-12(13).

[90]罗长远,张军.附加值贸易:基于中国的实证分析[J].经济研究,2014,49(06).

[91]吕云龙,吕越.制造业出口服务化与国际竞争力——基于增加值贸易的视角[J].国际贸易问题,2017(05).

[92]马常娥.动态比较优势与我国对外贸易的可持续发展[J].当代经济研究,2010(05).

[93]马丹,许少强.中国国际竞争力的历史变迁与冲击来源——来自"制造业单位劳动成本指数测算的人民币实际有效汇率"的证据[J].国际金融研究,2006(01).

[94][英]马歇尔.经济学原理(上卷)[M].陈良璧译.北京:商务印书馆,1964.

[95]马颖,何清,李静.行业间人力资本错配及其对产出的影响[J].中国工业经济,2018(11).

[96][美]迈克尔·波特.国家竞争优势[M].李明轩等译.北京:华夏出版社,2002.

[97][美]迈克尔·波特.竞争优势[M].陈丽芳译.北京:中信出版社,2014.

[98]毛日昇.中国制造业贸易及其决定因素分析[J].管理世界,2006(08).

[99]聂聆,李三妹.制造业全球价值链利益分配与中国的竞争力研究[J].国际贸易问题,2014(12).

[100][奥]庞巴维克.资本实证论[M].陈瑞译.北京:商务印书馆,1964.

[101]彭羽.中国纺织服装业国际竞争力的实证研究[J].世界经济研究,2009(11).

[102]钱雪亚,缪仁余.人力资本、要素价格与配置效率[J].统计研究,2014,31(08)

[103]乔红芳,沈利生.要素合理配置视角下中国潜在产出测算[J].宏观经济研究,2015(12).

[104]秦臻,秦永和.中国高技术产业国际竞争力分析——以航空航天器制造业为例[J].中国软科学,2007(04).

[105]岑丽君.中国在全球生产网络中的分工与贸易地位——基于TiVA数据与GVC指数的研究[J].国际贸易问题,2015(01).

[106]邱斌,叶龙凤,孙少勤.参与全球生产网络对我国制造业价值链提升影响的实证研究——基于出口复杂度的分析[J].中国工业经济,2012(01).

[107]邱斌,唐保庆,孙少勤,刘修岩.要素禀赋、制度红利与新型出口比较优势[J].经济研究,2014,49(08).

[108]任若恩.关于中国制造业国际竞争力的进一步研究[J].经济研究,1998(02).

[109][美]保罗·萨缪尔森.经济学(上册)[M].高鸿业译.北京:商务印书馆,1991.

[110][法]让·巴蒂斯特·萨伊.政治经济学概论[M].陈福生译.北京:商务印书馆,1963.

[111]沈国兵,李韵.全球生产网络下中国出口竞争力的变化及其成因——基于增加值市场渗透率的分析[J].财经研究,2017,43(03).

[112]邵邦,刘孝阳.比较优势陷阱:本质、原因与超越[J].当代经济管理,2013,35(12).

[113]邵朝对,李坤望,苏丹妮.国内价值链与区域经济周期协同:来自中国的经验证据[J].经济研究,2018,53(03).

[114]盛斌,马盈盈.中国服务贸易出口结构和国际竞争力分析:基于贸易增加值的视角[J].东南大学学报(哲学社会科学版),2018,20(01).

[115]盛丹,王永进.基础设施、融资依赖与地区出口比较优势[J].金融研究,2012(05).

[116]盛晓白.简评竞争优势理论[J].国际贸易问题,1998(9).

[117]宋延武,王虹,邓小英.外国直接投资与我国出口结构和出口竞争力的关系研究——基于SPSS回归模型的实证分析与检验[J].国际贸易问题,2007(05).

[118]宋玉华,江振林.行业标准与制造业出口竞争力——基于中国11大行业面板数据的实证研究[J].国际贸易问题,2010(01).

[119]孙琳琳,任若恩.资本投入测量综述[J].经济学(季刊),2005(03).

[120]唐杰英.环境规则、外资参与程度和贸易竞争力——来自中国工业的实证研究[J].世界经济研究,2014(05).

[121]陶然,周巨泰.从比较优势到竞争优势——国际经济理论的新视角[J].国际贸易问题,1996(03).

[122]田友春.中国分行业资本存量估算:1990-2014年[J].数量经济技术经济研究,2016(06).

[123]王金敏.要素禀赋、全球价值链嵌入与制造业国际竞争力——基于贸易增加值视角[D].合肥:安徽大学,2018.

[124]王开国,宗兆昌.论人力资本性质与特征的理论渊源及其发展[J].中国社会科学,1999(06).

[125]王乐平.赤松要及其经济理论[J].日本学刊,1990(03).

[126]王仁曾.产业国际竞争力决定因素的实证研究——进展、困难、模型及对中国制造业截面数据的估计与检验[J].统计研究,2002(04).

[127]王三兴,董文静.中国制造业的分工地位和国际竞争力研究——基于行业上游度和RCA指数的测算[J].南京财经大学学报,2018(04).

[128]王子先.以竞争优势为导向——我国比较优势变化与外贸长期发展的思考[J].国际贸易,2000(1).

[129]王益煊,吴优.中国国有经济固定资本存量初步测算[J].统计研究,2003(05).

[130]王直,魏尚进,祝坤福.总贸易核算法:官方贸易统计与全球价值链的度量[J].中国社会科学,2015(09).

[131]王智波,李长洪.轻资产运营对企业利润率的影响——基于中国工业企业数据的实证研究[J].中国工业经济,2015(06).

[132][英]威廉·配第.赋税论[M].马妍译.北京:中国社会科学出版社,2010.

[133]卫迎春,李凯.我国制造业国际市场竞争力的发展趋势及其决定因素的实证分析[J].国际贸易问题,2010(03).

[134]魏浩,李翀.超比较优势与中国梯形对外贸易发展战略的构建[J].世界经济与政治论坛,2014(01).

[135]魏浩.生产要素、贸易利益与优化出口商品结构的经济战略[J].经济学家,2010(12).

[136]温忠麟,侯杰泰,张雷.调节效应与中介效应的比较和应用[J].心理学报,2005,37(02).

[137]温忠麟,叶宝娟.中介效应分析:方法和模型发展[J].心理科学进展,2014,22(05).

[138]文东伟,冼国明.中国制造业的出口竞争力及其国际比较[J].国际经济合作,2011(02).

[139]吴方卫.我国农业资本存量的估计[J].农业技术经济,1999(06).

[140]吴杨伟,王胜.中国贸易优势培育与重释[J].经济学家,2017a(05).

[141]吴杨伟,王胜.中国贸易优势重构:理论指导与战略支撑[J].世界经济研究,2017b(09).

[142]吴杨伟,王胜,李晓丹.国际贸易中的关税吸收问题研究进展——兼述一个理论框架[J].国际贸易问题,2018(05).

[143]吴杨伟,王胜.建设自由贸易试验区升级版的探讨——新型全球化经济要素流动的视角[J].国际贸易,2018a(03).

[144]吴杨伟,王胜.比较优势动态增进与产业结构升级:理论、机制与战略[C]//史丹.中国工业经济学会2017年年会论文集.南京:南京大学出版社,2018b:1-27.

[145]吴杨伟,王胜.再论比较优势与竞争优势[J].经济学家,2018c(11).

[146]吴杨伟,王胜.再论比较优势与竞争优势——基于贸易优势的认知拓展[C]//于海汛.全国高校社会主义经济理论与实践研讨会第32次会议论文集社会主义经济理论集萃2018.北京:经济科学出版社,2019.

[147]吴杨伟,李晓丹.论贸易优势理论的当代发展[J].云南财经大学学报,2020a,36(03).

[148]吴杨伟,李晓丹.要素投入与贸易竞争力——基于中国制造业的验证[J].调研世界,2020b(08).

[149][美]西奥多·W.舒尔茨论人力资本投资[M].吴珠华等译.北京:北京经济学院出版社,1990.

[150]夏杰长,倪红福.中国经济增长的主导产业:服务业还是工业?[J].南京大学学报(哲学·人文科学·社会科学),2016,53(03).

[151]谢建国.外商直接投资与中国的出口竞争力——一个中国的经验研究[J].世界经济研究,2003(07).

[152]熊贤良.比较优势战略与大国的经济发展[J].南开经济研究,1991a,(5).

[153]熊贤良.比较优势与竞争优势的分离和结合[J].国际贸易问题,1991b,(6).

[154]徐斌,李燕芳.生产要素理论的主要学派与最新发展[J].北京交通大学学报(社会科学版),2006(03).

[155]徐梁."一带一路"背景下动态比较优势增进研究[D].杭州:浙江大学,2016.

[156]许志瑜,张梦,马野青.全球价值链视角下中国服务贸易国际竞争力及其影响因素研究[J].国际贸易,2018(01).

[157]宣善文.中国运输服务贸易国际竞争力分析[J].经济问题,2019(2).

[158][英]亚当·斯密.国民财富的性质和原因的研究[M].郭大力译.北京:商务印书馆,2002.

[159]杨高举,黄先海.中国会陷入比较优势陷阱吗?[J].管理世界,2014(05).

[160]杨小凯,张永生.新贸易理论、比较利益理论及其经验研究的新成果:文献综述[J].经济学(季刊),2001(01).

[161]杨小凯,张永生.新贸易理论及内生与外生比较利益理论的新发展:回应[J].经济学(季刊),2002(04).

[162]姚战琪.中国服务业开放度测算及其国际竞争力分析[J].国际贸易,2018(09).

[163]于明远,范爱军.全球价值链、生产性服务与中国制造业国际竞争力的提升[J].财经论丛,2016(06).

[164]余典范.中国产业动态比较优势的实证研究——基于马尔科夫链的方法[J].经济管理,2013,35(12).

[165]余东华,孙婷.环境规制、技能溢价与制造业国际竞争力[J].中国工业经济,2017(05).

[166]余东华,孙婷,张鑫宇.要素价格扭曲如何影响制造业国际竞争力[J].中国工业经济,2018(02).

[167]余淼杰.中国的贸易自由化与制造业企业生产率[J].经济研究,2010(12).

[168]余永泽,刘凤娟,张少辉.中国工业分行业资本存量测算:1985-2014[J].产业经济评论,2017(11).

[169]喻志军.产业内贸易研究:兼论中国的贸易优势重构[M].北京:企业管理出版社,2009.

[170]袁富华,张平,陆明涛.长期经济增长过程中的人力资本结构——兼论中国人力资本梯度升级问题[J].经济学动态,2015(05).

[171]袁红林,许越.增加值贸易视角下中国制造业出口竞争力的再测算[J].当代财经,2017(12).

[172]袁志刚,饶璨.全球化与中国生产服务业发展——基于全球投入产出模型的研究[J].管理世界,2014(03).

[173]岳昌君.亚洲十经济贸易关系的实证分析[J].财贸经济,2000(07).

[174]张碧琼.国际资本流动与对外贸易竞争优势[M].北京:中国发展出版社,1999.

[175]张杰,陈志远,刘元春.中国出口国内附加值的测算与变化机制[J].经济研究,2013,48(10).

[176]张杰,李勇,刘志彪.出口促进中国企业生产率提高吗?——来自中国本土制造业企业的经验证据:1999~2003[J].管理世界,2009(12).

[177]张靖佳,刘晨阳.APEC金融服务贸易发展及其竞争力分析[J].南开学报(哲学社会科学版),2019(01).

[178]张军,施少华.中国经济全要素生产率变动:1952-1998[J].世界经济文汇,2003(02).

[179]张军,吴桂英,张吉鹏.中国省际物质资本存量估算:1952-2000[J].经济研究,2004(10).

[180]张军,章元.对中国资本存量K的再估计[J].经济研究,2003(07).

[181]张其仔.开放条件下我国制造业的国际竞争力[J].管理世界,2003(08):.

[182]张天顶,唐夙.汇率变动、全球价值链与出口贸易竞争力[J].国际商务(对外经济贸易大学学报),2018(01).

[183]张维迎.从现代企业理论看国有企业改革[J].改革,1995(01).

[184]张小蒂,曾可昕.企业家资源拓展与中国比较优势内生增进[J].学术月刊,2013(11).

[185]张小蒂,曾可昕.中国动态比较优势增进的可持续性研究——基于企业家资源拓展的视角[J].浙江大学学报(人文社会科学版),2014(04).

[186]张小蒂,贾钰哲.中国对外直接投资发展与动态比较优势增进研究——基于企业家才能拓展的视角[J].浙江社会科学,2011a(05).

[187]张小蒂,贾钰哲.全球化中基于企业家创新的市场势力构建研究——以中国汽车产业为例[J].中国工业经济,2011b(12).

[188]张小蒂,贾钰哲.中国动态比较优势增进的机理与途径——基于企业家资源拓展的视角[J].学术月刊,2012(05).

[189]张小蒂,王永齐.企业家显现与产业集聚:金融市场的联结效应[J].中国工业经济,2010(05).

[190]张小蒂,姚瑶.企业家人力资本拓展对比较优势增进的影响研究——基于中国省级面板数据的经验分析[J].浙江大学学报(人文社会科学版),2012(06).

[191]张亚斌.内生比较优势理论与中国贸易结构转换[M].北京:中国经济出版社,2006.

[192]张亚斌,肖慕艺.贸易增加值口径下的中国服务贸易出口技术复杂度测算及国际比较[J].商业研究,2015(05).

[193]张幼文.生产要素的国际流动与全球化经济的运行机制[J].国际经济评论,2013(05).

[194]张幼文等.要素流动——全球化经济学原理[M].北京:人民出版社,2013.

[195]张幼文.生产要素的国际流动与全球化经济的运行机制——世界经济学的分析起点与理论主线[J].世界经济研究,2015(12).

[196]张幼文.以要素流动理论研究贸易强国道路[J].世界经济研究,2016(10).

[197]张幼文等.要素收益与贸易强国道路[M].北京:人民出版社,2016.

[198]张幼文,周琢.中国贸易竞争力的真实结构——以要素收益原理进行的测算[J].学术月刊,2016(02).

[199]张禹,严兵.中国产业国际竞争力评估——基于比较优势与全球价值链的测算[J].国际贸易问题,2016(10).

[200]赵春明,郭界秀.中国出口动态比较优势演进与转变外贸发展方式的战略选择[J].当代经济,2011(12).

[201]周玲玲,于津平.中国贸易竞争力与全要素碳减排效率关系的研究[J].世界经济研究,2014(08).

[202]郑乐凯,王思语.中国产业国际竞争力的动态变化分析——基于贸易增加值前向分解法[J].数量经济技术经济研究,2017,34(12).

[203]郑卫峰.从静态比较优势到动态比较优势的转变及向竞争优势的跨度——对中国八十年代至九十年代中期的出口变化的分析及建议[J].世界经济文汇,2001(06).

[204]中国经济增长前沿课题组,张平,刘霞辉,袁富华,王宏淼,陆明涛,张磊.中国经济增长的低效率冲击与减速治理[J].经济研究,2014,49(12).

[205]周其仁.市场里的企业:一个人力资本与非人力资本的特别合约[J].经济研究,1996(06).

[206]朱彤,孙永强.我国纺织品服装产业出口结构与国际竞争力的实证分析[J].国际贸易问题,2010(02).

[207]佐贯利雄,内藤纯一,鱼金涛.产业结构变化的新动向——软化[J].外国经济与管理,1984(Z1).

[208] Acemoglu D, Johnson S, "Disease and Development: The Effect of Life Expectancy on Economic Growth," *Journal of Political Economy* 115, no.6(2007):925-985.

[209] Antoniades A, "Heterogeneous Firms, Quality, and Trade," *Journal of International Economics* 95, no.2(2015):263-273.

[210] Antràs P, Chor D, "Organizing the Global Value China," *Econometrica* 81, no.6(2013):2127-2204.

[211] Antràs P, E Helpman, "Global Sourcing," *Journal of Political Economy* 112, no.3(2004):552-580.

[212] Arrow K J, "The Economic Implications of Learning by Doing," *Review of Economic Studies* 29, no.3(1962):155-173.

[213] Athari S A, Shaeri K, Kirikkaleli D, et al, "Global competitiveness and capital flows: does stage of economic development and risk rating matter?," *Asia-Pacific Journal of Accounting & Economics* 1, no.1(2018):1-25.

[214] Balassa A, *Trade Liberalization among Industrial Countries: Objectives and Alternatives*(New York: McGraw-Hill Press,1967).

[215] Balassa B, Noland M. "The changing comparative advantage of Japan and the United States," *Journal of the Japanese & International Economies* 3, no.2(1989):174-188.

[216] Balassa B, *Effects of Commercial Policy on International Trade, the Location of Production, and Factor Movements*(The International Allocation of Economic Activity,1977).

[217] Balassa B, "European Integration: Problems and Issues," *American Economic Review* 53, no.2(1963):175-184.

[218] Balassa B, "The Changing Pattern of Comparative Advantage in Manufactured Goods," *Review of Economics & Statistics* 61, no.2(1979):259-266.

[219] Balassa B, "Trade in manufactured goods: patterns of change," *World Development* 9, no.3(1981):263-275.

[220] Baldwin R, Venables A, "Spiders and Snakes: Offshoring and Agglomeration in the Global Economy," *Journal of International Economics* 90, no.2(2013):245-254.

[221] Bander A, "Intra-Industry Trade in Identical Commodities," *Journal of International Economics* 1, no.11(1981):1-14.

[222] Benhabib J, Spiegel M, "The role of human capital in economic development evidence from aggregate cross-country data," *Journal of Monetary Economics* 34, no.2(1994):143-173.

[223] Berry W D, Milton G D, "Improving Tests of Theories Positing Interaction," *The Journal of Politics* 74, no.3(2012):653-671.

[224] Boulding K E, "Samuelson's Foundations: The Role of Mathematics in Economics," *Journal of Political Economy* 56, no.3(1948):187-199.

[225] Chatterjee A, "Endogenous Comparative Advantage, Gains from Trade and Symmetry-Breaking," *Journal of International Economics* 109, no.1(2017):102-115.

[226] Choi N, Park S, *Comparative Advantage of Value Added in Exports: The Role of Offshoring and Transaction Costs*, Working Papers (2017).

[227] Chor D, "Unpacking Sources of Comparative Advantage: A Quantitative Approach," *Journal of International Economics* 82, no.2(2010):152-167.

[228] Chow G C, "Capital Formation and Economic Growth in China," *Quarterly Journal of Economics* 114, no.8(1993):243-266.

[229] Daudin G, Rifflart C, Schweisguth D, "Who Produces for Whom in the World Economy?," *Canadian Journal of Economics* 44, no.4(2011):1403-1437.

[230] Deardorff A V, "Fragmentation in simple trade models," *North American Journal of Economics & Finance* 12, no.2(2001):121-137.

[231] Dornbusch R, Samuelson S F A, "Comparative Advantage, Trade, and Payments in a Ricardian Model with a Continuum of Goods," *American Economic Review* 67, no.5(1977):823-839.

[232] Dunning J H, "Internationalizing Porter's Diamond," *Mir Management International Review* 33, no.2(1993):7-15.

[233]Egger P H, Francois J, Nelson D R, "The Role of Goods-Trade Networks for Services-Trade Volume," *The World Economy* 40, no.3 (2017):532-543.

[234]Falvey R E, Fried H O, "Sectoral Trading Arrangements," *International Economic Review* 25, no.3(1984):671-685.

[235]Feenstra R C, Romalis J, "International Prices and Endogenous Quality," *The Quarterly Journal of Economic* 129, no.2(2014):477-527.

[236]Findlay R, Kierzkowski H, "International Trade and Human Capital: A Simple General Equilibrium Model," *Journal of Political Economy* 91, no.6(1983):957-978.

[237]Findlay R, "Factor Proportions and Comparative Advantage in the Long Run," *Journal of Political Economy* 78, no.1(1970):27-34.

[238]Findlay R, "Economic Growth, Development, and Foreign Trade by Pranab K. Bardhan," *Journal of Political Economy*, no.6(1970).

[239]Gereffi G, Humphrey J, Sturgeon T, "The Governance of Global Value Chains," *Review of International Political Economy* 12, no.1 (2005):78-104.

[240]Gereffi G, "International trade and industrial upgrading in the apparel commodity chain," *Journal of International Economics* 48, no.1 (1999):37-70.

[241]Gonzales J L, "Vertical Specialization and New Regionalism," *PHD thesis*, 2012, University of Sussex.

[242]Grossman G, E Rossi-Hansberg, "Trading Tasks: A Simple Theory of Offshoring," *American Economic Review* 95, no.5 (2008): 1978-1997.

[243]Grossman G M, Helpman E, "Trade, Innovation, and Growth," *American Economic Review* 80, no.2(1990a):86-91.

[244]Grossman G M, Helpman E, "Comparative Advantage and Long-Run Growth," *Papers* 80, no.4(1990b):796-815.

[245]Grossman G, "Imperfect competition and international trade," *European Economic Review* 31, no.1(1992):77-81.

[246]Hicks J R, "An Inaugural Lecture: The Long-Run Dollar Problem," *Oxford Economic Papers* 5, no.2(1953):117-135.

[247]Hsieh C T, Klenow P J, "Misallocation and manufacturing TFP in China and India," *MPRA Paper* 124, no.4(2007):1403-1448.

[248] Hansen B E, "Threshold effects in non-dynamic panels: Estimation, testing, and inference," *Journal of Econometrics* 93, no.2(1999): 345-368.

[249] Hummels D L, Ishii J, Yi K M, "The Nature and Growth of Vertical Specialization in World Trade," *Social Science Electronic Publishing* 54, no.1(2011):75-96.

[250] IMD, World Competitiveness Yearbook (2017) (Lausanne, Switzerland, 2018).

[251] Jones G R, Kierzkowski, "Governing customer-service organization exchange," *Journal of Business Research* 20, no.1(1990):23-29.

[252] Jones R W, "The Structure of Simple General Equilibrium Models," *Journal of Political Economy* 73, no.6(1965):557-572.

[253] Johnson R G, Noguera, "Fragmentation and Trade in Value-added over Four Decades," 2012, National Bureau of Economic Research Working Paper Number 18186.

[254] Keller W, Yeaple S R, "The Gravity of Knowledge," *Cepr Discussion Papers* 103, no.4(2013):1414-1444.

[255] Khandelwal A K, Schott P K, Wei S J, "Trade Liberalization and Embedded Institutional Reform: Evidence from Chinese Exporters," *Social Science Electronic Publishing* 103, no.6(2013):2169-2195.

[256] Kim D, Marion B W, "Domestic Market Structure and Performance in Global Markets: Theory and Empirical Evidence from U.S. Food Manufacturing Industries," *Review of Industrial Organization* 12, no.3 (1997):335-354.

[257] Kirzner R P, Engelman R W, Mizutani H, et al, "Prevention of coronary vascular disease by transplantation of T-cell-depleted bone marrow and hematopoietic stem cell preparation in autoimmune-prone mice," *Biol Blood Marrow Transplant* 6, no.5(2000):513-522.

[258] Kiyoshi K, *Direct Foreign Investment* (London: Room Helm Ltd.1978).

[259] Kogut B, "European Industry: Public Policy and Corporate Strategy," *Journal of International Business Studies* 16, no.3(1985): 164-166.

[260] Kojima K, *Japan and a Pacific free trade area* (University of California Press, 1971).

[261] Koopman R, Z Wang, S Wei, "Tracing Value-Added and

Double Counting in Gross Exports," *American Economic Review* 104, no.2(2014):459-494.

[262]Oniki H, Uzawa H, "Patterns of Trade and Investment in a Dynamic Model of International Trade," *Review of Economic Studies* 1, no.1:15-38.

[263]Krugman P R, "Increasing returns, monopolistic competition, and international trade," *Journal of International Economics* 9, no.4 (1979):469-479.

[264]Krugman P R, "A Model of Innovation, Technology Transfer, and the World Distribution of Income," *Journal of Political Economy* 87, no.2(1979):253-266.

[265]Krugman P R, "Intraindustry Specialization and the Gains from Trade," *Journal of Political Economy* 89, no.5(1981):959-973.

[266]Krugman P R, Baldwin R E, Bosworth B, et al, "The Persistence of the U.S. Trade Deficit," *Brookings Papers on Economic Activity* 1987, no.1(1987):1-55.

[267]Krugman P R, Venables A J, "Globalization and the Inequality of Nations," *Quarterly Journal of Economics* 110, no.4(1995):857-880.

[268]Krugman P R, "Increasing Returns, Monopolistic Competition and International Trade." *Journal of International Economics* 9, no.9 (1979):469-479.

[269]Krugman P, "Scale Economies, Product Differentiation and the Pattern of Trade," *American Economic Review* 70, no.70(1980):950-995.

[270]Lancaster K, Variety, *Equity and Efficiency*(London: Oxford, Blackwell,1979).

[271]Lancaster K, "Intra-Industry Trade Under Perfut Monopolistic Competition," *Journal of International Economics* 10, no.10(1980): 171-175.

[272]Levchenko A, "Institutional Quality and International Trade," *Review of Economic Studies* 74, no.3(2007):791-819.

[273]Los B, Timmer M P, De Vries G J, "HOW GLOBAL ARE GLOBAL VALUE CHAINS? A NEW APPROACH TO MEASURE INTERNATIONAL FRAGMENTATION," *Journal of Regional Science* 55, no.1(2015):66-92.

[274]Lucas R E, *Models of Business Cycles*(Models of business cycles,1988).

[275] Matsuyama K, "Credit Market Imperfections and Patterns of International Trade and Capital Flows," *Journal of the European Economic Association* 3, no.23(2005):714-723.

[276] Melitz M J, "The Impact of Trade on Intra-Industry Reallocations and Aggregate Industry Productivity," *Econometric* 71, no.6 (2003):1695-1725.

[277] Melitz M J, Ottaviano G I P, "Market Size, Trade, and Productivity," *The Review of Economic Studies* 75, no.1(2008):295-316.

[278] Minabe Nobuo, "The Stolper-Samuelson Theorem, the Rybczynski Effect, and the Heckscher-Ohlin Theory of Trade Pattern and Factor Price Equalization: The Case of Many-Commodity, Many-Factor Country," *The Canadian Journal of Economics and Political Science / Revue canadienned Economique et de Science politique* 33, no.3(1967).

[279] Moreno R, Trehan B, "Location and the Growth of Nations," *Journal of Economic Growth* 2, no.4(1997):399-418.

[280] Narula R, Wakelin K, "Technological competitiveness, trade and foreign direct investment," *Research Memorandum* 9, no.3(1995): 373-387.

[281] Nelson J B, Lyons M J, "Phase-Contrast and Electron Microscopy of Murine Strains of Mycoplasma," *Journal of Bacteriology* 90, no.6 (1965):1750.

[282] Nunn N, Trefler D, "Chapter 5-Domestic Institutions as a Source of Comparative Advantage," *Nber Working Papers* 4, no.4(2013): 263-315.

[283] Nunn N, "Relationship-Specificity, Incomplete Contracts, and the Pattern of Trade," *Quarterly Journal of Economics* 122, no.2(2007): 569-600.

[284] Posner M V, "International Trade and Technical Change," *Oxford Economic Papers* 13, no.3(1961):323-341.

[285] Prakash A, Hart J A, *Globalization and Governance*(Routledge London,1999).

[286] Ranasinghe, Ashantha, "Property rights, extortion and the misallocation of talent," *European Economic Review* 98, no.1(2017): 86-110.

[287] Redding S, "The Low-Skill, Low-Quality Trap: Strategic Complementarities between Human Capital and R & D," *Economic Jour-*

nal 106, no.435(1996):458-470.

[288] Romer P M, "Increasing Returns and Long-Run Growth," *Journal of Political Economy* 94, no.5(1986):1002-1037.

[289] Romer P M, "Increasing returns and new developments in the theory of growth,"1989, Nber Working Papers.

[290] Romer P M, "Are Nonconvexities Important for Understanding Growth? ," *American Economic Review* 80, no.2(1990):97-103.

[291] Rugman A M, Verbeke A, "Trade barriers and corporate strategy in international companies—The Canadian experience," *Long Range Planning* 24, no.3(1991):66-72.

[292] Schultz H, "Some Graver Subject: An Essay on 'Paradise Lost' by J. B. Broadbent," *Modern Language Quarterly* 60, no.4(1961).

[293] Shinohara M, "An Estimate of Capital Formation in Japan by 'Commodity Flow' Method," *Annals of the Hitotsubashi Academy* 5, no.2(1955):116-139.

[294] Shinohara M, "The Structure of Saving and the Consumption Function in Postwar Japan," *Journal of Political Economy* 67, no.6(1959):589-603.

[295] Stöllinger R, *A manufacturing imperative in the EU-Europe's position in global manufacturing and the role of industrial policy* (Competitiveness Report 2013,2013).

[296] Thomas Brambor, William Roberts Clark, Matt Golder, "Understanding Interaction Models: Improving Empirical Analyses," *Political Analysis* 14,no.1(2006): 63-82.

[297] Timmer M P, Los B, Stehrer R, et al, "Fragmentation, incomes and jobs: an analysis of European competitiveness,"2013, Working Paper Series.

[298] Tybout J R, "Internal Returns to Scale as a Source of Comparative Advantage: The Evidence," *American Economic Review* 83, no.2(1993):440-444.

[299] Vanek J, Studenmund A H, "Towards a Better Understanding of the Incremental Capital-Output Ratio," *Quarterly Journal of Economics* 82, no.3(1968):452-464.

[300] Vernon R, "International Investment and International Trade in the Product Cycle," *International Executive* 80, no.4(1966):190-207.

[301] Vollrath T L, Vo D H, "Investigating the nature of world agri-

cultural competitiveness," 1988, Technical Bulletin.

[302] William Roberts Clark, Michael Gilligan & Matt Golder. "A Simple Multivariate Test for Asymmetric Hypotheses," *Political Analysis* 2006 14, no.14(2006): 311–331.

[303] Geneva, WEF. World Economic Forum. The Global Competitiveness Report, 2018.

[304] Young A, "Learning by Doing and the Dynamic Effects of International Trade," *Quarterly Journal of Economics* 106, no. 2 (1991): 369–405.

[305] Zhi Wang, Shang-Jin Wei and Kunfu Zhu, "Quantifying International Production Sharing at the Bilateral and Sector Levels," NBER Working Paper No.19677, 2013.

[306] Zhi Wang, Shang-Jin Wei, Xinding Yu and Kunfu Zhu, "Characterizing Global Value Chains: Production Length and Upstreamness," NBER Working Paper No.23261, 2017a.

[307] Zhi Wang, Shang-Jin Wei, Xinding Yu and Kunfu Zhu, "Measures of Participation in Global Value Chains and Global Business Cycles," NBER Working Paper No.23222, 2017b.

后记

　　2002年盛夏,大学毕业的我,在浔阳匡庐开始了十四年的高校教师职业生涯。其间勤勤恳恳工作,踏踏实实做人,立足本职、积极上进,顺利地完成了从一名大学生向高校教师的转变,不仅成为一名合格的人民教师,而且积极融入本职工作,以身作则。在取得些许成绩的同时,深深地感受到自己科学素养的不足,考取了梦寐以求的高等学府,成为武汉大学世界经济专业的博士研究生,开始了博士研究生的求学之路。时间飞逝,三年博士研究生的学习圆满结束,再次完成从大学生向高校教师的角色转变。博士阶段的学习,丰富了自我的理论体系,拓展了自我的思维视野,提升了自我的学术素养。本书的成稿正是得益于博士阶段的研究,是对博士论文的升华和近年研究成果的汇集。

　　回首在珞珈山求学的日子,枫园一舍二单元307,已经不记得多少个失眠的夜晚。其中的酸甜苦辣,尽在心头。求学的艰辛,付出终有收获。本书成稿,我的内心充满了感激。首先要感谢我的博士生导师王胜教授,亦师亦友,老师平易近人,在学习上给予了我大量的帮助。借此机会,向恩师表达最真挚的谢意,谢谢老师的细心和关怀,谢谢老师的体谅和支持!感谢武汉大学经济与管理学院诸多老师,感谢老师们在学业上给予的专业性指导,感谢老师们对书稿写作提出的宝贵修改意见,从老师们身上学会了很多。

　　本书的成稿与出版,还要感谢我的岳母,古稀之年,仍然坚持帮我和我的爱人照顾孩子,谢谢您!感谢我的爱人李晓丹,是你的理解和支持,才使得我安心、顺利完成书稿!感谢我的女儿吴佳颖,每每遇到困难时,总能想起你的声音和笑容,带给我无限欢乐!感谢我的父母和兄妹,是你们默默的支持和付出,让我更加有信心,能够完成从中学生到大学生再到博士的转变。

在书稿出版之际,感谢西南大学出版社各位领导和编辑的辛勤劳动!千言万语汇成一句话:感谢关心和帮助过我的每一个人,谢谢大家!祝福大家幸福安康!

书稿写作过程中参考了大量的文献资料,在此一并致谢!书中难免出现疏漏,在此表示深深的歉意!本书是国家社科基金后期资助项目(编号19FJLB022)的研究成果,在此一并致谢!

吴杨伟

2021年9月于平湖万州 诗意南浦

本书相关科研成果目录

1. 吴杨伟,王胜.中国贸易优势培育与重释[J].经济学家,2017(05).
2. 吴杨伟,王胜.中国贸易优势重构:理论指导与战略支撑[J].世界经济研究,2017(09).
3. 吴杨伟,王胜.建设自由贸易试验区升级版的探讨——新型全球化经济要素流动的视角[J].国际贸易,2018(03).
4. 吴杨伟,王胜,李晓丹.国际贸易中的关税吸收问题研究进展——兼述一个理论框架[J].国际贸易问题,2018(05).
5. 吴杨伟,王胜.再论比较优势与竞争优势[J].经济学家,2018(11).
6. 吴杨伟,王胜.比较优势动态增进与产业结构升级:理论、机制与战略[C]//史丹.中国工业经济学会2017年学术年会论文集:中国产业发展新动力.南京:南京大学出版社,2018.
7. 吴杨伟,王胜.建设自由贸易试验区升级版的探讨[C]//张永生.中国自由贸易试验区与自由贸易港建设发展研讨会论文集:中国自由贸易试验区与自由贸易港建设发展研究.北京:中国商务出版社,2018.
8. 吴杨伟,王胜.再论比较优势与竞争优势——基于贸易优势的认知拓展[C]//卫兴华等.全国高校社会主义经济理论与实践研讨会第32次会议论文集:社会主义经济理论研究集萃(2018):高质量发展的中国经济——纪念改革开放40周年.北京:经济科学出版社,2019.
9. 吴杨伟,李晓丹.论贸易优势理论的当代发展[J].云南财经大学学报,2020,36(03).
10. 吴杨伟,李晓丹.要素投入与贸易竞争力——基于中国制造业的验证[J].调研世界,2020(08).
11. 李晓丹,吴杨伟.中国制造业分行业贸易竞争力再测算——基于RCA指数与NRCA指数的比较[J].调研世界,2021(01).

12.吴杨伟,李晓丹.要素投入提升了制造业贸易竞争力吗?:基于拓展要素和调节效应的双重视角[J].世界经济研究,2021(02).

13.吴杨伟,李晓丹.中国制造业分行业要素投入再测算:基于WIOD2016[J].重庆三峡学院学报,2021,37(02).

14.李晓丹,吴杨伟.生产要素投入、全球价值链地位与制造业贸易竞争力[J].统计与决策,2021,37(12).

作者简介

吴杨伟

1980年生,重庆大足人,武汉大学世界经济专业博士。现为重庆三峡学院教师,副教授,硕士生导师。先后在《国际贸易问题》《世界经济研究》《经济学家》《国际贸易》等贸易经济类核心期刊发表论文30余篇。指导学生获得省级竞赛奖项14项,多次参与中国世界经济学会、中国国际贸易学会等主办的学术会议并作大会主题发言,参会论文入选年会优秀论文并公开出版。主持完成国家社科基金项目1项,主研国家基金项目3项;主持完成省级基金项目5项,主研省级基金项目6项。